AN INTEGRATED COURSE IN
ELEMENTARY JAPANESE

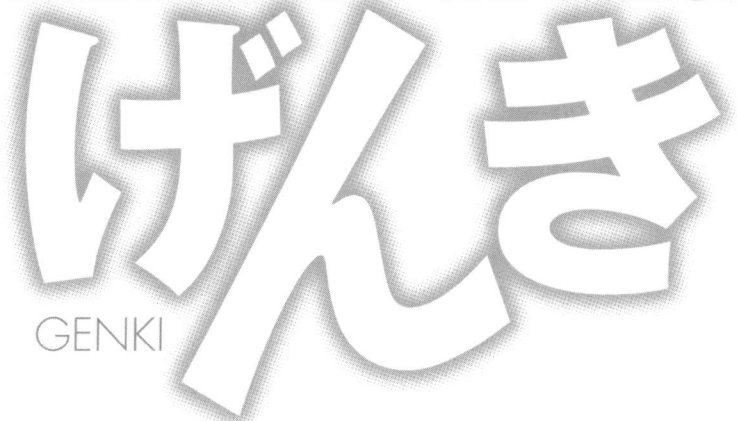

教師用指導書
Teacher's Manual

Eri Banno 坂野永理
Yutaka Ohno 大野裕
Yoko Sakane 坂根庸子
Chikako Shinagawa 品川恭子
Kyoko Tokashiki 渡嘉敷恭子

The Japan Times

Copyright © 2000 by Eri Banno, Yutaka Ohno, Yoko Sakane,
Chikako Shinagawa, and Kyoko Tokashiki

All rights reserved. No part of this publication may be reproduced, stored in
a retrieval system, or transmitted in any form or by any means, electronic,
mechanical, photocopying, recording, or otherwise, without the prior written
permission of the publisher.

First edition: July 2000
4th printing: February 2005

Editorial assistance: guild
Illustrations: Noriko Udagawa
English translations: Susan Williams
Cover art: Nakayama Design Office
       Gin-o Nakayama, Mutsumi Satoh, and Masataka Muramatsu
Published by The Japan Times, Ltd.
5-4, Shibaura 4-chome, Minato-ku, Tokyo 108-0023, Japan
Phone: 03-3453-2013
http://bookclub.japantimes.co.jp/

ISBN4-7890-1015-5

Printed in Japan

げんき・教師用指導書●もくじ

『初級日本語 げんき』について　4

「会話・文法編」の指導 ——————————————11

「会話・文法編」の指導にあたって　12
第1課の前に　－ひらがなと「あいさつ」「第1課」の組み合わせ指導例－　15
第1課　18　　第2課　21　　第3課　24　　第4課　27　　第5課　32　　第6課　36
第7課　40　　第8課　44　　第9課　48　　第10課　52　　第11課　56　　第12課　60
第13課　64　　第14課　68　　第15課　72　　第16課　75　　第17課　79　　第18課　83
第19課　86　　第20課　90　　第21課　94　　第22課　97　　第23課　100

「読み書き編」の指導 ——————————————105

「読み書き編」の指導にあたって　106
第1課　111　　第2課　111　　第3課　112　　第4課　113　　第5課　114　　第6課　115
第7課　116　　第8課　116　　第9課　117　　第10課　118　　第11課　118　　第12課　119
第13課　120　　第14課　121　　第15課　122　　第16課　122　　第17課　123　　第18課　125
第19課　125　　第20課　127　　第21課　128　　第22課　129　　第23課　130

資　料　編 ——————————————131

● 本書英訳（English Translation）　133
● 巻末ワークシート❶～㉗　223
● 巻末シナリオ集　①～⑤　247

　　　　　　＊　　　　　　　＊　　　　　　　＊

（別冊）『げんき』解答

● げんき①テキスト・解答　2
● げんき②テキスト・解答　15
● げんき①ワークブック・解答　28
● げんき②ワークブック・解答　42
● ワークブック「聞く練習」スクリプト　54

『初級日本語 げんき』について

全体構成と学習内容

　『初級日本語　げんき』は、テキスト第Ⅰ巻・第Ⅱ巻のそれぞれが「会話・文法編」と「読み書き編」から構成されている。「会話・文法編」は、基本的な文法を学び、語彙を増やしながら、日本語を話し、聞く能力を高めることを目的としている。「読み書き編」は、日本語の文字（ひらがな・カタカナ・漢字）を学び、文章を読んだり書いたりすることによって、読解力と書く能力を育成することを目標としている。

　基本的な使用順序としては、まず「会話・文法編」の課を行い、その後「読み書き編」の同じ課を行うという方法を取る。これは「読み書き編」の読み教材に「会話・文法編」の同じ課で扱った学習項目が入っているためである。

　また、週当たりの時間数の少ないクラスや読み書きの指導を行わないクラスでは、「読み書き編」を使用せずに「会話・文法編」だけを使って進めていくことも可能である。ただし、この場合でも、「会話・文法編」の第3課以降はひらがな・カタカナ・漢字（ルビ付き）で書かれているので、第2課を終えるまでにひらがなとカタカナを習得させておくことが必要である。

関連教材

　『初級日本語　げんき』には、テキスト以外に関連教材としてワークブックとCDがある。

A．ワークブック（Ⅰ：第1課～第12課／Ⅱ：第13課～第23課）

　ワークブックはテキストと同様「会話・文法編」と「読み書き編」に分かれている。

　ワークブックの「会話・文法編」には、テキスト各課の文法項目につき1ページのワークシートがある。また、総合的な練習として、聞く練習のワークシートが各課に一つずつ収録されている。その課の複数の学習項目を含んだ会話を聞いて、内容が理解できるかどうか確認する形式なので、この練習はその課が修了した後に行うのが望ましい。

　ワークブックの「読み書き編」は、各課、漢字の練習シートと漢字の穴埋め問題から構成されている（第Ⅰ巻では、英文和訳の問題もある）。

　これらのワークシートは、学習者に提出させて、学習項目が習得されたか随時確認する。

B．CD（Ⅰ：第1課～第12課／Ⅱ：第13課～第23課）

　CDには、テキストの「会話・文法編」の中の、「会話」「単語」（日本語と英語）、🔊印のついた練習とその答え、及びワークブックの「聞く練習」の会話が収録されている。このCDを

使って、授業で会話部分を聞かせたり、授業時間外に学生各自に自習させたりすることが可能である。

　CDはただ聞くだけではなく、実際に声に出して練習することを推奨する。「会話」と「単語」は、CDの後について繰り返して練習する。また「練習」では、まず学習者が自分で答えを言ってから、CDに入っている正しい答えを聞いて比較し、間違っていたらもう一度答えを言い直すよう指導するとよい。

表記について

　本文は基本的に漢字仮名交じりで表記している。漢字表記は、基本的に常用漢字表に従っているが、常用漢字に含まれている漢字でも、初級の学習者には無縁であるようなものは、ひらがなで表記している。

　「会話・文法編」は、「会話・文法編」のみを学習することも可能なように、漢字にはすべてふりがなが振ってある。ただし、「あいさつ」と第1課・第2課は、学習者の負担を軽減し自習を容易にするため、ひらがな・カタカナ表記とし、ローマ字を併記した。このローマ字併記はあくまでも補助的なものであり、第3課以降はひらがな・カナカナ・漢字ルビ付きの表記のみになるので、最初にローマ字に頼りすぎないように指導したほうがいい。

　ひらがな・カタカナの導入は、「読み書き編」の第1課・第2課で行われるので、この二つの課の「読み書き編」は「会話・文法編」を後追いするのではなく、並行して行ったほうがよい。

　なお、「読み書き編」では第3課以降漢字を学習していくが、学習の定着が図れるよう、既習の漢字にはふりがなを振っていない。

「会話・文法編」シラバス一覧

	課の目標		課で扱う機能
第1課　あたらしいともだち			
数字（1〜100）			自己紹介をする
時間	今、何時ですか。八時です。		人の名前や仕事などを聞く
電話番号	ロバートさんの電話番号は852-1032です。		
助詞「の」	私の先生		
X は Y です	私は学生です。		
第2課　かいもの			
数字（100〜10万）			値段を聞く/言う
これ/それ/あれ	これはかばんです。		買い物をする
この/その/あの	この本はいくらですか。		レストランで注文する
だれの	これはだれのかさですか。		
助詞「も」	私も学生です。		
〜じゃありません	日本人じゃありません。		
第3課　デートの約束			
動詞（現在）	食べます　飲みます		日課や習慣について話す
助詞「を」「で」「に」「へ」	図書館で本を読みます。		誘う
	八時に大学に行きます。		誘いを受ける/断る
頻度を表す副詞	よくコーヒーを飲みます。		
〜ませんか	映画を見ませんか。		
第4課　初めてのデート			
X があります/います	火曜日にテストがあります。		物や場所の位置を聞く/示す
	あそこに留学生がいます。		
X は Y の前/上/中です	銀行は郵便局の前です。		過去のできごとについて話す
〜でした/〜じゃありませんでした	一日は月曜日でした。		
動詞（過去）	きのう、友だちに会いました。		過去の習慣について話す
助詞「も」	東京へも行きました。		
第5課　沖縄旅行			
形容詞（現在・過去）	元気です　高くありませんでした		旅行について話す
好き(な)/きらい(な)	日本語が好きです。		誘う
〜ましょう(か)	映画を見ましょう。		郵便局で料金を聞く/切手を買う
第6課　ロバートさんの一日			
動詞 te-form	食べて　読んで		頼む
〜てください	起きてください。		許可を求める/許可をする
〜てもいいです	本を借りてもいいですか。		規則について話す
〜てはいけません	クラスで寝てはいけません。		手伝いを申し出る
te-form による接続	朝起きて、コーヒーを飲みます。		理由を言う

〜から 〜ましょうか	急いでください。時間がありませんから。 窓を開けましょうか。	
第7課　家族の写真		
〜ている 人を描写する 形容詞 te-form 助数詞「〜人」 〜に行く	テレビを見ています。　結婚しています。 山田さんは髪が短いです。 あのレストランは安くておいしいです。 この部屋に女の人が何人いますか。 ○○に会いに東京に行きます。	家族や友だちについて説明する 人の服装や外見を描写する
第8課　バーベキュー		
Short form（現在） くだけた話し方 〜と思う 〜と言う 〜ないでください Verb のが好き 助詞「が」 何か/何も	学生だ　高くない　行かない よく魚を食べる。 メアリーさんはきれいだと思います。 メアリーさんは忙しいと言っていました。 食べないでください。 音楽を聞くのが好きです。 私が日本人です。 何か食べましたか。/何も食べませんでした。	考えを述べる 人から聞いたことを他の人に伝える 旅行・パーティーなどの予定を立てる
第9課　かぶき		
Short form（過去） くだけた話し方 〜と思う 〜と言う 〜から 〜ている人 まだ〜ていません 助数詞「〜つ」	学生だった　高くなかった　行った 魚を食べた。 メアリーさんは子供の時元気だったと思います。 子供の時遊んだと言っていました。 旅行に行ったから、お金がありません。 田中さんはあそこでギターを弾いている人です。 まだごはんを食べていません。 コーヒーをひとつください。	過去のことについて考えを述べる 人から聞いたことを他の人に伝える レストランや店で注文する 理由を言う
第10課　冬休みの予定		
二項比較 三項以上の比較 形容詞/名詞＋の 〜つもりだ 〜なる 助詞「で」（手段）	新幹線よりバスのほうが安いです。 新幹線がいちばん速いです。 大きいのをください。　これは私のです。 勉強するつもりです。 大きくなりました。　きれいになりました。 バスで行きます。	予定を述べる 交通手段や所要時間を述べる 旅行代理店で予約する
第11課　休みのあと		
〜たい 〜たり〜たりする 〜ことがある 助詞「や」	ハンバーガーが食べたいです 掃除したり、洗濯したりします。 有名人に会ったことがありますか。 すしや天ぷらをよく食べます。	休みにしたことについて話す 友だちを紹介する 出身地を尋ねる/出身地について話す 子供の時の夢や将来について話す

第12課　病気		
〜んです	どうしたんですか。	病状を説明する
〜すぎる	食べすぎました。	アドバイスをする
〜ほうがいいです	薬を飲んだほうがいいです。	天気を予測する
〜ので	いい天気なので、散歩します。	
〜なくちゃいけません	七時に起きなくちゃいけません。	
〜でしょう	あしたは晴れでしょう。	
第13課　アルバイト探し		
可能動詞	日本語が話せます。	電話をかける
〜し	物価が高いし、人がたくさんいるし	会う約束をする
〜そうです（様態）	おいしそうです。	理由を述べる
〜てみる	東京に行ってみます。	できること/できないことを述べる
なら	紅茶なら飲みました。	
頻度	一週間に三日アルバイトをします。	
第14課　バレンタインデー		
ほしい	車がほしいです。	贈り物について相談する
〜かもしれません	将来日本に住んでいるかもしれません。	提案する
あげる/くれる/もらう	きょうこさんにセーターをあげました。	推測を述べる
〜たらどうですか	家へ帰ったらどうですか。	
も	四時間も勉強しました。	
しか	三十分しか勉強しませんでした。	
第15課　長野旅行		
意志形	コーヒーを飲もう。	友人を誘う
意志形＋と思っている	勉強しようと思っています。	予定を立てる
〜ておく	お金を借りておきます。	物や人を詳しく説明する
名詞修飾節	友だちにもらったみかん	
第16課　忘れ物		
〜てくれる/あげる/もらう	手伝ってあげます。	頼む
〜ていただけませんか	作文を直していただけませんか。	謝る
〜といい	よくなるといいです。	希望を述べる
〜時	かぜをひいた時、病院に行きます。	なくした物について説明する
〜てすみませんでした	授業に来られなくてすみませんでした。	
第17課　ぐちとうわさ話		
〜そうです（伝聞）	病気だったそうです。	ぐちを言う
〜って	今週は忙しいって。	人のうわさをする
〜たら	卒業したら、日本で仕事がしたいです。	推測する
〜なくてもいい	宿題をしなくてもいいです。	何かを他の物や人に例える
〜みたいです	スーパーマンみたいです。	
〜前に/〜てから	日本に来る前に/来てから、日本語を勉強しました。	

第18課　ジョンさんのアルバイト		
他動詞/自動詞	窓が開いています。	後悔の気持ちを表す
～てしまう	財布を忘れてしまいました。	物の状態を描写する
～と	春になると暖かくなります。	自分の失敗について話す
～ながら	テレビを見ながら勉強します。	
～ばよかったです	もっと勉強すればよかったです。	
第19課　出迎え		
尊敬語	大学にいらっしゃいます。	丁寧に話す
お～ください	お待ちください。	丁寧な場面での会話を理解する
～てくれてありがとう	手伝ってくれてありがとう。	
～てよかったです	日本に来てよかったです。	感謝を述べる
～はずです	もうすぐバスが来るはずです。	
第20課　メアリーさんの買い物		
丁寧語	田中と申します。	へりくだって話す
謙譲語	お持ちします。	丁寧に申し出る
～ないで	傘を持たないで出かけました。	返品/交換をしてもらう
埋め込み疑問文	その店はどこにあるかわかりません。	道を聞いたり、教えたりする
～という～	ローソンというコンビニ	
～やすい/～にくい	覚えやすいです。	
第21課　どろぼう		
受け身	どろぼうに入られました。	悪い経験やできごとについて話す
～てある	窓が開けてあります。	
～間に	日本にいる間に、旅行したいです。	物事の状態を描写する
形容詞＋する	公園を多くします。	他人に対する希望を述べる
～てほしい	たばこをやめてほしいです。	
第22課　日本の教育		
使役	後輩にお茶をいれさせます。	自分の子供のころについて話す
使役＋あげる/くれる	両親は大学に行かせてくれました。	
～なさい	勉強しなさい。	教育について意見を言う
～ば	薬を飲めば、元気になります。	助言を求める/助言をする
～のに	日本に留学したことがないのに、日本語がぺらぺらです。	命令する
～のような/～のように	父のような人になりたいです。	
第23課　別れ		
使役受け身	子供の時、毎日勉強させられました。	いやな経験について話す
～ても	学生がうるさくても絶対に怒りません。	決心したことを述べる
～ことにする	日本語の勉強を続けることにしました。	思い出について話す
～ことにしている	毎日日本語のテープを聞くことにしています。	お別れをする
～まで	病気がよくなるまで、お酒を飲みません。	何かの手順を聞いたり、説明したりする
～方	コンピューターの使い方を教えてくれませんか。	

「読み書き編」学習漢字一覧

第3課	一 001	二 002	三 003	四 004	五 005	六 006	七 007	八 008	九 009	十 010	百 011	千 012	万 013	円 014	時 015
第4課	日 016	本 017	人 018	月 019	火 020	水 021	木 022	金 023	土 024	曜 025	上 026	下 027	中 028	半 029	
第5課	山 030	川 031	元 032	気 033	天 034	私 035	今 036	田 037	女 038	男 039	見 040	行 041	食 042	飲 043	
第6課	東 044	西 045	南 046	北 047	口 048	出 049	右 050	左 051	分 052	先 053	生 054	大 055	学 056	外 057	国 058
第7課	京 059	子 060	小 061	会 062	社 063	父 064	母 065	高 066	校 067	毎 068	語 069	文 070	帰 071	入 072	
第8課	員 073	新 074	聞 075	作 076	仕 077	事 078	電 079	車 080	休 081	言 082	読 083	思 084	次 085	何 086	
第9課	午 087	後 088	前 089	名 090	白 091	雨 092	書 093	友 094	間 095	家 096	話 097	少 098	古 099	知 100	来 101
第10課	住 102	正 103	年 104	売 105	買 106	町 107	長 108	道 109	雪 110	立 111	自 112	夜 113	朝 114	持 115	
第11課	手 116	紙 117	好 118	近 119	明 120	病 121	院 122	映 123	画 124	歌 125	市 126	所 127	勉 128	強 129	有 130	旅 131
第12課	昔 132	々 133	神 134	早 135	起 136	牛 137	使 138	働 139	連 140	別 141	度 142	赤 143	青 144	色 145	
第13課	物 146	鳥 147	料 148	理 149	特 150	安 151	飯 152	肉 153	悪 154	体 155	空 156	港 157	着 158	同 159	海 160	昼 161
第14課	彼 162	代 163	留 164	族 165	親 166	切 167	英 168	店 169	去 170	急 171	乗 172	当 173	音 174	楽 175	医 176	者 177
第15課	死 178	意 179	味 180	注 181	夏 182	魚 183	寺 184	広 185	転 186	借 187	走 188	建 189	地 190	場 191	足 192	通 193
第16課	供 194	世 195	界 196	全 197	部 198	始 199	週 200	以 201	考 202	開 203	屋 204	方 205	運 206	動 207	教 208	室 209
第17課	歳 210	習 211	主 212	結 213	婚 214	集 215	発 216	表 217	品 218	字 219	活 220	写 221	真 222	歩 223	野 224	
第18課	目 225	的 226	力 227	洋 228	服 229	堂 230	授 231	業 232	試 233	験 234	貸 235	図 236	館 237	終 238	宿 239	題 240
第19課	春 241	秋 242	冬 243	花 244	様 245	不 246	姉 247	兄 248	漢 249	卒 250	工 251	研 252	究 253	質 254	問 255	多 256
第20課	皿 257	声 258	茶 259	止 260	枚 261	両 262	無 263	払 264	心 265	笑 266	絶 267	対 268	痛 269	最 270	続 271	
第21課	信 272	経 273	台 274	風 275	犬 276	重 277	初 278	若 279	送 280	幸 281	計 282	遅 283	配 284	弟 285	妹 286	
第22課	記 287	銀 288	回 289	夕 290	黒 291	用 292	守 293	末 294	待 295	残 296	番 297	駅 298	説 299	案 300	内 301	忘 302
第23課	顔 303	情 304	怒 305	変 306	相 307	横 308	比 309	化 310	違 311	悲 312	調 313	査 314	果 315	感 316	答 317	

「会話・文法編」の指導

「会話・文法編」の指導にあたって

1.「会話・文法編」の使い方

(1) 会話

　会話は、その課の学習項目すべてを含んだ2つから3つの会話文からなる。このため、その課の初めに扱うと知らない項目が多すぎて、学生がとまどう場合がある。基本的に、会話を使った練習はその課の学習項目すべてを練習した後に行う。会話の扱い方は、CDに録音してある会話を聞かせて内容に関するQ＆Aをしたり読ませたりするほかに、覚えさせたり、部分的に変えさせて発表する方法もある。また、会話（長い場合はその一部）を課題として授業の前に覚えてこさせて、授業で発表させることもできる。

　会話の練習方法には以下のようなものが挙げられるが、時間や学生のレベルにより適宜取捨選択してほしい。

1. 教科書を閉じて会話部分を開き、その内容について教師が質問する。
2. 教師またはテープの後について会話部分を読む。この時、発音やイントネーションにも注意する。
3. 会話の登場人物を割り振ってその部分を読む。第1課の場合は、クラスの半分をたけし役、残り半分をメアリー役としてもいいし、教師がたけし役、学生がメアリー役としてもいい。慣れてきたら、ペアで練習する。
4. ペアで会話を覚えて発表する。会話を丸暗記してもいいし、部分的に変えてもいい。

(2) 単語

　その課の「会話」及び「練習」に出てくる新しい単語のリストである。会話に出てくる単語には＊印がついている。このリストの単語は、学生に各自覚えるように指示する。一度に全部覚えるのは大変なので、毎日少しずつ覚えるように言う。CDにも録音されているので、発音などにも注意して練習するよう指導する。時間に余裕があればクラスで単語の練習をしたり、課ごとに簡単な単語テストもしたほうがいい。また、練習の中に、単語リストにはない新しい単語が出てくる場合がある。それらは覚える必要がない単語として、練習中に訳が示してある。

　単語の練習方法としては以下のものがある。

1. 教師の後について単語を読ませる。この時、発音やイントネーションに注意する。
2. フラッシュカードを作り、表に単語、裏にその英訳を書く。クラスで毎日少しずつ日本語から英語、英語から日本語に換える練習をする。
3. 「ハングマン」「ビンゴゲーム」「かるた取り」などの単語ゲームをする。

(3) 文法

　その課の学習項目についての説明が書いてある。この説明は、予習として授業の前に学生に読んでおくように指示する。説明及び脚注は詳しく書かれているが、授業でそれをすべて取り

扱う必要はない。多くの規則を教えすぎることにより学生が混乱する場合もあるので、教師は学生のレベルを見ながらどこまで取り扱うかを決めたほうがいい。

⑷ 練習
　練習は学習項目ごとに並んでいる。それぞれ基本的な練習と応用的な練習があり、そのまま使えるようになっているが、学生のレベルや時間に応じて必要な練習量や内容も変わるので、教科書にある練習をすべて行う必要はない。適宜取捨選択、または本書の「その他の教室内活動」を参考に練習を補足して進めてほしい。
● 🔊印の練習
　🔊印の練習は、答えが一つに決められるような基本練習で、CDに練習と解答が録音してある。授業で行う以外に、学生が各自で自習したり、この練習の答えを学生にテープに録音させて、宿題にすることもできる。なお、この練習の解答は、本書別冊に入れてある。
● まとめの練習
　各課の練習の最後には「まとめの練習」が入っている。これは、複数の学習項目を組み合わせた練習や「会話」を応用して別の会話を作る練習など、その課の仕上げとなる練習である。この練習も、学生のレベルや時間に応じて、取捨選択してほしい。

⑸ 「コラム」「表現ノート」
　「コラム」には、第1課の「じかん・とし」のようにその課のトピックに関連した表現や、第10課の「駅で」のように場面ごとに使われる表現がまとめてある。これは必ず授業時間内に取り扱わなければならないものではなく、教師が学生のニーズなどに応じて、適宜必要なものを授業に取り入れてもらいたい。
　「表現ノート」は、会話や練習に出てくる単語や表現の補足説明がしてある。これは基本的に学生各自に読ませることを前提としているが、必要ならば授業で取り扱ってもよい。

2．授業の進め方

⑴ 各課の所要時間と内容
　「会話・文法編」は、一課を5～6時間程度で終われるように作成してある。まず、各学習項目を1時間ずつ（学習項目により2時間の場合も30分の場合もある）教え、その後、まとめの練習や会話に1～2時間使うのが基本である。
　各学習項目について、基本的には「導入→説明→練習」という流れを取る。本書には各項目の導入例が掲載してあるが、導入をせず、説明から始めてもよい。一番重要なのは練習なので、練習にかける時間をなるべく多くするのが理想である。そのために、授業の前に学生に文法説明を読ませ、しっかり予習をさせるようにする。ただし、学習環境により予習が困難な学生もいるので、このような場合は、導入・説明を一通り授業で行ったほうがいい。

(2) 指導例

ここでは例として第11課の指導案を挙げる。各文法項目の導入方法、練習の注意点等は各課の説明で詳しく取り上げているので、参照してほしい。

1時間目
- 「～たいです」「～たくありません」の導入と説明、練習ⅠのA・Bを行う。
- 「～たかったです」「～たくありませんでした」の説明と練習Cを行う。
  【宿題―ワークブックの第11課-1】

2時間目
- 「～たいです」の復習の後、「～たいと言っていました」「～たがっています」を説明。練習D・Eを行う。
- 「～たり～たりする」の導入と説明、練習ⅡのA～Cを行う。
  【宿題―ワークブックの第11課-2】

3時間目
- 単語テスト……単語リストから日本語→英語／英語→日本語を各5問ずつ、計10問
- 前回の復習……「～たい」や「～たり～たりする」
- 「～ことがあります」の導入と説明、練習ⅢのA・Bを行う。
  【宿題―ワークブックの第11課-3】

4時間目
- 前回の復習……「～ことがあります」
- 「Noun や noun」の説明、練習ⅣのAを行う。
- 会話Ⅰ……CDを聞かせ、内容についてQ＆Aを行う。その後、リピートさせ、発音を指導する。最後に応用として、ペアで会話Ⅰを部分的に変えて会話を作らせ、クラスで発表させる。
  【宿題―ワークブックの第11課-4】

5時間目
- 前回の復習「Noun や noun」
- 会話Ⅱ……会話Ⅱを練習した後、クラスで三人ずつのグループを作り、友だちを紹介する練習を行う。
- 会話Ⅲ……会話Ⅲを練習した後、自分の出身地についての会話をペアで作らせる。
  【宿題―教科書「まとめの練習」Cの準備】

6時間目
- まとめの練習Cをクラス全体で行う。
- 時間があれば、まとめの練習AやBも行う。
  【宿題―ワークブックの第11課-5)】

第1課の前に －ひらがなと「あいさつ」「第1課」の組み合わせ指導例－

『初級日本語 げんき』は「会話・文法編」と「読み書き編」から構成されており、「会話・文法編」では漢字にすべてルビが振ってあるので、コースの目的や授業時間数、授業形態などに応じて、「会話・文法編」と「読み書き編」の両方を同じクラスで扱う、別々のクラスで教える、漢字の学習はしない、など様々な使い方が可能である。しかし、どのような使い方をするにせよ、ひらがなとカタカナは読み書きできることが必要となっている。したがって、学習の最初期には、ひらがなの読み書きの導入・練習と「あいさつ」及び第1課の学習を並行して行わなくてはならない。学習者の負担が過度にならないよう、注意する必要がある。

学習の最初期のクラス構成としては、

(1)「あいさつ」や第1課の学習より先にすべてひらがなの学習を終わらせる
(2) 第2課まで付してあるローマ字表記を利用して、ひらがなの指導を後回しにする
(3) 一回の授業の中で時間を分け、ひらがなの指導とあいさつや第1課の学習項目を組み合わせて運営していく

などのやり方が考えられるが、ここでは(3)の一例を示す。ここで示した所要時間はあくまでも目安であり、ひらがなの指導をもっと速くすることや、もっと徐々に行うことも可能であろう。

＊授業例

1回目の授業（目標：ひらがなの認識）

基本46文字が認識できるところまでを目標にする。五十音図の順番に、暗記の助けとなるような絵を見せたり、話を作って見せたりしながら導入する（本書「読み書き編」p.111参照）。時間の都合によって、46文字を前後半に分けたり、三列ずつぐらいに分けて導入してもよい。その時間の目標として選んだ範囲の文字の導入が一通り終わったら、クラスを小人数のグループに分け、読み書き編の指導例にあげた「トランプ並べ」や「かるた取り」のようなアクティビティをさせることができる（本書 p.111 第1課「その他の教室活動例」2・3参照）。46文字を導入したその授業内で、それらをすべて覚えることは無理なので、この段階では、わからなければ常に五十音図などを参照するように指導する。

この時間中に、文字とは関係なく、あいさつ等の表現をいくつか導入することも可能である。

【宿題―オンライン教材などで、各文字を見て、その発音がわかるかなどをチェックする】

2回目の授業（目標：ひらがなを書く）

フラッシュカードを見せたり、五十音図を黒板に貼ってその中の文字を指し示したりして、認識できているかを確認した後、黒板に各文字をゆっくり書いてみせて、筆順を提示したり、間違えやすい点などを説明する。ワークブックのひらがな練習（読

み書き編・第1課 -1～5）で各自で何回か書く練習をさせ、机間指導をする。一通り練習ができた段階で、数人ずつ黒板に呼んで、読み上げたひらがなを書かせ、それが合っているか、形や筆順は正しいかなどについて指導する。読み書き編・第1課の練習 I - A・C・D などをすることもできる。

　　【宿題―オンライン教材などで筆順などを確認すること、及びワークブックのひらがな練習を仕上げてくる（例えばワークブック p.105～106（あ～と）】

3回目の授業（目標：濁音・あいさつ）

　フラッシュカードで提示したりディクテーションをしたりさせて、基本46文字の復習をした後、Japanese Writing System の 2 の濁音の項（p. ⑲）を学習する。清音のカードを黒板に貼り、その横に濁点のカードをかざして提示するとよい。

　この段階で、「あいさつ」のページに移り、単語レベルでひらがなを読む練習をする。あいさつの単語には、以下のような正書法の規則が含まれているので、まずそれらを学習する。

・濁音：あいさつの単語に多く含まれているので、上記のように、あらかじめまとめて導入しておく。
・「お」の長音を示す「う」：「おはよう」など、多く含まれている。「お・は・よ・う」ではなく、実際には「おはよー」と発音されることを教える。
・「ん」：「こんにちは」を「こにちは」と書いた場合の発音の違いなどを示す。この段階で聞き分けは難しいので、おおげさに発音してみせたりするとよい。
・「わ」と発音される「は」：歴史的な理由で、このように発音される場合があると説明する。第1課の表現ノート（p.17～18）にも説明がある。
・促音の「っ」：あいさつの範囲では「いってきます」「いってらっしゃい」に出てくる。「っ」が小さく書かれていることに注意を喚起し、それが「つ」の音ではなく、無音状態を示していることを説明する。「いて」と「いって」を少々おおげさに発音し分けてみせ、聞き取り・書き取りの練習をする。
・拗音の「ゃ」：「いってらっしゃい」に含まれている。「し・や」ではなく、それが縮約されて「しゃ」と発音されることを説明する。
・文末の「。」

　あいさつの指導をする際は、ただ言わせるだけでなく、おじぎなどの動作とともに練習させる。あいさつに関しては、p.6～7の絵を見ながら導入・練習した後、p.9の練習問題などで定着をはかる。練習問題はペアで、動作を交えながら発表させることもできる。

　　【宿題―ワークブックのひらがな練習の残りと「あいさつ」（ワークブック p.11～12)】

4回目の授業（目標：促音・拗音・長音など、第1課）

　読み上げたあいさつの単語を黒板に書かせたりして復習する。

「おはよう」などに含まれる長母音、「いってらっしゃい」に含まれる促音や拗音にもう一度注意を喚起した上で、Japanese Writing System の 3 ～ 5（p. ⑳～㉒）を学習する。規則を説明した後、以下のような練習をするとよい。

・これらの文字が含まれる単語をフラッシュカードにして読ませ、合わせて発音の指導をする。
・読み書き編・第 1 課の練習 I -B・E や、それらと同形式の練習問題。
・単語の一部を空欄にして、聞き取って書かせるシート。

　特に拗音の発音がなかなか思うようにいかない学習者も多いので、発音の正確さについては、あまり高く目標を設定して学習者のやる気をくじくようなことはしないように注意する。

　基本文字、濁音などすでに学習した項目についても、一回行ったアクティビティを今度は五十音図などを見ずに行ったりして、自立を促していくことができる。
　徐々に第 1 課の学習を始める。
　【宿題―ワークブックのひらがな練習の残りと、学習を始めた部分のワークブック第 1 課の練習】

▶「会話・文法編」の指導

第1課　あたらしいともだち

> **この課の目標**
> - 数字（1～100）
> - 時間――――――――――今、何時ですか。八時です。
> - 電話番号――――――――ロバートさんの電話番号は852-1032です。
> - 助詞「の」―――――――私の先生
> - X は Y です―――――――私は学生です。
>
> ◇自己紹介をする
> ◇人の名前や仕事などを聞く

単語 (p. 12)　　第1課には ADDITIONAL VOCABULARY が入れてあるが、この単語は覚える必要はない。クラスで自分の国や専門などについて言いたい学生のためのリストである。

練習① すうじ［数字（1～100）］　(p. 20)

導入例　　　　　　数字カードを用意する。一つ一つ見せながら読み上げて導入する。

練習を行う上で　　0から100までの数字を導入しているが、この課で最低限必要なのは時間を
の留意点　　　　　言うための1から12までなので、学習者にとって負担が大きい場合は1から12までの導入でもよい。

その他の　　　　　1. かるた取り：数字を学習した後、三～四人のグループに分けて数字の
教室内活動　　　　かるた取りができる。教師が数字を読み上げ、その数字のかるたを取るのを競う。グループの中で一番たくさんかるたを取った学生の勝ち。
　　　　　　　　　2. ビンゴゲーム：『日本語コミュニケーションゲーム80』(CAGの会編／ジャパンタイムズ刊)の「2 数字ビンゴゲーム」を参考にするとよい。
　　　　　　　　　3. クラス全体で輪になり、教師が各学生に番号をつける。全員で手拍子を二回「パンパン」と打った後、教師が自分の番号と一人の学生の番号を言う(手拍子が二拍、数字が二拍で、全体で四拍子になる)。番号を呼ばれた学生は、手拍子の後すぐ、同じように自分の番号と他の学生の番号を言う。自分の番号を呼ばれているのにすぐ反応できない場合、罰1となり、罰3になった学生には罰ゲームをさせる（歌を歌うなど）。

練習Ⅱ　じかん［時間］　(p. 21)

導入例　　　　　時計を用意し、いろいろな時間を見せながら「今、○時です」と導入する。時計は、紙の皿などを用いて作ることができる。

文法上の留意点　1.　「四時」「七時」「九時」の読み方に注意する。
　　　　　　　　2.　「午前」「午後」が数字の前にくることに注意する。

練習を行う上で　1.　練習Bは、「今飛行機に乗っていて地図の都市に向かう。今それらの都の留意点　　　　市では何時かを知りたいので乗務員に聞きなさい」というような状況を与えてやると、より現実味が出る。また、都市も学習者に応じて学習者のなじみのあるものに変えてもよい。
　　　　　　　　2.　時間については「～時半です」がスムーズに言えるようになることを当面の目標とする。時間の余裕がある場合は、課の終わりにあるコラムを参考にして「～分」まで練習する。その場合、音変化などがあるため、まだ正確に言うのは難しいので、あまり発音の正確さを求めなくてもよい。この段階では時間を聞いてわかれば十分である。

練習Ⅲ　でんわばんごう［電話番号］　(p. 22)

導入例　　　　　自分たちの学校の電話番号や教師の電話番号などを板書し、読み上げる。

文法上の留意点　1.　電話番号を言う際、265-7734 の「-」は「の」と読むこと、「7」は「なな」、「4」は「よん」、「9」は「きゅう」、「0」は「ぜろ」または「れい」と読むことに注意する（表現ノートp. 18参照）。
　　　　　　　　2.　疑問文は「電話番号は何ですか」を取り上げているが、学習者の負担が重すぎないようであれば、より自然な「何番ですか」を教えてもよい。

練習を行う上で　1.　練習Aをした後、自分の電話番号について言わせてもいい。
の留意点　　　　2.　練習Bは、ペアで読ませた後、各自の電話番号、Aのリストの電話番号などに置き換えて練習させるといい。

その他の　　　　学生が実生活で必要な電話番号（例：領事館、旅行社など）の聞き取り練教室内活動　　　習をする。

練習Ⅳ　にほんごの　がくせい［助詞「の」］　(p. 23)

導入例　　　　　例1.　学生Aに「Aさん、電話番号は何ですか」と聞く。学生Aの電話番号を板書し、「Aさんの電話番号」と言う。その後、自分や学校の電話番号を書き、「私の電話番号」「学校の電話番号」と導入する。
　　　　　　　　例2.　「U of Arizona」など学校の名前入りのTシャツを着ている人の絵を見せ、「アリゾナ大学の学生」と導入する。

▶「会話・文法編」の指導

文法上の留意点　1.　英語では所有格になる場合、後ろから of で係る場合、複合語になる場合などがあるが、日本語ではどれも「○○の××」の形になることに注意する。特に、「の」の前後を逆にしてしまう誤用に注意する。
　　　　　　　　2.　of が入っていても、大学の名前の一部などでは「の」にならない(「ロンドンの大学」ではなく「ロンドン大学」になる)ことに注意する。

練習Ⅴ　メアリーさんは アメリカじんです ［XはYです］ (p.23)

導入例　　　　　　p.24の絵と表を拡大コピーしたり、OHPで映し出したりして、みんなに見えるようにし、「メアリーさんはアメリカ人です」などと一つ一つ指し示しながら導入する。

文法上の留意点　専門を表現する「○○さんの専門は××です」という文型のみ、主題の部分が複雑になっている。これは英語で一番自然な "Mary is a Japanese major." という文型とも対応しないので、学生にとっては難しい。

練習を行う上での留意点
　1.　練習Bでは、「〜です」の否定形はまだ学習しないので「アメリカ人ですか」「いいえ、イギリス人です」のように答えさせる。
　2.　練習Bをした後、教師が質問をして学生に自分のことを言わせたり、学生同士ペアで互いのことについて質問させたりしたほうがいい。

練習Ⅵ　おとうさんは かいしゃいんです ［XはYです］ (p.25)

この練習は、練習Ⅴのバリエーションなので、時間に余裕がない時は省いてもよい。

練習を行う上での留意点
　1.　練習Aを行う前に、表を見ながら、「お父さん」や「会社員」などの単語を確認しておく。余裕があれば、単語リストの Additional Vocabulary を導入してもいい。
　2.　練習Bの後、学習者の家族やホストファミリーに関してペアで質問させるとよい。

練習Ⅶ　まとめの れんしゅう (p.27)

練習を行う上での留意点
　1.　練習Aは、学生数が少なかったりして、この練習を始める時点ですでにお互いのことがわかっている場合や、あまりクラスに多様性がない場合は、各々の学生に下記のような人物設定を与えて行ってもおもしろい。
　　　例) Tom Smith—American/20 years old/English Major/Senior
　2.　練習Bでは、教科書の例を参考にさせ、自己紹介の文を作らせる。できれば、暗記させてクラスの前で自己紹介させる。その際、お辞儀の仕方や、ポケットに手を入れて話してはいけないなど、日本でのマナーなどにも注意するとよい。

練習を行う上での留意点	1. 練習を行う前に、練習 A や B で使う物や建物の名前を確認しておく。 2. 「これ／それ／あれ」「この／その／あの」ともに、実物や物の絵を学生や教師のそばに置いて練習させたほうが、位置関係がわかりやすい。実物や絵で練習した後、教科書の練習をさせるといい。

練習Ⅲ　これは だれの かさですか［だれの］　(p. 45)

導入例	学生 A に本を借り、「これは A さんの本です」と言う。次に学生 B にも本を借り、「これはだれの本ですか」と質問する。学生から答えが出ればいいが、出なかった場合は教師が「これは B さんの本です」と言う。
練習を行う上での留意点	1. 練習 A を行う前に、学生の持ち物を使いながらクラス全体で「これはだれの〜ですか」「それは○○さんの〜です」を練習したほうがいい。 2. 学生に余裕があれば、「私のです」「○○さんのです」という表現（第10課）を教えてもいい。

練習Ⅳ　やまださんも にほんじんです［助詞「も」］　(p. 45)

導入例	クラスの学生 A と学生 B について共通することを言う。例えば「A さんはアメリカ人です」「B さんもアメリカ人です」や「A さんは一年生です」「B さんも一年生です」など。
文法上の留意点	「これは時計です。あれは時計もです」のような文が出ないように注意する。
練習を行う上での留意点	口頭練習した後、ワークブック（p. 22）で英語から日本語に訳す練習をしてもう一度確認するといい。

練習Ⅴ　メアリーさんは にほんじんじゃありません［〜じゃありません］　(p. 46)

導入例	練習 A の表を使い、「メアリーさんは日本人ですか」と聞く。「いいえ」という答えが出るので、「そうですね。メアリーさんは日本人じゃありません」と言う。同様に「メアリーさんは三年生じゃありません」なども使って導入する。
文法上の留意点	「アメリカ人ですか」という質問に対して「いいえ、じゃありません」のように名詞の部分なしで言ってしまう間違いが多いので、「アメリカ人じゃありません」となることに注意する。
その他の教室内活動	1. アクティビティ「私の番号は七じゃありません」→[巻末ワークシート❶] クラスを四〜五人のグループに分ける。学生一人ひとりにワークシートを配る。学生は指示に従って自分の好きな番号や単語を記入し、切り離す。各グループ内で、それぞれのカテゴリーについて、学生 A が選んだ番号や

▶「会話・文法編」の指導

単語を学生B〜Eが当て、当たったら、学生Aはその人にカードを渡す。次に学生Bが書いた番号や単語を他の人が当てる、という形で進める。

2. アクティビティ「私はだれでしょう」→［巻末ワークシート❷］

学生は有名人のリストから一人選び、その有名人になったと仮定する（だれにするかは教師が決めてもいいし、学生に選ばせてもいい）。他の人はその学生に、国籍、仕事、性別などを「〜ですか」と質問して、だれなのか当てる。定着度に応じて、クラス全体、グループ、ペアなど様々な形態で練習することができる。

練習Ⅵ　まとめの れんしゅう　(p. 48)

練習を行う上での留意点	会話について：練習AやBのように「会話」を参考にして会話を作らせる時は、ペアを作り、ペアで練習させた後クラスで発表させる。

会　話　(p. 30)

留意点・応用例	会話Ⅰを練習した後、実際の物を用意してより現実に近い状況で会話をさせる。

第3課　デートの約束

この課の目標
- 動詞（現在）────────── 食べます　飲みます
- 助詞「を」「で」「に」「へ」── 図書館で本を読みます。
　　　　　　　　　　　　　　　 八時に大学に行きます。
- 頻度を表す副詞───────── よくコーヒーを飲みます。
- 〜ませんか────────── 映画を見ませんか。

◇日課や習慣について話す
◇誘う
◇誘いを受ける/断る

練習Ⅰ　図書館で本を読みます　[Particles（を・で・に・へ）＋動詞（現在）]　(p. 65)

この練習では、動詞の辞書形から「ます」形への活用 → 助詞「を」を含む文 → 場所につく助

詞「で」を含む文→場所につく助詞「に」を含む文と段階的に導入・練習を行う。(時間につく助詞「に」については、練習IIで行う。)

導入例　　　　　●動詞の辞書形から「ます」形への活用
辞書形から「ます」形への活用の仕方を ru 動詞、u 動詞、不規則動詞に分けて説明する。
●目的語＋を＋動詞
練習Bの絵を使って「本を読みます」「テープを聞きます」「テニスをします」と導入していく。(場所の「で」「に」も同様に一つずつ導入していく。)

文法上の留意点　1.　動詞の辞書形については、活用の練習以外特に練習する必要はないが、動詞を覚える時、必ず辞書形を覚えることを強調する。
2.　「を」「へ」の発音・表記に注意する。
3.　この段階では「へ」と「に」が置換可能な動詞しか導入されない。練習では「に」が採用されている。
4.　助詞は、統語的にも音韻的にも、先行する名詞に付帯するものであることを、板書の際の分かち書きなどで示すとよい。動詞が助詞を選ぶという側面ばかり強調すると、「図書館でを勉強します」や「いいえ、を食べません」のように、目的語がない他動詞文にも「を」を用いるような誤用を引き起こしかねない。

練習を行う上での留意点　1.　動詞については初めて導入するので学習者の負担が大きくなりすぎないように数を限ったが、学習者の必要に応じ補足していってもよい。
2.　練習Aを行う前に、クラスでは、ru 動詞、u 動詞、不規則動詞を分けて活用の練習をする。辞書形を書いたカードを示してそれを見せながら定着するまで何回か練習するとよい。その後、練習Aのように三種類の動詞を混ぜたものへと発展させる。後の課で short form など動詞の新しい活用形を導入する際にも同様に、まず ru 動詞、u 動詞、不規則動詞を分けて練習してから、ru、u、不規則を混ぜて練習したほうがよい。
3.　練習Bの(a)をした後、学生に以下のように質問して練習するとよい。
　　教師：　Aさんはテニスをしますか。
　　学生A：いいえ、しません。
　　教師：　何をしますか。
　　学生A：サッカーをします。
4.　練習Bの(b)をした後、学生に以下のように質問して練習するとよい。また、ペアで練習させてもいい。
　　教師：　Aさんはどこで日本語のテープを聞きますか。
　　学生A：LLで聞きます。
5.　練習EのGuessing game は、はじめのうちは、やり方が把握しにく

	く、とまどうこともあるかもしれないが、ルール自体は案外簡単であり、すぐ慣れる。他の項目でも比較的容易にペアワークを作成することができるので、やり方を学生に把握させておくとよい。
その他の 教室内活動	アクティビティ「私は本を読みません」→ [巻末ワークシート❸] 助詞「を」をとる動詞を使ったアクティビティである。1～6の表現を使って、クラスの多くの人に質問をし、それに「はい」と答えた人の名前を記入していく。全部の質問に名前が記入できれば、終わり。ワークシートの右側には、答え方を指定してあるが、それを使わず、自由に答えさせてもよい。

練習Ⅱ　何時に起きますか ［日課］　(p. 68)

導入例	練習Aのようなスケジュール表を黒板に貼り、「私は七時に起きます／八時に朝ごはんを食べます……」と導入していく。
練習を行う上での留意点	1.　教科書の練習は「timeに」だけだが、「timeごろ」も教えてもいい。 2.　練習Aを行った後、「メアリーさんは午後七時に何をしますか／午後三時ごろ何をしますか」という質問をすることもできる。 3.　練習Bは時間の余裕があれば、一人だけでなく何人かの人にインタビューをさせるといい。

練習Ⅲ　コーヒーを飲みませんか ［～ませんか］　(p. 69)

導入例	「～ませんか」の意味を確認した後、学生Aに、「Aさんはテニスをしますか」と聞く。「はい」と答えたら、「じゃあ、土曜日にテニスをしませんか」と言う。
練習を行う上での留意点	練習Bを行った後、ペアで自由に会話を作らせる。

練習Ⅳ　毎日本を読みます ［頻度を表す副詞］　(p. 70)

導入例	例1.　練習Ⅰで使ったメアリーがテニスをしている絵に「everyday」と書いた絵を見せ、「メアリーさんは毎日テニスをします」、コーヒーを飲んでいる絵に「sometimes」と書いた絵を見せ、「メアリーさんはときどきコーヒーを飲みます」などと導入する。 例2.　動作の絵のほかにカレンダーを用意し、「メアリーさんは毎日テニスをします」といいながら、すべての日に○をつけて導入する。「よく～」なら半分ぐらい、「ときどき～」なら週に一回など、頻度がわかるように印をつけて示す（動作の内容によって、予想される頻度は異なる）。

文法上の留意点	「あまり/ぜんぜん」を使う場合、動詞が否定形になることに注意する。
練習を行う上での留意点	1. 練習を行う前に、練習Ⅰで使った絵を見せながら質問し、「毎日/よく/ときどき/あまり/ぜんぜん」を使って答えさせる練習をしてもいい。 （図書館で勉強している絵を見せながら） 　教師：よく図書館で勉強しますか。 　学生：いいえ、あまりしません。 2. 練習はペアでやらせてもいい。また、他の質問をお互いにさせてもいい。

練習Ⅴ　まとめの練習　(p. 70)

練習を行う上での留意点	1. 練習Aの応用として、「週末は何をしますか」などの質問を学生に作らせて、実際に日本人にインタビューするような宿題も出せる。 2. 練習Bは、動詞が導入されたことで日常生活についてかなり話すことができる。ここでは一文単位の発話ではなく、できるだけたくさんの文を言うように指示する。

会　話　(p. 54)

留意点・応用例	会話Ⅱを練習した後で、今度はp. 55の挿し絵だけ見ながら、会話を作らせてもいい。

第4課　初めてのデート

この課の目標

- ●Xがあります/います ——————— 火曜日にテストがあります。
　　　　　　　　　　　　　　　　　あそこに留学生がいます。
- ●XはYの前/上/中　です ————— 銀行は郵便局の前です。
- ●〜でした/〜じゃありませんでした ——— 一日は月曜日でした。
- ●動詞（過去） ————————————— きのう、友だちに会いました。
- ●助詞「も」 —————————————— 東京へも行きました。

◇物や場所の位置を聞く/示す
◇過去のできごとについて話す
◇過去の習慣について話す

練習① 大学があります ［Xがあります／います］ (p. 83)

ここでは(1) Thingがある／Personがいる、(2) Placeに〜がある、(3) Timeに予定などがある、の三つの練習をしている。

導入例
● Thingがある／Personがいる
教室にあるものを指しながら、「つくえがあります」「テレビがありません」「学生がいます」というように導入する。
● Placeに〜がある
住んでいる町や大学や国を例にとり、「この町にマクドナルドがあります」「この大学に銀行があります」と導入する。
● Timeに予定などがある
スケジュールを見ながら「月曜日にフランス語のクラスがあります」などと平叙文で言い、物や人以外にも「ある」を使ってできごとの有無を表わせること示す。

文法上の留意点
1. 日本語では、生物には「います」、無生物には「あります」を使うことを、初めにしっかりと理解させる。
2. 「〜があります」の否定形「〜がありません」と「〜です」の否定形「〜じゃありません」とを混乱する学生がいる可能性があるので留意する。
3. 「時間表現＋に〜があります」の文型で曜日以外に発展させる場合は、時間表現に助詞「に」がつくか否かは第3課で論じたのと同じ原則によることを説明する。
4. 事物の存在の「ある」とできごとの有無の「ある」は厳密には違う動詞であると考えることもできる(「Placeでパーティーが<u>ある</u>」「Placeに本が<u>ある</u>」)が、ここでは一緒に扱っている。

練習を行う上での留意点
1. 練習Aを行う前に建物の単語を導入する。「何がありますか」「だれがいますか」などと質問したり、学生同士でペアを組ませたりしてもいい。
2. 練習Bはペアでさせることもできる。必要に応じて語彙を補う。

練習② 図書館はどこですか ［XはYの前／上／中です］ (p. 85)

導入例
文型を導入する前に「前／後ろ／となり／右／左／中／上」などの位置表現を学生に動作で表現させながら導入する（例えば、学生は「上」と言いながら指で上を指す）。その後、実際にあるものを用いて（例えばペンをつくえの上に置き）、「ペンはつくえの上です」と文型を示す。またAのような絵地図を黒板に書き、「郵便局は病院の前です」「病院はホテルと大学の間です」と導入してもよい。

文法上の留意点
1. この項目の練習をやっている時はうまくできていても、しばらく経つ

と、「図書館の前」の代わりに「前の図書館」等の誤用に逆戻りしてしまう学生が多いので、長期的な指導が必要である。
2. 建物などに関しては、「〜の後ろ」の代わりに「〜のうら」、「〜の前」の代わりに「〜の向かい」なども用いることがあるが、ここでは扱わない。汎用性の高い語にしぼって練習している。
3. ここでは「えんぴつはつくえの上です」のように「です」を用いる文のみ導入し、「えんぴつはつくえの上にあります」のように「にあります」で場所を示す文は扱っていない。
4. ここで練習する「つくえの上」のような位置表現と、先に導入した「ここにノートがあります」のような存在文を組み合わせれば「つくえの上にえんぴつがあります」のような文を作ることができるが、組み合わせそのものは練習しない。「上」「下」などの位置表現の単語が多いため、それらを習得することに集中させたい。
5. 「となり」と「よこ」の違いについては、同等の事物の位置を説明している場合は「となり」、違う場合は「よこ」になり、例えばクラスの学生を使って「スミスさんはジョンさんのとなりです」「かばんはつくえのよこです」などと説明をする（文法脚注5 p.79参照）。

練習を行う上での留意点	練習Aの地図などの場合、日本語話者に比べて、「どこから見て話しているのか」と視点の固定に強くこだわる学習者もいるので、あらかじめ視点を明確に示してから始めたほうがよい。また、人の並んでいる写真や、教室内の席順などを使う場合は、同じ配列でも、英語では"A is to the right of B"（写真を見ている人の視点からの表現）と"A is sitting on B's left"（座っている人の視点からの表現）などが可能である場合があり、混乱を招きやすいので注意する。
その他の教室内活動	1. ペアワーク「あなたの部屋に何がありますか」→ [巻末ワークシート❹] クラスをペアに分け、ワークシートを渡す。学生は、既習の単語の中から自分の好きなものを五つ選び、Room A（私の部屋）にそれを描き入れる。描き終わったら、相手に「○○さんの部屋に何がありますか」と尋ねる。そして、その品物それぞれについて「〜はどこですか」と尋ね、Room B（パートナーの部屋）の絵に相手の部屋を完成させる。一方が終わったら、役割を交代して同様に行う。そして、絵を見せあい答えを確認する。 2. 建物の名前を使い、「私の家のそばに〜があります」のように自分の家の近所について話し合いができる。その場合、この課の文型だけでなく、今まで学習した文型や語彙をできるだけたくさん使って長い文を話すように指導する。 　　例）私の家の前に喫茶店があります。よくそこでコーヒーを飲みます。ときどき、朝ごはんも食べます。

3. ペアワーク「新聞はどこですか」→［巻末ワークシート❺］
ワークシートを配り、ペアで、自分の絵に欠けている物がどこにあるか聞き、描き込ませる。

練習Ⅲ 先生は二十二歳でした ［〜でした/〜じゃありませんでした］ (p. 86)

導入例	「山下先生は大学の先生です」と現在形で言ったあと、「二十五年前山下先生は大学生でした」「先生じゃありませんでした」と過去形の肯定文、否定文を導入する（1980年など西暦で板書してもよい）。
練習を行う上での留意点	1.　練習Ｂの手順が飲み込みにくいようなら、単に相手の持ち物がいくらだったかを互いに聞く練習をしてもよい。 2.　過去の肯定形の練習として、第２課の練習Ⅰ-Ｃ (p. 41) を過去形にして再利用することもできる。

練習Ⅳ 月曜日に何をしましたか ［動詞（過去）］ (p. 88)

導入例	「よくハンバーガーを食べます」と現在形で言ったあと、「きのう」を強調してから、「ハンバーガーを食べました」と導入する。
練習を行う上での留意点	練習Ａをするときは、フラッシュカードなどを用いると、テンポよく練習することができる。

練習Ⅴ 子供の時よく本を読みましたか ［〜の時/よく/Past tense］ (p. 90)

「〜の時」という新しい表現を既習の頻度の表現とともに練習する。

文法上の留意点	1.　英語では同じwhenでも、日本語では疑問詞は「いつ」、接続詞は「時」と異なるので、誤った単純化が起こらないように注意させる。 2.　「あまり」「ぜんぜん」の文では肯定文にしてしまう間違いが多いので、否定にしなければいけないことを復習する。
その他の教室内活動	練習が終わったら、実際に学生が子供の時／高校の時よくしたこと、しなかったことについて話し合わせる。日本の子供／高校生と外国の子供／高校生との相違点が見られるかもしれない。

練習Ⅵ コーヒーも飲みます ［助詞「も」］ (p. 90)

導入例	まず、第２課で学習した「ＸはＹです」が「ＸもＹです」となる文を復習する。例えば練習Ｂのような絵を見せ「山本さんは学生です」「田中さんも学生です」と言う。その後、「東京に行きます」「広島にも行きます」と「は」以外でも「も」を使うことができることを示し、それぞれの助詞の場合について説明する。

文法上の留意点	助詞「を」「が」「は」は「も」で置き換えられるが、その他のものは「〜にも」「〜でも」となることに留意させる。
練習を行う上での留意点	1. 絵を使う練習よりも、練習Aのように字面を追う練習のほうがとっつきがいい。練習Aは、OHPなどにして、二つの文のどこが同じでどこが違うか、二つめの文のどこが変わるかを視覚的に示すのも手である。 2. どの部分に「も」をつけるかは定着しにくいので、ワークブックにある翻訳の練習などで復習するとよい。

コラム「日・週・月・年」[日付] (p. 95)

この課の最後にあるコラムを使って日付を導入する。日付は学習者にとってなかなか覚えられないので、毎日クラスのはじめなどに学生に聞いて定着をはかる。

会　話　(p. 72)

留意点・応用例	1. 会話Ⅰは課の最後まで待たずにしてもいい。また、会話Ⅰを練習した後で練習ⅡのAの地図を使って練習することもできる。 2. 会話Ⅱの応用として、学生がそれぞれメアリーとは違う一日を想定して、ホストファミリーと学生という設定で自由に会話の練習を行うこともできる。その際、実際にしたことを言ってもいいし、下のようなメモを黒板に貼って、それをもとに会話形式で一日のできごとを報告することもできる。学生同士で行うのが難しい場合は教師が聞き役になって、なるべく長く会話できるようにする。メモにない質問（例えば「デパートで何を買いましたか」など）をして会話を膨らませてもいい。

> went to a park
> went to a department store
> didn't eat lunch
> wrote a letter at a coffee shop

3. 会話Ⅲの練習の際は電話を用意し、会話をさせるといい。

第5課　沖縄旅行

> **この課の目標**
> - 形容詞（現在・過去）――――元気です　高くありませんでした
> - 好き（な）/きらい（な）―――日本語が好きです。
> - ～ましょう（か）―――――映画を見ましょう。
>
> ◇旅行について話す
> ◇誘う
> ◇郵便局で料金を聞く/切手を買う

練習① 高いです［形容詞(現在)］　(p. 105)

導入例　　高そうな時計の絵または写真を見せ、「この時計は10万円です」「この時計は高いです」と導入する。次に安そうな時計を見せて、「980円です」「この時計は高くありません」と否定形も導入する。同様にナ形容詞でも行う。

文法上の留意点
1.「きれいです」「きらいです」は、イ形容詞と混同しやすいので注意する。
2.「きれい」には beautiful と clean の両方の意味があることに注意する。
3. 否定形には「～ありません」と「～ないです」の二通りあるが、この教科書では「～ありません」を用いている。余裕があれば「～ないです」も練習してもよいが、その場合は学生が混乱しないように「～ありません」の形がしっかり理解できてから導入したほうがよい。
4.「いい」は不規則活用で、否定形は「よくありません」となることに注意する。
5. ナ形容詞については、「です」の前では「な」が落ちること、単語を覚える時に品詞を意識させるために「な」をつけて提示してあることを説明する。

練習を行う上での留意点　　形容詞については一般によく使うものを選択したが、学習者の必要に応じて補足するとよい。

その他の教室内活動　　ペアワーク「レストラン」→［巻末ワークシート❻］
ペアで今晩食事に行くという設定をする。三つのレストランのサービスや価格などについて各々が相手の持っていない情報を持っているので、その情報を交換させる。その際、例にあるような会話文を使って会話をさせる。

三つのレストランのすべての項目について情報を得た後、どのレストランで食事をするか決めさせる。また、どうしてそのレストランを選んだのか理由も考えさせる。

練習Ⅱ　高かったです［形容詞(過去)］　(p. 107)

イ形容詞とナ形容詞それぞれの過去の肯定と否定を同時に導入すると混乱するので、分けて導入するといい。教科書では練習Ⅱ-A前半がイ形容詞の過去肯定、後半がナ形容詞の過去肯定で、Bで否定形が提示されているが、教師の判断で、まずイ形容詞の肯定と否定を扱い、その後でナ形容詞を扱うなどという順番も可能である。

導入例　　　　●イ形容詞の過去肯定
「今日は寒いです」と言ってから「きのうも寒かったです」のように、わかりやすい形容詞で導入する。
●ナ形容詞の過去否定
練習Ⅰ-Cの(6)をきのう、(7)を今日として提示する。(7)を見せて「今日メアリーさんはひまです」と言った後、(6)を見せ、「きのうメアリーさんはひまじゃありませんでした」と導入する。

文法上の留意点　1.　否定形には「〜く／じゃありませんでした」と「〜く／じゃなかったです」の二通りあるが、クラスの練習では片方に統一し、このような言い方もあるぐらいの説明にとどめておく。
2.　「いいです」の過去形が「よかったです」「よくありませんでした」になることに注意する。

練習を行う上での留意点　1.　練習A・Bのほかに、基礎練習として次のようにフラッシュカードを使って練習をしてもよい。

（カード）

| 寒い |
教師：今日は寒いです。きのうも……
学生：きのうも寒かったです。

| 元気 |
教師：今日私は元気です。でも、きのうは……
学生：きのうは元気じゃありませんでした。

2.　練習Dの「私」の欄では、自分たちの休みについて会話文を作るように指示する。

練習Ⅲ　高い時計ですね［Adjective+Noun］　(p. 108)

導入例　　　　時計の絵を見せながら、まず「この時計は高いです」と復習する。次に「これは高い時計です」と言って導入していく。文の構造の違いを英語で"This watch is expensive"、"This is an expensive watch"と言ってもいいだ

▶「会話・文法編」の指導

ろう。ナ形容詞の場合、名詞の前に「な」が必要なことを説明し、同様に絵を使って「きれいな部屋です」と導入する。

| 練習を行う上での留意点 | 練習BはQ＆A形式なので、ペアで練習することもできる。 |

練習Ⅳ　魚が好きですか [好き(な)/きらい(な)]　(p. 109)

| 導入例 | 好き／きらいの度合の問題なので、いくつかの絵（チョコレート、テストなど）を見せながら、教師が表情豊かに「〜が大好きです／好きです／好きじゃありません。きらいです／大きらいです」と導入していく。 |

| 文法上の留意点 | 1.　好ききらいを強調する場合は「とても好き／とてもきらい」ではなく「大好き／大きらい」になることに注意する。
2.　「好き／きらい」は助詞「が」がくることに注意する。 |

| 練習を行う上での留意点 | 1.　練習Aは、教師がいくつか質問した後、残りをペアでさせてもよい。その時「好きでもきらいでもありません」のような表現があることを説明する。
2.　練習Bもペアで練習させることができる。Bの練習をする際、「どんな映画が好きですか」に対して「ロマンチックな映画」「アニメ」「SF」などの表現や「どんな食べ物が好きですか」に対して「日本料理」などの表現を学生の必要に応じて適宜教える。
3.　また練習Bを発展させて、ペアで質問に続けて「〜ませんか」を使って「誘う」会話を作らせることもできる。
　　例）A：どんな食べ物が好きですか。
　　　　B：イタリア料理が好きです。
　　　　A：駅のそばにおいしいイタリア料理のレストランがあります。週末行きませんか。
　　　　B：いいですね。 |

| その他の教室内活動 | アクティビティ「どんな人が好きですか」→ [巻末ワークシート❼]
練習Bをした後、ワークシートを使い、学生たちの好きな人について話し合わせることができる。まず、自分が彼／彼女に一番求める条件を選ばせ、それと同じ答えを持つクラスメートを二人探させる。 |

練習Ⅴ　映画を見ましょう [〜ましょう/〜ましょうか]　(p. 110)

| 導入例 | 授業がキャンセルになったので、クラスみんなで何かをするという設定にする。そして、「コーヒーを飲みましょう」「昼ごはんを食べましょう」などと導入していく。 |

文法上の留意点	英語の"Let's not～"にあたる表現はないことを説明する。
練習を行う上での留意点	1. 練習Aは、絵やフラッシュカードで提示してもよい。 2. 練習Bは、誘いに対する応答として「そうしましょう」だけに限らず、自由にいろいろ作らせてもよい。 　例）A：この宿題は難しいですね。先生に聞きましょうか。 　　　B：でも、先生は今忙しいです。 　　　A：じゃあ、日本人の友だちに聞きましょう。

練習Ⅵ　まとめの練習　(p. 110)

練習を行う上での留意点	1. 練習Bは、あらかじめ指示しておいて、準備してこさせる。できるだけ既習の単語や文型を使って話を作らせるようにする。未習の単語は、発表前に申告させて、板書しておいてもよい。 2. 練習Cをする場合、学生に自由に会話をさせてもよいが、その前に教師側から下記のようなタスクを与え練習させてもスムーズにできる。 　⑴ Buy three 70-yen stamps and five 50-yen stamps. 　⑵ Buy ten 70-yen stamps and ten 50-yen stamps. 　⑶ Buy one 110-yen stamp and four 50-yen stamps. 　⑷ Buy three 110-yen stamps and two 50-yen stamps.

会　話　(p. 96)

留意点・応用例	1. 会話Ⅰを練習した後、雪山や海などのポスターを貼り、その場所にいるという設定で会話を作らせる。 2. 会話Ⅲのたけしになって、話の続きを作らせてもいい。

第6課　ロバートさんの一日

> ## この課の目標
>
> - 動詞 te-form ──────── 食べて　読んで
> - 〜てください ──────── 起きてください。
> - 〜てもいいです ──────── 本を借りてもいいですか。
> - 〜てはいけません ──────── クラスで寝てはいけません。
> - te-form による接続 ──────── 朝起きて、コーヒーを飲みます。
> - 〜から ──────── 急いでください。時間がありませんから。
> - 〜ましょうか ──────── 窓を開けましょうか。
>
> ◇頼む
> ◇許可を求める/許可をする
> ◇規則について話す
> ◇手伝いを申し出る
> ◇理由を言う

練習Ⅰ　窓を開けてください ［〜てください］　(p. 123)

導入例

- *Te*-form の導入
  Te-form の導入は、ワークブックにある表を使いながら、*ru* 動詞、*u* 動詞、不規則動詞に分けて順番に説明し、同時に学生に表を埋めさせる。
- 「〜てください」の導入
  「今日は暑いですね」と言いながら動作も使って窓を開けてほしいことを示してから、窓のそばにいる学生に「窓を開けてください」と言う。また「本の10ページを見てください」などわかりやすい表現を使って「〜てください」の意味を推測させる。

文法上の留意点　「行く」の *te*-form が規則の例外であること、「かえる」「はいる」が *u* 動詞であることなどに注意する。

練習を行う上での留意点

1. *Te*-form は定着に時間がかかるので、最初は *te*-form の表を適宜見ながら練習してもいい。
2. "Battle Hymn of Republic" は日本では「権兵衛さんの赤ちゃんがかぜひいた」で知られている。
3. 練習 D はクラス全体、またはペアでする。他の動作の絵を使って増やしてもよい。
4. 練習 E をする際、まず教師が一つ、二つ指示（たばこを吸ってくださ

第6課 ◀ 37

い、寝てください、など）をして学生にその動作をさせてから、ワークシートを渡してペアでさせてもスムーズに行く。→ ［巻末ワークシート❽］

| その他の
教室内活動 | ペアワーク「Te-forms」→ ［巻末ワークシート❾］
ワークシートをペアのそれぞれの学生に渡す。ペアで交互に、片方の学生が辞書形を言って、もう一人が te-form を言い、出題側の学生は答えが正しいかどうかをチェックする。単純なペアワークでも案外楽しく形の練習ができる。動詞の意味や活用の種別は、ヒントに使ってもよいことにする。学習者の自信の度合に応じて、教科書や板書の規則を見ながらやらせてもよい。最後に正答の数を数えて勝ち負けを決めたり、間違った問題をもう一度やらせたりする。リストに long forms も加えて復習を兼ねてもよい。 |

練習② テレビを見てもいいですか/テレビを見てはいけません ［〜てもいいですか／〜てはいけません］ (p. 124)

導入例	●「〜てもいいですか」の導入 練習Aのような、ホームステイをしていてホストファミリーに許可を求めるという状況設定をする。だれかが電話をかけている絵を見せて「電話をかけてもいいですか」という文を導入する。 ●「〜てはいけません」の導入 「〜てはいけません」が自然になるように、練習Cのような、厳しい親という状況設定や医者が患者に話しているという状況設定をする。「たばこを吸う」というカードまたは絵を見せて「たばこを吸ってはいけません」という文を導入する。
文法上の留意点	1．「〜てもいいですか」に対する答え方として、規則や特別に強く言いたい時以外は「〜てはいけません」を使わないように注意する（より適切な「〜ないでください」は第8課で導入）。 2．同様に「〜てもいいです」と答えるのも、規則や親から子供への許可のような場合が多く、それ以外は「ええ、どうぞ」「いいですよ」などの表現がよく使われる。
練習を行う上での留意点	練習Cをした後、医者との会話などの状況を設定して練習することができる。一人の学生に「〜てもいいですか」で質問させ、もう一人の学生に「〜てはいけません／〜てもいいです」で答えさせる。 　　学生1（患者の役）：スポーツをしてもいいですか。 　　学生2（医者の役）：ええ、してもいいですよ／いいえ、してはいけません。
その他の 教室内活動	1．学生の国と日本の18歳の人がしてもいいこと／いけないことを話し合う。例えば「たばこを吸う」「お酒を飲む」「ギャンブルをする」など。 2．ルームメート探し：アパートでしてもいいこと、してはいけないこと

を指定したタスクシートを渡し、同じ条件の人を探させる（同じ条件の人が必ず存在するように、また、あまり近くの人に同じ条件のカードが渡らないように注意すること）。『日本語コミュニケーションゲーム80』（CAGの会編／ジャパンタイムズ刊）の「37 ルームメイトさがし」が参考になる。

練習Ⅲ　朝起きて、コーヒーを飲みます [Describing two activities]　(p. 125)

導入例	練習Aの例のような「起きる」という絵と「コーヒーを飲む」という絵を見せながら、「朝、起きます」「そして、コーヒーを飲みます」と言い、その後「朝起きて、コーヒーを飲みます」と二つの文を一つにして導入する。
文法上の留意点	1.　*Te*-form には時制がなく、文末の時制によって解釈が決まることに注意する。 2.　二つの動詞だけでなく、それ以上の動詞も続けることができる。 3.　*Te*-form による接続には、時間的前後関係を含む並列のほかにも、単なる状況の並列、原因、手段、付帯状況などの解釈が与えられると考えられるが、ここではおおざっぱに時間的前後関係を含む並列としてとらえられるもののみを扱っている。
練習を行う上での留意点	1.　練習Aは現在形だけであるが、過去形の練習もしたほうがいい。 2.　練習Bが終わったら、学生に「今日、朝起きて、何をしましたか」「きのう、家に帰って、何をしましたか」などの質問をする。

練習Ⅳ　バスに乗ります。時間がありませんから。[〜から]　(p. 126)

導入例	買い物をしている田中さんの絵を見せながら「田中さんは今お金がありません」という状況を設定する。そして、「田中さんはたくさん買い物をしました」と絵を説明する。次に教師が「田中さんは今お金がありません。たくさん買い物をしましたから」と言って導入する。
文法上の留意点	1.　この時点ではまだshort formを学習していないので、「long form＋から」だけ練習する。教科書では「situation。reasonから。」の練習のみであるが、余裕があれば、「あまりお金がありませんから、朝ごはんを食べません」のような「reasonから＋situation。」の長い文を練習してもいい。 2.　文全体の語順が異なる言語の話者には、理由と結果を逆にした「テストがたくさんあります。今週が大変ですから。」のような間違いがよくあるので、ワークブックの翻訳の問題（p. 55）などで理解を確認していく必要がある。
練習を行う上での留意点	練習Aの後、「どうして日本語を勉強しますか」「○○さん、どうしてきのうクラスに来ませんでしたか」など、身近な質問を学生にする。

練習Ⅴ　テレビを消しましょうか　[～ましょうか]　(p. 127)

導入例	教室の窓を開ける。そして学生に「今みんなは暑いです」という状況設定をする。そして、教師が「窓を開けましょうか」と文型を導入する。文型の説明をした後、今度は窓を開け、教師が「とても寒いです」と言って学生に「窓を閉めましょうか」と言わせる。
文法上の留意点	「～ましょうか」は第5課で既習であるが、この課では"Let's/Shall we ～?"ではなく、重そうな荷物を持っているおばあさんに「荷物を持ちましょうか」と申し出るといった場合の"Shall I ～?"の意味で練習する。
練習を行う上での留意点	練習を行う前に教師がジェスチャーで「たくさんコピーがあります」「荷物をたくさん持っています」などの状況を与えて、学生に「～ましょうか」で文を言わせる。
その他の教室内活動	ドリル練習だけでは"Shall we ～?"と"Shall I ～?"の違いがわからないので、練習Aの後、下記のような状況を与えて、ペアで短い会話を作る練習をさせるとよい。 ⑴ You and your friend are in a room. Your friend looks cold. ⑵ You are walking up the stairs at a station. You see an old lady carrying heavy luggage in front of you. ⑶ You are at a temple. You see a couple. One of them is taking pictures of the other. ⑷ Your partner is very thirsty. ⑸ Your partner is going to have a party. ⑹ Your partner has trouble with Japanese homework.

練習Ⅵ　まとめの練習　(p. 128)

練習を行う上での留意点	練習Aはすべての状況について行う必要はなく、ペアで好きな状況を選ばせ会話をさせればよい。
その他の教室内活動	アクティビティ「ビンゴ」→［巻末ワークシート❿］ 学生にワークシートを配る。全員にワークシートとペンを持って、立たせる。学生同士質問させ、ワークシートにあるそれぞれの事柄をした人を探させる。その際すべて違う人でなければいけないことに注意する。ビンゴのように三つ並んだところの該当者が見つけられたら座るように指示する。また、だれが一番早く見つけることができるか競わせてもいい。

会　話　(p. 114)

留意点・応用例	会話Ⅲをペアで覚えさせて、実際に動作を交えてクラスで発表させる。

第7課　家族の写真

> **この課の目標**
> - ●～ている ────── テレビを見ています。　結婚しています。
> - ●人を描写する ────── 山田さんは髪が短いです。
> - ●形容詞 te-form ────── あのレストランは安くておいしいです。
> - ●助数詞「～人」 ────── この部屋に女の人が何人いますか。
> - ●～に行く ────── ○○に会いに東京に行きます。
>
> ◇家族や友だちについて説明する
> ◇人の服装や外見を描写する

練習① 何をしていますか [～ている]　(p. 142)

導入例　練習Aにある「テレビを見ている絵」を貼り、教師がメアリーに電話をかけるという設定で一人二役で電話をする。「もしもし、メアリーさん何をしていますか」「テレビを見ています」。その後、「メアリーさんはテレビを見ています」と板書して導入する。

練習を行う上での留意点

1. 第6課で学習した te-form を復習しておくと練習がスムーズにできる。
2. 練習Bは、そのままやらせると"I was going to school"のつもりで「午前八時ごろ、学校に行っていました」などの文を作ってしまう。あらかじめ、「～ている」で変化の結果を表す動詞（次の項で練習する）は使わないように指示しておくとよい。あるいは、わざと誤った文を作らせ、それを指摘しながら結果の「～ている」の説明に入っていってもよい。
3. 練習C用の文カードは本書巻末に用意した。→[巻末ワークシート⓫]
各学生に指示文を一つずつ配り、教室の前に出て、動作で表現させる。全体で始める前に、教師が写真を撮っている動作やコーヒーを飲んでいる動作をしながら、「今、何をしていますか」と聞いて当てさせ、ゲームの手順を示しておくとスムーズにいく。一番早く完全な文の形で言えた学生が勝ち、というゲームの形式にすることもできる。
4. 練習Cは、教科書のように全体ですることもできるが、ワークシートを使って、ペアで行うこともできる。→[巻末ワークシート⓬]

練習Ⅱ　お父さんはどこに住んでいますか［〜ている］　(p. 143)

導入例　　　　　「田中さんは去年結婚しました。今、結婚しています」と言って、「田中さんは結婚しています」と板書し、ここでの「〜ている」は練習Ⅰにおける動作の継続ではなく、状態の継続であることを説明する。

文法上の留意点
1. 変化の結果の状態の継続を表す「〜ている」を説明する時、動作の進行との違いを明確にするとともに、
　　結婚します／しています
　　結婚しません／していません
　　結婚しました／していました
というような文を比較して、「〜ている」と「〜する」とでどう意味が違うのかを確認したほうがよい。
2. 「〜ている」の形のうち、どの動詞が動作の進行を表し、どの動詞が変化の結果を表すかは考えても解決できない。学習者の母国語と日本語とで動詞の分類が異なる場合もあるし、日本語の中でも、同じ動詞が二つの意味にまたがって用いられたりするからである。だから、あまり理詰めで説明しようとするのでなく、単純化して覚えさせたほうがよい。
3. 継続動詞でも「まだ食べていません」のように「まだ＋否定」の場合は結果の存続を示す。これは第9課で触れる。
4. クラスでの家族の名称の導入については、この段階では、祖父母、両親、兄弟ぐらいの範囲にとどめ、それぞれの学習者の必要に応じてその他のものを教えたほうがいい。また、「弟さん」と「妹さん」以外は、自分の家族を表す場合でも「〜さん」の形が使えるので、それでもいいとすれば学習者の負担が軽くなる。

練習を行う上での留意点　　練習Aを始める前に「結婚しています」「〜に住んでいます」「〜に勤めています」の三枚のカードを見せながらこの三つの表現を何度か学生に言わせて練習したり、p.143の家族の絵、または課末のコラム「家族」(p.149)の表を使って、家族の呼び方を練習する。

練習Ⅲ　山田さんはやせています［Describing People］　(p. 144)

導入例
● 「parts of body が description」の導入
課末のコラム「体の部分」(p.148)を使って、体の部分の名前を練習する。その後、練習Aの絵、または写真（髪が長い人、髪が短い人、目が大きい人、目が小さい人、背が高い人、背が低い人）を見せながら、「山田さんは目が小さいです」「鈴木さんは目が大きいです」というように導入する。
● "to wear"（着ています／はいています／かけています）の導入
絵、またはいろいろな服を着ている写真を見せながら、「山田さんはセー

ターを着ています」「ジーンズをはいています」「吉川さんはめがねをかけていません」と導入する。

練習を行う上での留意点	1. 練習Aをする前に「parts of body が description です」「着ている／はいている／かけている」「太っている／やせている」の表現を別々に練習したほうがわかりやすいだろう。 2. "to wear"という動詞に関して、アクセサリー、ネクタイ、コンタクトレンズについてはどうなのかという質問もよく出るので、必要に応じて教えてもいい。同様に着ているものの名前に関しても必要に応じて教える。 3. 身体的特徴ばかり、くどく練習するのは考えものである。クラスメートや教師の心ない発言で学習者が傷ついたりしないよう注意する。 4. 練習Cのバリエーションとして、クラスにいる学生の一人について、着ているもの、背が高い／髪が長い／短いか、性格、国籍などについての説明をペアで書かせ、それを読んでだれのことかをクラスで当てるというようなゲームができる。
その他の教室内活動	1. 体の部分の名称を学習する場合、体を使わせると楽しく学習できる。例えば、教師が「目」「おしり」などと言い、学生が自分のその部分を指さす。慣れてきたら、ペアで同じことをする。また「〜が痛い」という文を導入し、教師が「頭が痛い」と言ったら、学生は頭を押さえて痛そうな格好をするというような練習ができる。 2. ペアワーク「何を着ますか」→［巻末ワークシート⓭］ 「着る」「はく」などの動詞の練習と、日常よく使うカタカナ語の紹介を兼ねた練習である。ペアで例のような会話文を使い、1～6のそれぞれの時に何を着るかという質問をお互いにさせる。その際、ワークシートにあげてあるものから選ばせてもいいし、学生の必要に応じて語彙を教師が与えてもいい。

練習Ⅳ 大学は新しくて、きれいです ［形容詞 te-form］ (p. 145)

導入例	「大きい」「にぎやか」の二枚のカードを見せながら、「東京は大きいです」「東京はにぎやかです」と言い、その後「東京は大きくてにぎやかです」と言う。板書して形の説明をする。次に形容詞の順番を入れ換え、「東京はにぎやかで大きいです」と言い、板書して説明する。
文法上の留意点	1. Te-form には時制がなく、文の最後によって現在形か過去形かが決まることに注意する。 2. 否定の te-form はこの時点ではまだ導入していない。
練習を行う上での留意点	1. 練習Aの文は、カードまたは絵を使って練習してもよい。 2. 練習Cはペアでさせることもできる。

第 7 課　43

　　　　　3.　練習 C をする時、「親切な」と「つまらない」のようにプラス評価のものとマイナス評価のものは te-form では結びつかないことに注意する。

練習Ⅴ　映画を見に行きます［Verb stem に行く］　(p. 146)

導入例　　　　　練習 A のような絵を見せて、教師が「スーさんは京都に行きます」「どうしてですか」と京都に行く理由に注目させてから、「スーさんは京都にかぶきを見に行きます」と言い、板書して説明する。

文法上の留意点　1.　目的地（「京都に」）と移動の目的（「映画を見に」）は順番を入れ換えることができるが、最初はどちらかに固定しておいたほうが混乱が少ない。
　　　　　　　　2.　「スーさんは図書館で本を借りに行きます」のように目的地に「に」の代わりに「で」を使ってしまうような誤用に注意する。

その他の　　　　ペアワーク「何をしに行きますか」→［巻末ワークシート⓮］
教室内活動　　　学生はペアになり、ワークシートを見ながら下のように質問し情報を交換させる。
　　　　　　　　　　A：メアリーさんは何をしに家に帰りますか。
　　　　　　　　　　B：ごはんを食べに帰ります。

練習Ⅵ　この部屋に女の人が何人いますか［助数詞「～人」］　(p. 146)

導入例　　　　　まず、文法 5 の Counting People のリスト（p. 141）を見ながら、一通り教師の後について読ませる。その後、疑問詞の「何人」という表現を導入し、「クラスに男の人が何人いますか」「兄弟がいますか」「何人いますか」というように質問していく。

練習を行う上で　1.　「ひとり」「ふたり」だけ不規則になることに注意する。また、この二の留意点　　　つは音も間違えやすいので、何度も言わせたり聞かせたりして練習する。
　　　　　　　　2.　練習を行う前に、「ひとりもいません」という表現を導入しておくとよい。

練習Ⅶ　まとめの練習　(p. 147)

練習を行う上で　練習 B をする時は、学生にあらかじめ準備させておく。会話Ⅰを応用しての留意点　　　ペアで会話をさせてもよい。

会　話　(p. 132)

留意点・応用例　1.　自分の家族写真をペアで見せあって、会話Ⅰのように質問とコメントをしあってもいい。
　　　　　　　　2.　会話Ⅱを応用して、友だちを誘う会話をペアでする。その際、最初の一行をそのまま使って、後は自由に作らせるといい。

第8課　バーベキュー

この課の目標

- Short form（現在）————学生だ　高くない　行かない
- くだけた話し方————よく魚を食べる。
- 〜と思う————メアリーさんはきれいだと思います。
- 〜と言う————メアリーさんは忙しいと言っていました。
- 〜ないでください————食べないでください。
- Verb のが好き————音楽を聞くのが好きです。
- 助詞「が」————私が日本人です。
- 何か/何も————何か食べましたか。/何も食べませんでした。

◇考えを述べる
◇人から聞いたことを他の人に伝える
◇旅行・パーティーなどの予定を立てる

練習Ⅰ　Short Forms［Short form（現在）］　(p. 161)

導入例	まず、short form は、informal speech や「〜と思う」「〜と言う」などの文型の一部として使用するというように、どんな時に使うかを説明する。その後、ワークブックにある活用表（p. 65）を使って活用を説明する。
文法上の留意点	Short form の活用では、動詞については、不規則な「ある」→「ない」、ア行からワ行に移る「かう」→「かわない」などに注意する。形容詞については、「かっこいい」は「いい」→「よくない」と同様「かっこいい」→「かっこよくない」となるが、「かわいい」→「かわいくない」であることに注意する。
練習を行う上での留意点	1.　練習Bをする前に、イ形容詞、ナ形容詞、名詞に分けて活用を練習する。 2.　クラスで記入した活用表は毎時間持ってくるように指示し、教科書の練習をする時、必要に応じてそれを見ながら練習してもいいとする。
その他の教室内活動	ペアワーク「Short Form Negative」→［巻末ワークシート❶］ 第6課の te-form の練習と同様に、ワークシートをペアのそれぞれの学生に渡し、ペアで交互に動詞の辞書形を言って、相手が否定形を言う。お互いに正しく答えられているかチェックしあう。te-form の復習もさせる。

練習Ⅱ　Informal Speech［Short form（現在）／くだけた話し方］　(p. 161)

導入例	教師と学生は友だち同士と設定する。そして「よくすしを食べる？」「今日買い物をする？」のようにinformal speechで質問をして、下の例のように「うん」「ううん」を使って学生に答えさせる。 　　教師：よくすしを食べる？ 　　学生：うん、食べる。／ううん、食べない。
文法上の留意点	後で学ぶ引用などと異なり、informal speechの文末では、名詞・ナ形容詞の「だ」が落ちることに注意する。また、疑問文では「か」をつけず、イントネーションが上がることに注意する。
練習を行う上での留意点	1.　練習Aをする前に、動詞のshort formの活用の復習をする。 2.　練習Bをする前に、形容詞・名詞のshort formの活用の復習をする。

練習Ⅲ　日本人だと思います［～と思う］　(p. 162)

導入例	学生の知っている人物（例えば、芸能人やスポーツ選手）について教師が「～と思います」を使って「ディカプリオはかわいいと思います。でも頭がよくないと思います」のように導入する。
練習を行う上での留意点	1.　練習に入る前に、練習に使う単語のshort formの復習をしたほうがいい。 2.　活用表を見ながら練習させてもよい。
その他の教室内活動	1.　ペアワーク「私はかっこいいと思いますか」→［巻末ワークシート⓰］ ワークシートを配り、ペアでお互いが自分のことをどう思っているか聞かせる。 2.　ペアワーク「将来のパートナーはどんな人？」→［巻末ワークシート⓱］ ワークシートを使い、将来の配偶者はどんな人か、ペアで話し合わせる。 3.　ペアワーク「二十年後は？」→［巻末ワークシート⓲］ ワークシートを使い、ペアでそれぞれの20年後について話し合わせる。

練習Ⅳ　メアリーさんは忙しいと言っていました［～と言う］　(p. 164)

導入例	教師が一人の学生に「元気ですか」「今日の夜、何をしますか」「忙しいですか」などと質問をして、その答えを「スミスさんは元気だと言っていました」と他の学生に言って導入する。
文法上の留意点	1.　日本語には時制の一致がないので、主文が「言っていました」のように過去の場合でも、引用元の発言が現在形でなされていたなら、従属節の時制は現在形のままであることに注意する。 2.　練習では「言っていました」を用いているが、「言いました」でもよ

い。「言っていました」は、まさに自分がその場にいて、その発言を聞いた、というニュアンスを持っている。「言いました」のほうは別にそのような含意はない。物語のように、話がどんどん進むような文脈では「言いました」のほうが適当であるが、会話では「言っていました」のほうがしっくりくる場合が多い。

練習を行う上での留意点	練習Aの9〜12は「天気予報<u>では</u>何と言っていましたか」と「では」としたほうが自然であるが、まだこの表現は習っていないので簡単するために「天気予報は何と言っていましたか」とした。
その他の教室内活動	アクティビティ「〜と言っていました」→［巻末ワークシート❶❾］ ワークシートにある質問をクラスメートにする。その際、質問ごとにパートナーを変えて、いろいろな人に聞くように指示する。後で「○○さんは〜と言っていました」とクラスで報告させる。

練習Ⅴ　食べないでください ［〜ないでください］　(p. 165)

導入例	クラスの中のよく英語を使っている学生、よく遅れる学生、宿題を忘れる学生を例にして、「○○さん、英語を話さないでください。日本語を話してください」「○○さん、遅く来ないでください」「○○さん、宿題を忘れないでください」と導入する。
練習を行う上での留意点	1.　練習に入る前にshort formの否定形の復習をする。 2.　練習は単文だけなので、余裕があればペアで下のような短いスキットに発展させる。 　　A：あの、ここは病院です。たばこを吸わないでください。 　　B：あっ、どうもすみません。
その他の教室内活動	先生やルームメート、家族にしてほしいことやしてほしくないことを「〜てください」「〜ないでください」の文型でリストさせる。親しい人には「ください」を省略させる。

練習Ⅵ　勉強するのが好きですか ［〜のが好きです］　(p. 165)

導入例	まず、絵を見せながら学生に「テニス／歌／料理／運転／日本語 が好きですか」などと質問して「名詞＋が好き／きらい／上手／下手 です」を練習する。次にテニスをしている写真（または絵）とテニスを見ている写真（または絵）を見せながら「テニスを見るのが好きです。でも、テニスをするのが好きじゃありません」と言って、文型を導入する。
文法上の留意点	1.　学習者は、必ずしも「名詞」「動詞」といった品詞の概念を確実に把握しているとは限らない。どんな場合に「〜が好きです」を使い、どんな場

合に「〜のが好きです」を使うかがなかなか飲みこめない場合があるので、注意する。
2. 英語のing形に引きずられて、*te*-formを用いたりしないように注意する。

練習Ⅶ　だれがイギリス人ですか［〜が］　(p. 166)

導入例　クラスで「だれが一年生ですか」と質問し、一年生の学生に手を挙げさせる。そして、「AさんとBさんが一年生です」と言って導入する。その際「が」を強調する。

文法上の留意点　「は」と「が」の違いは、母国語に同様な概念がない場合、理解がとても難しい。この段階の学生には詳しく説明せずに、教科書にある練習や説明程度にとどめておいたほうがいいだろう。

練習を行う上での留意点　練習Bをした後、ペアでクラスメートについて「だれが料理が上手ですか」などのやりとりをさせてもよい。

練習Ⅷ　週末、何もしませんでした［何か／何も］　(p. 166)

導入例　まず、「何か／何も」について文法説明をする。そして教師が田中さんの週末について下のように話し、後で学生に質問をする。
　　「田中さんは週末、パーティーに行きました。たくさんビールやお酒がありました。でも、何も飲みませんでした。カラオケがありましたが、何も歌いませんでした……」
　教師：田中さんは週末何かしましたか。
　学生：ええ、パーティーに行きました。
　教師：パーティーで何か飲みましたか／歌いましたか。
　学生：いいえ、何も飲みませんでした／歌いませんでした。

文法上の留意点　
1. 「何も」の時は否定形が続くことに注意する。
2. 英語では疑問文でanythingとsomethingのどちらも出る可能性があるので、混乱しないように注意する。
3. 疑問文における「何か」と「何を」の違いがわかりにくいので、下のような例で説明するといい。
　　何か食べましたか。(Yes/No question)　→　はい、食べました。
　　何を食べましたか。(WH-question)　　→　うどんを食べました。

練習を行う上での留意点　練習Bはペアでしてもいい。

練習Ⅸ　まとめの練習　(p. 167)

練習を行う上での留意点
1. 練習Bは、会話Ⅰを参考にして行う。
2. 練習Dをする際、「Cさん」「Dさん」の代わりに具体的な友だちの名前を使うように指示する。

第9課　かぶき

この課の目標

- Short form（過去）──── 学生だった　高くなかった　行った
- くだけた話し方──── 魚を食べた。
- ～と思う──── メアリーさんは子供の時元気だったと思います。
- ～と言う──── 子供の時遊んだと言っていました。
- ～から──── 旅行に行ったから、お金がありません。
- ～ている人──── 田中さんはあそこでギターを弾いている人です。
- まだ～ていません──── まだごはんを食べていません。
- 助数詞「～つ」──── コーヒーをひとつください。

◇過去のことについて考えを述べる
◇人から聞いたことを他の人に伝える
◇レストランや店で注文する
◇理由を言う

練習Ⅰ　Short Forms Past [Short form（過去）]　(p. 179)

形の練習ばかりだと飽きる学生もいるので、練習ⅠのAで動詞のshort formの練習を行った後、練習ⅡのAでshort formを使ったinformal speechを練習させ、その後Ⅰに戻り、形容詞・名詞のshort formを導入するというように練習の順番を変えてもよい。

導入例　　　　まず、第8課のshort formの現在形の導入時と同様に、どんな時にshort formの過去形を使うかを説明する。そしてワークブックの活用表 (p. 73)を使って活用を説明する。

文法上の留意点
1. Short formの過去形の活用で、動詞については、不規則な「行った」や「ある」の過去否定形「なかった」に注意する。
2. 形容詞については、「よくなかった」「かっこよくなかった」などが間違いやすいので注意する。

	3. ナ形容詞とイ形容詞の間で混同が起こらないように注意する。
練習を行う上での留意点	1. 練習Aをする前に動詞の種類別（u動詞／ru動詞／不規則動詞）の活用を練習する。 2. 練習Bをする前に、イ形容詞、ナ形容詞、名詞に分けて活用を練習する。 3. 第8課と同様、クラスで記入した活用表は毎時間持ってくるように指示し、教科書の練習をする時、必要に応じてそれを見ながら練習してもいいとする。 4. 練習A・Bの単純な活用練習は、第6課の練習Ⅰの「その他の教室内活動」（本書p. 37）同様にペアワークにすると楽しく行うことができる。

練習Ⅱ　Informal Speech ［Short form（過去）／くだけた話し方］　(p. 180)

導入例	第8課の練習Ⅱの導入と同様に、教師と学生は友だち同士と設定する。そして学生に「きのうすしを食べた？」「きのう勉強した？」など過去のことについて質問して導入する。 　　教師：きのうすしを食べた？ 　　学生：うん、食べた。／ううん、食べなかった。
文法上の留意点	名詞・ナ形容詞の現在形では「だ」が落ちたが、過去形では「だった」を落とさないことに注意する。
練習を行う上での留意点	1. 練習Aの前に、動詞のshort form（過去形）の活用の復習をする。 2. 練習Bの前に、形容詞・名詞のshort form（過去形）の活用の復習をする。その際に、イ形容詞、ナ形容詞、名詞に分けて行う。

練習Ⅲ　元気だったと思います ［〜と思う］　(p. 181)

導入例	「〜と思います」を使うことを指示して、第8課の練習Ⅲの導入と同様に学生のよく知っている芸能人やスポーツ選手などについて質問をし、答えさせる。 　　教師：エリザベス・テーラーは子供の時、かわいかったですか。 　　学生：はい、かわいかったと思います。 　　　　　いいえ、かわいくなかったと思います。
練習を行う上での留意点	1. いきなりlong formの質問から「short formと思います」へ変換するのは難しい。練習に入る前にshort formの過去形の活用をフラッシュカードで復習する。その際、「〜と思います」と一緒に練習してもよい。 2. Short formの活用表（ワークブックp.73）を見ながら練習させてもよい。

▶「会話・文法編」の指導

| その他の
教室内活動 | アクティビティ「〜だったと思います」→［巻末ワークシート⑳］
ワークシートを使って、リストから有名人を一人選び、その人についてどんな人だったかということをペアやグループで話し合わせ、文を作らせる。後でそれを教師または学生が読み、だれについてかを他の学生に当てさせてもおもしろい。有名人リストは、学習者の国籍、年齢、嗜好などを考慮して変えてもよい。クラスメート、同じ学校の教師や学生などを話題にすることもできる。 |

練習Ⅳ　子供の時遊んだと言っていました［〜と言う］（p. 182）

| 導入例 | 教師が一人の学生に「先週の週末、何をしましたか」と聞く。答えを聞いて、「スミスさんは先週の週末、友だちと買い物をしたと言っていました」と言って導入する。 |
| 練習を行う上での留意点 | 練習Ｂは、答えが出にくいようであれば、他の人物について言わせてもよい。 |

練習Ⅴ　めがねをかけている人です［〜ている人］（p. 183）

導入例	「歌を歌っている人」「コーヒーを飲んでいる人」「写真を撮っている人」の三枚の絵を学生に見せながら、「田中さんは歌を歌っています」「鈴木さんはコーヒーを飲んでいます」「佐藤さんは写真を撮っています」と教師が言う。その後、田中さんを探しているが田中さんを知らないという状況を学生に与え、「田中さんはどの人ですか」という疑問文を引き出す。それに対して教師が「田中さんは歌を歌っている人です」と答えて導入する。 　　学生：田中さんはどの人ですか。 　　教師：田中さんは歌を歌っている人です。
文法上の留意点	Short form はおしなべて名詞修飾に用いることができるが、ここでは「*te*-form＋いる」だけを練習する。より幅広い名詞修飾は第15課で導入される。
練習を行う上での留意点	練習を始める前に *te*-form の復習をしておくと練習がスムーズにできる。

練習Ⅵ　まだ食べていません［まだ〜ていません］（p. 184）

| 導入例 | 学生に「もう昼ごはんを食べましたか」と質問する。「はい」と答えたら教師が「もう食べました」と言う。「いいえ」と答えたら、「いいえ、まだ食べていません」と教師が言って導入する。 |

文法上の留意点	1. 否定の答えが「いいえ、まだ食べませんでした」にならないように注意する。また、「いいえ、まだです」という表現も教えてもいい。
2. ここでは取り上げないが、状態動詞の「ある」「いる」などは、「まだ＋否定」の構文でも「～ている」の形をとることがない。学習者から、そのような誤用が出るようであれば、第7課の動詞の分類（p. 136）にたち戻って説明するとよい。

練習Ⅶ　天気がいいから、遊びに行きます［～から］　(p. 185)

文法上の留意点	「～から」は第6課で既習の項目である。ここでは「から」の前に short form を使うことを説明する。
練習を行う上での留意点	練習Aでは、答えにいくつかの可能性がある。例えば、「試験が終わったから、学校を休みました／今はひまです」「旅行に行ったから、学校を休みました／今はひまです」などがある。つじつまがあっていれば、どちらでもよいことにする。

練習Ⅷ　まとめの練習　(p. 186)

練習を行う上での留意点	1. 練習Aをする際は、まず「単語」のNumbersの項（p. 173）を練習してから行う。
2. 練習Bは主に新出語彙の練習であるが、質問している時にパートナーの答えをメモにとらせ、後で「○○さんは～と言っていました」と報告させてもいい。

会　話　(p. 170)

留意点・応用例	会話Ⅰを練習した後、「かぶき」の部分を「野球」「映画」「ジャズ」などに換えて友だちを誘うスキットを作らせる。

第10課　冬休みの予定

この課の目標

- 二項比較 ——————— 新幹線よりバスのほうが安いです。
- 三項以上の比較 ————— 新幹線がいちばん速いです。
- 形容詞/名詞＋の ———— 大きいのをください。　これは私のです。
- 〜つもりだ ——————— 勉強するつもりです。
- 〜なる ————————— 大きくなりました。　きれいになりました。
- 助詞「で」（手段）———— バスで行きます。

◇予定を述べる
◇交通手段や所要時間を述べる
◇旅行代理店で予約する

練習① 電車のほうがバスより速いです［二項比較］ (p. 199)

導入例　アーノルド・シュワルツェネッガーとダニー・デビートなど、一目でわかるか、みんなが一致した意見を持っているような人や物を選び、黒板に写真を並べて貼る。まず、「アーノルドさんは背が高いです」「ダニーさんはあまり背が高くありません」のように、どのような点に着目しているか示した後、二つの写真の間に不等号（a＞b）を書き、「アーノルドさんのほうがダニーさんより背が高いです」のように比較の文を提示する。平叙文が理解されたら、それで答えられるような疑問文を導入する。

文法上の留意点

1. 日本語の比較文は、「どちら」と「どっち」、「のほうが」と「が」、「より」と「よりも」、さらに比較の主体と対象の語順の変換など、バリエーションが多い。多くのバリエーションを一度に提示しても混乱を招くだけなので、教師自身が教えやすいパターンにしぼって練習し、その他の可能性は言及するにとどめたほうがよい。

2. 比較の主体がトピックになっている場合は、「AのほうがBより」の代わりに「AはBより」のように「は」を用いることがあるが、ここでは「のほうが」だけを扱う。

3. ここでは、比較の主体に「が」を付加できるような文のみを扱い、「野球よりサッカーのほうをよく見る」のように「のほうを」などは導入していない。

練習を行う上での留意点

1. 練習Aの前や後に、絵や写真を見せて、同様の練習をもっと行うとよい。

2. 練習Bをペアで行わせる前に、Exampleを見て、「AもBも好き」のような、比較できない時に使える文型を確認しておく。問題にもクラス全員で簡単に目を通しておき、カタカナ語や新出単語などを理解しているか確認したほうがよい。

練習Ⅱ　新幹線がいちばん速いです［三項以上の比較］　(p. 200)

導入例　練習Ⅰの導入で使用したアーノルド・シュワルツェネッガーとダニー・デビートなどの写真に加えて、二人より背が高い（または低い）もう一人の人物（例：田中さん）の写真を黒板に並べて貼る。まず、「アーノルドさんのほうがダニーさんより背が高いです」「田中さんのほうがアーノルドさんより背が高いです」のように比較の文を提示する。そして、「この中で田中さんがいちばん背が高いです」と導入する。平叙文が理解されたら、それで答えられるような疑問文を導入する。

文法上の留意点
1. 二項比較のパターン（のほうが／より／どちら）と三項以上の比較のパターン（の中で／いちばん／どれ）を一緒に使うなど混乱しないように注意する。
2. 比較対象の種類によって、疑問詞に「だれ」「どこ」などが用いられることに注意する。
3. 比較対象となる集合の大きさや明確さによって、疑問詞が「どれ」になったり「何」になったりする（文法脚注3 p. 195参照）。

練習を行う上での留意点
1. 練習Aは二項比較と同じ絵を使うが、飽きないように別に資料を用意してもよい。また、学習者の様子に応じて、「この中で」の部分を「○と×と△の中で」のように広げたり、逆に、その部分を無視して「○がいちばん……」以降の部分に集中させたりする。
2. 練習Bは、疑問詞に何を使うかに注意する。特に、ペアになって質問しあう形式でさせる場合は、始める前にその点をクラス全員で確認しておくとよい。

その他の教室内活動　クイズショー：学生をペアに分ける。テレビのクイズショーのように二項比較、三項以上の比較の文の質問を教師が読み上げ、それぞれのペアに答えさせる。答えさせる際は、早いもの勝ちではなく必ず全部のペアに答えさせる。また、答えは練習のため文単位で答えるように指示する。一番正解が多いペアの勝ち。

　問題の例：
　・東京タワーとエッフェル塔とどっちのほうが高いですか。
　・日本とカリフォルニアとどっちのほうが大きいですか。
　・世界の川の中で何がいちばん長いですか。

練習Ⅲ　これは私のです　[形容詞/名詞＋の]　(p. 202)

導入例　「これは○○さんの本です」と「これは○○さんの＿＿＿です」という文をペアにして板書し、何が省略されているかを視覚的に示しながら、「これは××さんの本ですか」という質問に、「の」を使って答えさせる。形容詞についても、「赤いシャツをください」と「赤いのをください」を並べて書き、「の」が名詞に置き換わっていることを示した上で、「ここはＴシャツの店です。赤いシャツと黒いシャツがあります。どっちがいいですか」と聞き、「の」を使って答えさせる。

文法上の留意点　代用名詞の「の」自体は、構文的には簡単であるが、それを導入することによって、他の部分で誤用が起きないように注意する。例えば、形容詞で名詞を修飾する際、「大きいのかばん」のように「の」を入れてしまう間違いや、「の」が英語の one に単純に対応していると勘違いして "I don't have one" のように修飾を伴わない状況で「のがありません」のように用いたりする間違いがよく観察される。

練習を行う上での留意点　練習Ｂでは、問いは比較疑問文にも解釈できるが、答えには比較構文を用いず、単に「～をください」で通したほうがよい。なぜなら、比較構文に当てはめると、「冷たいののほうがいい」のように、「のの」という形を用いることになり、無用な混乱を招きかねないからである。

練習Ⅳ　見に行くつもりです　[～つもりだ]　(p. 203)

導入例　教師が「これは私のスケジュールです」と言いながら、今後の予定を日付や時間とともにいくつか黒板に書き写してみせる。それを指し示しながら、「私はあした、友だちに会うつもりです」と言って導入する。

文法上の留意点　1.　わざわざ「あした、会うつもりです」と言わなくても、「あした、会います」と言っても、ほとんど意味は変わらない。細かな意味の違いを論じるよりも、同じ主旨のことを言うのにもいろいろな方法があるという観点からとらえたほうがよい。「つもりです」の構文は、新たな文法項目というより、short form の現在形（肯定／否定）の復習という位置づけであるので、活用の復習に主眼点を置く。
2.　学習者に余力があり、現在形の活用に問題がないなら、「会うつもりでした」のように、本来の意図と実際の物事の進展が異なった場合を扱ってもよい。

練習を行う上での留意点　1.　練習Ａは、よくできる学生ほど、同じ曜日の二つの予定を *te*-form で結んで一つの文にしようとしたりする。しかし、例えば(6)と(7)の場合「友だちと晩ごはんを食べて日本語を勉強しないつもりです」のような不自然

な文になるので、学生には一つの動詞だけを用いるように指導したほうがよい。

2.　練習Bは、自分のことについて答える質問なので、理由などを言わせて、長い会話につなげるように指導する。ペアワークにして、後で「○○さんは〜するつもりだと言っていました」のような形で発表させてもよい。

練習Ⅴ　きれいになりました［〜なる］ (p. 204)

導入例　　　　　　掃除する前と後の二枚の写真を見せて「私の部屋はきれいじゃありませんでした。きのう、掃除しました。だから、部屋はきれいになりました」と導入する。

文法上の留意点　1.　ナ形容詞や名詞の場合の「に」をイ形容詞にも適用して、「眠いになる」のような誤用を引き起こしやすい。
2.　主文では、目の前で起こる変化をレポートするような場合には主語に「が」を、あらかじめ観察対象が決まっていたような場合には「は」を用いるのが自然である。
3.　英語話者の場合、現在完了形 "has become..." の "has" に引きずられて、「なります」のように現在形を使いたがることがある。そんな時は、現在○○な状態なら、「○○になる」という変化はすでに起こったものであるから、過去形を使うのだと説明してもいいし、訳自体を過去形 "became" にしぼってしまってもよい。

練習Ⅵ　自転車で行きます［助詞「で」］ (p. 205)

導入例　　　　　　例1.　教師が、自宅の位置、通勤経路や所要時間を例にとって、黒板に図示しながら導入する。
例2.　旅行ガイドなどで、有名な場所への行き方などを例にとって導入する。

文法上の留意点　1.　「○○から××まで」や「(交通手段)で」「かかります」のように、決まり文句さえ覚えれば簡単な項目である。
2.　「自転車とバスで」のような並列はできるが、片方が「歩いて」の場合はそのままでは並列ができない。どうしてもそのような文を作りたがる学生には、間に「それから」を入れるように指導する。「徒歩で」という語を導入してもよい。

練習を行う上での　学習者の大半が大学内の寮に住んでいる場合などは、練習Cはほとんど意
留意点　　　　　　味がなくなってしまうので、通学以外の設定に変える。

会 話　(p. 190)

留意点・応用例　　会話Ⅰの練習をした後で、下のような紙を配って会話をさせてもいい。

> A：○○さん、休みはどうしますか。
> B：＿＿＿＿か＿＿＿＿に行くつもりですが、まだ決めていません。
> 　　＿＿＿＿と＿＿＿＿とどっちのほうがいいと思いますか。
> A：＿＿＿＿＿＿＿＿＿＿＿＿＿＿＿＿＿＿＿と思います。
> 　　でも＿＿＿＿さんは＿＿＿＿＿＿＿＿と言っていました。

第11課　休みのあと

> ### この課の目標
> - ●〜たい　　　　　　　　　　　──ハンバーガーが食べたいです。
> - ●〜たり〜たりする　　　　　　──掃除したり、洗濯したりします。
> - ●〜ことがある　　　　　　　　──有名人に会ったことがありますか。
> - ●助詞「や」　　　　　　　　　──すしや天ぷらをよく食べます。
>
> ◇休みにしたことについて話す
> ◇友だちを紹介する
> ◇出身地を尋ねる/出身地について話す
> ◇子供の時の夢や将来について話す

練習①　ハンバーガーが食べたいです　［〜たい］　(p. 219)

導入例　　　　　　例1.　食べ物の話をしてから、「今何が食べたいですか」といった質問に持っていく。

例2.　「私はジャズが好きです」という状況を与えて、「ジャズのコンサートに行きたいです」と導入する。

文法上の留意点　　1.　イ形容詞の活用を復習するためにも、「〜たいです／〜たくありません／〜たかったです／〜たくありませんでした」の活用をしっかり練習する。

2.　英語の want を使った表現のように、「手伝いたい？」「うちに来たい？」などと、依頼や誘いの表現に「〜たい」を使ってしまう学生もいるので、注意する。

3. 「〜たがっている」を練習する際、目的格に助詞「が」を使えないこと、また活用は「verb stem＋たがっている」で、「〜た (short form past)＋がっている」ではないことに注意する。

練習を行う上での留意点	1. 練習Aは「〜たいです」「〜たくありません」の基本的な練習。もっと基本的な練習が必要な学生には、練習Aの前に、初めに動詞のみを与えて、それを「〜たいです」「〜たくありません」と変える練習をしてもよい（例：「読む」→「読みたいです」）。 2. 練習A・Cは、CD練習のために答えを指定してあるが、授業で使用する際はAやCの質問項目を使って、自由に学生に答えさせる練習をするとよい。 3. 練習Eでは、「〜たい」表現の人称制限について説明する必要があるが、この課で重要なことは自分の希望を述べることなので、無理に「〜たがっている」まで持っていかなくてもよい。学生のレベルに応じて、ペアでの「〜たい」の練習だけで終わってもよいし、パートナーの希望を「〜と言っていました」や「〜たがっている」を使って発表させる段階まで持っていってもよい。
その他の教室内活動	1. 「〜てもいいですか」と組み合わせた練習：ホストファミリーに自分の希望を伝え、許可をとる。例えば、テニスをして汗びっしょりになった絵を用意して「お風呂に入りたいです。お風呂に入ってもいいですか」と言う練習をさせる。 2. 否定形の練習：「今日は天気がいいです」という設定で「一緒に宿題をしましょう」、また「今日疲れています」という設定で「山に登りましょう」と聞いて、「天気がいいから、宿題をしたくありません」「疲れているから、山に登りたくありません」と否定形で答える練習をする。 3. 質問の練習：日本人の友だちが遊びに来て、案内することになったという設定で、その友だちに「何がしたいですか」「どこに行きたいですか」「何が食べたいですか」「どの映画が見たいですか」などと質問をする。

練習Ⅱ　掃除したり、洗濯したりします［〜たり〜たりする］　(p. 221)

導入例	例1. 「週末、何をしましたか」という質問に「本を読みました」「テレビを見ました」「友だちに会いました」等、単文で答えさせ、それを「〜たり〜たりする」を用いて言い換える。 例2. 練習Bのようないろいろな行動の絵を見せて、「田中さんは週末にたくさんのことをしました。掃除したり、洗濯したりしました」と言う。
文法上の留意点	1. 「たい」形を導入した直後ということもあって、「stem＋たり」と間違える傾向があるので、その点に十分注意を払うこと。u動詞の間違い（例え

ば「音楽を聞きたり」「温泉に行きたり」など）を聞きのがさないように心がける。

2. 「〜たりと、〜たり」と間に「と」を入れるのは、学習者がしやすい間違いの一つである。

練習を行う上での留意点	1. 練習BはAよりも少し自由に文を作らせる練習である。これ以外にもパーティーでいろいろなことをしている絵（踊る、話す、食べる、歌うなど）を見せて答えさせてもよい。 2. 練習Cの7〜9は今までの課の復習の要素を含んだ応用練習なので、クラスのレベルや時間に応じて授業で取り入れるかどうか決めればよい。
その他の教室内活動	1. 週明けの授業で、実際週末に何をしたか、ペアになって聞かせる。その場合、会話Iをモデルにすると、より長い会話へと導くことができる。 2. 「図書館で何をしますか」「飛行機の中で何をしましたか」など教師が質問を考えて、学生に「〜たり〜たり」を使って答えさせる。

練習Ⅲ 有名人に会ったことがありますか［〜ことがある］ (p. 222)

導入例	例1. 絵を用意して「メアリーさんは95年にパリに行きました。メアリーさんはパリに行ったことがあります」「けんさんはパリに行ったことがありません」のように対照的に導入する。 例2. 事前に学生の情報を集めておき、広島に行ったことがある学生の名を挙げ、「マイクさんは広島に行ったことがあります」などと導入する。
文法上の留意点	「〜たことがありました」と誤る学生がいるので、最後は現在形になることを確認する。
練習を行う上での留意点	1. 練習Aは学生自身の状況で発話させてもよい。例えば、「2. study French」で、フランス語を勉強したことがない学生には「フランス語を勉強したことがありません」と言わせる。 2. 練習Bは、会話例のように相手の答えに対して「どうでしたか」などと会話を発展させていき、より長い会話が行えるようにする。
その他の教室内活動	1. 経験した人にしかわからない質問を作り、クラスの中で経験者を探してその答えを見つける。例えば「中国はきれいですか」など。その答えを見つけるためにクラスメートに「中国に行ったことがありますか」と聞いて回る。経験者を探したら、その質問をして答えを得る。後でクラスで「○○〜さんは中国はきれいだと言っていました」と発表させることもできる。 2. 三〜四人のグループになって、グループ全員が体験した「おもしろいこと、珍しいこと」を三つ考え、後でクラスで発表する。

練習Ⅳ　すしや天ぷらをよく食べます　[助詞「や」]　(p. 223)

導入例　　　　　例1．本とえんぴつしかない絵と本とえんぴつ以外にもいろいろある絵を見せて「本とえんぴつがあります」と「本やえんぴつがあります」を比較する。

例2．「このクラスにはトムさんやミシェルさんがいます」と「このクラスにはトムさんとミシェルさんとジェーンさんと……がいます」を比較して、違いをわからせる。

文法上の留意点　助詞の間違いに注意する。「ゴルフやテニスや見ます」のような間違いをしやすい。最後の名詞の後には元の助詞がくることを再確認する。

練習Ⅴ　まとめの練習　(p. 224)

練習を行う上での留意点
1. 練習ＡとＣは比較的長い発話になるので、あらかじめ準備させて発表させてもよい。
2. 練習Ｂは学生の興味・経験により、教師が質問を作成して行ってもよい。

会　話　(p. 210)

留意点・応用例
1. 会話Ⅰを練習した後、以下のような紙を配り、会話をペアで作らせて発表させてもよい。

```
A：＿＿＿＿さん、久しぶりですね。休みはどうでしたか。
B：すごく楽しかったです。＿＿＿＿＿＿＿で、＿＿＿＿＿＿＿たり、
                        (place)
　　＿＿＿＿＿＿＿たりしました。
A：いいですね。私も＿＿＿＿＿＿＿＿＿＿＿＿たいです。
B：＿＿＿＿＿＿＿さんの休みは楽しかったですか。
A：まあまあでした。
```

2. 会話Ⅱを応用し、三人の中の一人が他の二人を引きあわせる会話をさせる。

第12課　病気

> **この課の目標**
> - ～んです ──────── どうしたんですか。
> - ～すぎる ──────── 食べすぎました。
> - ～ほうがいいです ──── 薬を飲んだほうがいいです。
> - ～ので ───────── いい天気なので、散歩します。
> - ～なくちゃいけません ── 七時に起きなくちゃいけません。
> - ～でしょう ─────── あしたは晴れでしょう。
>
> ◇病状を説明する
> ◇アドバイスをする
> ◇天気を予測する

練習Ⅰ　どうしたんですか［～んです］　(p. 236)

この項目は、学習者にとってどんな状況で使うべきかが把握しにくいので、説明を求められた時、理由を述べたい時など、練習に出てくるような主な場面で使えるようになる程度を到達目標としている。

導入例	例1. 頭が痛そうな顔をしている人（泣いている人でもいい）の絵を見せて、「どうしたんですか」と聞く。そして「頭が痛いんです」と答えて導入する。 例2. 「メアリーさんはあしたテストがあります」と状況を与える。そして、「メアリーさんはあした忙しいですか」という質問をして、「はい、忙しいと思います。あしたテストがあるんです」と答える。
文法上の留意点	1.　ナ形容詞と名詞の現在形の「～なんです」の「な」に注意する。 2.　過去形の時は、「～んでした」にならないようにする。 3.　この文法が導入された後は、何かを説明させたり、理由を言わせたりする時にはこの表現を使うように指導することが大切である。「～んです」はその形より、どんな状況で使うかが難しい。したがって、「～んです」を使えるときは積極的に使うよう、長期的に指導する必要がある。
練習を行う上での留意点	1.　Short form の活用がまだ定着していない学生もいるので、練習 A・B では活用が正しくできるかに注意する。 2.　練習 C・D は、話せるクラスなら、もう少し長いやりとりの会話をさせてもよい。

例）A：すてきな時計ですね。
　　B：日本で買ったんです。
　　A：高かったですか。
　　B：いいえ。……

その他の 教室内活動	1.　「ダイエットをしている」「ピザがきらい」「きのうもピザを食べた」などという状況を学生一人一人に与えておく。そして教師がピザの絵を見せて、「私が作りました。一緒に食べませんか」と誘う。そこで「ちょっと……。今ダイエットをしているんです」と断って説明する練習をする。学生同士でさせてもいい。 2.　「みんなはきのう授業をサボりました」という状況を与えて「○○さん、どうしてきのう授業に来なかったんですか」と聞き、「～んです」を使って言い訳をさせる。

練習Ⅱ　食べすぎました　［～すぎる］　(p. 238)

導入例	例1.　ビールを飲んでいる田中さんの絵を見せながら、「田中さんはビールをたくさん飲みました」と説明する。次に二日酔いで頭が痛そうな田中さんの絵を見せて、「田中さんはビールを飲みすぎました」と言う。 例2.　30万円と値札がついた時計を見せて、「この時計は高すぎます」と言う。
練習を行う上で の留意点	練習Bはペアで文を作らせて、後でクラスで発表させてもよい。
その他の 教室内活動	1.　高い車の写真を見せて、「買いますか」と質問する。「いいえ、買いません。高すぎるんです」と答えさせる。ここで「～んです」を使って答える練習も入る。その他、日本語の新聞、小さいセーターなどを見せて質問する。 2.　「○○さんはこの料理を全部食べました。今おなかが痛いです」と絵を見せながら説明する。そして「どうしたんですか？」と聞いて、「おなかが痛いんです。食べすぎたんです」と答えさせる。その他に「甘いものを食べすぎた（歯が痛い）」「コンピューターを使いすぎた（目が痛い）」など「～が痛い」の練習も兼ねる。

練習Ⅲ　薬を飲んだほうがいいです　［～ほうがいいです］　(p. 240)

導入例	例1.　学生に悪い点のテストを返して、「もっと勉強したほうがいいですよ」とアドバイスする。また否定形のアドバイスは、歯が痛い人に「甘いものを食べないほうがいいですよ」と導入する。

	例 2. 頭が痛そうにしている人の絵を見せて、学生の一人にその人の役をやらせる。 　　教師：どうしたんですか。 　　学生：頭が痛いんです。 　　教師：じゃあ、薬を飲んだほうがいいですよ。 と導入する。
文法上の留意点	学生は「食べるほうがいい」や「行かなかったほうがいい」などの文を作ることがあるので、肯定の時には過去形を、否定の時には現在形を使うことを確認する。
練習を行う上での留意点	練習 A では肯定か否定かによって動詞の活用を変えなければならないので、文の意味だけではなく、形にも注意させる。
その他の 教室内活動	学生に紙を配り、各自が抱えている問題を一つ書かせ、それを集める。教師がそれを読み上げ、他の学生にアドバイスを言わせる。その際、まずこの活動の手順を学生に説明して、あまり深刻であったり、個人的な問題が出ないように気をつける。

練習Ⅳ　いい天気なので、散歩します［～ので］　(p. 241)

導入例	実際に来週テストがあるという状況なら、「来週テストがありますね」と言い、「勉強しますか」と聞く。その後、「テストがあるので、勉強します」と導入する。
文法上の留意点	1.　ナ形容詞と名詞の現在形には「だ」ではなく「な」がくることに注意する。そこが「から」と違う点である。また「から」同様、理由と結果がひっくり返らないようにする。 2.　英語圏の学生には"because"で覚えるよりも"so"の語順で覚えるほうが混乱が少ない場合もある。
練習を行う上での留意点	練習 A は「ので」の前に short form を使って文をつなぐ練習。その後、練習 B や C などのように、前件または後件を自分で作る練習をさせる。時間があれば一文すべて作らせてもよい。
その他の 教室内活動	下に示したような文をカードにして、順番をバラバラにした上で黒板に貼る。適当なものを選び、「ので」を使ってつなげる練習をする。 　　魚がきらいです　　　　　　すしを食べません 　　パーティーをします　　　　あしたは友だちの誕生日です 　　かぜをひきました　　　　　学校を休みます

練習Ⅴ　七時に起きなくちゃいけません ［～なくちゃいけない］　(p. 242)

導入例	例1.　汚い部屋の絵を見せて、「あした彼女が来ます。今日掃除しなくちゃいけません」と言う。 例2.　「ので」を学習した後なら、「テストがあるので、勉強しなくちゃいけません」と導入してもよい。
文法上の留意点	「～なくちゃいけない」そのものの意味は何かと知りたがる学生もいる。"It doesn't work if you don't . . ."などと教えてもいいだろう。
練習を行う上での留意点	1.　練習Aでは、動詞の否定形の活用ができているかどうか注意する。また、「～なくちゃいけません」は言いにくいので、なめらかに言えるまで練習させる。 2.　練習Aの後「それでは○○さんは今日何をしなくちゃいけませんか」といった個人的な質問にもっていってもよい。 3.　練習Bは「～なくちゃいけない」を断りの理由を述べる時に使う練習。学生Aは、断られた後はまた別のことに誘うなどして、会話を長くさせてもいい。
その他の教室内活動	「ので」と組み合わせて「かぜをひいたので、薬を飲まなくちゃいけません」という練習をする。薬を飲んでいる絵に"You caught a cold"と書いた紙を貼って見せる。その他にも「ホストファミリーのお母さんが病気なので、晩ごはんを作らなくちゃいけません」などを出してもよい。また、「今晩遊びに行きませんか」という誘いに対して、「今日は都合が悪いんです。お母さんが病気なので晩ごはんを作らなくちゃいけないんです」と「～んです」で説明させることもできる。十分な基礎練習をやった後にレベルアップすること。

練習Ⅵ　あしたは晴れでしょう ［～でしょう］　(p. 243)

「～でしょう」には確認の質問（p. 235 文法説明の最後の部分）などいろいろな用法があるが、ここでの練習は天気の予想にしぼってある。

導入例	天気予報を拡大コピーしたものを見せる。「あしたの天気です」と言い、場所を指しながら、「あした、東京は晴れでしょう。大阪はくもりでしょう」と導入する。
練習を行う上での留意点	練習Bはペアワークでするほかに、『日本語コミュニケーションゲーム80』（CAGの会編／ジャパンタイムズ刊）の「21 あしたははれでしょう」を参考に、クラス全体でそれぞれがお天気レポーターになり、各地の天気を伝えるというふうにしてもよい。各地の天気を書いたシートを配り、それに従って言わせてもいい。

▶「会話・文法編」の指導

その他の 教室内活動	「○○さんは〜ので、〜でしょう」のパターンで、クラスメートについて文を作らせる。(例：スミスさんは頭がいいので、いい成績をもらうでしょう。)

練習Ⅶ　まとめの練習　(p. 244)

練習を行う上で の留意点	1.　練習Bはペアワークが終わった後に、教師が「月曜日に一緒に出かけますか」と聞き、「いいえ、月曜日は○○さんが〜しなくちゃいけないんです」と学生に答えさせて、答えが正確に言えているか確認する。 2.　練習Cでは応用としてコラム「健康と病気」(p. 246-7) を見ながら他の表現を使ってもよい。

会　話　(p. 226)

留意点・応用例	「たぶん食べすぎたんだと思います」の部分がわかりにくいので、「食べすぎたんです」と「と思います」のコンビネーションだということを説明したほうがいい。時間があればいくつかの他の例文も出してみる。泣いている人の絵を見せて、「どうしたんですか」「たぶん彼と別れたんだと思います」などと理由を考えて言わせてみてもいいだろう。

第13課　アルバイト探し

この課の目標

- ●可能動詞────────日本語が話せます。
- ●〜し────────物価が高いし、人がたくさんいるし
- ●〜そうです（様態）────おいしそうです。
- ●〜てみる────────東京に行ってみます。
- ●なら────────紅茶なら飲みました。
- ●頻度────────一週間に三日アルバイトをします。

◇電話をかける
◇会う約束をする
◇理由を述べる
◇できること/できないことを述べる

練習Ⅰ　日本語が話せます［可能動詞］　(p. 17)

導入例	「4,800円」と値札がついたジーンズの絵を用意する。メアリーとジョンがそれぞれ一万円と千円持っていて、「デパートにジーンズを買いに行きます」と状況を説明する。そこで「メアリーさんはこのジーンズが買えます」「ジョンさんはこのジーンズが買えません」と導入する。
文法上の留意点	1. 可能形はすべて *ru* 動詞で、否定形や過去形も *ru* 動詞の活用をすることを確認する。 2. 英語では "can understand" と言えるので「わかる」も可能形が作れると思いがちだが、「わかる」には可能形がないことも一言添えるといい。
練習を行う上での留意点	練習 E は「〜すぎる」の復習と可能動詞の過去形の否定形を使った練習なので、この練習の前に少し過去形の活用の練習をしておいたほうがいい。
その他の教室内活動	1. 「このクラスでバンドを作ります。だれが楽器ができますか。上手に歌が歌えますか」「このクラスでパーティーをします。だれがケーキが作れますか。上手に写真が撮れますか」など、状況を与えて、学生が自分のできることを自主的に言いやすいようにする。 2. シナリオドリル「飲みに行きました」→［巻末シナリオ集①］

練習Ⅱ　物価が高いし、人がたくさんいるし［〜し］　(p. 19)

導入例	人の写真か絵を学生に見せ、「この人はすてきです」と言う。そのあとで、すてきである理由を単文でリストアップする。例えば、「頭がいいです」「親切です」「料理が上手です」「外国語が話せます」など。その後、「この人は頭がいいし、料理が上手だし、すてきです」と「reason し、reason し、situation」の文を示す。
文法上の留意点	「〜し」の前には short form がくること、特にナ形容詞と名詞の時には「だ」を忘れないようにする。
練習を行う上での留意点	練習 B では、学生に合わせて、理由が出やすい状況を追加してみてもいい。例えば、「大学はいいですか」「その町に住みたいですか」などの質問ができる。
その他の教室内活動	1. 一つの場所を選ばせて観光案内をさせる。例えば、「京都に行ったことがありますか。京都はお寺がたくさんあるし、静かだし、とてもいい所です」と紹介する。 2. 商品を持ってきてコマーシャルを作ることもできる。例えば、「この教科書は、おもしろいし、絵がたくさんあるし、とてもいいです」など。

練習Ⅲ　おいしそうです［～そうです（様態）］　(p. 20)

導入例	ケーキの絵を見せて、「おいしそうです」「甘そうです」と導入する。
文法上の留意点	1.　名詞を修飾する時は「～そうな」と「な」が入ることに注意する。 2.　ここでは過去形を導入する必要はないが、導入する場合、過去形は「～そう」の前の部分ではなく、「～そうだった」と「です」が活用することに注意する。
練習を行う上での留意点	練習AやC以外にも、教師がいろいろな写真や絵を持ってきて、「～そう」を使って言わせてもよい。
その他の教室内活動	アクティビティ「ジェスチャーゲーム」→［巻末ワークシート㉑］ 一人の学生に「悲しいです」などと書いたカードを渡し、その表情をさせる。他の学生はそれを見て、「悲しそうです」と推測する。当たったら点を与える。グループ対抗にしてもよい。

練習Ⅳ　着てみます［～てみる］　(p. 22)

導入例	何かめずらしい食べ物を用意して、「おいしそうです。食べたことがありません。食べてみます」と言って食べる。他には「本を読んでみます」「靴をはいてみます」「服を着てみます」などの動詞でも導入できる。
文法上の留意点	「てみる」を「勉強してみます」のように"try to do"の意味で使いたがる学生もいるので、注意する。

練習Ⅴ　紅茶なら飲みました［なら］　(p. 22)

導入例	ギター、バイオリン、ピアノの絵を用意し、ギター、バイオリンには×、ピアノには○をつけておく。ギターの絵を黒板に貼り、「メアリーさんはギターが弾けません」と言う。同様にバイオリンの絵を貼り、「メアリーさんはバイオリンが弾けません」と言う。最後にピアノの絵を貼って「メアリーさんはピアノが弾けます」と言う。そして「メアリーさんは楽器ができますか」という質問をし、「メアリーさんはピアノなら弾けます」と答えて導入する。同様に「フランス語なら話せます」や「中国なら行ったことがあります」などで導入してもよい。
文法上の留意点	ここでは学習者にとって複雑にならないように、「になら」「でなら」のように「助詞＋なら」で言える時も、助詞はすべて省いてある。
練習を行う上での留意点	練習Aは経済や歴史のように対立概念を示すものであるが、練習Bのほうは上位概念（例：外国語）の具体例（例：ドイツ語）について述べるものである。練習Bでは例えば「外国語ができますか」の質問に対して「ド

イツ語なら話せますが、中国語は話せません」のような対立概念の否定部分を言わないことに注意する。

練習Ⅵ　一か月に一回床屋に行きます［頻度］　(p. 23)

導入例	例1.　スケジュール表（例えば第4課の練習C［第Ⅰ巻p.84］のようなもの）をクラスに持っていく。「たけしさんは月曜日にコンピューターの授業があります」「たけしさんは水曜日にもコンピューターの授業があります」と言い、「たけしさんは一週間に二回コンピューターの授業があります」と導入する。 例2.　学生の一人と以下のようにやりとりする。 　　教師：　Aさんは何時に寝ますか。 　　学生A：十一時に寝ます。 　　教師：　何時に起きますか。 　　学生A：六時に起きます。 　　教師：　Aさんは一日に七時間寝ます。
練習を行う上での留意点	1.　練習Aの前に、「一日」「二日」「三日」など日の言い方を練習しておく。 2.　練習B・Cでは、学生に余力がある場合は「一週間に何日学校に来なくちゃいけませんか」などの表現も織り交ぜることができる。
その他の教室内活動	学生に「一日に何時間ぐらい勉強するか／何時間ぐらいテレビを見るか」等の質問を考えさせ、身近な人にアンケートをとらせる。クラスでアンケートの結果について発表させる。

練習Ⅶ　まとめの練習　(p. 25)

練習を行う上での留意点	練習Cでは質問が出やすいように、雇う側にいくつか質問する項目をプリントで渡しておいてもいい。例えば、コンピューターが使えるか、外国語が話せるか、留学したことがあるか、働いたことがあるか、いつから来られるか、など。また、その学生を採用するかどうかの理由を「～し、～し」を使って述べさせることもできる。
その他の教室内活動	シナリオドリル「レストランで」→［巻末シナリオ集②］

会　話　(p. 6)

留意点・応用例	会話Ⅱの応用として、アルバイトの面接をする。面接中に(1)仕事を希望する理由（「～し、～し」）、(2)経験（「～たことがある」）、(3)能力（可能形－タイプができる、英語が話せる、など）を入れることができる。

第14課　バレンタインデー

> **この課の目標**
>
> - ほしい ——————————— 車がほしいです。
> - ～かもしれません ——————— 将来日本に住んでいるかもしれません。
> - あげる/くれる/もらう ————— きょうこさんにセーターをあげました。
> - ～たらどうですか —————— 家へ帰ったらどうですか。
> - も ————————————— 四時間も勉強しました。
> - しか ————————————— 三十分しか勉強しませんでした。
>
> ◇贈り物について相談する
> ◇提案する
> ◇推測を述べる

練習① 車がほしいです ［ほしい］ (p. 39)

導入例　　　　　例1. 古い車の絵を見せて、「私の車です。とても古いです。新しい車がほしいです」と言う。
例2. 「とても忙しくて疲れています。長い休みがほしいです」などと言う。
上記いずれの場合にも、理由を最初に言ったほうが「ほしい」の意味を連想しやすい。

文法上の留意点　1. よくある間違いとしては「ほしいでした」や「～をほしいです」などがあるので、「ほしい」の活用（否定形・過去形）、及び助詞の「が」に注意させる。
2. 「～をほしがっています」も練習させる時には、助詞が「を」になることを確認する。

練習を行う上での留意点　練習Ｄの比較表現は第10課で勉強したが、忘れている学生もいるので、この練習の前に全体で比較表現を復習しておいたほうがよい。

練習② あの人は学生かもしれません ［～かもしれません］ (p. 41)

導入例　　　　　「～かもしれない」の前にくる語句は品詞や時制にとらわれないので、導入文としては動詞、形容詞、名詞、現在形、過去形などいろいろなものを持ってきたほうがいいだろう。
　例1）今晩の天気予報の図を見せて（例えば曇りで降水確率が30％）、

	「今晩、傘を持っていったほうがいいです。雨が降るかもしれません」と導入する。
	例2）泣いている人の絵を見せて、その理由を推測してみせる。例えば、「彼と別れたかもしれません」と言う。その後、学生にも推測させてみる。
	例3）授業に来ていない学生の名前を挙げ、「○○さんがいませんね。今寝ているかもしれません。病気かもしれません」などと導入する。
文法上の留意点	「元気だかもしれません」「学生だかもしれません」などとならないように、名詞・ナ形容詞の現在形に「だ」がつかないことに注意させる。
練習を行う上での留意点	1. 練習AではCDの練習のために（maybe）（maybe not）と指定してあるが、教室では学生に自由に答えさせてもよい。 2. 練習Aをした後に、クラスの学生について「○○さんは忙しいですか」「○○さんはきのう勉強しましたか」などと質問し、他の学生に推測させてもよい。
その他の教室内活動	ある場所や人の写真、絵を見せて、どんな所か、あるいはどんな人かを学生に推測させる。『日本語コミュニケーションゲーム80』（CAGの会編／ジャパンタイムズ刊）の「30 これは何だと思いますか」に載っている絵や写真を使うこともできる。

練習Ⅲ　きょうこさんはトムさんにセーターをあげました [あげる/くれる/もらう]　(p. 42)

「あげる／くれる／もらう」の練習であるが、これら三つの動詞を一度に練習すると学生が混乱するので、一つずつ導入・練習を行うとよい。なお、「もらう」は第9課で既習である。導入の順番としては、さまざまなものが考えられるだろうが、以下に二例を示す。
- "Give"という概念を中心にすえる：まず「あげる」を扱い、次に"give me"の意味である「くれる」を扱う。これら二つの動詞の定着をはかった後に"receive"の「もらう」を扱う。
- やりとりの中での「私」の位置を中心にすえる：外向きの移動である「私がAにあげる」の定着をはかった後、すでに導入ずみの「私がAにもらう」を使って、内向きの移動についても練習する。次に「もらう」と同じ移動を「Aが私にくれる」を使って表す。最後に「AがBにあげる／もらう」を導入する。

導入例	●「あげる」の導入 実物を使って行う。例えば、「私はAさんに本をあげます」と言って、学生Aに本を渡す。「私がAにあげる」が定着した後、学生Aが学生Bに本を渡し、「AさんはBさんに本をあげました」と三人称同士のやりとりでも「あげる」が使われることを示す。

●「くれる」の導入

学生に「その本をください」と言って、本を渡させる。本を受け取って、「Cさんは私に本をくれました」と言う。他の学生に本を渡しながら「私はDさんに本をあげます」の文も聞かせ、動作を交えて、物が内に来る場合は「くれる」、外に行く場合は「あげる」であると覚えさせる。その後、学生の間で物をまわし、やりとりとともに「あげます」「くれました」で描写させる。

●「もらう」の導入

「くれる」と同様、学生から物を受け取り、「私はEさんに本をもらいました」と言って描写する。「くれる」の後に導入するのであれば、この文と「Eさんは私に本をくれました」という文を板書し、語順、助詞などに注意を喚起する。

文法上の留意点

1. 「私は」「私に」は実際には省略されることが多い。「あげる」「くれる」という二つの動詞があることによって、やりとりの方向性がわかるのだということを説明するとよい。

2. 身内など、心理的に近い人物がやりとりに加わる場合（例えば「田中さんが妹にチョコレートをくれました」など）はここでは扱わない。話者自身が関与するやりとりの表現に慣れることを目標にしている。

3. 「○○さんが／はくれる」「○○さんにもらう」など、助詞に気をつける。

4. この課では「さしあげる」「くださる」「いただく」「やる」は扱わない。「くださる」は第19課で、また「さしあげる」「いただく」は第20課で、敬語指導の一環として導入される。また、「やる」は第21課で、「ペットなどに与える」という意味の動詞として、語彙的に導入される。

練習を行う上での留意点

1. 練習AやCのように、教科書の絵を用いて練習することもできるが、教室では実物や絵カードなどを使って、学生同士で実際にやりとりをさせながら練習したほうが効果的である。そのほうが、自分から相手へ、相手から自分へ、という方向性がわかりやすくなる。

2. 練習Cは、「くれる」「もらう」のどちらを使っても言える。実物のやりとりでどちらか片方の動詞を練習した後に用いてもいいし、両方の動詞を練習した後に、Cのそれぞれのやりとりを「くれる」「もらう」両方を使って描写させてもよい。

3. 練習Eをやる際は、学生が「あげる」「くれる」ばかり用いて、「もらう」をあまり使わないこともあるので、「もらう」も積極的に使うよう、指導するとよい。

練習Ⅳ　家に帰ったらどうですか［〜たらどうですか］　(p. 45)

導入例	学生を一人選び、「○○さんはきのう飲みすぎました。今日は二日酔いです」と状況を説明する。そして「どうしたんですか」と聞いて、その学生が状況を説明した後「薬を飲んだらどうですか」と言って導入する。
文法上の留意点	1.　「〜たらどうですか」を安易に英語の"Why don't you 〜?"と置き換えると、"Why don't you call me?"や"Why don't you come to my house?"などの誘う、あるいは要求する表現と混同しやすいので、「〜たらどうですか」はアドバイスを与える時に使うことを指導する。 2.　否定（〜なかったらどうですか）も可能な場合があるが、「〜ないほうがいいです」を用いるようにする。
その他の 教室内活動	教師が学生にそれぞれ紙を配り、悩みを書かせる。それを回収し、クラスで読み上げ、「〜たらどうですか」を使って解決法を話し合う。

練習Ⅴ　四時間も勉強しました［も/しか］　(p. 46)

導入例	学生に「CDを何枚持っていますか」と質問をする。その答えを板書し、「AさんはCDを20枚持っています。Bさんは100枚も持っています。私は3枚しか持っていません」と三つの文を提示して比較する。その際、「も」を使った文の時はその数に驚いて見せ、「しか」の文では表情や「もっとほしいです」といった言葉で、少ないと思っていることを示す。
文法上の留意点	1.　「しか」に続く形は否定形だが、意味は肯定であることを説明する。 2.　自分の持ち物に関して「も」を使う時、例えば「Tシャツを20枚も持っています」などは、自慢気に聞こえることがあるので、使う場面を考慮する。 3.　「だけ」との違いは第11課の表現ノート（第Ⅰ巻 p. 217）を参照のこと。
練習を行う上で の留意点	「も」「しか」を導入・練習する前に、課末コラムのCountersの表（p. 49）を見ながら助数詞の練習、復習をする。その後、練習Aを行い、助数詞を使った文を練習する。その際には、「物＋助詞＋数量」の順序を定着させておく。
その他の 教室内活動	例えば、田中さんが車を三台持っている絵を提示して、「田中さんはお金持ちですか」と聞く。「はい、田中さんは車を三台も持っているので、お金持ちかもしれません」と答えさせる。新しい文法を繰り返し練習するだけでなく、既習の文法と組み合わせながら練習すれば、学生の言語能力のレベルアップにつながるだろう。その他、田中さんが友だちが一人しかいない絵を使って「田中さんは人気がありますか」と聞き、「いいえ、人気がないと思います。友だちが一人しかいないんです」と答えさせることもできる。

▶「会話・文法編」の指導

練習Ⅵ　まとめの練習　(p. 47)

その他の教室内活動　　シナリオドリル「自転車がほしいです」→［巻末シナリオ集③］

会話　(p. 28)

留意点・応用例

1.　会話Ⅰの「バレンタインデー」「いつも同じセーターを着ているから」「セーター」の部分を入れ換えて練習する。例えば、「○○さんは料理が好きだから」にすれば「料理の本」などが出るだろう。

2.　会話Ⅱは日常生活でよく使う会話なので、暗記させてクラスで実際に演技させるといい。その際、紙袋に入ったセーターを用意してそれを使って演技する。

3.　会話Ⅱの「セーター」の代わりに「クッキー」「指輪」「CD」などに換えて会話をさせてもいい。あるいは、学生の人数分の封筒に「手編みのセーター」「手作りのケーキ」「写真」などの絵を一枚ずつ入れたものを用意し、学生一人一人に配る。ペアでその封筒を交換させ、会話Ⅱのように話させる。

4.　シナリオドリル「けんさんの誕生日」→［巻末シナリオ集④］

第15課　長野旅行

この課の目標

- ●意志形　───────── コーヒーを飲もう。
- ●意志形＋と思っている ── 勉強しようと思っています。
- ●〜ておく　───────── お金を借りておきます。
- ●名詞修飾節　─────── 友だちにもらったみかん

◇友人を誘う
◇予定を立てる
◇物や人を詳しく説明する

練習①　コーヒーを飲もうか［意志形］　(p. 59)

導入例　　「食べよう」は「食べましょう」のcasual formであるということを示す。まず、山下先生とメアリーの絵を黒板に貼る。教師は学生役になり、二人を誘う。先生には「先生、アルバイトのお金をもらったから、一緒に晩ご

飯を食べましょう」と言い、メアリーには「アルバイトのお金をもらったから、一緒に晩ご飯を食べよう」と言う。

練習を行う上での留意点	練習Bを練習する時は下の例のように会話を広げてもよい。 　　　A：今日、何か予定ある？ 　　　B：ううん、別に。 　　　A：じゃあ、喫茶店でコーヒーを飲もうか。 　　　B：う〜ん、ちょっと……。 　　　A：近くの喫茶店は安いし、おいしいコーヒーが飲めるし、いいよ。
その他の教室内活動	デートしているという状況設定をし、意志形を使って会話を作らせる。例えば、まずバーの前で「入ってみようか」、バーの中に入って「どこに座ろうか」「何を飲もうか」「踊ろうか」「帰ろうか」「また来ようね」というような会話が考えられる。

練習Ⅱ　勉強しようと思っています［意志形＋と思っている］　(p. 60)

導入例	学生Aに、「Aさん、週末は何をしますか」と聞く。Aの答えを聞いて、「Aさんは週末に〜しようと思っています」と言う。「私は週末に〜しようと思っています」と自分の予定を言ってもよい。
文法上の留意点	「Short form＋と思います」と「意志形＋と思っています」の違いについて、学生から質問が出る場合がある。意志形を使う場合は話者が動作を「しよう」とする意志があり、意志形動詞の主体と「思っている」主体が同一である。一方、「short form＋と思います」では、通常「思う」のは話者だが、short formの動詞の動作の主体は必ずしも話者である必要はない。
練習を行う上での留意点	練習Dは学生に動作をさせながら歌わせると楽しい。

練習Ⅲ　お金を借りておきます［〜ておく］　(p. 62)

導入例	時間軸を示して導入すると「前もって何かをしておく」という意味であることがよくわかる。例えば、一週間のスケジュールを示して、「週末旅行に行きます」と言う。木曜日あたりを指して、「旅館を予約しておきます」と導入する。

```
水
木
金
土：旅行
日：旅行
```

▶「会話・文法編」の指導

練習を行う上での留意点	練習Aをさせた後、自分だったら地震の前に何をしておくか考えて言わせてもよい。
その他の教室内活動	グループで花見／紅葉がり／バーベキューなどに行くことを想定して、それぞれしてくることを決める（「お弁当を作る」「フィルムを買う」「地図で調べる」「ビデオカメラを借りる」などの表現を使うことができる）。

練習Ⅳ　京都で買った時計［名詞修飾節］　(p. 63)

導入例	「これは本です。きのう買いました」と言った後、「これは本です」と板書する。次に「これはきのう買った本です」と言いながら「きのう買った」の部分を板書に追加すると、文の構造がわかりやすく示せる。
文法上の留意点	1.　よくある間違いとして「私が作ったのケーキです」のように文と名詞の間に「の」を入れてしまうことが挙げられる。 2.　形容詞による名詞修飾と同じように、修飾される単語は最後にくることを強調する。
練習を行う上での留意点	1.　練習Aをした後、「日本で買ったかばん」のように自分の持ち物について語らせてもよい。文として発話させたい場合は「これは日本で買ったかばんです」のような文を練習Bを行った後で言わせてもよい。 2.　練習Cは文をつなげさせた上で文の意味を英語で言わせてもよい。
その他の教室内活動	1.　「これは写真です。私が夏休みにニューヨークで撮りました」と言って写真をチラッと見せる。そして、「これは、私が夏休みにニューヨークで撮った写真です」と言う。その後「見たいですか。じゃあ、聞いてください」と言って、「先生が夏休みにニューヨークで撮った写真を見せてください」と言わせる。その後、だれかが写真を見ている時、「○○さんは何を見ていますか」と聞いて、「○○さんは先生が夏休みにニューヨークで撮った写真を見ています」と言わせたり、いろいろな文の構成で練習させる。 2.　Show and Tell：学生に何か物をクラスに持ってこさせ、それについて名詞修飾節を使って説明させる。説明の後、他の学生はその物について質問する。（例：これは父にもらったぬいぐるみです。子供の時、毎日一緒に寝たり、遊んだりしました。）

会　話　(p. 50)

留意点・応用例	1.　Casual speechでの会話は学生も慣れていないので、適宜説明をしながら進めたほうがいい。 2.　会話Ⅰは「みちこさんに電話しておく」というメアリーの発話で終わっているので、メアリーがみちこに電話するというロールプレイを行うと、電話のかけ方の復習になる。

3. 会話Ⅰの応用としてペアで、一人がもう一人を何かに誘う会話を作らせる。
4. どこかの駅に着いたことにして、会話Ⅱの応用をする。その場合、有名な物、観光できる所を学生がある程度考えられる場所を挙げる。

第16課　忘れ物

この課の目標

- ●〜てくれる/あげる/もらう ———— 手伝ってあげます。
- ●〜ていただけませんか ———— 作文を直していただけませんか。
- ●〜といい ———— よくなるといいです。
- ●〜時 ———— かぜをひいた時、病院に行きます。
- ●〜てすみませんでした ———— 授業に来られなくてすみませんでした。

◇頼む
◇謝る
◇希望を述べる
◇なくした物について説明する

練習Ⅰ　紹介してあげます［〜てくれる/あげる/もらう］　(p. 82)

第14課の場合と同様、「あげる」を先に導入・練習し（練習A・B）、その後「くれる」「もらう」の導入・練習（練習C・D）に移る。

導入例　　　●「〜てあげる」の導入
　　　　　　練習Aのように病気の人の絵を見せ、「田中さんは病気です。熱もあります」と状況設定をする。その後、ご飯を運んでいる絵を見せ、「私は田中さんにご飯を作ってあげました」と導入する。
　　　　　　●「〜てくれる」「〜てもらう」の導入
　　　　　　いろいろな外国語で「たばこを吸わないでください」と書いた禁煙のポスターを作っているという設定で、中国語、スペイン語などのできる学生に「〜語ができますか。じゃあ、書いてください」と言って書いてもらう。その後「○○さんが書いてくれました」「○○さんに書いてもらいました」と導入する。

▶「会話・文法編」の指導

文法上の留意点	「〜てあげる」と「〜てくれる」の時は、「トムさんに連れていってあげました」のようにいつも受益者に「に」を使ってしまう学生もいるので、必ずしも「に」とは限らないことに注意する。「〜てあげる」「〜てくれる」の練習だけで手一杯で助詞を覚えるのが大変な学生には、受益者は省略しても状況からわかる場合が多いので、助詞を気にしなくてもいいことを説明し、受益者を省略して練習させればよい。
練習を行う上での留意点	1. 練習Cでは、まず「〜てくれる」で練習し、その文型が定着した後「〜てもらう」の練習に移るというように、「〜てくれる」と「〜てもらう」を同時に練習するのではなく、どちらか一方を先に練習し、その後もう一方を練習したほうがいい。 2. 練習Fの「お見合いゲーム」は、「お見合い」について知らない学生もいるので、練習の前に簡単にお見合いを説明したほうがいい。クラスの男女比が同じではない場合は、学生のだれかに男役になったり、女役になったりしてもらう。
その他の教室内活動	1. 「〜てあげる」が十分に定着したら、長い文を言わせる練習をさせてもいいだろう。一人の学生を「弟／妹」の役にして、例えば"I want to go to Disneyland"と書いたカードを渡し、「ディズニーランドに行きたい」と言わせる。教師が他の学生に「どうしますか」と聞き、「妹がディズニーランドに行きたがっているので、連れていってあげようと思っています」と既習の文法を使って説明させる。 2. アクティビティ「私が紹介してあげますよ」→［巻末ワークシート㉒］クラスをグループA・グループBの二つに分ける。グループAのそれぞれの学生に問題を書いたカードを一枚ずつ配る。グループBの学生には解決につながる状況を書いたカードを一枚ずつ配る。グループAの学生の一人が自分の問題について発表する。例えば"You want to become friends with Kyoko."と書いたカードを持っているグループAの学生が「私はきょうこさんと友だちになりたいです」と言う。そして、"You know Kyoko."と書いたカードを持っているグループBの学生が「私はきょうこさんを知っているから、紹介してあげますよ」と答える。順番に発表して全員が終わったら、「私は○○さんにきょうこさんを紹介してもらいます／○○さんがきょうこさんを紹介してくれます」と結果を発表する。学生の数が奇数になる場合は教師が加わる。

練習Ⅱ　ゆっくり話していただけませんか［〜ていただけませんか］　(p. 85)

導入例	荷物が重くて持てない、高い所にあるものに届かなくて取れない、など状況を作って、「持ってくれませんか」「取ってくれませんか」と言う。

文法上の留意点	ここでは「〜てくれない？」「〜てくれませんか」「〜ていただけませんか」の三種類の表現を練習するが、学生には肯定形「〜てくれますか」や「〜てもらえますか」など、他にも多くの表現があることを示してもいいだろう。基本的には表現が長ければ長いほど、丁寧さも増す。
練習を行う上での留意点	1. 授業で練習Aを行う際は、単文で発話が終わることがないように、理由をつけさせてもいい。例えば、「ノートを貸す」ならば、「きのう、かぜをひいて授業に行けなかったので、ノートを貸してくれない？」と言わせる。また、「ノートを貸してくれない？ きのう、かぜをひいて授業に行けなかったんだ」と「〜んです」を使ってもいい。 2. 練習Bの例ではAが「温泉に行きたい」と言うところで終わっているが、その後Bが「温泉は好きじゃないから、ほかの所に行こうよ」などと会話を続けさせてもいい。
その他の教室内活動	クラスでクリスマスパーティーをすることにする。いろいろしなければならないことを黒板に書いて、だれがするのかを決める（例えば「ケーキを作る」「サンタクロースになる」「ギターを弾く」など）。学生同士で「○○さん、〜てくれない？／〜てくれませんか」と頼む。「私はギターが弾けないんです」と断ってもいいだろう。だれがするか決まったら名前を書いていき、後で結果報告をする。教師が「××さんがビールを買いに行きますか」と聞いて、学生に「いいえ、○○さんが買いに行ってくれます／○○さんに買いに行ってもらいます」と答えさせる。

練習Ⅲ　よくなるといいですね ［〜といい］　(p. 86)

導入例	例1. 友だちがかぜをひいている状況を提示し、それに対して「早くよくなるといいですね」と言う。 例2. 友だちが留学するという状況を設定する。その友だちに対して、「授業がおもしろい／ルームメートが親切だ／友だちができるといいですね」などと言う。 例3. 学生の一人に「週末、何をしますか」と聞く。学生が「ハイキングに行きます」と答えたら、「いい天気だといいですね」と言う。「レポートを書きます」と答えたら、「早くレポートが終わるといいですね」と言う。
文法上の留意点	1. 自分自身に対しては「〜といいですね」とは言わず、「〜といいんですが／けど」と言うことに注意する。 2. 「奨学金をもらうといい」よりも「もらえるといい」、「パーティーに行くといい」よりも「行けるといい」のように、動詞は可能形を使うほうが自然であると指導する。

▶「会話・文法編」の指導

| 練習を行う上での留意点 | 練習Bを行った後に、学生それぞれに自分の状況を「～んです。～といいんですが」を使って言わせてもいい。 |

練習Ⅳ　かぜをひいた時、病院に行きます ［～時］ (p. 88)

英語を母語とする学生は、英語との違いから「時」の時制で混乱することが予想されるので、ここでは特に、授業の前に必ず教科書の文法説明を読んでくるように指導する。

| 導入例 | 「いただきます」「ごちそうさま」をいつ言うか、以下の文を比べてみる。
　　ご飯を食べる時、「いただきます」と言います。
　　ご飯を食べた時、「ごちそうさま」と言います。 |
| 文法上の留意点 | 1.　「日本に来る時、パスポートを取りました」など、「時」の前の文が現在形で、後の文が過去形の時と、「朝寝坊した時、タクシーに乗ります」と「時」の前の文が過去形で、後の文が現在形の時に、英語のように時制の一致が起こらないことを説明する。
2.　「～している時」の練習は行わない。
3.　前の文も後の文も過去形の場合で、後のことが前と同時または先に起こる場合はここでは扱っていない。（例：チベットに行った時、ビザを取りました。） |

練習Ⅴ　来られなくてすみませんでした ［～てすみませんでした］ (p. 90)

| 導入例 | 例1.　（目上の人に謝る場合）「ジョンさんは悪い学生です。宿題を忘れました」と状況を説明する。その後、教師がジョンの役になり、学生一人を先生の役にして、「先生、宿題を忘れてすみませんでした」と頭をさげて謝る。
例2.　（友だちに謝る場合）「たけしさんとメアリーさんは今日11時に駅の前で会います。今11時15分ですが、たけしさんはまだ来ません」と状況を説明する。その後、教師がたけしに、学生がメアリーになり、「メアリー、遅くなってごめん。バスが来なかったんだ」と言う。 |
| 文法上の留意点 | 1.　動詞の否定形の *te*-form「～なくて」は、この課で初めて導入されている。
2.　この課では、自分がすでにしてしまったことについて謝るという場合に限る。例えば「あした授業に来られなくてすみません」などは練習しない。 |

練習Ⅵ　まとめの練習 (p. 91)

| 練習を行う上での留意点 | 練習Aは長い発話になるので、事前に学生に準備させ、授業で発表させてもよい。 |

会 話 (p. 70)

留意点・応用例

1. 会話Ⅰの最初の四つのせりふを使って、先生の研究室に行って授業を休んだことを謝る練習をする。理由は前もって"you had a test for another class in the afternoon"、"you lost your bike key"、"your mother didn't wake you up"など設定しておくとスムーズにいくだろう。
2. 会話Ⅱの「電車を降りる時、忘れたと思うんですが」という文で、電車の中に忘れたか、電車の外で忘れたか、確認して、「時」が理解できているか確かめる。
3. 会話Ⅱと同様に、物をなくしたことを届け出る会話を作らせる。物を描写すること、またいつなくしたかの説明をできるだけ詳しくさせる。「このぐらい」という時には手を使って大きさを示す練習をする。

第17課　ぐちとうわさ話

この課の目標

- ●～そうです（伝聞）――――病気だったそうです。
- ●～って――――今週は忙しいって。
- ●～たら――――卒業したら、日本で仕事がしたいです。
- ●～なくてもいい――――宿題をしなくてもいいです。
- ●～みたいです――――スーパーマンみたいです。
- ●～前に／～てから――――日本に来る前に／来てから、日本語を勉強しました。

◇ぐちを言う
◇人のうわさをする
◇推測する
◇何かを他の物や人に例える

練習① CDを買ったそうです ［～そうです（伝聞）］ (p. 102)

導入例

学生の一人を当てて、「○○さんは先週の週末何をしましたか」と聞く。その答えを聞いて、「○○さんは先週～したそうです」とクラスで発表する。ほかにいろいろな質問をして、イ形容詞やナ形容詞も出るようにする。

文法上の留意点	1. "seems"の「〜そう」と混乱する学生もいるので、違いを説明したほうがいいだろう。「おもしろそうです」「おもしろいそうです」など実際に例文を挙げればいい。 2. 過去のことについて言う時は「〜そうでした」にならないことに注意する。
練習を行う上での留意点	練習Aでは、short formの活用がしっかりできているかどうかを見る。ここでは過去形の練習がほとんどなので、これ以外に、ナ形容詞などの現在形も練習したほうがいい。
その他の教室内活動	1. 有名人にインタビューをするという設定にする。学生の一人がその有名人になり、他の学生は一人ずつ順番にレポーターになって質問する。各自質問した後、その情報をテレビの視聴者（＝クラスの他の学生）に「〜そう」を使って伝える。ペアでしてもよい。 2. 次のような紙を全員に配る。学生は質問を三つ考え、記入する。そして、三人のクラスメートに質問して、後でその答えをレポートする。

questions	name (　　)	name (　　)	name (　　)

練習Ⅱ　今週は忙しいって［〜って］　(p. 103)

導入例	友だちとの会話なのでcasual speechを使うという設定にして、「〜そうです」と同じように導入する。 　例）教師（友だちとして）：○○さん、きのう何をした？ 　　　　学生A：友だちと晩ご飯を食べに行った。 　　　　教師：　（クラスの他の学生に向かって）○○さんは友だちと晩ご飯を食べに行ったって。
文法上の留意点	「って」は「〜と言っていました」の短縮された口語表現であるが、「メアリーさんが、ジョンさんは朝六時に起きるって」のように情報源を示すことは少ない。
練習を行う上での留意点	文型自体は比較的簡単だが、「って」の「っ」の拍の取り方が難しいので、発話の際は気をつけるようにする。
その他の教室内活動	共通の友だちからもらった英語の手紙を読ませて、教師が手紙をもらわなかったクラスメートになって、「彼、元気？」といろいろ質問して「って」を使って答えさせる。

練習Ⅲ　お金があったら、うれしいです　[〜たら]　(p. 103)

導入例	週末の予定について「たら」を使った文を聞かせ、「たら」の意味を考えさせる。 　例)　「週末、友だちが来るかもしれません。友だちが来たら、町を案内してあげます。来なかったら、一人で買い物に行きます。」 　　　「週末、山に登りたいです。天気がよかったら、山に登ります。でも雨が降ったら、うちで本を読みます。」 「たら」の前には肯定、否定、名詞、動詞、形容詞どれでもくるので、導入の文でいろいろな例を挙げるといい。
文法上の留意点	「たら」の文には if の場合も when の場合もあることを確認する。例えば、「友だちが十二時に来ます。友だちが来たら、昼ご飯を食べましょう」「友だちは来ないかもしれません。友だちが来たら、うれしいです」の文章を比較する。
練習を行う上での留意点	1.　練習Aのような基本的な練習をさらに行う場合は、肯定形／否定形や、いろいろな品詞を練習させる。 2.　練習Cで、例文は一回のやりとりで終わっているが、学生Bの言ったことに対して学生Aが会話を発展させてより長いやりとりにしてもよい。

練習Ⅳ　勉強しなくてもいいです　[〜なくてもいい]　(p. 104)

導入例	「日本では、家の中に入る時どうしますか」と質問する。「靴を脱がなくちゃいけません」と答えさせた後、アメリカを例にとって、「アメリカでは靴を脱がなくてもいいです」と言う。他の国の学生にも聞いて、「〜では靴を脱がなくちゃいけません」「〜では靴を脱がなくてもいいです」と導入する。この他に、「土曜日も学校に行く」なども使える。
文法上の留意点	ここで「〜てもいい」「〜てはいけない」「〜なくちゃいけない」とあわせて整理しておく。
その他の 教室内活動	アクティビティ「パーティーに行こう」→［巻末ワークシート㉓］ ワークシートを拡大コピーして黒板に貼り、以下のことをしなくてはいけないか、教師が聞くか、学生同士で話し合わせる。 　(1) ネクタイをする　　(2) 食べ物を持っていく　　(3) お金を払う 　(4) プレゼントを買う　(5) 飲み物を持っていく　　(6) 六時に行く

練習Ⅴ　スーパーマンみたいですね　[〜みたいです]　(p. 106)

導入例	歌舞伎の女形の写真を見せ、「男の人です。女の人みたいです」と言って導入する。

▶「会話・文法編」の指導

　　　　　　　　　　また、外見からの判断だけではなく、性格や行動に関しても「みたい」と使うことを教える。例えば、大学生ぐらいの人の絵を見せて、「この人は二十一歳です。でも、自分で料理ができません。朝、いつもお母さんに起こしてもらいます。いつもテレビゲームをしています」などと言い、「この人は子供みたいです」と導入する。

文法上の留意点　「みたい」と「そう」を間違えて使う学生もいるので、この時点では「動詞／名詞＋みたい」とし、「形容詞＋そう」と区別して使うように指導したほうがいい。

練習Ⅵ　日本に来てから日本語を勉強しました　[〜前に／〜てから]　(p. 108)

導入例　コーヒーを飲んでいる絵と顔を洗っている絵を用意する。「私は朝、コーヒーを飲みます。それから、顔を洗います」と言いながら、黒板に絵を貼る。その後、「コーヒーを飲んでから、顔を洗います」「顔を洗う前に、コーヒーを飲みます」と言って導入する。

文法上の留意点　「前に」の前は、過去のことについて言う場合でも、必ず現在形が使われることを確認する。

その他の教室内活動　朝、起きてから学校に来るまで、または家に帰ってから寝るまでを、「〜前に」と「〜てから」を使って描写させる。

練習Ⅶ　まとめの練習　(p. 110)

練習を行う上での留意点　練習Bでは、下の言葉を板書し、使うように指導してもよい。
　　　　　〜にくらべて　　たとえば　　それに

会　話　(p. 92)

留意点・応用例　
1.　会話Ⅰは長い会話なので、覚えさせる場合は「大変ですね」までにしてもいい。
2.　会話Ⅰの応用として、「もう日本語の授業に慣れましたか」で会話を始め、難しいこと、大変なことについて言わせる。
3.　会話Ⅱの「ぼくだったら、仕事より彼女を選ぶけど」という文を使って、「○○さんだったら、どうしますか」と聞き、「私／ぼくだったら、仕事／彼女／彼を選びます」と答えさせる。
4.　教師が、ある人物Xになって、久しぶりに会ったという設定で学生と会話をする。その会話の中で、教師は「離婚した／自分で掃除や洗濯をしなくちゃいけない」「会社をやめた／早く起きなくてもいい」など、うわさにしやすいことを言っておく。そのあと、学生同士ペアで会話Ⅱのように「駅でXさんに会ったよ」とうわさ話を始める。

第18課　ジョンさんのアルバイト

> **この課の目標**
>
> - ●他動詞/自動詞————————窓が開いています。
> - ●〜てしまう————————財布を忘れてしまいました。
> - ●〜と————————春になると暖かくなります。
> - ●〜ながら————————テレビを見ながら勉強します。
> - ●〜ばよかったです————————もっと勉強すればよかったです。
>
> ◇後悔の気持ちを表す
> ◇物の状態を描写する
> ◇自分の失敗について話す

練習Ⅰ　窓が開いています［他動詞/自動詞］　（p. 122）

導入例

●他動詞と自動詞の導入

二枚の絵を並べて、「田中さんは窓を開けます」「（駅に着いたら）電車のドアが開きます」と言って他動詞と自動詞の違いを説明する。

●「自動詞＋ている」の導入

例1．汚れたシャツの絵を見せて「シャツが汚れています」と導入する。

例2．教室の窓の所に行き「窓を開けます」と言い、窓を開けた後「今、窓が開いています」と導入する。

文法上の留意点

1．今までに習った動詞も多いが、一度にたくさんの動詞を扱うので、学生が混乱しないように気をつける。例えば、「はいる」と「いれる」も自動詞・他動詞と機械的に導入するのではなく、「お風呂にはいる」「お茶をいれる」など今までに習った文章で示すといい。

2．他動詞の主語は「人」、自動詞の主語は「物または動物」だと思い込む学生がいたら、「入る」「出る」など「人」が自動詞の主語になりうることも指摘する。

3．「開きます」「開いています」の違いを確認する。（例：銀行は九時に開きます。／銀行は今開いています。）

練習を行う上での留意点

1．動詞を覚えるだけで時間がかかるので、クラスで自動詞・他動詞を説明した後、文法説明にある表の動詞（p. 116）を家で覚えてこさせる。その後クラスで練習に入ったほうがスムーズに練習が運ぶ。

2．練習Ｂの前に「自動詞＋ている」を導入し、「他動詞＋ている」との違いを確認しておく。

	3. 練習Bの後、教室にある物を使って「〜ている」で状況説明をしてもいい。(例:窓が開いています。)
その他の 教室内活動	1. 教室内で言える範囲で「○○さん、〜てください」と依頼しあう(窓を開ける/閉める、電気をつける/消す、本をかばんに入れる/出す、など)。その後に物の状態について説明する。(例:窓は今開いています。○○さんが開けました。) 2. クラスの全員が家族という設定で「これからみんなで出かけます」と言い、出かける前に何をしておかなくちゃいけないか考えて言わせる。あらかじめ、冷蔵庫から牛乳が出ている絵(黒板に冷蔵庫の絵と牛乳の絵を貼る)など、様々な状況の絵を貼っておく。学生に「牛乳が出ているから、冷蔵庫に入れておきます」と言わせ、実際に黒板に貼ってある絵を使って牛乳を冷蔵庫に入れさせる。その他の状況の例として「電気がついている/窓が開いている/ゴミが出ていない」などが考えられる。そしてすべてが終わった後に、教師が「もう一度チェックします」と言って、「牛乳は?」「電気は?」と聞く。学生は「入っています」「消えています」と答える。 3. シナリオドリル「コーヒーを飲みに行きます」→[巻末シナリオ集⑤]

練習Ⅱ　昼ご飯を食べてしまいました [〜てしまう]　(p. 125)

導入例	「〜てしまう」の導入の際は、二つの意味を同時に導入するのではなく、別々に導入したほうがいい。 ●「すべて〜する」の意味での「〜てしまう」 ある人の前にケーキがたくさんある絵と、同じ人の前に皿しかなく、その人のおなかがふくらんでいる絵を見せて、「全部食べてしまいました」と導入する。同様に、ある人が仕事をしており、横に書類がたくさん積んである絵と、その人が横に書類を置き、リラックスしている絵を見せ、「仕事を全部してしまいました」と導入する。 ●後悔の意味での「〜てしまう」 教師が「困りました」と言い、学生に「どうしたんですか」と聞かせる。教師は「かぎをなくしてしまったんです」と答える。
文法上の留意点	しなかったことに対する反省として、「勉強しなくてしまいました」とする学生もいるので、このような時は使えないことに注意する。
練習を行う上で の留意点	1. 練習Cを行う前にcasual formでの言い方「〜ちゃった」「〜じゃった」を練習したほうがいい。 2. 応用として、一枚だけ残っているピザの絵を見せて、「食べてしまってもいいですか」、グループで何か作業をしているという状況で「今日してしまおう」など、日常生活でよく使う表現を練習させてもいい。

練習Ⅲ　春になると暖かくなります ［～と］　(p. 127)

導入例	「お酒を飲みすぎます」と言ってお酒をたくさん飲んでいる人の絵を見せる。次に「二日酔いになります」と言って二日酔いの人の絵を見せる。そして、「お酒を飲みすぎると二日酔いになります」と言って導入する。
文法上の留意点	この課では「と」の後の文は「すること」ではなく「起こること」、また現在形にしぼっている。
練習を行う上での留意点	1.　「～と」を使った文は、学生に自由に作らせると不自然な文になりやすいので、教科書にあるようなコントロールした練習を中心に行うといい。 2.　練習Cの7の「踊りたくなる」は「～たい」＋「～なる」の形であることを説明したほうがいい。

練習Ⅳ　テレビを見ながら勉強します ［～ながら］　(p. 128)

導入例	勉強している人の絵を見せて、「田中さんは勉強しています」と言う。そして、同じ絵にステレオから音楽が流れている絵を貼り、「田中さんは音楽を聞きながら勉強しています」と導入する。
文法上の留意点	1.　「～ながら」の前は stem であり、*te*-form ではないことを確認する。 2.　同一人物が二つの動作を行っている時に使うことを指導する。例えば、練習A(4)の絵を見て「服を脱ぎながら電話があります」などとは言えないことを確認する。 3.　「アルバイトをしながら、学校に行く」のように必ずしも同時ではないが二つのことを同時期にする場合にも使える。
練習を行う上での留意点	練習Cの Charades は単語の復習に使うことができる。 →［巻末ワークシート㉔］

練習Ⅴ　もっと勉強すればよかったです ［～ばよかったです］　(p. 130)

導入例	導入では、「～ばよかったです」と「～なければよかったです」を両方とも扱ったほうがいい。 例1.　公園に行って景色がきれいだという状況を、絵や言葉で作る。そして、「写真が撮りたいです。でもカメラがありません」「カメラを持ってくればよかったです」と言う。 例2.　その日の天気によって、「傘を持ってくればよかったです」または「持ってこなければよかったです」と導入する。
文法上の留意点	同じ regret という言葉が出てくるため、学生は「～てしまう」と「～ばよかった」を混同する場合があるので注意する。

練習を行う上での留意点	1. 練習Aの前に、ば-formの作り方を説明、確認しておく。 2. 「予約しておけばよかった」など「〜ておけばよかった」もよく使われる表現なので、この表現も練習させてもいい。

練習Ⅵ　まとめの練習　(p. 132)

練習を行う上での留意点	練習Bは、「質問—答え」という一回のやりとりで終わるのではなく、答えに対してまた質問するという形で会話を発展させていってもいい。

会　話　(p. 112)

留意点・応用例	喫茶店の店長とそこでアルバイトをしている人の会話などを、教科書の会話Ⅰを参考に自由に作らせる。「ナプキンが汚れているから洗濯しておいて」「窓が開いているから閉めておいて」「時計が壊れているから直しておいて」「お手洗いが汚いから掃除しておいて」など多くのことが言える。その際、練習ⅠのD（p. 124）の絵を使うこともできる。

第19課　出迎え

この課の目標

- ●尊敬語 —————————— 大学にいらっしゃいます。
- ●お〜ください ——————— お待ちください。
- ●〜てくれてありがとう ——— 手伝ってくれてありがとう。
- ●〜てよかったです ————— 日本に来てよかったです。
- ●〜はずです ———————— もうすぐバスが来るはずです。

◇丁寧に話す
◇丁寧な場面での会話を理解する
◇感謝を述べる

練習Ⅰ　コーヒーを召し上がります［尊敬語］　(p. 144)

導入例	たけしと山下先生の絵を貼り、その下にパンとご飯の絵を貼って、「朝、たけしさんはパンを食べます」「山下先生はご飯を召し上がります」と比較できるように示す。その後、同じように他の動詞（いらっしゃる、ご覧になる、など）を導入する。その時、時制を変えたり、否定形にしたりしてもいい。

練習を行う上での留意点	練習Aを行う前に、例外的な活用をする動詞は文法説明の表（p. 138）を見ながら一通り押さえておく。
その他の教室内活動	1. アクティビティ「社長がいらっしゃいます」→［巻末ワークシート㉕］ クラスの全員が香港のある会社の会社員という設定にする。取引先の日本の会社の社長を接待することになり、どのような接待をするのかを決める。そのために取引先の会社の社長の秘書に電話して、社長のことをいろいろ聞く。質問のリスト（巻末ワークシート㉕）はあらかじめ学生全員に渡しておき、メモをとれるようにする。そして学生の一人に電話をかけさせ、教師がその社長秘書になり、学生の質問に答える。学生に受話器を渡し、それを順番に回して全員に参加させる。質問をする際に敬語を使うよう注意する。また、秘書（教師）が社長に対して敬語を使わないことを示す。 2. 1の練習の発展として1で秘書から得た情報をもとに次のような練習ができる。ここでは教師が社員の一人となり、「私が作ったスケジュールです」と言って、下のスケジュールを大きく書いたものを貼る。学生は1の質問リストのメモを見ながら、そのスケジュールのどこを直したほうがいいか検討する。スケジュールの内容には社長が好まないことも入っているので、尊敬語の否定形を使う練習をする。例えば、「社長はゴルフをしない」がスケジュールにはゴルフが入っているので、学生は「社長はゴルフをなさらないそうです」と答える。「じゃあ、どうしましょうか」と教師が聞き、学生が1で得た情報をもとにいろいろな提案をする。この練習では敬語の否定形と「～そう」を使うことにより short form を練習させる。

```
社長のスケジュール
10:00    Arrive
12:00    Lunch
 1:00    Golf
 4:00    Business meeting
 6:00    Dinner at Chinese restaurant
 8:00    To a bar for drinks
11:00    Back to the hotel
```

上のスケジュールを使う際、秘書役の教師は1の練習で次のように答えるといい。

QUESTIONS	ANSWERS
Watches sports?	サッカーが好きだ
Goes to bed when?	10時
Plays golf?	しない

Eats Chinese food?	あまり食べない 日本の食べ物のほうが好きだ
Drinks alcohol?	飲まない
Married?	結婚している
Has kids?	いない
Has been to Hong Kong before?	行ったことがある
Goes to museums often?	よく行く

練習Ⅱ　お待ちください［お～ください］　(p. 146)

導入例　「今みなさんはレストランにいます。家に電話をかけたいので、ウエイター／ウエートレスに聞いてください」と状況を説明して、教師がウエイター／ウエートレスになる（電話を用意するといいだろう）。学生が「電話を貸していただけませんか」と聞いたら、「どうぞお使いください」と答える。

文法上の留意点　「晩ご飯をお作りください」のような間違った文を作らないように、「晩ご飯を作ってください」などの「～てください」と「お＋ stem ＋ください」の違いに注意する。

練習を行う上での留意点　練習Ａでは公的な場やアナウンスでよく聞く表現を集めてある。「お＋ stem ＋ください」は、聞いて意味が理解できればよしとする。

練習Ⅲ　悩みを聞いてくれてありがとう［～てくれてありがとう］　(p. 147)

導入例　友だちの絵を貼り、「親切な友だちです。宿題を手伝ってくれました」など、いろいろとしてくれたことを言う。次に、「お礼を言いましょう。宿題を手伝ってくれてありがとう」と文型を導入する。同じような導入を先生の絵を使って、「推薦状を書いてくださいました。推薦状を書いてくださってありがとうございました」と導入する。

練習を行う上での留意点　練習Ｃは比較的長い発話になるので、次のように板書しておいてもいい。

> 私は＿＿＿＿にお礼が言いたいです。
> ＿＿＿＿は＿＿＿＿くれました。
> おかげで＿＿＿＿＿＿＿＿。「＿＿＿＿」と言いたいです。

その他の教室内活動　「ありがとう」（歌：井上陽水・奥田民生／発売元：フォーライフレコード・ソニーレコード）という歌を聞かせて、その歌を部分的に変えさせ、Thank you song を作らせる。例えば、「ほほえんでくれてどうもありがとう」の部分を変えて、「晩ご飯を作ってくれてどうもありがとう」とさせる。

練習Ⅳ　日本に来てよかったです　[～てよかったです]　(p. 148)

導入例	困った顔をした人の絵とうれしそうな顔をした人の絵を用意する。まず、困った顔の絵を示して、「日本が好きじゃありません。友だちができないし、授業はつまらないし」などと文句を言った後で、既習の「日本に来なければよかったです」を導く。その後、うれしそうな顔の絵を示し、「日本の生活は楽しいです。友だちもたくさんいるし、日本語も上手になったし」と言い、「日本に来てよかったです」と導入する。
文法上の留意点	1.　導入で示したように「～ばよかったです」との違いを確認したほうがいい。 2.　「～なくてよかったです」と否定形にも使えることも説明する。
その他の 教室内活動	その学期やその年を振り返って、してよかったこと、しなくてよかったこと、すればよかったこと、しなければよかったことを言わせる。また、その理由も言わせる。

練習Ⅴ　頭がいいはずです　[～はずです]　(p. 149)

「～はずです」と「～はずでした」を同時に入れると学生が混乱する可能性があるので、まず、「～はずです」の導入・練習をした後で、「～はずでした」の導入・練習に持っていく。

導入例	●「～はずです」の導入 例1.　学生一人を例にとり、「○○さんはアメリカ人ですね」と言う。その後、「○○さんはアメリカ人だから、英語を話すはずです」と導入する。 例2.　テストがある場合には「あしたテストがあります」「あしたテストがあるから、○○さんは今日勉強するはずです」と導入する。 ●「～はずでした」の導入 ジョンが勉強している絵を見せ、「ジョンさんは今日、テストがあります。だから、きのう勉強しなくちゃいけませんでした」と言う。その後、「でも、きのうはとてもいい天気でした」と言う。次に、ジョンが勉強している絵に×をし、ジョンが外でピクニックなどをしている絵を示し、「ジョンさんは勉強しませんでした。遊んでしまいました」「きのうジョンさんは勉強するはずでしたが、遊んでしまいました」と導入する。
文法上の留意点	ナ形容詞と名詞の場合の活用に注意させる（例：「元気なはずです」「日本人のはずです」）。
練習を行う上での留意点	練習B・Cは後件だけ作らせる練習なので、この練習の後、「～から、…はずです」「…はずでしたが、～」という文型を使って自由に文を作らせる練習をしてもいい。

| その他の
教室内活動	後で「はずです」を使って答えられるように情報を集めさせる。例えば、まず以下のような Find who のアクティビティを行う。

```
Find someone who . . .
   studied French in high school   _____さん
   likes Aerosmith                 _____さん
   didn't sleep well last night    _____さん
   has a computer                  _____さん
   is a vegetarian                 _____さん
```

その後教師は学生が集めた情報と「はずです」を使って答えられる質問をする。

例) 教師：だれがフランス語を話せますか。
　　学生：○○さんが話せるはずです。高校でフランス語を勉強したと言っていました。

他の質問例：
　「来週エアロスミスのコンサートがあります。だれが行きますか。」
　「だれが疲れていますか。」
　「だれがコンピューターを使えますか。」
　「だれがマクドナルドで食べませんか。」

第20課　メアリーさんの買い物

この課の目標

- 丁寧語――――――田中と申します。
- 謙譲語――――――お持ちします。
- 〜ないで――――――傘を持たないで出かけました。
- 埋め込み疑問文――――その店はどこにあるかわかりません。
- 〜という〜――――ローソンというコンビニ
- 〜やすい/〜にくい――覚えやすいです。

◇へりくだって話す
◇丁寧に申し出る
◇返品/交換をしてもらう
◇道を聞いたり、教えたりする

練習Ⅰ　田中と申します　[丁寧語]　(p. 165)

導入例　復習も兼ねて第19課で習った尊敬語を使って、質問をさせる。例えば、一人の学生に「お名前は何とおっしゃいますか」と質問させ、それに対して他の学生に「○○です」で答えさせる。尊敬語は自分には使わないことを再確認したあとで、さらに丁寧な受け答えとして、「○○と申します」という表現を導入する。

文法上の留意点
1. 教科書中の"extra-modest expressions"は、ここでは「丁寧語」と訳しているが、丁寧語、謙譲語などの分類は、教科書によって異なることが多いので注意する。
2. 尊敬語では「いる」「行く」「来る」がすべて「いらっしゃる」であったのに対し、丁寧語では「いる」に対して「おる」を使い、「行く」「来る」に対して「参る」を使うことに注意する。
3. 尊敬語と丁寧語の違いを明確に示す。尊敬語では、主語は尊敬すべき人で、その人に対する敬意を表すが、丁寧語の場合は主語は自分もしくは自分のグループに属するものであり、聞き手に対する敬意を表す。
4. 丁寧語の使いすぎは変に聞こえる時がある。その人の立場によって適切な言葉を使うべきであり、あまりに丁寧すぎる言葉を使うのも不自然になってしまうことも言っておいたほうがいい。
5. この教科書では、自分で丁寧語を使うのは改まった自己紹介か電話での受け答えの場合とし、あとは店の人の言ったことなどを聞いてわかればよしとしている。

練習を行う上での留意点
1. 練習Bでは、実際の駅のアナウンスなどを録音したものを聞かせてもいい。
2. 練習Dであまり自由に文を作らせると「私はスポーツが好きでございます」のような文を作りがちなので、注意する。

その他の教室内活動　まず自分が10年後に持っている名刺を作らせる。会社の名前と自分の名前を書く。だれかの結婚式に参加している客として、初対面の同席の人と会話をするという設定で、名刺を交換して自己紹介と簡単な質問のやりとりをする。進め方は、教師が質問やコメントをあらかじめ大きい紙に書いておき、それを一つ一つ見せながら行う（例：Ask where he/she lives; Compliment on his/her Japanese and ask where he/she studied Japanese）。名刺の渡し方や受け取り方についても説明するといい。

練習Ⅱ　お持ちします　[謙譲語]　(p. 167)

導入例　たけしと山下先生の絵を貼り、「(私は)たけしさんに会いました」「山下先生にお会いしました」と比較できるように示す。たけしの絵を目の高さに、

山下先生の絵を上に貼るなどして、視覚的にも違いがわかるようにするといいだろう。その後、同じように他の動詞、「あげる」「さしあげる」などを導入する。

文法上の留意点	1. 「丁寧語とどう違うのか」という質問が学生から出るので、わかりやすく説明できるように準備しておく必要がある。 2. ここでは、学生の負担を軽くする意味もあり、活用の例外的なものは「いただく」と「さしあげる」だけに限っている。謙譲語は尊敬語に比べて使用する機会が少ないこと、敬語は中級でも扱う項目なので、その時に他の謙譲語の導入ができると考えたためである。 3. 「うかがう」は、他の教科書では「たずねる」の謙譲語として扱われている場合もあるが、この教科書では対応する普通の動詞のない単語として導入することにした。
練習を行う上での留意点	練習Dは、尊敬語、丁寧語、謙譲語の違いをもう一度確認してから行う。また、短いスキットとして学生に暗記させ、クラスで発表させてもいい。

練習Ⅲ　ひげをそらないで大学に行きました ［～ないで］　(p. 169)

導入例	「ジョンさんはいつも朝ご飯を食べて、学校に行きます」と朝ご飯を食べている絵、出かける絵を見せて言う。その後、朝ご飯を食べている絵に大きく×と書いた絵、あわてて出かける絵を見せながら「でも今日は朝寝坊しました。朝ご飯を食べないで学校に行きました」と言う。
練習を行う上での留意点	「～ないで」の形は「～ないでください」の時にすでに導入済みであるが、定着していない場合も考えられるので、形が作れるか確認してから練習Aに入ったほうがいい。

練習Ⅳ　アメリカ人かどうかわかりません ［埋め込み疑問文］　(p. 170)

導入例	教師が学生に「あした雨が降りますか」という質問をする。学生のほうから「わかりません」という答えが出たら（出ない場合は教師から出す）、「『あした雨が降りますか』と『わかりません』を一つの文で言ってみましょう」と言い、「あした雨が降るかどうかわかりません」を導入する。「疑問詞＋か」の時も同様に、「冬休みに何をするかわかりません」などと導入する。
文法上の留意点	「か」「かどうか」の前に名詞やナ形容詞が来る時は、現在形「だ」はたいてい落ちることを指摘する。（例：学生かどうか知りません。）
練習を行う上での留意点	「～かどうか」と「疑問詞＋か」を同時に練習すると学生が混乱する可能性があるので、どちらかを先に練習し、その文型がある程度定着してからもう一方を導入・練習したほうがいい。

その他の 教室内活動	1. 理想的な女性／男性に会ったという状況設定でその人について知りたいことを「～か（どうか）知りたいです」を使って言わせる。（例：名前が何か／どこに住んでいるか／彼（彼女）がいるか／大学生か知りたいです。） 2. 学生をペアにして、それぞれのペアの一人に絵または写真を渡す。絵を渡された学生がもう一人の学生にその絵を10秒間見せて、その後その絵について質問をする。答えられない質問には「～か（どうか）覚えていません」を使って答える。この活動は教師が絵を持って、クラス全体に見せて行うこともできる。

練習Ⅴ　ローソンというコンビニ ［～という～］　(p. 172)

導入例	例1.　まずレストランの絵を見せて、「きのうレストランで食べました」という。そしてそのレストランに名前を貼って、「きのうボンジュールというレストランで食べました」と言う。 例2.　学生に「『ありがとう』を知っていますか」と質問する。答えはいろいろ出るし、質問の意味がわからなくて変な顔をする学生もいるだろうが、答えを聞いた後で、「『ありがとう』という歌を知っていますか」と質問する。「ありがとう」＝「歌」と結びつけられない人には「～という」を使って質問したほうが親切であることを示す。
文法上の留意点	聞き手がよく知っていると話者が思うことには「～という」を使う必要はないことを確認する（例：パンという食べ物）。

練習Ⅵ　覚えやすいです ［～やすい／～にくい］　(p. 173)

導入例	「あさ」と書いたカードを見せ、「言ってください」と学生の一人に指示し言わせる。その後、「あたたかかった」と書いたカードを見せ、それも言わせる。「あたたかかった」を言う時には、たいていの学生は言いにくそうにするので、その時に、「難しいですね。でも、『あさ』は簡単ですね」と言い、「『あさ』は言いやすいです。『あたたかかった』は言いにくいです」と導入する。
文法上の留意点	「～やすい／～にくい」を単に英語の "easy to do/hard to do" と置き換えると、「テニスはしにくいです」のような間違った文が出るので注意する。

練習Ⅶ　まとめの練習　(p. 175)

練習を行う上 での留意点	練習Aは道を聞いたり教えたりする練習である。会話Ⅱを行う前または行った後にこの練習を行い、道の聞き方、教え方を確認するといい。

会 話 (p. 154)

留意点・応用例　　会話Ⅰを覚えさせる時は、学生の興味に応じて客のほうだけ覚えさせてもいい。

第21課　どろぼう

> **この課の目標**
>
> - ●受け身　————————　どろぼうに入られました。
> - ●～てある　————————　窓が開けてあります。
> - ●～間に　————————　日本にいる間に、旅行したいです。
> - ●形容詞＋する　————————　公園を多くします。
> - ●～てほしい　————————　たばこをやめてほしいです。
>
> ◇悪い経験やできごとについて話す
> ◇物事の状態を描写する
> ◇他人に対する希望を述べる

練習① ルームメートに日記を読まれました［受け身］ (p. 189)

導入例　　ルームメートと一緒に住んでいて、ルームメートが自分のケーキを黙って食べたという状況を与える。「ルームメートが私のケーキを食べました。私は怒っています」という文から「私はルームメートに私のケーキを食べられました」という受け身の文を導入する。

文法上の留意点
1. *ru* 動詞と「来る」の受け身は可能形と同じ形であることに注意させる。
2. 「～に」の前は動作をした人が示されることを指摘する。練習Bにある「雨に降られる」「蚊にさされる」だけは「～に」の前に人以外がくる例外として説明する。
3. 受け身には被害と中立の受け身があるが、この教科書では被害の意味の受け身だけを練習する。

練習を行う上での留意点　　受け身の活用は学生にとっては言いにくく、可能形（第13課）や使役形（第22課）と混乱しやすいのでしっかりと練習する。

その他の教室内活動　　「ビデオ講座日本語 受け身」（氏家研一企画構成／東京書籍）は受け身の状況がよくわかり、導入、文型練習、復習などとして使える。このビデオを

見た後、学生をペアにして受け身のスキットを作らせてもおもしろい。なお、このビデオでは「～られてしまいました」の形になっている。

練習Ⅱ　写真が置いてあります ［～てある］　(p. 191)

導入例	「今晩友だちが家に遊びに来ます」と言って状況を設定する。その後「一緒にビデオを見るのでビデオを借りておきました」と言って、ビデオの絵を黒板に貼る。次にビデオの絵を指さして「ビデオが借りてあります」と導入する。
文法上の留意点	1.　他動詞を使うこと、その際助詞「を」が「が」に変わることに注意させる。 2.　既習の「自動詞＋ておく」との違いについて質問されることが多いので準備しておく。 3.　「あいてあります」のように、自動詞に「～てある」をつけてしまう間違いが多いので注意する。
練習を行う上での留意点	1.　この文型で使う動詞は「閉まる」「閉める」のように自動詞／他動詞のペアになっているものが多く混乱しやすいので、練習を始める前にその復習をしたほうがいい。 2.　練習Ａをクラス全体でして、練習Ｂをペアでしてもいい。練習Ｂをペアでする際は、「車が洗ってありますか」「いいえ、洗ってありません」というように会話形式にする。
その他の教室内活動	第18課の練習ⅠのＣ (p. 124)を「～てある」の文型を使って行うこともできる。また『日本語コミュニケーションゲーム80』(CAGの会編／ジャパンタイムズ刊)の「5　どこがちがいますか」の絵を使ってもいい。

練習Ⅲ　社長が寝ている間に起きます ［～間に］　(p. 192)

導入例	「両親が一週間旅行します。でも私は家にいます」と言って状況を設定した後、「両親が旅行している間に友だちを呼んでパーティーをします」と導入する。また、一番最近あった長い休みについて「春休みの間に何をしましたか」などと質問する。
文法上の留意点	1.　過去のことであっても、「～間に」の前にくる動詞の時制は現在形になることに注意する。 2.　「～間に」の前には「～ている」の形がくるが、「日本にいる」のような状態動詞の場合は「～ている」の形にはならないことに注意する。
練習を行う上での留意点	練習Ａではクラスのレベルに応じて敬語を使わせてもいい。

練習Ⅳ　公園を多くします［形容詞＋する］　(p. 193)

導入例	ラジオを持ってきて小さい音を聞かせ、「聞こえますか」と尋ねる。「聞こえません」という答えが返ってきたら、「じゃあ、音を大きくします」と言って、ボリュームを上げる。
文法上の留意点	1.「形容詞＋なる」と対比させて意味の違いを示してもいい。 2.「形容詞＋する」は「音は大きくする」などと、助詞の間違いが多いので、助詞「を」を用いることを確認しておく。
練習を行う上での留意点	練習を行う前に、使われる形容詞を確認しておくと練習がスムーズに運ぶ。

練習Ⅴ　たばこをやめてほしいです［～てほしい］　(p. 194)

導入例	ルームメートの絵を見せて、「私のルームメートはあまり掃除をしません。だから部屋がきたないです」と状況を説明し、「私はルームメートに掃除をしてほしいです」と導入する。その後、「私のルームメートは夜遅くテレビを見ますから、私は寝られません」と言い、「私はルームメートに夜遅くテレビを見ないでほしいです」と導入する。
文法上の留意点	助詞の間違いや「～たい」との混同のほか、「私はルームメートに掃除をするがほしいです」や「テレビを見なくてほしいです」という間違いがよくあるので注意したほうがいい。

練習Ⅵ　まとめの練習　(p. 195)

練習を行う上での留意点	練習Aはできるだけ詳しく説明するように指示する。
その他の教室内活動	まずペアになり、学校をよくするためには何を変えたらいいか、できるだけ多く意見を出させる（例：図書館を大きくしてほしい、クラスの種類を多くしてほしい、など）。その後、なぜそう思うかペアで意見を出し合い、最も重要だと思う改善点を二つ選ばせる。次に二つのペアを合わせ四人グループになり、さらに二点にしぼる。グループで意見をまとめる作業を通して、より活発な意見交換をさせることができる。

会　話　(p. 178)

留意点・応用例	会話Ⅰ・Ⅱを使って、アパートに住んでいてどろぼうに入られたという同じ状況で、盗まれたもの、遅く帰った理由を各自自由に変えて会話文を作らせる。

第22課　日本の教育

> この課の目標
>
> - ●使役 ——————————————— 後輩にお茶をいれさせます。
> - ●使役＋あげる/くれる ——— 両親は大学に行かせてくれました。
> - ●〜なさい ———————————— 勉強しなさい。
> - ●〜ば ——————————————— 薬を飲めば、元気になります。
> - ●〜のに ——————————————— 日本に留学したことがないのに、日本語がぺらぺらです。
> - ●〜のような/〜のように ——— 父のような人になりたいです。
>
> ◇自分の子供のころについて話す
> ◇教育について意見を言う
> ◇助言を求める/助言をする
> ◇命令する

練習① 服を洗わせます ［使役］　(p. 208)

導入例　厳しそうな顔のお母さんの絵を黒板に貼り、悲しそうな顔の子供が勉強していたり、野菜を食べていたりしている絵を見せながら、「とても厳しいお母さんです。お母さんは子供に勉強させます。お母さんは子供にきらいな野菜を食べさせます」と導入する。

文法上の留意点　「させる」には make と let の両方の意味があるが、最初からこれを混ぜると混乱するので、練習Ⅰでは make の意味だけに限定してある。

練習を行う上での留意点　練習 C をクラスでする際は、教師が学生に「後輩／部下に何をさせますか」と質問して答えさせたり、ペアで同様に練習させてもいい。「あなたがお母さん／お父さんだったら、子供に何をさせますか」なども質問できる。

練習② 大学に行かせてくれました ［使役＋あげる/くれる］　(p. 211)

導入例
- ●「させてくれます」の導入

教師が自分の子供の時について話す。「私はピアノを習いたかったです。ピアノのレッスンは高かったですが、母はピアノを習わせてくれました」。また、「テレビゲームが大好きで毎日したかったです。でも、母は毎日テレビゲームをさせてくれませんでした」と導入する。

- ●「させてください」の導入

黒板に有名人の写真を貼り、「あっ、○○さんがいます。写真を撮りたいで

	す」と言う。学生に何と言って頼むか考えさせた後、教師が「写真を撮らせてください」と言って導入する。
文法上の留意点	ここでの「させる」はletの意味で「～てくれる／～てあげる／～てください」と一緒に練習させる。その場合、だれが行為をするか、だれがさせるかを確認することが必要である。
練習を行う上での留意点	1. 練習Bは、教科書にある質問以外にも、子供の時や高校の時に親がさせてくれたこと、させてくれなかったことについて、学生自身に質問を作らせてもいい。 2. 練習Cは、ペアで練習させた後クラス全体で話してもいい。 3. 練習Dをする前に、もう一度「使役＋てください」(「コピーを取らせてください」)と普通の「～てください」(「コピーを取ってください」)の違いを確認したほうがいい。

練習Ⅲ　掃除をしなさい ［～なさい］ (p. 213)

導入例	「私は子供の時、ぜんぜん勉強をしませんでした」と言う。そしてこわい顔をしたお父さんの絵（何も書いていない吹き出しがついているといい）を見せて、「だから、父は私に『勉強しなさい』とよく言いました」と言って導入する。
文法上の留意点	「～なさい」の文型は肯定の意味だけに使い、否定には使えないことに注意する。否定の意味では既習の「～てはいけない」という文型を使うことに言及する。
その他の教室内活動	「子供への十戒」(Your 10 commandments)：自分が親になった時、どんなことをさせるか／させないかを「～なさい」「～てはいけない」という文型を使って10個考えてクラスで発表させる。

練習Ⅳ　薬を飲めば、元気になります ［～ば］ (p. 213)

導入例	「ロバートさんは日本語が上手になりたいそうです。何かアドバイスがありますか」と質問する。「日本人の友だちを作ったほうがいいですよ／作ったらどうですか」という答えが学生から出たら、「そうですね。日本人の友だちを作れば日本語が上手になります」と教師が言って導入する。
文法上の留意点	「～ば」と「～たら」の違いを聞かれた場合は、「AたらB」のAの起こる確率が非常に高い場合（例：今晩家に帰ったら電話します）は「～ば」に置き換えができないが、その他の場合はさほど神経質になる必要はないだろうと説明してもよい。

| 練習を行う上での留意点 | 1. 練習を始める前に、ば-form の活用を復習したほうがいい。
2. 練習Cでは、練習Bのように「〜ば大丈夫ですよ」と答えがちなので、質問に応じて後の文を変えることを注意する。全部終わったら、自分で質問を作らせる。 |

練習Ⅴ　ゆうべ寝たのに、眠いんです　［〜のに］　(p. 216)

導入例	テレビを見ていたり、ぼーっとしている学生の絵を見せて「学生です。でも、ぜんぜん勉強しません」と言い、「学生なのに勉強しません」と導入する。同様に「あした試験があります。でも、ぜんぜん勉強しません」→「あした試験があるのにぜんぜん勉強しません」と導入する。
文法上の留意点	「〜のに」は後に続く文が事実を述べるものしかこない。例えば、「雨が降っているのに出かけませんか」という文は正しくない。

練習Ⅵ　父のような人になりたいです　［〜のような/〜のように］　(p. 217)

導入例	「私はスーパーマンが好きです。スーパーマンは強くてやさしいです」と言いながら、スーパーマンの写真を黒板に貼る。「私は強くなりたいです。そしてやさしくなりたいです」と言い、「私はスーパーマンのような人になりたいです」と言いながら、スーパーマンの顔の上に自分の顔の写真を貼る。
文法上の留意点	「やさしいのような人が好きです」「静かのような町に住みたいです」など、形容詞に「のよう」をつける誤用が出やすいので注意する。

練習Ⅶ　まとめの練習　(p. 218)

| 練習を行う上での留意点 | 1. 練習Aは、学生数が多い場合はクラスを三〜四人のグループに分けて話し合い、その後、全体で話し合う。また、クラスを賛成派、反対派と二つに分けて、それぞれのグループの中で準備をさせてからクラス全体で話し合うのもいいだろう。いきなりクラス全体でやるとなかなか意見が言えないことがあるので、宿題で意見を準備させておいてからするのも一つの方法である。
2. 練習Bは、事前に宿題として準備させておき、クラスで発表させる。 |

会　話　(p. 198)

留意点・応用例	会話Ⅰの1行目の「〜でしょ」については第12課の文法説明(第Ⅰ巻 p. 235)を参照する。

第23課　別れ

この課の目標

- 使役受け身 ——— 子供の時、毎日勉強させられました。
- ～ても ——— 学生がうるさくても絶対に怒りません。
- ～ことにする ——— 日本語の勉強を続けることにしました。
- ～ことにしている ——— 毎日日本語のテープを聞くことにしています。
- ～まで ——— 病気がよくなるまで、お酒を飲みません。
- ～方 ——— コンピューターの使い方を教えてくれませんか。

◇いやな経験について話す
◇決心したことを述べる
◇思い出について話す
◇お別れをする
◇何かの手順を聞いたり、説明したりする

練習① 買い物に行かされました ［使役受け身］ (p. 230)

導入例　　　　第22課の使役の導入で使った絵で「母はとても厳しかったです。母は私に勉強させました。きらいな野菜を食べさせました」と使役の文を言い、次に「私は母に勉強させられました。そして、きらいな野菜を食べさせられました」と使役受け身の文を導入する。

文法上の留意点
1. この教科書では、u 動詞の活用は「立たせられる」ではなく「立たされる」の形で練習している。
2. 使役には make と let の両方の意味があるが、使役受け身の場合は make だけの意味になることを注意する。
3. 受け身、使役、使役受け身の違いについて混乱する学生もいるので、もう一度復習したほうがいい。例えば下のような文を挙げて、その違いについて説明するといい。
　　私は母に大好きなすしを食べられました。（受け身）
　　母は私に大きらいな野菜を食べさせました。（使役）
　　私は母に大きらいな野菜を食べさせられました。（使役受け身）

練習を行う上での留意点
1. 練習 B をした後、夫婦／ルームメート同士という状況で自由に文を作らせてもいい。
2. 練習 C は、Find who のアクティビティのようにしてもいい。

	3. 練習Dは、教科書のように自由にさせてもいいし、ワークシートを使って行ってもいい。→［巻末ワークシート㉖］
その他の 教室内活動	1. ペアワーク「使役受け身」→［巻末ワークシート㉗］ ワークシートをペアのそれぞれの学生に渡し、ペアで交互に動詞の原形を言って、相手が使役受け身形を言う。お互いに正しく答えられているかチェックする。 2. 第21課で述べた「ビデオ講座日本語」（氏家研一企画構成／東京書籍）と同じシリーズの「使役／使役受け身」は、導入、文型練習、復習としても使いやすい。このビデオを見た後、学生をペアにしてスキットを作らせたりしてもおもしろい。ただしこのビデオでは、u動詞の活用は「立たされる」ではなく「立たせられる」の形を提示している。

練習Ⅱ　学生がうるさくても、怒りません［〜ても］　(p. 232)

導入例	「あした、遊園地に行きます。でも、雨が降るかもしれません」と言い、学生に「雨が降ったら、どうしますか」と質問する。「行きません」「行きます」という学生の答えに応じて「Aさんは雨が降ったら、行きません」「Bさんは雨が降っても、行きます」と導入する。同様に「寒かったらどうしますか」「病気だったらどうしますか」などと質問してもいい。「〜ても」の前には動詞のみではなく、形容詞や名詞、またそれぞれの否定形が現れるので、導入文にもいろいろなものを持ってきたほうがいい。
文法上の留意点	1. 活用に関して動詞の場合は「〜た」と同じ形であるから、形容詞などでも「悲しかっても」のような間違いを起こしやすいので注意する。 2. 第22課の「〜のに」との違いについて質問される場合もあるので準備しておく。
練習を行う上での留意点	1. 練習を始める前に動詞だけでなく、形容詞・名詞の te-form、またそれぞれの否定形の te-form を復習しておくと後の練習がスムーズにできる。 2. 練習Ｃをする際、学生の能力に応じて下のように短い会話文に発展させてもいい。 　Ａ：いじめられたら、学校を休みますか。 　Ｂ：いいえ、いじめられても、学校を休みません。勉強が好きですから。Ａさんは？ 　Ａ：私はいじめられたら、休みます。家で勉強できるし、一人でいるのが好きですから。

練習Ⅲ　日本語の勉強を続けることにしました［〜ことにする］　(p. 234)

導入例	「急にあした休みになりました。となりの人と何か一緒にすることを考えて

	ください」と言い、ペアで話し合わせる。そして、「AさんとBさんは何をしますか」と質問をして、答えさせる。学生の答えを聞いて「AさんとBさんは～することにしました」と導入する。
文法上の留意点	「～ことにする」の前には肯定形だけでなく否定形もくることにも注意させる。
練習を行う上での留意点	練習Aをした後、学生に自分も今学期がもうすぐ終わる状況にあると仮定させて文を作らせるといい。

練習Ⅳ　毎日日本語のテープを聞くことにしています ［～ことにしている］ (p. 235)

導入例	メアリーさんがテープを聞いている絵を三枚用意し、それぞれに「きのう」「今日」「あした」と書いておく。「きのう」と書いた絵を見せ、「メアリーさんはきのう日本語のテープを聞きました」と言う。同様に「今日」「あした」の絵を見せながら、「今日も日本語のテープを聞きます」「あしたも日本語のテープを聞きます」と言い、「メアリーさんは毎日テープを聞くことにしています」と導入する。
文法上の留意点	1.　「～ことにする」同様、「～ことにしている」の前には肯定形だけでなく否定形もくることにも注意させる。 2.　「～ことにする」と「～ことにしている」は形が似ているため、意味を混同しがちである。違いをはっきり示したほうがいい。
練習を行う上での留意点	練習Bであまり意見が出ない時は、教師から状況を与えると意見が出やすい。例えば「病気になりたくないので……」「たくさん友だちがほしいので……」「日本語がもっと上手になりたいので……」など。

練習Ⅴ　大学を卒業するまで日本にいるつもりです ［～まで］ (p. 236)

導入例	「今学校にいます。家に帰りたいですが、雨がたくさん降っているし、傘がないし、待たなくちゃいけません」と言って、状況を設定する。学生に「何をしますか」と聞き、その答えに応じて「○○さんは雨がやむまで～します」と導入する。
文法上の留意点	1.　過去についてのことであっても「～まで」の前はいつも現在形がくることに注意する。 2.　「～までに」（第18課「まとめの練習」p. 132）と「～まで」の違いについても説明したほうがいい。例えば下のような例文で説明するといい。 　　六時まで、会社にいます。 　　六時までに、会社に行きます。

練習を行う上での留意点	練習Aが終わったら、自分の場合に置き換えて文を作らせるといい。

練習Ⅵ　コンピューターの使い方を教えてくれませんか［～方］　(p. 238)

導入例	学生に「天ぷらをどうやって作るか知っていますか」と尋ねる。知っている学生がいたら、「○○さんは天ぷらの作り方を知っています」と言って、導入する。
その他の教室内活動	ホームステイのお母さんが一週間旅行に行くことになったが、家のことがぜんぜんわからないという状況を設定する。お母さんが旅行に行く前に、どんなことを聞いておきたいか質問を考えさせる（例：「お風呂の沸かし方を教えてください」など）。

練習Ⅶ　まとめの練習　(p. 239)

練習を行う上での留意点	練習Ｂは、会話Ⅱの最初と最後の文を使い、その他は自由に作るようにするといい。 　　Ａ：この一年いろいろなことがあったね。 　　　　⋮ 　　Ａ：みんないい思い出だね。

「読み書き編」の指導

「読み書き編」の指導にあたって

1.「読み書き編」の使い方

(1) 漢字表（第3課以降）

　その課で習う新しい漢字の一覧である。各課、14〜16個の漢字が導入されている。表の中での　　　　の中に入っている読み方や単語は、その課で覚えるべきものである。クラスで導入・練習を行うが、それだけでは十分ではないので、学生に各自で練習し、毎日少しずつ覚えるように指示する。課ごとに漢字テストを行うと定着がよい。

(2) 漢字の練習（第3課以降）

　各課とも、練習Ⅰは漢字の練習である。『げんきⅠ』ではその課の新しい漢字を使った練習問題が載せてあるので、漢字表で勉強した後にこの練習を行う。『げんきⅡ』では、既習漢字について、以前習った読みを復習したり、その課に出てくる新しい読み方を練習する。これは時間がなければ、学生の自習とさせることもできる。

(3) 読み教材

　漢字の練習に続いて、一つ〜二つの読み教材がある。その課の漢字を練習した後に読ませる。本文を読む前に質問がある場合は、まずそれを行い、読み物の内容について前知識を与えて、学習者の興味・関心を高める。読んだ後は、内容確認の質問があるのでそれを行う。

　『げんきⅡ』では、読み教材の本文に出てくる新しい単語を「単語」リストにまとめてあるので、学生に覚えるように指示する。「会話・文法編」で同じ課までに導入されている語は、既習扱いになっている。簡単な単語テストをしてもいい。脚注として本文の後に提示したものは、覚えなくてもいい単語である。

(4) 書く練習

　その課のテーマに関連した「書く練習」を各課の最後に設けた。時間があれば授業時間内に行い、なければ宿題にすることもできる。

2. 授業の進め方

(1) 各課の所要時間と内容

　「読み書き編」は、各課を3時間程度で終われるように作成してある。1時間目は漢字の導入と練習、2時間目は読み教材、3時間目は「書く練習」というのが基本であるが、授業の進め方は読み書きに割り当てられた時間に応じて、それぞれの教師が工夫してほしい。

　第1課・第2課の場合は、ほとんどがひらがな／カタカナの導入・練習に費やされることになる。学生によっては、より多くの時間を必要とする場合もあるので、学生を見ながら時間配分を決めてもらいたい。

「読み書き編」の読み教材には、その課の「会話・文法編」で扱った学習項目が入っているため、「会話・文法編」を先に扱った後、「読み書き編」の読み教材を行うことが望ましい。

⑵ 指導例
　ここでは、読み書き編の学習に週3時間とれる場合の指導例を示す。以下のような流れの中に、後述の「3. 授業を楽しくする教室活動例」で示すようなアクティビティを随時入れていくとよい。

1時間目

●漢字の導入と練習
　学生に教科書の漢字表のページを開かせて、新出漢字を導入する。個々の漢字の導入には、次のような流れが考えられる。
⑴まず、大きく板書して成り立ちや筆順、熟語を示す。漢字の成り立ちは覚えやすいことが一番大切なので、本当のものでなくても構わないだろう。
⑵覚えるべき熟語をフラッシュカードで練習する。
⑶ワークブックの Kanji Practice のページなどを用いて、各漢字を数回ずつ書く練習をさせる。その間、教師は学生の間を回って間違いを直す。
⑷学生全員（または適当な人数に分けたグループごと）を呼び出して、一人一つ二つずつ、漢字や熟語、その漢字を使った文などを黒板に書かせ、間違いを直す。

●次回への布石
　時間があれば、フラッシュカードなどで新出単語を導入しておく。第13課以降では、練習Ⅰに挙げた既習漢字の復習や新しい読み方の練習なども行う。

●宿題
　本文に目を通してくることとワークブックの Using Kanji のページを宿題にする。

2時間目

●読解の準備
　漢字・単語などをフラッシュカードを使って復習する。ディクテーションをさせるのも効果的である。本文を読む前に、その内容に関連した質問をするとよい（第10課以降は教科書に質問が掲載されている）。本文の文法などで注意すべき点があれば、それを指導する。

●読解
　読解にあたっては、全員が同じところに注目できるように、本文をOHPなどで示すこともできる。書き込みをする場合は、フィルムを二枚重ねにして、本文のフィルムには直接書き込まないようにすると、再度説明をする時などに便利である。

読解の指導では、まず、できるだけ直訳を避け、質問や言い換えなどで内容理解の促進を図る。段落ごとに区切り、学生を指名して音読させる。クラスのサイズや雰囲気に応じて、グループで音読させたり、クラス全体で音読することもできる。

　次に、適当な長さごとに本文の内容について質問をして、理解できているか確認するとよい。複雑そうなところでは、段落の終わりを待たずに、タイミングよく、その都度説明したほうがよい。新しい表現でも他の表現で言い換えができる部分などがあれば、それを指摘するようにする。話の続きに興味を持たせるため、本文の内容に共感するかどうか、身近にも似た例があるか、などに話を発展させることもできる。

　全体を読み終えたら、本文の後にある質問を使って、内容を確認する。

3時間目

●漢字テスト

　ひらがなを漢字にしたり、漢字の読みを書かせたりして、漢字の定着度を測る。学生の負担や意欲などを考慮して、単語のテストを行ってもよい。

　以下に、漢字テストの代表的な出題形式を示す。

　　Write the words below in kanji.
　　　　りょうり　　→

　　Write the following words in appropriate mixes of *hiragana* and kanji.
　　　　おなじ　　　→

　　Write the following words in *hiragana*.
　　　　空港　　　　→

　　Write the underscored parts in kanji.
　　　　五時に_____に____きました。
　　　　　　　くうこう　　つ

●書く練習

　ワークブックにあるような部分作文や、指定された単語や漢字を使って文を作る問題を用意しておき、発表させたり黒板に出てきて書かせたりして、添削することができる。

　教科書の「書く練習」の課題作文を、教室内で書かせ、提出させる。添削の後に、続きを書かせたり、書き直させたりする。課題作文は宿題にすることもできるが、日本人に手伝ってもらったり辞書を多用したりする学生がいるので、教室時間内で自分の力で書く練習をさせることも重要である。

3．授業を楽しくする教室活動例

　読み書きの指導では、「漢字を覚えて本文を読む」という単調な作業の繰り返しになりがちだが、ゲームの要素を取り入れたり、ペアやグループで作業させたりすることによって活気のある授業にすることができる。以下に、(1) 漢字の定着をはかる活動例、(2) ディクテーション（書き取り）を使った活動例、(3) 作文のための活動例を挙げる。

(1) 漢字の定着をはかる活動例

●ビンゴゲーム

　ビンゴシートのマスに漢字を一文字ずつ書かせ、ビンゴゲームの要領で行う。

●かるた取り

　漢字を一文字ずつ書いたカード、またはその漢字を含んだ熟語を書いたカードを机の上に並べ、グループでかるた取りをする。

●漢字の部分のマッチング

　その課で導入された漢字をいくつか選び、その漢字をさらに分解して並べる。学生はバラバラにされた部分を組み合わせて漢字を元どおりに完成させる。ペアで行ってもよい。わざと間違えた部分を入れておき、学生の注意を喚起することもできる。（具体例は第11課練習Ⅰ-A［第Ⅰ巻 p. 306］参照）

●漢字のマッチング

　複数の漢字からなる単語を五〜六個選び、カードに漢字を一文字ずつ書く。カードをバラバラに提示して、学生はバラバラになった漢字カードを組み合わせて元の単語に戻していく。（具体例は第16課「その他の教室内活動」本書 p. 123参照）

●部首（漢字の一部）を使った復習ゲーム

　部首（または漢字の一部）を一つ黒板に書く。クラスをペア（クラスの人数が多い時はグループ）に分けて、その部首を含んだ既習漢字を思い出す限りすべて書き出させる。その時、教科書を見てはいけないとする。ペアの一人が前に出て、漢字を黒板に一つ書き、次のペアの一人は重なっていない答えを黒板に書く。思い出せないグループはパスをして、最後までパスをしなかったグループが勝ちとなる。（具体例は第18課「その他の教室内活動」本書 p. 125参照）

(2) ディクテーション（書き取り）を使った活動例

●新出漢字のディクテーション

　漢字を導入した後で、教師がその漢字を使った文章を読み上げ学生に書き取らせる。正しく書き取れているかどうか、学生に答えを黒板に書かせてチェックする。復習のためにディクテーションを行う時はフラッシュカードなどで復習した後で行う。（具体例は第15課「その他の教室内活動」本書 p. 122参照）

● 文型練習のためのディクテーション

重要な文型の定着をはかるために行う。初めに教師が完全な文を与えて書き取らせた後、指定した部分（下線部）を学生に変えさせて、文を作らせる。初めから空白部分のある文を書き取らせて、文を完成させてもいい。（具体例は第12課「その他の教室内活動」本書 p. 119参照）

● ペアディクテーション

教師は新出漢字を含む短い文章を8文ぐらい考える。奇数の文（1・3・5・7）だけが書いてあるハンドアウトと偶数の文（2・4・6・8）だけのハンドアウトを二種類用意し、ペアになった学生にそれぞれ渡す。学生一人が文章を読み上げ、もう一人が書き取る。すべて書き取りが終わったらお互いに見せ合い、間違いを直す。この練習では読む練習と書く練習を並行して行うことができる。（具体例は第14課・第17課「その他の教室内活動例」本書 p. 121/124参照）

(3) 作文のための活動例

● 要約作文

本文を読んだ後、本文の内容にとって重要だと思われる単語や表現をいくつか選んで、カードに書く。学生を二～三人のグループに分け、各グループにそのカードを渡し、それらの表現を使って内容の要約を共同で作成する。単語や表現をカードにして渡すことによって、表現の定着をはかったり、要約の内容をコントロールすることができる。（具体例は第13課「その他の教室内活動」本書 p. 120参照）

● 単語の復習のための作文

新出の単語を10個ほど選び、ペアでその単語を全部使ってストーリーを書かせる。

● 絵を使った作文

ストーリー性のある絵を見せる。四コマまんがであればクラスを四つのグループに分けて、それぞれのグループが一つの絵についてできるだけ詳しく書く。クラスで発表させて一つの長い話を作る。

第1課　ひらがな

ひらがなの導入例　ひらがなは何かと関連づけて紹介すると、学生は興味を持って覚える。『KANA CAN BE EASY―絵で覚えるひらがな・カタカナ―』（小川邦彦著／ジャパンタイムズ刊）、『KANJI　PICT・O・GRAPHIX』（Michael Rowley/Stone Bridge Press）などが参考になる。

留意点
1. 文は、第1課・第2課では、適当に分かち書きにしてある。
2. 一度にすべてのひらがなを覚えさせるのは大変なので、ワークブックに入っているひらがなの練習（第1課1～7）を毎日少しずつ宿題として与え、練習させるようにする。また、ひらがなを一文字ずつ書いたフラッシュカードを使い、授業の初めに毎回復習するといい。単語をひらがなで書いたフラッシュカードを使ってもいい。
3. 学生の能力を見ながら到達目標を決める。第1課終了時までに少なくともひらがなが読めるように指導し、学生の能力が許すなら、ひらがながすべて書けるところまで持っていけばいい。

その他の教室内活動
1. ビンゴ：ビンゴシートのマスにひらがなを一文字ずつ書かせ、ビンゴゲームの要領でゲームを行う。
2. トランプ並べ：各グループによくシャッフルしたひらがなのカードを与え、それを五十音順に並べさせる。一番早く並べ終わったグループが勝ち。
3. かるた取り：各グループにひらがなのカードを一式与える。教師が読んだひらがなを探させる。各グループで、もしくはクラスで、一番多くのカードを取った学生が勝ち。
4. ディクテーション：教師が「がくせい」など第1課で習った単語を言い、学生にノートに書き取らせる。黒板に書かせてもいい。

第2課　カタカナ

カタカナの導入例　ひらがなと同様の手法でカタカナを導入する。『KANA CAN BE EASY―絵で覚えるひらがな・カタカナ―』『KANJI PICT・O・GRAPHIX』などが参考になる。

留意点
1. ひらがなと同様、ワークブックに入っているカタカナの練習（第2課1～5）を毎日少しずつ宿題として与え、練習させる。授業では、フラッシュカードを使って練習させる。

2. 第2課終了時までに少なくともカタカナが読めるように指導し、学生の能力が許すなら、カタカナがすべて書けるところまで持っていけばいい。

その他の教室内活動

1. ビンゴやかるた取り、ディクテーションなどをする。
2. 新聞や雑誌に載っているラジオ・テレビ欄や映画欄を使い、何時にニュースが見られるか、映画「スターウォーズ」は何時からやっているかなど質問する。
3. 10個ほどのカタカナの単語が書かれた紙をグループ（またはペア）に与え、それが何なのかを当てさせる。一番早く全部正解できたグループの勝ちになる。紙に書く単語は同じカテゴリーのもの（例えば、国名、食べ物、飲み物）のほうが学生にはわかりやすい。

第3課　まいにちのせいかつ

漢字の導入例

漢字を導入する時は、学生が覚えやすいように下のように説明しながら導入するとよい。学生が覚えやすいことが優先なので、本当のなりたちでなくても構わないであろう。『新訂 漢字なりたち辞典』（藤堂明保監修／ニュートンプレス刊）、『A GUIDE TO REMEMBERING JAPANESE CHARACTERS』（Kenneth G. Henshall/Charles E. Tuttle Company）などが参考になる。

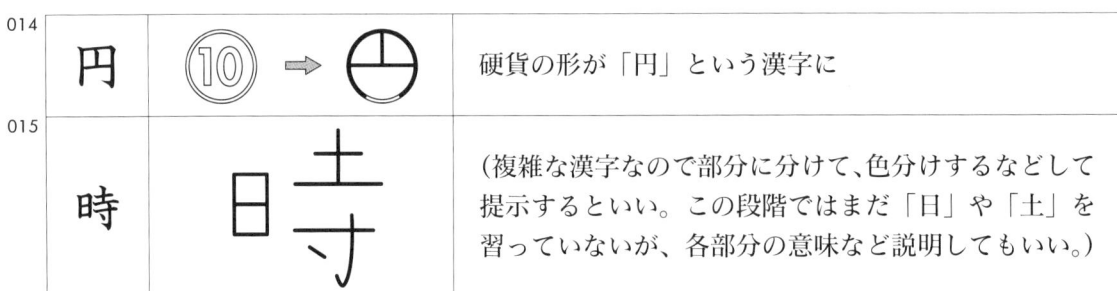

| 014 | 円 | 硬貨の形が「円」という漢字に |
| 015 | 時 | （複雑な漢字なので部分に分けて、色分けするなどして提示するといい。この段階ではまだ「日」や「土」を習っていないが、各部分の意味など説明してもいい。） |

留意点

1. 一度にすべての漢字を覚えさせるのは大変なので、毎日少しずつ練習するように言う。また、漢字を書いたフラッシュカード（例：五百円）を使い、授業の初めに毎回練習するといい。
2. この課から、まとまった文章を読む練習が入るが、授業で読ませる時は、クラスの学生一人に当てて読ませる以外に、ペアを組ませ、一人が読み、相手が確認し、終わったら交代させるという方法もある。
3. 助詞「は」「へ」「を」の発音と表記に注意する。

| その他の
教室内活動 | 1. ひらがなの練習と同様、漢字のビンゴゲーム、かるた取り、ディクテーションなどをする。
2. そば屋のメニューなど、値段が漢字で書いてあるものを用意し、たぬきそばの値段はいくらかなどと聞く。 |

第4課　メアリーさんのしゅうまつ

漢字の導入例

016	日	☀ ⇒ 日	太陽の形から「日」へ
018	人	人 ⇒ 人	人の形から「人」へ
028	中	⊕ ⇒ 中	円のまん中に指した棒の絵から「中」へ

| 留意点 | 練習Ⅲ「メアリーさんのしゅうまつ」本文最後「本もよみました」の「も」は、「会話・文法編」の会話にあった「おみやげも買いました」と同様、意味的には名詞についているのではなく、「本を読むこともした」という状況を示している。 |

| その他の
教室内活動 | 1. 練習Ⅲの本文を読んだ後、ペアを組ませる。お互いに本文に関する内容質問を考え、相手に聞く。(例：メアリーさんは、金曜日にどこに行きましたか。)
2. 第2課同様、新聞や雑誌の週間テレビ欄などを使って、どの映画は何曜日にやるかなどと質問する。または、カルチャーセンターや語学学校の案内を使ってどのクラスは何曜日かなどと質問する。
3. 練習ⅣのBで週末について書いた後、ペアにして学生同士で書いたものを交換して読み、コメントをする。または、おもしろそうな作文をいくつか選び印刷して、それを読ませてもいい。 |

第5課　りょこう

漢字の導入例

030 山		山の形から「山」へ
039 男		上は「田」(rice field)、下は「力」(power)。昔、男の人は力を使って田んぼを耕さなければならなかった
041 行		道を「行」く
042 食		たくさん食べておなかがいっぱい

留意点

1. 練習ⅠのCの日にちの言い方は定着しにくいので、毎回授業の初めにその日の日付を漢字で黒板に書き、「今日は何日ですか」などと質問して、定着をはかることもできる。

2. 練習Ⅲ（書く練習）で宛名を書く時には、相手の住所や名前の位置に気をつけさせる。また、「さま」を相手の名前につけることも教える。この課では縦書きと横書き両方を提示したが、どちらの方法でもよいことに一言触れておく。

3. はがきを書かせる時は、実際の絵はがきを使うか、または絵はがきを両面コピーして学生に渡し、そこに書かせるようにすると、より現実的になる。また本当に自分のしたことではなく、架空のことについて書かせてもおもしろい。

4. 会話・文法編では、「ある／いる」は主に「place に thing/people がある／いる」の文型で練習している。本文では、「私は place にいる」のように「私は place です」と同じ意味の文型として提示されている。

その他の教室内活動

文のディクテーション：教師が新しい漢字を含んだ文を言い、学生に書き取らせる。（例：私は朝ごはんを食べません。）

第6課　私のすきなレストラン

漢字の導入例

044 東	→ 東	木と太陽。太陽が昇る方角が「東」
045 西	西	四つの方角のうちの一つが「西」
050 右	→ 右	食べ物を口に運ぶ時、右手を使うから右には口がある
054 生	→ 生	土の中から生まれた植物
055 大	→ 大	人が大きく手と足を伸ばしている

留意点
1. 練習Ⅳ（書く練習）のAでパーティーの案内を書かせる時は、いろいろな色のサインペンなど準備するといい。
2. 「私のすきなレストラン」の「の」は、連体修飾節の「が」格が交替したものであると考えられるが、ここでは"my favorite"のように、単純な所有格として説明してよい。

その他の教室内活動
1. 練習Ⅳ（書く練習）のAは、パーティーについての案内だけでなく、売りたいものやほしいもの、日本語を教えてくれる人の募集などを書かせてもいい。
2. 練習ⅣのBで各学生が自分の好きなレストランについて書いたものを教師がまとめ、レストランガイドとして配り、それをクラスで読ませる。どこのレストランが一番よさそうか学生に投票させてもいい。

第7課　メアリーさんのてがみ

漢字の導入例

059	京	🏠 ⇒ 京	丘の上に家が建って都になる。
060	子	👶 ⇒ 子	子供の絵から「子」へ
064	父	👨 ⇒ 父	お父さんにはひげがある
065	母	👩 ⇒ 母	女の人の絵から「母」へ
070	文	🏺 ⇒ 文	土器についた模様が文字になる

留意点　　1.　手紙は、一般的に次のような形式をとることを説明する。(1)初めに天気について述べる、(2)最後には「体に気をつけてください」などの言葉がきて、日付、名前を書く。
2.　練習Ⅲ（書く練習）のBで手紙を書かせる時は、縦書きの便せんを用意しそれに書かせると、より現実味が出る。日本人の知り合いがいる学生なら、その人に近況を知らせる手紙を書き、教師の添削後書き直して投函するように指示してもいい。

第8課　日本の会社員

漢字の導入例

075	聞	門 ＋ 耳	「門」のところで「耳」をそばだてて聞く
080	車	🛞 ⇒ 車	車の形から「車」へ
081	休	🌳 ⇒ 休	人が木のところで休んでいる

| 086 | 何 | 人が肩に棒をのせて荷物を運んでいる。「それは何？」 |

留意点
1. 練習ⅡのC本文3行めの「会社員十人に」というパターンは、厳密に言えば未習である。
2. 練習Ⅲ（書く練習）はアンケートの結果報告のレポートだが、次のようなフォーマットを与え、下線部を入れかえるように指示するとスムーズにいく。時間に余裕があれば、書く練習のアンケートとその結果報告をグループによるプロジェクトワークにしてもいい。グループでテーマを決めてアンケートを作り、その結果を書く。それを配ったり掲示して、クラスで発表する。

> 私は<u>スポーツ</u>について日本人の学生に聞きました。
> まず、「<u>どんなスポーツをしますか</u>」と聞きました。<u>三</u>人は「<u>テニスをする</u>」と言っていました。<u>二</u>人は「<u>水泳をする</u>」と言っていました。
> 次に……
> 最後に……

第9課　スーさんの日記

漢字の導入例

091	白	どんぐりのような木の実。中は白い。
092	雨	雲と雨つぶから「雨」へ
094	友	二人の手から「友」へ
099	古	古いお墓

留意点
1. この課では日記という形で普通体で書く練習を行うが、一つの作文の中で丁寧体と普通体両方を使ってしまう学生がいるので、練習ⅢのAでは普通体のみで書くように指示する。
2. 練習ⅢのAでは、楽しかった日や大変なことがあった日について日記を書かせてもおもしろい。

第10課　かさじぞう

漢字の導入例

108 長	(絵) → 長	髪が長い人の絵から「長」へ
110 雪	雨＋ヨ → 雪	雪がよく降るスイスの人はヨーデルが得意
112 自	(絵) → 自	自分のことを表すのに鼻を指さす。鼻の形から「自」へ
114 朝	十＋月＋十＋日 → 朝	十月十日は「朝」

留意点　　練習Ⅱ「かさじぞう」の本文は、今までの読み物と違い、物語で長いので、あまり細かいことにこだわらず、大意が取れればよしとしてもよい。

その他の教室内活動　　「かさじぞう」本文を読んだ後、練習ⅡのCの絵を数人のグループに担当させ、その絵を描写する文章を書かせる。作った文章を発表させてクラス全体で「かさじぞう」の物語を再構築する。

第11課　友だち募集

漢字の導入例

119 近	(絵) → 近	斧で道を開くと近くなる（「斤」は「新」で既習。）
120 明	☀+☾ → 明	日と月が一緒に出れば明るい
121 病	广 → 广、(絵) → 丙	「丙」の部分は、病人（＝人）が布団をかぶって寝ている様子。上の棒は枕。

123 映	日＋（人形）→映	映画は光の芸術だから「日」。右側の箱のような部分は映画館のスクリーンで、前の席の「人」が邪魔で映画が見えない。

留意点	練習Ⅱでは「～たいです」の代わりに「～たいと思っています」が多用されている。
その他の教室内活動	実際の「友だち募集」広告をいくつか選んで読ませる（参考資料：「じゃマール」リクルート刊など）。

第12課　七夕

漢字の導入例

132 昔	＋＋＋＋－＋日→昔	二十一日前は「昔」
137 牛	（牛の絵）→牛	角が一本だけの牛の絵
141 別	（がいこつと刀）→別	躍るがいこつと刀（死は別れ）
145 色	（太極図）→色	「巴」の部分は、Korean Air の青と赤のロゴに見える

留意点	練習ⅡのBの本文中、引用文では「会話・文法編」同様「～なくちゃいけない」の形で提示しているが、地の文では「～なくてはいけない」にしてある。
その他の教室内活動	1.　文型練習のためのディクテーション：教師が練習させたい文型項目を含む文を読み上げ、学生に書き取らせる。その後、文の一部を変えて文を作らせる（例：「<u>学生な</u>ので、<u>勉強し</u>なくちゃいけません。」下線部を変えさせる）。 2.　書く練習をする際、短冊を用意し、学生に願いごとと名前を書かせて掲示すると楽しい。

第13課　日本のおもしろい経験

漢字の導入例

147 鳥	🐦 ➡ 鳥	トリの絵から「鳥」へ
150 特	牛 + 寺 ➡ 特	牛はヒンズー寺院では特別な存在
151 安	🏠 ➡ 安	女の人が家の中で安心している
153 肉	👥 + ⬜ ➡ 肉	二人の人間がベッドに寝ている
155 体	休 + 一 ➡ 体	けがをしたら、ばんそうこうを貼って休む

留意点　　　　練習Ⅱ-Bの本文中4行め「見たことも聞いたこともありませんでした」は「～ことがあります」という文型を(i)「～も～も」という並列にし、(ii)さらに全体を過去時制（大過去・過去完了）にしたものである。

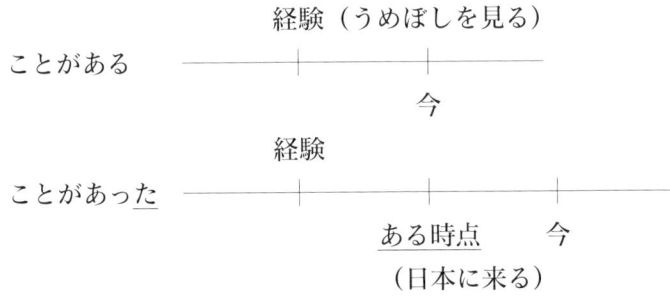

その他の　　　要約作文：クラスを二～三人のグループに分ける。練習Ⅲ-B「満員電車」
教室内活動　　を読んだ後、「びっくりした」「第一印象」「ラッシュの時」「昼ごろに電車に乗った」「楽しそう」などの表現をカードに書いて各グループに渡し、そのカードの語を使って、内容の要約をグループごとに書かせる。

第14課　悩みの相談

漢字の導入例

166 親	新＋見 ➡ 親	左側は「新」と同じ。両親を新しい目で見る
167 切	七＋刀 ➡ 切	七人の侍が刀で切る
171 急	➡	上は「thumbs up」。急げば大丈夫。
173 当	➡	矢が的に当たる

留意点　　　　この教科書では、「六か月」のように、「か」をひらがなで表記した。

その他の　　　1.　練習Ⅱ-Bの1「結婚と仕事」を読み終えたら、この人たちが結婚すべ
教室内活動　　　きかどうかペアで話し合わせ、その理由も考えさせる。その後、クラスで
ディスカッションしてもいい。
　　　　　　　2.　ペアディクテーション：学生はペアになり、一人に(A)、もう一人に(B)
のカードを渡す。一人が文章を読み上げ、もう一人が書き取る。すべて書
き取りが終わったらお互いに見せ合い、間違いを直す。

| (A)
1. 彼と彼女は大学時代に会いました。
2. ＿＿＿＿＿＿＿＿＿＿＿＿＿＿＿＿＿
3. 店の人は親切でした。
4. ＿＿＿＿＿＿＿＿＿＿＿＿＿＿＿＿＿
5. 去年イギリスに留学しました。
6. ＿＿＿＿＿＿＿＿＿＿＿＿＿＿＿＿＿ | (B)
1. ＿＿＿＿＿＿＿＿＿＿＿＿＿＿＿＿＿
2. 私の家族は英語を話します。
3. ＿＿＿＿＿＿＿＿＿＿＿＿＿＿＿＿＿
4. 急いで電車に乗りました。
5. ＿＿＿＿＿＿＿＿＿＿＿＿＿＿＿＿＿
6. 彼の父親は医者です。母親は音楽の先生です。 |

第15課　私が好きな所

漢字の導入例

180	味	哧 → 味	口とバーベキュー
182	夏	→ 夏	暑いので、人が日かげでぐったりしている
183	魚	→ 魚	人が田んぼの魚にえさをやって魚が寄ってくる
188	走	→ 走	二人の人が走っている

留意点　　　　単に旅行ガイド的な文章にとどまらず、地域の抱える社会問題等について読んだり書いたりさせることもできる。

その他の　　　新出漢字のディクテーション：教師が新しい漢字を含んだ文を言い、学生
教室内活動　　に書き取らせる。
　　　　　　　　例）友だちに自転車を借りました。
　　　　　　　　　　広場を通りました。
　　　　　　　　　　あの建物はお寺です。

第16課　まんが「ドラえもん」

漢字の導入例

195	世	せ → 世	ひらがなの「せ」から「世」へ
196	界	→ 界	地球を矢印が指している
203	開	門 → 開	門を開けるのに高いので台が置いてある
206	運	→ 運	マットレスを積んだ車が走っていく

留意点	練習Ⅱ-B 本文に出てくる「アンキパン」の話は、実際の話（小学館てんとう虫コミックス『ドラえもん』第2巻）とは若干異なっている。実際には、(i)パンに書くのではなく、ノートにパンを押しつけてコピーする、(ii)学校に行く前におなかが痛くなって、家でトイレに行くことになっている。
その他の教室内活動	1. 漢字のマッチング：熟語を漢字ごとにバラバラにして、カードや板書などで提示する。学生はペアになって熟語に戻していく。同じ漢字を二度使ってもいいとする。 　　例）［自　全　屋　運　部　車　転　動　本］ 　　　→「全部」「運動」「自転車」「部屋」「本屋」などの熟語ができる。 2. 実際に『ドラえもん』のまんがを読ませてみるといい。学生が未習の表現や文法が多く含まれているが、工夫しだいで使うことは可能になる。工夫の例として以下に示した。 ・難しい語に注を与える。 ・ページをバラバラにしたものを与え、正しい順番に並べ替えさせる。細かい内容にこだわらず、話の展開がわかればよしとする。 ・ふきだしの部分を消しておき、どんな日本語が入るか考えさせる。そのあと実際に書かれている文と比較する(比較的推測しやすいページを選ぶことが必要)。

第17課　オノ・ヨーコ

漢字の導入例

215	集	→ 集	木の上に鳥が集まる
218	品	→ 品	デパートにいろいろな品物がある
219	字	→ 字	家で字を習うのは子供
220	活	→ 活	水を飲んで生き生きと元気になる

留意点	1. 小野洋子の詳しい伝記としては、『オノ・ヨーコ』（飯村隆彦著／講談社文庫）を参照。 2. 出版された『グレープフルーツ』詩集の日本語版では、インストラク

ションは「〜なさい」の形になっている。現在では、『グレープフルーツ・ジュース』として、講談社文庫で入手することができる。同書には、日本語訳のほか、英語原文も付されている。

3. 小野洋子は、実際には最初の結婚とジョン・レノンとの結婚の間に、もう一回結婚して、京子という女の子を出産している。

その他の教室内活動

1. 自分の伝記を書かせる。その時、下のようなハンドアウトを与えておくとやりやすい。自伝だが「私」を使わずに三人称で客観的に書いてもおもしろいだろう。

```
_____年 _____で生まれる。
_____年 _____
_____年 _____
_____年 _____
_____年 _____
```
Add comments or details to the chronology above and write your autobiography.

2. ペアディクテーション

(A)
1. 私の友だちは長野でスキーを教えています。
2. _____。
3. 子供の時、バイオリンを習っていました。
4. _____。
5. 映画のパンフレットを集めています。
6. _____。
7. これは私が作った作品です。
8. _____。

(B)
1. _____。
2. 私は二十八歳で結婚しました。
3. _____。
4. 家族と一緒に写真を撮りました。
5. _____。
6. 友だちのご主人は字がきれいです。
7. _____。
8. 仕事をやめて、ボランティアの活動を始めました。

第18課　大学生活

漢字の導入例

225	目	目の形 → 目	目の形から「目」へ
227	力	腕 → 腕に力	腕に力をこめてうきあがった字
230	堂	堂 → 堂	土の上の高くて広い建物
234	験	験 → 験	家の前で人が馬のよしあしを見る
239	宿	宿 → 宿	百人の人が家に泊まっている

その他の教室内活動

1. 部首（漢字の一部）を使った復習ゲーム：学生はペアで相談しながら、ある部首を含む漢字を書き出す。後でいくつ思い出したかでクラスで競う。
    例）「しんにょう」→　近、連、達、運、週、など。
    　　「にんべん」　→　使、夜、働、代、借、など。
    その他、「口」「目」「日」などでもできる。
2. 日本人の友だちに大学生活（勉強、クラブ活動、友だち、寮や家での生活など）についてインタビューをして、それをまとめさせてもいい。あらかじめインタビューする質問を考えさせておく。
    例）今、何年生ですか。／大学で何を勉強していますか。／など

第19課　手紙

漢字の導入例

241	春	三+人+日 → 春	三人の人が日を見ている
242	秋	禾+火 → 秋	秋になると木の葉が火の色に変わる

243 冬	❄︎❄︎ → 冬	冬には空から雪が降ってくる
251 工	**エ**ンジニア (Engineer)	工学を勉強する人は「エ」ンジニア
256 多	タタ/タタ/タタ	「タ」がたくさん

留意点　　1.　手紙特有の慣用的な言い回し（～はいかがですか、お体を大切になさってください、など）があるので、指導する。

2.　練習Ⅱ手紙文５行め「留学中」の「～中」は、「会話・文法編」第16課で「授業中に」が導入されている。その他、「午前中」「電話中」「勉強中」などにも見られることを指摘してもいい。

その他の
教室内活動　　実際に手紙を書かせる。学生に自由に書くよう指示してもいいが、下のようなハンドアウトを配り、手紙の内容や使える表現などを示すと、習った表現や形式が使いやすくなる。Letter 1 ではお世話になった人へのお礼の手紙、Letter 2 では知らない人への問い合わせのための手紙を書く。

Letter 1: Write a thank you letter to your host family/friend/teacher/etc.
- Preliminary greetings: Seasonal greetings, inquiries about the weather, the receiver's health, etc.
- The body of the letter (i): Talk about recollections of and gratitude towards the addressee. You can use the following expressions (you don't need to use them all).
　　～おかげで　～てくれて／くださってありがとう
　　お世話になりました　～がなつかしい　思い出す
- The body of the letter (ii): You can talk about yourself and your future plans.
- Closing greetings: (i) Send your regards to someone. (ii) Wish for the health of the addressee.

Letter 2: You are interested in studying at a Japanese language school/graduate school or teaching in Japan. You are writing a letter to someone whom you don't know very well to ask several questions.
- Explain why you are writing this letter.
- Say who you are.
- Ask for information.
- Closing greetings.

第20課　猫の皿

漢字の導入例

257	皿	🍰 ➡ 🍽	皿の上にケーキがのっている
260	止	歩 ➡ 止	歩くのを少しやめると止まる
262	両	⚖ ➡ ⚖	魚屋のおにいさんが両肩にかついでいる
265	心	♡ ➡ (♡))	心臓が動いている
266	笑	ケケ笑 ➡ 笑	ケッケッと大笑いしている人

留意点

1. 練習Ⅱの本文を読む前に落語について少し説明をする。落語のビデオを見せると、どんなものかわかりやすい。
2. 本文5行め「今でも」や、関連表現「今では」の「で」は、過去との対比がある場合に用いられる。
3. 本文中、骨董商の男は文を「～だ」「～か」で終えているが、これは現代語では横柄な感じがするので注意する。
4. 練習Ⅲ（書く練習）のＡでは、好きなほうを選ばせて書かせればいい。クラスを四つのグループに分け、それぞれ一コマずつ担当させて詳しく書かせ、クラスでそれを発表させて、全体で一つの話にさせる、といった使い方もできる。

その他の
教室内活動

1. 単語の練習：単語を導入した後、次のようなハンドアウトを配り、単語の定着をはかる。

> 同じ意味の言葉を下から選んでください。
> 1.（　）残念だと思うこと
> 2.（　）お店を持っている人
> 3.（　）山や川があって、人があまり住んでいない所
> 4.（　）できないこと
> 5.（　）飲み物を飲んだり、お菓子を食べたりできる所
> 6.（　）動物が食べるご飯
> [a. いなか　b. 主人　c. 無理　d. 茶店　e. えさ　f. がっかりする]

2. 「猫の皿」本文のせりふの部分のみを抜き出しておき、ペアやグループで教科書を見ないで正しい順番に並べ替える。最初に茶店の主人のせりふと男のせりふを分けてから、並べる作業に移ったほうが簡単である。

3. まんがをコマごとにばらしておき、元の順番に並べ替えたり、学習者が好きな順番に並べてストーリーを作らせる。あらかじめ使用する単語を指定しておくとよい。

第21課　厄年

漢字の導入例

272 信	人＋言 → 信	人の言うことを信じる
275 風	🐛 → 風	虫が葉っぱで風をよけている
276 犬	🐕 → 犬 → 犬	犬の絵から「犬」へ
277 重	📚 → 重	本が重なっていて重い

留意点　　　　　練習Ⅱ-B 本文中の受身文を書き出させて意識させてもよい。

その他の　　　　単語作文：以下の書き出しを使って作文させる。作文には、下の単語の中
教室内活動　　　から少なくとも四つを使うように指導する。

「去年、私は大変な経験をしました。……」

多くの	信じる	長い間	一生懸命(けんめい)	楽しみ
ところが	心配な	起こる	めったに〜ない	

第22課　友美さんの日記

漢字の導入例

288 銀	銀 → 銀	人が金を手に取り、本物かどうか見る。銀だった。
289 回	◎ → ◎	ぐるぐる回る
298 駅	馬人 → 駅	駅に着いて、馬から降りる
299 説	言 + 兄 → 説	お兄さんが怒りながら説明をしている

留意点　　　1.　練習Ⅱ-B 本文は、登場人物の関係について整理しながら読んでいく。板書したほうがいい。
　　　　　　2.　練習Ⅲ（書く練習）では、short form を用いて書くように指導する。

その他の　　1.　練習Ⅱ・内容確認の並べ替え問題：本文を読んだ後、内容理解を確認
教室内活動　　するために下のようなハンドアウトを配り、順番を考え（　　）に番号を入れさせる。

> 次の文を順番にしなさい。
> a.（　）研一から友美に手紙が来た。
> b.（　）友美と研一は夏子に同僚を紹介しようと思った。
> c.（　）夏子は彼がいる友美がうらやましいと思っていた。
> d.（　）友美は東京の話を聞きたかったが、夏子はあまり話したがらなかった。
> e.（　）友美は黒木に会いに東京に行った。
> f.（　）友美は駅で夏子が男と楽しそうに話しているのを見た。

　　　　　　2.　単語の復習と内容理解の確認のための練習：練習Ⅱの本文の一部をコピーして、単語をいくつか修正液で消しておく。シートにして配り、空白部分にどんな言葉が入るか考えさせる。ヒントとして入れるべき単語のリストを黒板に書いておいてもよい。ペアでやらせてもよい。

第23課　これはどんな顔？

漢字の導入例

304 情	心 + 青 ➡ 情	心がブルーなときは表情でわかる
309 比	上 + ヒ ➡ 比	よく似ているから比べてみよう
312 悲	𠀋 ➡ 悲	牢獄で心は悲しい
314 査	➡ 査	シルクハットをかぶった人が木を調査している

留意点　　　1.　練習II-Aをする時に、感情を表す言葉について復習しておく。未習の言葉をいくつか紹介しておいてもいい。a（こわい）、b（驚き）の表情をさせたり、どんな時にそんな顔をするのか考えさせてもおもしろいだろう。
2.　表情と文化間の差に関してはPaul Ekmanの著作などを参照。"Cross-cultural Studies of Facial Expression"（P. Ekman編, *Darwin and Facial Expression*, 1973, Academic Pressに収録）など。

その他の　　1.　掲載されている四枚の写真にふきだしをつけて、せりふを考えさせる。
教室内活動　　他の写真を使ってもいい。
2.　日本語ソフトの入ったコンピューターがあればコンピューター（ワープロ）での日本語入力のしかたを指導してもいい。「書く練習」もタイプして提出させることもできる。

資料編

本書英訳 English Translation
133

巻末ワークシート❶〜㉗
223

巻末シナリオ集①〜⑤
247

本書英訳 English Translation

- **About This Book**　134
  『初級日本語 げんき』について

- **Teaching the Dialogue and Grammar Section**　136
  「会話・文法編」の指導

- **Teaching the Reading and Writing Section**　206
  「読み書き編」の指導

About This Book 『初級日本語 げんき』について

The Structure and Contents of the Textbook

Books I and II of *GENKI: An Integrated Course in Elementary Japanese* consist of two sections: Dialogue and Grammar, and Reading and Writing. The Dialogue and Grammar section aims at improving students' speaking and listening abilities by learning basic grammar and increasing vocabulary. The Reading and Writing section aims to foster reading comprehension and writing ability by learning the Japanese writing system—*hiragana*, *katakana* and kanji—and by providing opportunities to practice both reading and writing.

We recommend that teachers start with the Dialogue and Grammar section of a lesson and then go on to the Reading and Writing section of the same lesson. Each item found in the Reading and Writing section is first introduced in the Dialogue and Grammar section.

In classes where the time available for study is limited, or for those that do not wish to devote time to the study of reading and writing, it is possible to follow this course by using only the Dialogue and Grammar section. However, from Lesson 3 on, the text is written in *hiragana*, *katakana* and kanji (with the pronunciation indicated in *hiragana*) so that even students who are studying only the Dialogue and Grammar sections will need to be taught *hiragana* and *katakana* by the end of Lesson 2.

Other Materials

In addition to the textbook, *GENKI: An Integrated Course in Elementary Japanese*, workbooks and CDs are available.

A. Workbooks
(Ⅰ: Lessons 1-12, and Ⅱ: Lessons 13-23)

The Workbooks are divided into two sections, Dialogue and Grammar, and Reading and Writing in the same way as the textbook.

In the Dialogue and Grammar section, the Workbook provides a one-page worksheet for each of the grammar points introduced in the lessons in the main textbook. The listening comprehension worksheets at the end of each lesson are to be used with the CDs. The dialogues for these worksheets contain the new grammar items introduced in each lesson. It is therefore recommended that these worksheets are used only after finishing the relevant lesson in the textbook.

The Reading and Writing section of the Workbook consists of pages for kanji writing practice and exercises where students are required to fill in the blanks with the correct kanji. (In Book I there are also English to Japanese translation exercises.)

These worksheets should be used to check how well the students have mastered the skills introduced in the textbook, and should be handed in for correction by the teacher.

B. CDs (Ⅰ: Lessons 1-12, Ⅱ: Lessons 13-23)

"Dialogue" and "Vocabulary" from the Dialogue and Grammar section are recorded on the accompanying CDs ("Vocabulary" is recorded both in English and Japanese). Practice exercises marked with a 🔊 and their answers, as well as the conversations in the Listening Comprehension section of the Workbook are also recorded. The CDs can be used during class to listen to the dialogues of the lessons or by the students themselves for extra practice after class.

It is recommended that the CDs are used not only for listening but also to practice speaking out loud. The student can listen to the "Dialogue" and "Vocabulary" sections and repeat after the speaker on the CD. In the

"Practice" section, the student can do each one orally, listen for the correct answer on the CD and compare it with his or her own answer. The teacher should encourage the student to repeat each exercise until it can be done correctly.

Orthography and Font

The basic text is written in kanji and *kana*. We have mainly followed the *Joyo Kanji* guideline for kanji transcription. We have used *hiragana*, however, for some more advanced kanji which we have decided to be too advanced for beginning-level students. For students who are only studying the Dialogue and Grammar section, the pronunciation of each kanji is indicated in *hiragana*. However, to lessen the burden on the students and allow them to study on their own, "Greetings" and Lessons 1 and 2 are represented in *hiragana* and *katakana*, as well as by romanized forms.

Hiragana and *katakana* are introduced in the Reading and Writing sections of Lessons 1 and 2. These sections should be studied in tandem with the corresponding Dialogue and Grammar sections and not at a later time.

Lesson 3 introduces the first kanji. From this lesson on, no *hiragana* gloss is given for the kanji that have already been introduced to prevent the students from becoming too dependent on them.

(Refer to pp. 6-10 of this book for the syllabus of the Dialogue and Grammar section and kanji introduced in the Reading and Writing section.)

Teaching the Dialogue and Grammar Section 「会話・文法編」の指導

About the Dialogue and Grammar Section

1. How to Use the Dialogue and Grammar Section

(1) Dialogue

This section is made up of two or three short dialogues. Dialogues contain new words and grammar introduced in the lesson. Therefore, starting the lesson with the dialogues may be bewildering for the students. For this reason we would suggest that practicing the conversations be left to the end of the lesson. In the classroom, try using a variety of techniques to teach the dialogues; play the recordings and ask the students questions on the dialogues, make them memorize the dialogues, change parts of the dialogues to make them more relevant to the students, make the students memorize the dialogues and act them out in front of the rest of the class. Another suggestion is to let the students learn the dialogues beforehand, which they can then act out in class. If the dialogues are too long they can be divided up into sections.

Examples of how to use the dialogues are given below. These can be used according to the students' ability and the time available for study.

1. The students close their books and listen to the dialogue. The teacher then asks questions based on the content.
2. The teacher reads the dialogues or plays the recordings and has the class repeat them phrase by phrase. At this point the teacher should draw the students' attention to the pronunciation.
3. The dialogues are read in groups. Taking Lesson 1 as an example, the class could be divided into two groups, one half of the class reads the part of Takeshi, and the other half the part of Mary. Alternatively, the teacher could read Takeshi's part, and the students, the part of Mary. Or, divide the class into groups of two people and let the students work in pairs.
4. After memorizing the dialogues, the students act them out in pairs or in groups in front of the class. The dialogues could be memorized as they stand or some parts could be changed.

(2) Vocabulary

In each lesson there is a list of all the new vocabulary items which appear in the Dialogue and Practice sections. New words that appear in the dialogues are marked with an asterisk (*). Instruct the students to learn the new words. It is impossible to learn all the new words at one sitting so the students should be encouraged to memorize them little by little each day. The vocabulary is also recorded on the accompanying CDs and students can be instructed to practice along with it, paying careful attention to the pronunciation. If there is plenty of time available, it would be a good idea to practice in class and give a simple vocabulary test for each lesson. Some words in the Practice sections are not listed in the Vocabulary section, but are introduced as footnotes to exercises. Students do not have to memorize such words.

Some examples of how to practice vocabulary are given below.

1. Go over the list together, with the students repeating after the teacher. Correct the students' pronunciation and intonation.
2. Make flash cards with the new word on the front and the meaning in English on the back. For a short period of time everyday, use the cards in class to practice new vocabulary, getting the students to give

you the English meaning of the Japanese word and vice-versa.
3. Use word games such as "Hangman," "Bingo" or "Karuta."

(3) Grammar

There are explanations of grammatical items in each of the lessons. Students should be instructed to read the explanations on their own as part of their preparation before coming to class. The grammar explanations and notes are detailed, and it is not necessary to go over all of them in class. It is possible to confuse students by teaching too many grammatical rules, and the teacher should think carefully about the ability of the students before deciding what to teach.

(4) Practice

Exercises, from basic to advanced, are given for each new item to be studied. These exercises can be used in classrooms just as they are. However, it is not necessary to complete all of the exercises. Be flexible, taking the achievement level of the students, the time that is available for study and so forth into consideration. The teacher is advised to select whatever is appropriate. Also, if time allows, refer to the section "Other classroom activities" in this book to supplement the exercises.

● *Exercises marked with* 🔊

Exercises marked with 🔊 have only one correct answer and are recorded on the CD, allowing the students the opportunity to practice on their own. The students could be instructed to record their answers on tape as an exercise for homework. The correct answers to the exercises can be found in the booklet attached to this manual.

● *Review Exercises*

The last part of the Practice section contains Review Exercises, which incorporate various grammar points for the lesson. For example, some questions combine various topics covered in the lesson, and some call for the creation of new skits based on what was learned in the Dialogue section. The teacher should select whatever activities seem to be appropriate for the level of the students and suit the time available for study.

(5) Supplementary Sections and Expression Notes

Some lessons include additional or supplementary information. This includes expressions related to the topic of the lesson, as in "Time and Age" in Lesson 1, or expressions suitable at certain times and places, as in "At the Station" in Lesson 10. Teachers should feel free to use these sections as the need arises, and not feel obliged to use them in class time.

The Expression Notes are also there to be used at the teacher's discretion. They consist of further explanations of the vocabulary and expressions found in the Dialogue and Practice sections and are for the students to read on their own. However, they can be used in class should the teacher feel this to be necessary.

2. Teaching Strategies

(1) Length and Content of the Lessons

The Dialogue and Grammar section has been designed so that they can be completed in about 5 or 6 hours of lesson time. Basically, about 1 hour should be devoted to teaching each new grammar item. (The amount of time devoted to each one will vary. With some items, 2 hours may be necessary and with others 30 minutes will be enough.) This should then be followed up with 1 to 2 hours spent on the Review Exercises and the dialogues.

As a rule, each new grammar item should be introduced in the following way:

Introduction → Explanation → Practice

Examples of how to introduce new items can be found in this book, although it may not always be necessary to use an introduction as such. Of the three, the most important activity is practice, and ideally, as much time as possible should be devoted to it. In order to do so, the students should be advised to prepare thoroughly before the lesson and read the grammar explanations themselves. It should be borne in mind, however, that depending on the circumstances, it may be impossible for the students to devote the necessary time to preparation, and in such cases the teacher will need to spend time on introducing and explaining new grammar items in class.

(2) Sample Lesson Plan

Let us look at an example of these teaching strategies using Lesson 11. Refer to the explanation of each lesson of this book for more detailed notes on introductions and important points to note when practicing.

   *   *   *

The First Lesson:
- Introduction and explanation of 〜たいです and 〜たくありません followed by Practice I-A and B.
- Explanation of 〜たかったです and 〜たくありませんでした followed by Practice C.
- Homework: Workbook Lesson 11-1.

The Second Lesson:
- Practice 〜たいです. Explanation of 〜たいと言っていました and 〜たがっています followed by Practice D and E.
- Explanation of 〜たり〜たりする followed by Practice II, A-C.
- Homework: Workbook Lesson 11-2.

The Third Lesson:
- Vocabulary test: Choose five Japanese and five English words and ask the students to translate them.
- Practice 〜たい and/or 〜たり〜たりする.
- Introduction and explanation of 〜ことがあります followed by Practice III-A and B.
- Homework: Workbook Lesson 11-3.

The Fourth Lesson:
- Practice 〜ことがあります again.
- Explanation of "Noun や Noun" followed by Practice IV-A.
- Dialogue I: Play the CD and follow up with a question and answer activity on the content. Next, have the students repeat the dialogue and correct any pronunciation mistakes. Finally, have the students apply their skills by practicing Dialogue I in pairs, changing parts as they like, and acting it out for the rest of the class.
- Homework: Workbook Lesson 11-4.

The Fifth Lesson:
- Practice "Noun や Noun" again.
- Dialogue II: After practicing the dialogue, divide the class into groups of three and let the students practice making introductions.
- Dialogue III: After practicing the dialogue, let the students make up their own conversations to talk about their hometowns in pairs.
- Homework: Preparation of Review Exercise C in the textbook.

The Sixth Lesson:
- Do Review Exercise C with the whole class.
- If there is time, do Review Exercises A and/or B.
- Homework: Workbook Lesson 11-5.

Before Starting Lesson 1:
How to combine the teaching of *hiragana* and "Greetings" with Lesson 1

The textbook *Genki* is composed of two parts, Dialogue and Grammar, and Reading and Writing. In the Dialogue and Grammar section the pronunciation of every kanji is indicated in *hiragana* so that it can be used with a variety of approaches to study according to the aims of the course, the time available, class size and so forth, regardless of whether the Dialogue and Grammar and Reading and Writing sections are taught in the same class or separately, or whether or not the class will be studying kanji. Nevertheless, whatever form the course takes, it will be necessary for the student to learn to read and write *hiragana* and *katakana*. Consequently, at the beginning of a course, an introduction to the reading and writing of *hiragana* should be taught at the same time as Lesson 1 and "Greetings." Care should be taken, however, to see that the students do not have too heavy a work load.

Three options for the start of the course:
(1) The study of *hiragana* could be completed before starting "Greetings" or Lesson 1.
(2) As romanized forms are used up to the end of Lesson 2, the teaching of *hiragana* could be left until later.
(3) A combined approach could be attempted by dividing the class time into two parts and devoting a separate period to the study of *hiragana*, and the section "Greetings" and Lesson 1.

The above are simply suggestions for how to start the course and the lesson plan which follows is an example of how to implement number (3). We would emphasize that it is only a suggestion. The teaching of *hiragana* could either be intensified or slowed down to a more gradual pace.

  *   *   *

The First Lesson:
(Aim: Recognizing *hiragana* syllables.)
Aim for recognition of the 46 basic *hiragana* syllables. This can be achieved by going through the syllabary table in order, using pictures as an aid to memorization, or by making up stories to show the students (see p. 209 of this book in detail). Depending on the amount of class time available, the syllabary could be divided up and taught in two parts or even a few rows at a time. When you have finished teaching the number of *hiragana* set for a particular period, divide the class into small groups and have them play the card games set out in the Reading and Writing manual (p. 210) or other similar activities. It is impossible for anyone to memorize all the *hiragana* at once, so the students should be told that, for the time being, they may refer to the syllabary table.

Even though this is essentially a reading lesson, a few simple expressions such as greetings could be introduced at this time.

[Homework: Students can check reading accuracy by using, for example, the online computer materials.]

The Second Lesson:
(Aim: Writing *hiragana*.)
First of all, check the students' ability to recognize *hiragana* by putting a *hiragana* chart up on the blackboard and having the students read the *hiragana* as you point them out, or use flash cards. Then write the *hiragana* on the blackboard slowly, indicating stroke order and explaining special areas of difficulty. Next, get the students to practice writing by doing the exercises in their workbooks (Reading and Writing, Lesson 1: 1-5). Tell the class to work on their own and practice writing each character several times while you go around the class and help individual students. Then, ask small groups of students to come up to the blackboard and get them to write some *hiragana* as you say them. Correct any mistakes, and point out errors in shape or stroke order. The exercises in the Reading and Writing section, Lesson 1: I-A, C, D could also be done in this period.

[Homework: Students can do writing practice using either the online materials to check for accuracy of stoke order, or finish doing the *hiragana* practice in their workbooks (e.g., Workbook: pp. 105-106, あ〜と).]

The Third Lesson:
(Aim: Voiced consonants and greetings.)
Review the *hiragana* by using flash cards or giving a dictation and then go through section 2 of "The Japanese Writing System" on p. 19 of the students' book.

Arrange cards on the blackboard showing the unvoiced consonants with more cards showing diacritical marks alongside them, and explain what those marks are.

Now go on to the "Greetings" page and practice reading items of vocabulary. As can be seen from the examples below, the vocabulary associated with greetings illustrates Japanese orthographical rules well, so it is a good starting point.

1. Voiced consonants: As mentioned above, there are many examples of voiced consonants in greetings, so introduce them beforehand.
2. う for long "o" sounds: The use of う when transcribing the long vowel sound "o" is also very common in greetings, e.g., おはよう. Make sure the students understand that it is not pronounced お・は・よ・う, but おはよー.
3. ん: Point out to the students the importance of the ん in こんにちは by showing them how the word would be pronounced if it were missing, as in こにちは. Students at this level will find it very difficult to hear the difference, so exaggerate your own pronunciation.
4. は pronounced as わ: Explain that there are historical reasons for reading は this way. This is also explained in the Expression Notes in Lesson 1 on pp. 17-18.
5. The small っ: In greetings, this occurs in the expressions いってきます and いってらっしゃい. Call the students' attention to the fact that the small っ is smaller than つ and is not pronounced "tsu." Explain that it is silent, and give examples of minimal pairs such as いて and いって exaggerating your pronunciation a little. Let the students do some listening and dictation practice.
6. The small ゃ: This can be found in the expression いってらっしゃい. Point out that it is not pronounced し・や but is contracted to しゃ.
7. "。": Explain that sentences end with a small circle not a period.

When teaching the students how to greet each other in Japanese, don't let them just say the greetings but get them to practice bowing to each other too. Do this while looking at the pictures on pp. 6-7, and when they have finished practicing, reinforce what they have learned by doing the pair work on p. 9. Finally have them act out the greetings in front of the class and make sure that they use the appropriate body actions.

[Homework: Practice writing the rest of the *hiragana* and "Greetings" (Workbook: pp. 11-12).]

The Fourth Lesson:
(Aim: Double consonants, contracted sounds, long vowels, Lesson 1.)
Review the previous lesson by dictating the vocabulary used in greetings, and have the students write the words on the blackboard.

Call the students' attention again to the long vowel sound in おはよう and the double consonant and contracted sound in いってらっしゃい and study these points again by going through parts 3 to 5 of the section "The Japanese Writing System" on pp. 20-22. After you have explained the rules, they could be practiced by doing the following activities.

1. On flash cards, write some words that include the forms you are practicing and have the students read them. Correct the students' pronunciation.
2. Do exercises I-B and E from Lesson 1 of the Reading and Writing section or any other appropriate material.
3. Give the students handouts with fill-in-the-blank vocabulary exercises.

For some students, the pronunciation of the contracted sounds presents particular difficulties. For this reason, it is important not to demand too high a level of accuracy in pronunciation at this stage, as it can result in the students becoming frustrated and losing interest.

To review the basic *hiragana*, the voicing diacritics and other orthographical rules, go over some of the activities again, but this time, do not let the class look at the *hiragana* charts. This will encourage the students not to rely on them too much.

Start Lesson 1.

[Homework: Practice writing any *hiragana* still not done and do any exercises in the Workbook, Lesson 1 that have been studied in class.]

Lesson 1:
あたらしいともだち (New Friends)

The Objectives of This Lesson

- Numbers (1-100)
- Time——今、何時ですか。八時です。
- Telephone numbers——ロバートさんの電話番号は852-1032です。
- The particle の——私の先生
- X は Y です——私は学生です。
- ◇ Introducing yourself
- ◇ Asking people their names and what they do

Vocabulary (p. 12)

Lesson 1 has an "Additional Vocabulary" section, but it is not necessary for the students to memorize these words. This word list is for the benefit of students who would like to tell the class about their specialities and where they come from.

Practice ①
すうじ [Numbers 1-100] (p. 20)

Introduction
Prepare a set of cards with numbers on them. Show the students the cards and read the numbers to them out loud.

Points to remember when practicing
Although the numbers from 0 to 100 are introduced here, the students only really need to know the numbers from 1 to 12 at this point, the minimum needed to be able to tell the time. If it seems to be too much for the students, teaching only the numbers 1 to 12 is fine.

Other classroom activities
1. Karuta: When you have finished working on the numbers the class can be divided into groups of three or four people and they can play Karuta. The teacher calls out a number and the students try to see who can pick up the correct card the quickest. The person in each group who collects the most cards is the winner.
2. Bingo: Refer to Game 2, "数字ビンゴゲーム," in *80 Communication Games for Japanese Language Teachers* by CAG Teaching Materials Development Group (The Japan Times).
3. The entire class forms a circle and the teacher gives each student a number. The class should clap rhythmically and after two claps the teacher calls out his or her own number and a student's number. The student whose number has been called should then do the same, i.e., say his or her own number and then another student's. In this way, a "clap, clap, number, number" rhythm is formed. Anyone who breaks the rhythm by being slow to react when their number is called loses a point, and anyone who loses three points has to do a forfeit, such as singing a song.

Practice ②
じかん [Time] (p. 21)

Introduction
Introduce the topic by using a clock, one made out of a paper plate will do. Show the students the time and say, "今、～時です。"

Important grammar points
1. Point out the special readings of 四時, 七時 and 九時.
2. The expressions 午前 and 午後 come before the number expressing time.

Points to remember when practicing
1. Before starting Practice B, explain the situation by saying, "You are on a plane bound for one of the cities on this map. You want to know what time it is there now. Ask the flight attendant the time." The situation will then seem more real to the students. You

could also change the place names to ones the students are more familiar with.

2. For the time being, concentrate on getting the students to the point where they can say "〜時半です" fluently. If there is plenty of time available, use the table at the end of the lesson to practice expressions using 〜分. If you do decide to go on to this practice, remember that many number words have more than one pronunciation and that this can be very difficult. At this stage, do not expect too much in the way of accurate pronunciation from the students. Being able to understand the questions is enough at this level.

Practice Ⅲ
でんわばんごう [Telephone numbers] (p. 22)

Introduction
Write your telephone number and the school's number on the blackboard.

Important grammar points
1. Point out to the students that when saying telephone numbers aloud, the "-" in numbers like 265-7734 is pronounced as "の," 7 as "なな," 4 as "よん," 9 as "きゅう," and 0 as "ぜろ" or "れい" (See Expression Notes, p. 18).

2. Here the students are taught the question form 電話番号は何ですか. If you feel that it would not be too much for your students, they could also be taught the more commonly heard 何番ですか.

Points to remember when practicing
1. When the students have finished Practice A, they could try saying their own telephone numbers.

2. When they have finished doing the pair work in Practice B, the students could do a substitution exercise using their own numbers or those in list A.

Other classroom activities
Do a listening exercise using telephone numbers that the students may need to know in real life (those of consulates or airlines, for example).

Practice Ⅳ
にほんごの がくせい [The particle の] (p. 23)

Introduction
1. Ask one of the students, "Aさん、電話番号は何ですか" and write it up on the blackboard saying, "Aさんの電話番号." Then write your own number and the school's number on the board too, and say, "私の電話番号" and "学校の電話番号."

2. Show the students some pictures of people wearing T-shirts with university logos such as "U. of Arizona" and say, "アリゾナ大学の学生."

Important grammar points
1. Point out to the students that の plays the roles of the possessive ('s), the preposition *of* and compound nouns. The word order "○○の××" may be difficult for some students who will often reverse the order.

2. Draw the students attention to the phrase, "University of . . . ," and explain that in this case, the *of* is part of the name of the university and as such is rendered as ロンドン大学 and not ロンドンの大学.

Practice Ⅴ
メアリーさんは アメリカじんです
[XはYです] (p. 23)

Introduction
Make enlarged photocopies of the pictures and charts on p. 24 to give out to the students or use an overhead projector so that all the students can see them clearly and say "メアリーさんはアメリカ人です" while pointing to each example.

Important grammar points
The students are likely to find the construction "○○さんの専門は××です" difficult to grasp because its topic phrase is structurally complicated and because it deviates from the way the same idea would be expressed in, say, English: "Mary is a Japanese major."

Points to remember when practicing
1. When doing Practice B, remember that

the students have not yet studied the negative forms so get them to ask and answer in the following way: アメリカ人ですか。——いいえ、イギリス人です。

2. After doing Practice B, it would be a good idea for the teacher to ask the students questions about themselves and then get them to work in pairs so that they can ask each other.

Practice Ⅵ
おとうさんは かいしゃいんです [X は Y です] (p. 25)

This practice is just a variation on Practice V, so if you have very little time available it can be omitted.

Points to remember when practicing
1. Before doing Practice A, make sure that the students know words like お父さん and 会社員. If necessary, teach the vocabulary from the word list in "Additional Vocabulary."
2. When you have finished Practice B, have the students work in pairs to ask each other questions about the members of their families or host families.

Practice Ⅶ
Review Exercises (p. 27)

Points to remember when practicing
1. When you do Practice A, if there are very few students in the class and they already know each other very well, or if there is little diversity among them, give them each a character to play such as the example given below.
 E.g., Tom Smith: American/20 years old/ English major/4th-year student
2. For Practice B, get the students to make up sentences to do self-introductions using the examples in the textbook. If possible, have them memorize the sentences and act them out in front of the class. Make a point of having them bow, and correct anything that would be considered bad manners in Japan, such as speaking with their hands in their pockets.
3. Practice C can be adapted to the type of students that are in the class. For example, if the students are for the most part working people, they can ask about ages and occupations rather than majors. If they come from a variety of different countries they can ask each other questions about nationality too.

Dialogue (p. 10)

Important points and applications
In Dialogue II, the names of the students' universities and their majors may be substituted for アリゾナ大学 and 日本語.

Lesson 2:
かいもの (Shopping)

The Objectives of This Lesson

- Numbers (100-100,000)
- これ/それ/あれ——これはかばんです。
- この/その/あの——この本はいくらですか。
- だれの——これはだれのかさですか。
- The particle も——私も学生です。
- 〜じゃありません——日本人じゃありません。
- ◇Asking and answering how much things cost
- ◇Going shopping
- ◇Ordering food in a restaurant

Practice Ⅰ
すうじ [Numbers 100-100,000] (p. 40)

Introduction
1. Prepare a set of cards with numbers on them. Show the students the cards and read the numbers to them out loud.
2. Write on the blackboard a calculation like the one on the right, and go over it number by number.

$$\begin{array}{r} 2000 \\ 500 \\ +\ \ 60 \\ \hline 2560 \end{array}$$

Important grammar points
1. Point out to the students that the words for 300, 600, 800, 3,000 and 8,000 involve sound changes (The changed parts are underlined in the table on p. 40 in the textbook).
2. Note that 100 and 1,000 are read as ひゃく

and せん respectively, but 10,000 is not read as まん but いちまん.
3. Be aware of the fact that ways of counting can vary from language to language and the system that your students are accustomed to may be different from that used in Japanese. For example, the English language does not have the unit marker 万, or it is possible to read the number "2,500" as "twenty-five hundred" and "$120" as "one twenty dollars," which is not possible in Japanese.

Points to remember when practicing
Remember that it is hard to say numbers correctly and putting too much emphasis at this stage on the finer points of pronunciation may overwhelm the students. At this stage, do not over-correct. Although it is important that the students learn how to say the numbers, listening comprehension is even more important, so it would be better to concentrate on listening.

Other classroom activities
1. Karuta: When you have finished working on the numbers, the class could be divided up into groups of three or four people and they can play Karuta. The teacher calls out a number and the students try to see who can pick up the correct card the quickest. The person in each group who collects the most cards is the winner.
2. Use the advertising fliers given out by supermarkets and practice saying the prices.
3. Play the game "The Price is Right." Bring some articles such as a camera, magazines or fruit to class. The students work in pairs and guess the correct price of each article.
3. Have the students do some "market research" for homework. Tell the students to go to a restaurant, convenience store or supermarket and find out the prices.

Practice Ⅱ
これは なんですか
[これ/それ/あれ・この/その/あの] (p. 42)

Introduce こそ/それ/あれ and go through the exercises first, then do この/その/あの.

Introduction
● Introducing これ/それ/あれ
Have a selection of objects or pictures to hand, show them to the students and say, "これは〜です." Next, point at some of the things that the students have; point to the article and say, "それは〜です." Finally, place one of the objects at a distance, point to it and say, "あれは〜です."
● Introducing この/その/あの
Show the students a picture of a watch with the price ¥10,000 written on it and check whether they can say "時計はいくらですか" and "一万円です." Have three more pictures of watches with different prices written on them and place one near the students, one near yourself, one some distance away and ask, "この/その/あの 時計はいくらですか."

Important grammar points
Make sure that the students understand that これ/それ/あれ are always followed by は and that この/その/あの are always followed by the noun that they refer to. The English demonstratives *this* and *that* serve both these functions, and students may need to make conscious efforts to make the distinction between the two.

Points to remember when practicing
1. Before doing Practice A and B, make sure that the students know the names of the objects or pictures that you intend to use.
2. Do the exercises in the textbook only after you have worked with real objects or pictures in the classroom. Use of *realia* helps the students grasp the idea of relative distance involved in the choice of こ, そ and あ.

Practice Ⅲ
これは だれの かさですか [だれの] (p. 45)

Introduction
Borrow a book from one of the students (A) and say, "これはAさんの本です." Then borrow another book from a different student (B) and ask the class, "これはだれの本ですか." One of the students may be able to answer,

but if not, the teacher can say, "これはBさんの本です."

Points to remember when practicing
1. Before doing Practice A, go around the class and use the students' belongings to practice the expressions これはだれの〜ですか and それは○○さんの〜です.
2. If the students are able, teach the expressions わたしのです and ○○さんのです (Lesson 10).

Practice Ⅳ
やまださんも にほんじんです [The particle も] (p. 45)

Introduction
Using two of your students, A and B, tell the class about something that they have in common, e.g., Aさんはアメリカ人です。Bさんもアメリカ人です。/Aさんは一年生です。Bさんも一年生です。

Important grammar points
Take care that the students do not start producing sentences like, "これは時計です。あれは時計もです."

Points to remember when practicing
After you have finished the oral exercises, check how much has been learned by doing the English to Japanese translation exercise on p. 22 of the Workbook.

Practice Ⅴ
メアリーさんは にほんじんじゃありません [〜じゃありません] (p. 46)

Introduction
Using the chart in Practice A, ask the class "メアリーさんは日本人ですか." They will say "いいえ" which will be your cue to say "そうですね。メアリーさんは日本人じゃありません." Try a few more examples like メアリーさんは三年生じゃありません.

Important grammar points
A very common mistake when answering the question アメリカ人ですか is to leave out the noun in the reply, e.g., いいえ、じゃありません. If this happens, emphasize that the noun cannot be omitted and that the reply should be アメリカ人じゃありません.

Other classroom activities
1. The activity "私の番号は七じゃありません" (Worksheet #1 at the back of this book): Divide the class into small groups of four or five students. Give out worksheets to all of the students and tell them to fill in the sheets with any numbers or vocabulary they like, and then cut the sheets into cards. Students B-E take turns making guesses about Student A's choice. The student whose guess is right gets the card. Then the group make guesses about another student's choice.
2. The activity "私はだれでしょう" (Worksheet #2 at the back of this book): Tell the students that they should each choose a name from the list of famous people and pretend to be that person. (The students can choose themselves or the teacher could choose for them.) The other students have to try to find out who they are by asking questions about nationality, occupation or sex, using 〜ですか. Depending on the students ability, this activity can be done by the whole class at once, in small groups or in pairs.

Practice Ⅵ
Review Exercises (p. 48)

Points to remember when practicing
About the Dialogues: When you get the students to make skits based on the Dialogues, as in Practice A and B here, get them to work in pairs and give them time to practice. Then have them act out their dialogues in front of the class.

Dialogue (p. 30)
Important points and applications
After practicing Dialogue I, have the students act it out. Make this activity as realistic as possible by having a supply of actual objects for them to use.

Lesson 3:
デートの約束 (Making a Date)

The Objectives of This Lesson

- The present tense of the verbs——食べます　飲みます
- The particles を, で, に and へ——図書館で本を読みます。/八時に大学に行きます。
- Adverbs of frequency——よくコーヒーを飲みます。
- ～ませんか——映画を見ませんか。
- ◇Talking about daily activities and customs
- ◇Extending invitations
- ◇Accepting and refusing invitations

Practice ①
図書館で本を読みます [Particles (を・で・に・へ)＋ the verb (present tense)] (p. 65)

This practice involves conjugating verbs, i.e., changing them from their dictionary form into the ます form. This is followed by an exercise to practice sentences using the particle を and then expressions of place using the particles で and に. (The particle に used with expressions of time is dealt with in Practice II.)

Introduction

● Verb conjugation: Making the ～ます form from the dictionary form.
The conjugation of the verb should be explained by dividing them into three groups, the "*ru*-verbs," the "*u*-verbs" and the "irregular verbs."
● Object＋を＋verb
Use the pictures in Practice B to introduce the use of this structure with the expressions 本を読みます, テープを聞きます and テニスをします. (Introduce the use of the particles で and に in the same way.)

Important grammar points

1. As far as the dictionary form of the verb goes, it is not necessary to do any practices apart from the conjugation exercises, but the students should be made aware that it is vital that they learn the dictionary forms when they learn a new word. This cannot be stressed strongly enough.
2. Point out the pronunciation and orthography of を and へ.
3. At this stage, only verbs where the particles へ and に can be used interchangeably are taught. に is used predominantly in the exercises.
4. You can use the blackboard, leaving spaces between major phrases, to explain that particles are attached to the preceding noun both syntactically and phonologically. Undue emphasis on the relationship between the particle and the verb can result in errors such as 図書館でを勉強します and いいえ、を食べません where the particle is used when there is no object in the sentence.

Points to remember when practicing

1. As this is the first time that verbs have been introduced, we have kept the number to a minimum so as not to overburden the students. They can be supplemented according to the needs of the students.
2. Before doing Practice A, it is a good idea to do separate flash card drills for *ru*-verbs, *u*-verbs and irregular verbs. Give the students enough time to figure out what is going on with each verb class before moving on to Practice A, where verbs from all three classes are mixed. Similar precautions apply also to other conjugation-related exercises in later lessons.
3. When you have finished Practice B (a), do the follow-up exercise below.
　　Teacher:　　Aさんはテニスをしますか。
　　Student A:　いいえ、しません。
　　Teacher:　　何をしますか。
　　Student A:　サッカーをします。
4. When you have finished Practice B (b), do the follow-up exercise below. The students could also do this in pairs.
　　Teacher:　　Aさんはどこで日本語のテープを聞きますか。
　　Student A:　LLで聞きます。
5. The guessing game in Practice E looks, at first glance, a bit difficult to grasp and some

students may be confused. However, the rules are easier than they look, and the class will soon pick it up. It is a game that can easily be adapted for use with other topics in later lessons. It is therefore a good idea to get the students to know the rules with this exercise.

Other classroom activities
The activity "私は本を読みません" (Worksheet #3 at the back of this book): This activity is about verbs that take the particle を. The students should use the expressions 1-6 to ask questions of as many members of the class as possible. The student then fills in the names of the people who answered はい. The game is finished when all the questions have somebody's name filled in. On the right-hand side of the worksheet is instruction on how to answer each question, but this can be ignored and you can let the students answer the questions as they like.

Practice Ⅱ
何時に起きますか [Daily activities] (p. 68)

Introduction
Put up a schedule chart on the blackboard similar to the one in Practice A and use it to introduce the expressions 私は七時に起きます, 八時に朝ごはんを食べます, etc.

Points to remember when practicing
1. In the textbook there are only examples of "time＋に" but you can also teach "time＋ごろ."
2. When you have finished Practice A, you could ask questions like メアリーさんは午後七時に何をしますか and 午後三時ごろ何をしますか.
3. If you have enough time when you are doing Practice B, get the students to interview a number of people, not just their partners.

Practice Ⅲ
コーヒーを飲みませんか [～ませんか] (p. 69)

Introduction
First tell the students that you can use ～ませんか to invite someone to do something. Then ask one of the students (A), "Aさんはテニスをしますか." If the student answers はい, then ask, "じゃあ、土曜日にテニスをしませんか."

Points to remember when practicing
When you have done Practice B, let the students make up their own conversations.

Practice Ⅳ
毎日本を読みます [Frequency adverbs] (p. 70)

Introduction
1. Introduce frequency adverbs by showing the students the picture of Mary playing tennis in Practice I, but with the word "everyday" written on it, and say, "メアリーさんは毎日テニスをします." Likewise, show them the picture of her drinking coffee with the word "sometimes" written on it and say, "メアリーさんはときどきコーヒーを飲みます."
2. Have the pictures of verb actions and a calendar ready, and teach the concept of 毎日 by saying, "メアリーさんは毎日テニスをします," and then circle all of the days on the calendar. For よく, mark about half the days on the calendar, and for ときどき, about one day a week, and continue in this way for the rest of the adverbs of frequency. (Note that the actual frequency of よく and ときどき depends on the action involved.)

Important grammar points
Point out that the adverbs あまり and ぜんぜん are only used with verbs in the negative form.

Points to remember when practicing
1. Before starting the exercise, have the students look at the pictures in Practice I and ask them questions to practice using the adverbs 毎日, よく, ときどき, あまり, or ぜんぜん as follows:
   (Show the students the picture of Mary studying in the library.)
   Teacher：よく図書館で勉強しますか。
   Student：いいえ、あまりしません。
2. The students could do this exercise in pairs and also think of other questions to ask each other.

Practice Ⅴ
Review Exercises (p. 70)

Points to remember when practicing

1. Have the students make more questions like those in Practice A and have them interview Japanese people as homework.
2. The students should be able to say quite a lot about their daily lives in Practice B because verbs have been introduced in this lesson. Encourage them to say as much as possible and not just speak in single sentences.

Dialogue (p. 54)
Important points and applications

After practicing Dialogue II, let the students look at only the picture on p. 55 for help and have them make up their own conversations.

Lesson 4:
初めてのデート (The First Date)

The Objectives of This Lesson

- ●Xがあります/います——火曜日にテストがあります。あそこに留学生がいます。
- ●XはYの前/上/中です——銀行は郵便局の前です。
- ●〜でした/〜じゃありませんでした——一日は月曜日でした。
- ●Verbs (past tense)——きのう、友だちに会いました。
- ●The particle も——東京へも行きました。
- ◇Asking and describing where things are
- ◇Talking about things that happened in the past
- ◇Talking about habitual actions in the past

Practice Ⅰ
大学があります [Xがあります/います] (p. 83)

This exercise is divided into three parts: (1) Thing がある/Person がいる, (2) Place に〜がある, and (3) Time に plan がある.

Introduction
- ● Thing がある/Person がいる

Introduce the topic by pointing at objects and people in the classroom and saying, "つくえがあります," "テレビがありません" and "学生がいます."
- ● Place に〜がある

Use the names of towns and countries where the students live or the schools where they study and say, for example, "この町にマクドナルドがあります" and "この大学に銀行があります."
- ● Time に plan がある

Look at the schedule and make statements such as 月曜日にフランス語のクラスがあります to show the students that this structure can be used to express the existence of events as well as objects or people.

Important grammar points

1. Make sure that the students realize that in Japanese, the verb います is used with living things and あります is used with inanimate objects.
2. The difference between 〜がありません (the negative form of 〜があります) and 〜じゃありません (the negative of 〜です) can be confusing so be careful to point out how they differ.
3. If you plan to use time expressions other than the days of week in the "time + に〜があります" form, explain to the students that the question of whether the particle に is used or not is decided by the same rule that they learned in Lesson 3.
4. Although the verb ある here has two meanings and can be thought of as two different verbs—one expressing the existence of things, the other of affairs, (e.g., Place でパーティーがある and Place に本がある)—in this book they are treated as one verb.

Points to remember when practicing

1. Before starting Practice A, teach vocabulary for buildings. Then make questions like 何がありますか and だれがいますか, or let the students work in pairs on such questions.
2. Practice B can also be done as pair work.

Supplement vocabulary according to the students' needs.

Practice Ⅱ
図書館はどこですか ［XはYの前/上/中です］
(p. 85)

Introduction
Before teaching the sentence structures, use gestures to illustrate the meaning of the words 前, 後ろ, となり, 右, 左, 中 and 上. (For example, the meaning of the word 上 can be demonstrated by pointing upwards.) Then the use of the word in a sentence, as in ペンはつくえの上です, can be shown by actually placing a pen on a desk, pointing to it and saying the sentence. This can also be done by drawing a map similar to the one in Practice A on the blackboard and saying, "郵便局は病院の前です" or "病院はホテルと大学の間です."

Important grammar points
1. You may find that when you are doing the exercises on this topic, the students will be able to do them correctly for a while but then slip back into making mistakes such as 前の図書館 instead of 図書館の前. This means that you will probably find it necessary to re-teach these points occasionally for some time to come.
2. In reference to buildings, ～のうら and ～の向かい probably are more commonly used in real life than ～の後ろ and ～の前. The former are not introduced here in order to limit vocabulary to expressions that are more widely applicable.
3. The expression にあります as in えんぴつはつくえの上にあります is not introduced here as an indication of "place." Only です as in えんぴつはつくえの上です is introduced.
4. If the expressions of place such as つくえの上 introduced in this exercise and the previously introduced phrases expressing existence such as ここにノートがあります are combined, we can make phrases like つくえの上にえんぴつがあります. The combination, however, is not to be introduced early. The students probably have their hands full with the task of learning all the location words. Do not overwhelm them with overly complicated sentence structures.
5. Explain the difference between the words となり and よこ. The word となり is used when expressing the relative position of two things of the same category, and よこ is used when referring to things which may be different. In order to make this clear to the class, use two students and their belongings and say, for example, "スミスさんはジョンさんのとなりです" and "かばんはつくえのよこです." (See grammar footnote 5, p. 79.)

Points to remember when practicing
When you are doing activities such as the map in Practice A, it may be helpful to remember that compared to native Japanese speakers, your students may be more concerned about the exact position of the speaker in relation to the objective. Because of this, it would be a good idea to decide upon a "You are here" point before starting the exercise. It is also necessary to bear in mind that for English speakers there are alternative ways of expressing positions to the right or left of somebody. In the case of a photograph of a group of people or the seating order in class, it is possible to say either, "A is to the right of B," seen from the standpoint of the person looking at the photograph, or "A is sitting on B's left," from the standpoint of the person sitting in the photograph. Students can become very confused about this so, as suggested above, set out guidelines beforehand.

Other classroom activities
1. Pair work activity "あなたの部屋に何がありますか" (Worksheet #4 at the back of this book): Divide the class up into pairs and give out the worksheets. Then tell the students to choose five things from the vocabulary that they have already learned and sketch them in on "Room A" (my room). When they have finished doing that, get them to ask their partners, "○○さんの部屋に何がありますか." Next, they must find out the position of the things in their partners' room by asking, "～はどこですか," and draw them in on

"Room B" (partners' room). When the first student has finished they should change over and repeat the exercise. When they have both finished they can show each other their drawings to see if they are correct.

2. Using the vocabulary related to buildings and corresponding sentence structure, the students can talk about the neighborhood where they live by saying, "私の家のそばに～があります." You should encourage the students to use long sentences with as much of the learned vocabulary and structures as they can, and not just what they have studied in this lesson.

E.g., 私の家の前に喫茶店があります。よくそこでコーヒーを飲みます。ときどき朝ごはんも食べます。

3. Pair work activity "新聞はどこですか" (Worksheet #5 at the back of this book): Give out the worksheets and tell the students to ask about the position of the objects in their pictures and get them to draw them in.

Practice Ⅲ
先生は二十二歳でした
[～でした/～じゃありませんでした] (p. 86)

Introduction
Say to the students, "山下先生は大学の先生です." Then go on to say, "二十五年前山下先生は大学生でした" and "先生じゃありませんでした" so that the students can hear examples of the past tense in both affirmative and negative sentences. (Writing years such as "1980" on the board would be helpful.)

Points to remember when practicing
1. If the students seem to be having trouble with the procedure for doing Practice B, they could just practice by asking how much each other's belongings cost.
2. To practice the past affirmative, go back to Lesson 2, Practice I-C (p. 41) and do the exercise again in the past tense.

Practice Ⅳ
月曜日に何をしましたか [Verbs (past tense)]
(p. 88)

Introduction
Say the sentence, "よくハンバーガーを食べます." Then, stress the word きのう first and then go on to introduce the sentence, "ハンバーガーを食べました."

Points to remember when practicing
When you do Practice A, keep the lesson moving at a good pace by using teaching aids such as flash cards.

Practice Ⅴ
子供の時よく本を読みましたか
[～の時/よく/Past tense] (p. 90)

Practice using ～の時 with the adverbs of frequency that the students already know.

Important grammar points
1. The English word "when" is represented by two different expressions in Japanese. When it is an interrogative pronoun, the Japanese いつ is used, and when it is a conjunction, 時 is used. Warn the students not to try to simplify here, as the two words are not interchangeable in Japanese.
2. Using the words あまり and ぜんぜん in affirmative sentences is a very common mistake. Review the structure using negative forms.

Other classroom activities
When you have finished the practice exercises, have the students talk to each other about things they actually did or did not do when they were children or high school students. Differences between children and high school students in Japan and abroad may become apparent.

Practice Ⅵ
コーヒーも飲みます [The particle も] (p. 90)

Introduction
First of all, review the work in Lesson 2 on XはYです and XもYです. An example of how

to do this would be to show the students pictures as in Practice B and say, "山本さんは学生です" and "田中さんも学生です." Then, to show them that it is possible to use も not only in place of は but also in place of other particles by saying "東京に行きます" and "広島にも行きます," and explain how each particle behaves with も.

Important grammar points
Draw the students' attention to the rule that the particles を, が and は can be replaced by も, but in the case of に and で, the forms 〜にも and 〜でも are used.

Points to remember when practicing
1. In Practice A, it will be easier in the beginning to do this exercise using the written words rather than pictures. It would be a good idea to use a visual aid such as an overhead projector to show where the two sentences are the same, where they differ and how they change.
2. It can be difficult for students to get the hang of where the particle comes in the sentence. This can be reviewed by doing the translation exercises in the Workbook.

Supplementary Section——————
日・週・月・年 [Dates] (p. 95)

Use the Supplementary Section at the end of this lesson to teach days, weeks, months and years. This is a topic which students sometimes have difficulty in learning. Make sure that this vocabulary becomes fixed in their minds by asking them the date at the beginning of every lesson.

Dialogue (p. 72)——————————

Important points and applications
1. Dialogue I can be done at the end of the lesson. After doing the conversation, you could use the map from Practice II-A to do additional practice.
2. As an applied exercise for Dialogue II, the students could make up conversations where the daily schedule differs from Mary's. They could, for example, think up a conversation between a student and his or her host family. They could include things they have actually done or, as set out below, you could put up some ideas for a schedule on the board. If the students are finding it difficult to do this exercise with each other, you could join in and be the one to ask the questions. Encourage them to make their conversations as long as possible by asking other questions that are not on the board, e.g., デパートで何を買いましたか.

> went to a park
> went to a department store
> didn't eat lunch
> wrote a letter at a coffee shop

3. When you do Dialogue III, get hold of some telephones and have the students actually use them when they practice.

Lesson 5:
沖縄旅行 (A Trip to Okinawa)

The Objectives of This Lesson

> ● Adjectives (present and past tenses)
>   ——元気です　高くありませんでした
> ● 好き(な)/きらい(な)——日本語が好きです。
> ● 〜ましょう(か)——映画を見ましょう。
> ◇ Talking about travel
> ◇ Making offers and invitations
> ◇ Asking the postage cost and buying stamps at the post office

Practice ①——————————
高いです [Adjectives (present tense)] (p. 105)

Introduction
Show the class a picture or photograph of an expensive-looking watch and say, "この時計は10万円です" and "この時計は高いです." Next show them a cheap-looking one and say, "980円です" and "この時計は高くありません," thus introducing both affirmative and negative forms. Do the same for *na*-adjectives.

Important grammar points

1. Care needs to be taken with きれいです and きらいです as they are easily mistaken for *i*-adjectives.
2. Point out that きれい means both "beautiful" and "clean."
3. There are two negative forms, 〜ありません and 〜ないです, but in this book we only use the 〜ありません form. If you have sufficient time, you could also teach the 〜ないです form, but to avoid confusion, make sure that the students have understood the 〜ありません form well before doing so.
4. Point out that the adjective いい is irregular, and that the negative form is よくありません.
5. The Vocabulary section lists *na*-adjectives with な in parentheses at the end. Bring the students' attention to the fact that they need to learn not only what these words mean, but also what part of speech they belong to.

Points to remember when practicing

We chose to include only the most frequently used adjectives. They can be supplemented according to the needs of the students.

Other classroom activities

Pair work "レストラン" (Worksheet #6 at the back of this book): Working in pairs, the students should imagine that they are going to have dinner in a restaurant. They have three restaurants in mind. Each of the students knows something about the restaurants that the other does not. Get them to exchange the information. When they have finished exchanging information, get them to decide where they will have dinner and if possible explain why.

Practice Ⅱ
高かったです [Adjectives (past tense)] (p. 107)

Introducing both *i*-adjectives and *na*-adjectives in the past affirmative and negative forms all at the same time can be very confusing for the students. For this reason, they should be taught separately. In the textbook, the first half of Practice II-A deals with the past affirmative of *i*-adjectives, the second half with the past affirmative of *na*-adjectives, and Practice II-B deals with the negative forms. Ultimately, the teachers themselves should decide how to introduce these topics. It is also possible to teach the past affirmative and negative forms of the *i*-adjectives together before going on to the *na*-adjectives.

Introduction

- When introducing the past affirmative of *i*-adjectives, choose an example of which the meaning is obvious to all and say, for example, "今日は寒いです" and "きのうは寒かったです."
- When introducing the past negative of *na*-adjectives, use Practice I-C (6) as yesterday and (7) as today. Show the students picture (7) and say, "今日メアリーさんはひまです." Then show them picture (6) and say, "きのうメアリーさんはひまじゃありませんでした."

Important grammar points

1. Explain to the class that there are two ways to say the past negative, 〜く/じゃありませんでした and 〜く/じゃなかったです, but limit practice in class to just one of the two forms.
2. Emphasize that the past forms of いいです are よかったです and よくありませんでした.

Points to remember when practicing

1. In addition to doing Practice A and B, use flash cards to do the following type of exercise:

(cards)

寒い	Teacher: 今日は寒いです。きのうも……
	Student: きのうも寒かったです。
元気	Teacher: 今日私は元気です。でも、きのうは……
	Student: きのうは元気じゃありませんでした。

2. Explain to the students that in (5) of Practice D they should make up a dialogue about their own vacations.

Practice Ⅲ
高い時計ですね [Adjective ＋ Noun] (p. 108)

Introduction

Show the students a picture of a watch and say, "この時計は高いです," to review the structure. Then introduce the new structure by saying, "これは高い時計です." The difference in sentence structure could also be explained to the students by showing them examples of the English sentences, "This watch is expensive," and "This is an expensive watch." Point out to the students that when using a *na*-adjective, な must come before the noun which the adjective qualifies. Also use pictures to introduce きれい by saying, "きれいな部屋です."

Points to remember when practicing

Practice B is in a Q & A form so this exercise could be done as pair work.

Practice Ⅳ
魚が好きですか [好き(な)/きらい(な)] (p. 109)

Introduction

Taste is a subjective matter, and each student has different examples that they can relate to, so when you introduce this topic, have a number of pictures of things like chocolate or tests, show them to the students and say, with an exaggerated facial expression, "～が大好きです/好きです/好きじゃありません" or "きらいです/大きらいです."

Important grammar points

1. Draw the students' attention to the rule that the adverb of degree とても is not used before 好き or きらい. These two words have their own intensified forms, 大好き and 大きらい.
2. Point out to the students that the particle が is used with the expressions 好き/きらい.

Points to remember when practicing

1. In Practice A, after the teacher has asked some questions, the students can do this in pairs. Before they start, explain the use of the expression 好きでもきらいでもありません.
2. Practice B can also be done as pair work. When students are doing Practice B, in order to answer the question どんな映画が好きですか, their vocabulary will need to be supplemented by expressions like ロマンチックな映画, アニメ and SF, and for the question どんな食べ物が好きですか, they will need to be able to say things like 日本料理. Introduce these new items of vocabulary according to the students' needs.
3. Expand on Practice B and get the students working in pairs to use ～ませんか to invite their partner to do something with them as in the following examples.

   A: どんな食べ物が好きですか。
   B: イタリア料理が好きです。
   A: 駅のそばにおいしいイタリア料理のレストランがあります。週末行きませんか。
   B: いいですね。

Other classroom activities

The activity "どんな人が好きですか" (Worksheet #7 at the back of this book): After you have finished Practice B, use the worksheet to get the students to talk about the sort of person they like. Ask them to think about the most important thing for them when choosing a boyfriend or a girlfriend and get them to find two more people in the class who feel the same by going around and asking.

Practice Ⅴ
映画を見ましょう [～ましょう/～ましょうか] (p. 110)

Introduction

Ask the students to imagine that their lesson has been canceled and they must think of something to do instead. Introduce expressions like コーヒーを飲みましょう and 昼ごはんを食べましょう.

Important grammar points

Students often want to know how to say "Let's not . . ." Tell them that there is no simple way to say that in Japanese, and that the structure introduced here cannot be used in the negative.

Points to remember when practicing

1. Practice A can be done with the help of pictures or flash cards.
2. In Practice B, point out to the students that そうしましょう is not the only way to reply to an invitation to do something. Allow them to answer freely as in the following conversation.

 A: この宿題は難しいですね。先生に聞きましょうか。
 B: でも、先生は今忙しいです。
 A: じゃあ、日本人の友だちに聞きましょう。

Practice Ⅵ
Review Exercises (p. 110)

Points to remember when practicing

1. For Practice B, have the students prepare in advance. Get them to incorporate as much of the vocabulary and as many of the sentence structures they have learned as possible. You could also have the students ask you about new items of vocabulary they intend to use and then write them on the board.
2. If you go on to Practice C, the students could be left to practice on their own but one idea for making the exercise go more smoothly is to first give the students a task to practice from those given below.
 (1) Buy three 70-yen stamps and five 50-yen stamps.
 (2) Buy ten 70-yen stamps and ten 50-yen stamps.
 (3) Buy one 110-yen stamp and four 50-yen stamps.
 (4) Buy three 110-yen stamps and two 50-yen stamps.

Dialogue (p. 96)

Important points and applications

1. When you have finished doing Dialogue I, put up some posters with views of snow-clad mountains or beaches and get the students to make up conversations imagining that they are there.
2. Have the students play the role of Takeshi in Dialogue III and get them to make up a continuation of the dialogue.

Lesson 6:
ロバートさんの一日 (A Day in Robert's Life)

The Objectives of This Lesson

- The *te*-form of verbs——食べて　読んで
- 〜てください——起きてください。
- 〜てもいいです——本を借りてもいいですか。
- 〜てはいけません——クラスで寝てはいけません。
- The *te*-form when used to express sequential actions——朝起きて、コーヒーを飲みます。
- 〜から——急いでください。時間がありませんから。
- 〜ましょうか——窓を開けましょうか。
- ◇Requests
- ◇Asking for and giving permission
- ◇Talking about rules and regulations
- ◇Offering to help
- ◇Giving reasons for doing/not doing something

Practice ①
窓を開けてください [〜てください] (p. 123)

Introduction

● Introducing the *te*-form
Introduce the *te*-form of the verb by using the charts in the Workbook and go through each of the sections for *ru*-verbs, *u*-verbs and irregular verbs in turn. Get the students to fill in the charts too.

● Introducing 〜てください
Behave as if you are hot and would like somebody to open the window and say, "今日は暑いですね." Then say to one of the students who is sitting near a window, "窓を開けてください." You could also think of other simple expressions such as 本の10ページを見てください and help the students guess the meaning of 〜ください.

Important grammar points

Point out that the *te*-form of 行く is irregular and that the verbs 帰る and 入る are *u*-verbs.

Points to remember when practicing
1. It will take a while for the *te*-form to become fixed in the students' minds. If necessary, for the time being they should be allowed to look at the charts while they do the exercises.
2. The song "The Battle Hymn of the Republic" is sung in Japan as "権兵衛さんの赤ちゃんがかぜひいた."
3. Practice D can be done either by the class as a whole or in pairs. Other action pictures can be used to give more practice.
4. For Practice E, before doing the worksheet as pair work, you could give one or two examples to individual students such as たばこを吸ってください or 寝てください and have them act these out. This should make the practice go more smoothly (Worksheet #8 at the back of this book).

Other classroom activities
Pair work on the *te*-form (Worksheet #9 at the back of this book): Give out copies of the worksheet to the pairs of students. One student proposes a dictionary form and the other student gives the *te*-form. Tell the students to take turns asking and answering. Simple conjugation exercises tend to be monotonous, but doing them in pairs makes the process more fun. Tell them that they are allowed to give each other hints as to meaning and conjugation class.

Make allowances for the level of your students and consider letting them look at their books or rules you have written on the board. The person with the most correct answers is the winner. Have them redo the verbs they got wrong. Long forms could be added to the list to provide a chance to review these.

Practice Ⅱ
テレビを見てもいいですか/テレビを見てはいけません [〜てもいいですか/〜てはいけません]
(p. 124)

Introduction
● Introducing the structure 〜てもいいですか
Explain to the students that in Practice A they should imagine that they are staying with a host family and they have to ask the family for permission to do a variety of things. Show them a picture of someone speaking on the phone and say, "電話をかけてもいいですか."
● Introducing the structure 〜てはいけません
In order to introduce the phrase 〜てはいけません in a natural situation, have the students do Practice C where they have to pretend that they are strict parents or doctors telling patients what they cannot do. Show them a card or a picture that says たばこを吸う to introduce the sentence たばこを吸ってはいけません.

Important grammar points
1. Explain that the normal way to reply to 〜てもいいですか is not 〜てはいけません except for stating rules and regulations firmly or when it is necessary to emphasize prohibition very strongly. An example of a more appropriate way of replying 〜ないでください is introduced in Lesson 8.
2. In a similar way, the expression 〜てもいいです is most commonly used, for example, by parents giving their children permission to do something. In other situations, ええ、どうぞ or いいですよ would be more appropriate.

Points to remember when practicing
After doing Practice C, set up a "doctor/patient" situation for the students. Have student A ask, "〜てもいいですか," then student B can answer, "〜てはいけません/〜てもいいです," as follows:
  Student A (Patient):
    スポーツをしてもいいですか。
  Student B (Doctor):
    ええ、してもいいですよ/いいえ、してはいけません。

Other classroom activities
1. Have the students talk about what 18-year-olds can or cannot do in their own countries and in Japan. Give them examples such as たばこを吸う, お酒を飲む and ギャンブルをする.
2. Play "Find your roommate." Give out task

sheets on which you have made a list of "House Rules," things which the residents of the apartments are allowed or not allowed to do. The student's task is to find somebody who has the same set of rules. Take care to see that there is a "roommate" for each student who has the same set of rules, and that matching task sheets are not given out to people sitting too near each other. For more details of this game see Game 37, "ルームメイト探し," in *80 Communication Games for Japanese Language Teachers* (CAG Teaching Materials Development Group/The Japan Times).

Practice Ⅲ
朝起きて、コーヒーを飲みます
[Describing two activities] (p. 125)

Introduction
To introduce the idea of joining two sentences to make one, show the students pictures like the ones in Practice A illustrating 起きる and コーヒーを飲む and say, "朝、起きます。そして、コーヒーを飲みます。" Then show how they can be joined together and say, "朝起きて、コーヒーを飲みます。"

Important grammar points
1. Point out to the students that the *te*-form does not indicate a tense itself, and that the tense of the verb in the *te*-form can be deduced from the tense of the verb at the end of the sentence.
2. More than two verbs can be combined in sequence.
3. In this lesson, we only deal with the use of the *te*-form to describe two events that take place in sequence. The *te*-form, however, can also be used to describe two contemporary events, cause and effect, ways and means, and manners.

Points to remember when practicing
1. Practice A is only presented in the present tense. It would be a good idea to practice in the past tense too.
2. When you have finished Practice B, ask the students questions like, "今日、朝起きて、何をしましたか" and "きのう、家に帰って、何をしましたか。"

Practice Ⅳ
バスに乗ります。時間がありませんから。
[〜から] (p. 126)

Introduction
Show a picture of a man shopping in a market, and tell the class that the man now has no money. Now describe the picture by saying, "田中さんはたくさん買い物をしました。" Then explain what has happened to the man by saying, "田中さんは今お金がありません。たくさん買い物をしましたから。"

Important grammar points
1. At this stage, the students have not yet learned the short form of the verb so practice by using the "long form ＋ から" only. In the textbook the form "situation。reason から。" only is practiced, but if you have time, you could also go on to do longer sentences using the "reason から ＋ situation。" structure, e.g., あまりお金がありませんから、朝ごはんを食べません.
2. It is a very common mistake for the speakers of some languages to reverse the order of the phrases which leads to mistakes such as, テストがたくさんあります。今週が大変ですから, so it may be necessary to do translation exercises such as the one on p. 55 of the Workbook in order to make sure that the students have understood.

Points to remember when practicing
After you have finished Practice A, ask the students questions about themselves such as, "どうして日本語を勉強しますか" or "○○さん、どうしてきのうのクラスに来ませんでしたか。"

Practice Ⅴ
テレビを消しましょうか [〜ましょうか] (p. 127)

Introduction
Set up the situation for introducing the structure 窓を開けましょうか by first closing the classroom window and saying to the class, "今日みんなは暑いです。" After explaining the

structure, open the window again and this time say, "とても寒いです," and get the students to produce the expression 窓を閉めましょうか.

Important grammar points
The expression 〜ましょうか meaning "Let's/Shall we . . . ?" was introduced in Lesson 5. In this section it is used in the sense of "Shall I . . . ?" in offering assistance such as if, for example, an elderly lady is struggling with a heavy bag, you say, "荷物を持ちましょうか."

Points to remember when practicing
Before doing this practice set up the situation by using gestures and saying, "たくさんコピーがあります" and "荷物をたくさん持っています" and get the students to produce sentences using 〜ましょうか.

Other classroom activities
It is difficult for the students to understand the difference in the use of the questions "Shall we . . . ?" and "Shall I . . . ?" just by doing drills, so after doing Practice A give the class the following situations and have them practice by making up short conversations in pairs.
  (1) You and your friend are in a room. Your friend looks cold.
  (2) You are walking up the stairs at a station. You see an old lady carrying heavy luggage in front of you.
  (3) You are at a temple. You see a couple. One of them is taking pictures of the other.
  (4) Your partner is very thirsty.
  (5) Your partner is going to have a party.
  (6) Your partner has trouble with Japanese homework.

Practice Ⅵ
Review Exercises (p. 128)

It is not necessary for the students to work through all the situations in Practice A. Let them choose to do the ones they like.

Other classroom activities
Play "Bingo" (Worksheet #10 at the back of this book): Give out worksheets to all the students. Tell them to take their worksheets and a pen and stand up. Explain that they must walk around and find who did the things in the previous week listed on the paper (stress that they must find three different people). When they have filled in a line of three like in a Bingo game, they can sit down. You could also make it into a race to see who can fill in a line of three names the fastest.

Dialogue (p. 114)

Important points and applications
Have the students work in pairs to memorize Dialogue III and then act it out with appropriate actions in front of the class.

Lesson 7:
家族の写真 (Family Picture)

The Objectives of This Lesson

- 〜ている——テレビを見ています。結婚しています。
- Describing people——山田さんは髪が短いです。
- The *te*-form of adjectives——あのレストランは安くておいしいです。
- Counter 〜人——この部屋に女の人が何人いますか。
- 〜に行く——○○に会いに東京に行きます。
- ◇Talking about families and friends
- ◇Describing how people are dressed and how they look

Practice Ⅰ
何をしていますか [〜ている] (p. 142)

Introduction
Put up the picture of Mary watching TV from Practice A, and pretend you are having a telephone conversation with Mary playing both parts yourself. Say the following: Q: もしもし、メアリーさん何をしていますか。A: テレビ

を見ています。Then introduce the structure メアリーさんはテレビを見ています by writing it up on the board.

Points to remember when practicing
1. Reviewing the *te*-form studied in Lesson 6 will help this practice go more smoothly.
2. Doing Practice B as it stands may result in students producing sentences like 午前八時ごろ、学校に行っていました for "I was going to school." It might be advisable to tell the students in advance that they cannot use certain verbs indicating the result of a change in the 〜ている form in this exercise. (These will be practiced in the next section.) You could also explain the difference by getting the students to actually make sentences which are wrong and use them as examples of the use of 〜ている to express result.
3. Sentence cards used in Practice C can be found at the back of this book on Worksheet #11. Give a sentence card to each of the students. One of the students then goes to the front of the class and mimes the sentence. The first person to guess what the student is doing wins if he or she can say the whole sentence correctly. The students will find it easier to understand how to play the game if you give them an example to start with. Stand in front of the class and mime actions such as taking a photograph or drinking coffee and ask, "今、何をしていますか." Let the students carry on from there.
4. Practice C can be done by the whole class as it is set out in the textbook, but it could also be done in pairs using Worksheet #12 at the back of this book.

Practice Ⅱ
お父さんはどこに住んでいますか [〜ている]
(p. 143)

Introduction
Say to the class, "田中さんは去年結婚しました。今、結婚しています," and write the sentence 田中さんは結婚しています up on the board. Explain that in this case 〜ている is not being used to express an action in progress as in Practice I, but a continuous state.

Important grammar points
1. When you explain the use of 〜ている to express continuous states resulting from a change it may be a good idea to clarify the difference between 〜ている and 〜する comparing such pairs of sentences as:

結婚します／しています
結婚しません／していません
結婚しました／していました

2. It will be almost impossible for the students to be able to distinguish which verbs are using 〜ている to express and action in progress and which are expressing a state that has resulted from a change. In part, this is due to the difference in the classification of verbs between the students' mother tongues and Japanese, but also due to the characteristics of Japanese verbs themselves, which can be used to express two different meanings. Consequently, it is better not to get involved in too much theoretical discussion, but to simplify the students' learning process as far as possible.
3. When the continuous form of the verb in the negative is preceded by まだ, for example, まだ食べていません, it expresses an event that is connected to the present, the "present perfect" tense. This is dealt with in Lesson 9.
4. For the present, when you teach the names given to various family members, limit them to grandfather, grandmother, parents, brothers and sisters. These can be supplemented according to the students' needs. Apart from 弟さん and 妹さん the students can also use the form of 〜さん even when talking about their own family, then it will be a great deal less work for the students.

Points to remember when practicing
Before starting Practice A, show the students the three sentence cards 結婚しています, 〜に住んでいます and 〜に勤めています, and have them practice saying all three a number of times. Also get them to look at the pictures of family members on p. 143, or the chart "Family" at the end of the lesson on p. 149, and practice the vocabulary.

Practice Ⅲ
山田さんはやせています [Describing People]
(p. 144)

Introduction
- Introducing the structure "parts of the body が description"

Use the chart "Parts of the Body" at the end of the lesson on p. 148 to practice the names for the parts of the body. Then show the students the pictures for Practice A or other photographs (of people with long and short hair, large and small eyes, tall and short people) and introduce the sentences, 山田さんは目が小さいです and 鈴木さんは目が大きいです.

- Introduce the verbs for "to wear" (着ています/はいています/かけています)

Use pictures or photographs of people wearing a variety of clothing to introduce the sentences, 山田さんはセーターを着ています, ジーンズをはいています and 吉川さんはめがねをかけていません.

Points to remember when practicing
1. Before starting Practice A, it might be easier for the students to understand if you practice the structure "body parts が description です" and the expressions 着ている/はいている/かけている and 太っている/やせている separately beforehand.
2. The students may ask a variety of questions concerning the use of the verbs meaning "wear," often in connection with things like accessories, ties, contact lenses and the like. Supplement the vocabulary according to the students' needs. This also goes for students who want to know the names for the clothes they are wearing.
3. Insensitive comments about physical characteristics by the teacher or the students themselves can be hurtful, so care should be taken not to offend people.
4. As a variation on Practice C, have the students work in pairs and write a short description of one of their classmates. The description should include information such as what they are wearing, height (short or tall), hair (long or short), personality and nationality. Then one of the partners reads the description out to the class and they try to guess who it is.

Other classroom activities
1. When the students are learning the names for the parts of the body, including action and movement can be fun. One example is for the teacher to say a part of the body, e.g., "eye" or "bottom," and tell the students to point to the part. When they have got the idea, they can do this exercise in pairs. Another example is for the teacher to introduce the expression 〜が痛い and then say, "頭が痛い." The students practice by holding their heads as if they really hurt.
2. Pair work "何を着ますか" (Worksheet #13 at the back of this book): This is an exercise to practice verbs like 着る and はく, and also to introduce everyday words that use *katakana*. The students should make conversations based on numbers 1 to 6 to ask and answer questions in pairs about what they would wear at such times. The students can work with the items on the worksheet, or if necessary the teacher could suggest other vocabulary according to what the students want to say.

Practice Ⅳ
大学は新しくて、きれいです
[The *te*-form of adjectives] (p. 145)

Introduction
Show the class two cards with the words 大きい and にぎやか written on them and say, "東京は大きいです" and "東京はにぎやかです." Then say, "東京は大きくてにぎやかです" and explain the structure of the sentence by writing it up on the board. Next, say the sentence again but reverse the order of the adjectives, "東京はにぎやかで大きいです." Also write it on the board and explain it.

Important grammar points
1. Point out to the students that the *te*-form does not indicate tense itself. The tense of the

te-form verb depends on whether the verb at the end of the sentence is in the present or past form.
2. The negative of the *te*-form is not introduced at this stage.

Points to remember when practicing
1. Practice A can be done using cards or pictures.
2. Practice C can be done in pairs.
3. Point out to the students that it is not possible to use the *te*-form to join adjectives like 親切な which exhibit positive characteristics with those like つまらない that have negative characteristics.

Practice Ⅴ ───────────
映画を見に行きます [Verb stem に行く] (p. 146)

Introduction
Show the class pictures like the ones in Practice A and say, "スーさんは京都に行きます" and "どうしてですか." This will draw the students' attention to the "reason why" and you can then say, "スーさんは京都にかぶきを見に行きます," and write it on the board to explain the structure.

Important grammar points
1. The order of the phrases expressing destination (京都に) and the reason for going (映画を見に) are interchangeable in the sentence, but sticking to one pattern right from the beginning is less confusing for the students.
2. Warn the students about mistakes like using で instead of に after the phrase showing the destination, e.g., スーさんは図書館で本を借りに行きます.

Other classroom activities
Pair work "何をし行きますか" (Worksheet #14 at the back of this book): The students work in pairs and use the worksheet to do the information exchange activity below.
　A: メアリーさんは何をしに家に帰りますか。
　B: ごはんを食べに帰ります。

Practice Ⅵ ───────────
この部屋に女の人が何人いますか
[Counter 〜人] (p. 146)

Introduction
To start with, look at the list "Counting People" (Grammar 5 on p. 141) and read through it getting the students to repeat after you. Then introduce the interrogative pronoun 何人 and ask the class questions such as, "クラスに男の人が何人いますか," "兄弟がいますか," and "何人いますか."

Points to remember when practicing
1. Point out to the class that ひとり and ふたり are irregular forms. It is also easy to make mistakes in their pronunciation so devote plenty of time to speaking and listening practice.
2. Before starting the exercises introduce the expression ひとりもいません.

Practice Ⅶ ───────────
Review Exercises (p. 147)

Points to remember when practicing
Give the students time to prepare before starting Practice B. The students could also work in pairs to make up conversations based on Dialogue I.

Dialogues (p. 132) ───────────

Important points and applications
1. The students could bring in photographs of their families and use them to practice asking and answering questions as in Dialogue I.
2. Have the class work in pairs to make up conversations based on Dialogue II, where they invite each other to do things. Tell them that they have to use the first line of the dialogue as it stands, but otherwise they are free to make up the conversation as they like.

Lesson 8:
バーベキュー (Barbecue)

The Objectives of This Lesson

> - The short form (present tense)——学生だ 高くない 行かない
> - Informal speech——よく魚を食べる。
> - 〜と思う——メアリーさんはきれいだと思います。
> - 〜と言う——メアリーさんは忙しいと言っていました。
> - 〜ないでください——食べないでください。
> - Verb のが好き——音楽を聞くのが好きです。
> - The particle が——私が日本人です。
> - 何か/何も——何か食べましたか。/何も食べませんでした。
> - ◇Expressing thoughts and opinions
> - ◇Reported speech
> - ◇Planning a trip or a party

Practice ①
Short Forms [Short form (present tense)]
(p. 161)

Introduction
First, explain when the short forms are used in informal speech, and in combination with verbs like 〜と思う and 〜と言う. Then explain the conjugations using the tables on p. 65 of the Workbook.

Important grammar points
Point out the irregular conjugation for verbs like ある → ない, and the verbs such as かう → かわない in which the verb ending changes from the あ to the わ column. Also explain that although the adjective かっこいい behaves like the adjective いい → よくない and becomes かっこよくない, the adjective かわいい → かわいくない does not.

Points to remember when practicing
1. Before doing Practice B, practice conjugating the *i*-adjectives, *na*-adjectives and nouns group by group.
2. Tell the students that they must bring the conjugation tables that they filled in to every lesson and allow them to refer to the tables if necessary when they are doing the exercises.

Other classroom activities
Pair work "Short Form Negative" (Worksheet #15 at the back of this book): This exercise is the same as the *te*-form one in Lesson 6. Give out worksheets to each student and have them work in pairs. One student says the dictionary form of the verb and the other must give the negative form. They then check to see if their answers are correct. Get them to revise the *te*-form too.

Practice ②
Informal Speech [Short form (present tense)/Informal speech] (p. 161)

Introduction
Set up the situation that you and the students are friends and ask in informal speech questions like "よくすしを食べる？" and "今日買い物をする？" Have the students answer using うん or ううん as in the following dialogue.
　Teacher: よく すしを食べる？
　Student: うん、食べる。／ううん、食べない。

Important grammar points
Warn the students not forget to drop the だ of nouns and *na*-adjectives at the end of the sentence. However, you should also explain that だ is not dropped in structures such as 〜と思う and 〜と言う that appear later in this lesson. Also point out that when making a question form, the か is dropped and replaced by a rising intonation.

Points to remember when practicing
1. Review the conjugation of the short form of the verb before starting Practice A.
2. Review the conjugation of the short forms of adjectives and nouns before starting Practice B.

Practice ③
日本人だと思います [〜と思う] (p. 162)

Introduction
Introduce this structure by using the names of

famous people (e.g., people in show business or sports) and say things about them with 〜と思います like "ディカプリオはかわいいと思います。でも頭がよくないと思います."

Points to remember when practicing
1. We would recommend that you review the short forms of any vocabulary you will be using before starting to do the exercises.
2. Let the students refer to their conjugation tables when doing the exercises.

Other classroom activities
1. Pair work "私はかっこいいと思いますか" (Worksheet #16 at the back of this book): Give out the worksheets and get the students to ask each other what their partners think of them.
2. Pair work "将来のパートナーはどんな人？" (Worksheet #17 at the back of this book): Using the worksheets get the students to talk about what sort of person they would like their future partners to be.
3. Pair work "二十年後は？" (Worksheet #18 at the back of this book): Using the worksheets get the students to talk about what they think they will be doing in 20 years' time.

Practice Ⅳ
メアリーさんは忙しいと言っていました [〜と言う] (p. 164)

Introduction
Introduce this topic by asking one of the students questions like, "元気ですか," "今日の夜、何をしますか" and "忙しいですか." Then tell other students what he or she said by saying, for example, "スミスさんは元気だと言っていました."

Important grammar points
1. Explain to the students that in reported speech in Japanese there is no "agreement of tenses," that is, although the phrase 言っていました is in the past tense, if the original speech was in the present tense, the present tense can be used in the subordinate clause.
2. In the Practice exercises the phrase 言っていました has been used, but 言いました is fine, too. The phrase 言っていました has the slightly different nuance of actually having been with the speaker and actually having heard what was said which 言いました does not. In the re-telling of stories where the tale goes on for some time it would be more natural to use 言いました, but in conversations 言っていました, is usually more appropriate.

Points to remember when practicing
In Practice A, numbers 9-12, using では and saying "天気予報では何と言っていましたか" for the question would be more natural. However, the students have not studied this expression yet so simplify it to "天気予報は何と言っていましたか."

Other classroom activities
The activity "〜と言っていました" (Worksheet #19 at the back of this book): The students go around and ask their classmates the questions on the worksheet. Tell them to change partners when they ask each question. When they have finished they can report back to the class using the pattern "○○さんは〜と言っていました."

Practice Ⅴ
食べないでください [〜ないでください] (p. 165)

Introduction
Use members of the class to demonstrate this structure. If some of them often use English during the lesson, are late, or forget to do their homework, you can say, "○○さん、英語を話さないでください。日本語を話してください," "○○さん、遅く来ないでください" or "○○さん、宿題を忘れないでください."

Points to remember when practicing
1. Before starting the exercises review the negative short forms.
2. This practice only deals with single sentences, so if you have enough time, get the students to perform short skits like the one below.
　A：あの、ここは病院です。たばこを吸わないでください。
　B：あっ、どうもすみません。

Other classroom activities

Have the students make up a list of things they would like their teacher, their roommates or their families to do or not to do using 〜てください and 〜ないでください. They can leave off the ください if they are close friends with the person.

Practice Ⅵ
勉強するのが好きですか [〜のが好きです] (p. 165)

Introduction

Before starting the exercises show the class pictures and ask them questions about things like "テニス/歌/料理/運転/日本語 が好きですか" to practice the forms "Noun＋が好き/きらい/上手/下手です." Then, show the class two photographs or pictures, one of somebody playing tennis and one of somebody watching tennis. Then say, "テニスを見るのが好きです。でも、テニスをするのが好きじゃありません."

Points to remember when practicing

1. Some of the students may not understand the difference between the parts of speech such as a noun or a verb. This may make it difficult for them to understand when they should use 〜が好きです and when it should be 〜のが好きです. The difference will have to be pointed out to them.
2. Point out that English speakers should not to confuse the *te*-form with the English "-ing" form.

Practice Ⅶ
だれがイギリス人ですか [〜が] (p. 166)

Introduction

Ask the class "だれが一年生ですか" and make anyone who is a first-year student to put up his or her hand. Then say, "Aさんと Bさんが一年生です," stressing the particle が.

Important grammar points

The difference between は and が is extremely difficult to understand if there is no similar structure in the students' native tongue. For the time being, in order not to confuse the students, only explain as much as is necessary to do the exercises in the textbook correctly.

Points to remember when practicing

After doing Practice B, have the students work in pairs to ask and answer questions like だれが料理が上手ですか.

Practice Ⅷ
週末、何もしませんでした [何か/何も] (p. 166)

Introduction

To start with, explain the grammar of 何か/何も. Then, in the manner set out below, tell the class about what Tanaka-san did the previous weekend and ask questions to the students.

「田中さんは週末、パーティーに行きました。たくさんビールやお酒がありました。でも、何も飲みませんでした。カラオケがありましたが、何も歌いませんでした。」

Teacher: 田中さんは週末何かしましたか。
Student: ええ、パーティーに行きました。
Teacher: パーティーで何か飲みましたか／歌いましたか。
Student: いいえ、何も飲みませんでした／歌いませんでした。

Important grammar points

1. Point out that the expression 何も is only used in negative sentences.
2. Point out that in English it is possible to use either "anything" or "something" in interrogative sentences.
3. The difference between the use of 何か and 何を in interrogative sentences is difficult to understand, so explain the difference by using examples such as the ones given below.

何か食べましたか。(Yes/no question)
　→はい、食べました。
何を食べましたか。(Interrogative question)
　→うどんを食べました。

Points to remember when practicing

Practice B can be done as a pair activity.

Practice Ⅸ
Review Exercises (p. 167)

Points to remember when practicing

1. Use Dialogue I when doing Practice B.
2. When the class does Practice D, have them use the names of their friends instead of Cさん and Dさん.

Lesson 9:
かぶき (Kabuki)

The Objectives of This Lesson

- The short form (past tense)——学生だった 高くなった 行った
- Informal speech——魚を食べた。
- ～と思う——メアリーさんは子供の時元気だったと思います。
- ～と言う——子供の時遊んだと言っていました。
- ～から——旅行に行ったから、お金がありません。
- ～ている人——田中さんはあそこでギターを弾いている人です。
- まだ～ていません——まだごはんを食べていません。
- The counter ～つ——コーヒーをひとつください。
- ◇Expressing past thoughts and opinions
- ◇Reported speech
- ◇Ordering food in a restaurant or shop
- ◇Giving reasons

Practice ①
Short Forms Past [Short form (past tense)]
(p. 179)

Doing too much conjugation practice will bore the students, so after doing the exercise on the short form of the verbs in Practice I-A, you can go on to Practice II-A and have the students practice the short forms as used in informal speech. Then go back to Practice I and teach the short forms of adjectives and nouns.

Introduction
First, introduce and explain the use of the short forms in the past tense in the same way as the present forms were presented in Lesson 8. Then using the tables on p. 73 of the Workbook, explain how the forms are conjugated.

Important grammar points
1. Point out to the class that the past form 行った is irregular, as is the past negative form of ある which is なかった.
2. In the case of adjectives, point out that it is easy to make mistakes with よくなかった and かっこよくなかった.
3. Take care that the students do not confuse *na*-adjectives with *i*-adjectives.

Points to remember when practicing
1. Before doing Practice A, practice the conjugation of the three verb groups, *u*-verbs, *ru*-verbs and irregular verbs separately.
2. Before doing Practice B, practice the conjugation of the *i*-adjectives, *na*-adjectives and "noun＋です" separately.
3. As in Lesson 8, tell the students to bring the conjugation tables that they filled in with them to every lesson and allow them to refer to them when necessary.
4. The simple conjugation exercises in Practice A and B can be made more entertaining by doing the same pair work activity as presented in "Other classroom activities" of Practice I in Lesson 6 (p. 155 in this book).

Practice ②
Informal Speech [Short form (past tense)/Informal speech] (p. 180)

Introduction
Again, using the same method as in Lesson 8, Practice II, set up a situation where you and the students are friends. Introduce the structure by asking what happened in the past with questions such as "きのうすしを食べた？" and "きのう勉強した？" Have the students answer as below:

Teacher: きのうすしを食べた？
Student: うん、食べた。
　　　　ううん、食べなかった。

Important grammar points
Point out to the students that although nouns and *na*-adjectives drop the だ in the present tense, they should take care not to do so with だった in the past tense.

Points to remember when practicing
1. Before doing Practice A, review the conju-

gation of the short form of verbs in the past tense.
2. Before doing Practice B, review the conjugation of the short form of adjectives and nouns in the past tense. When you do this, deal with *i*-adjectives, *na*-adjectives and nouns separately.

Practice Ⅲ
元気だったと思います [〜と思う] (p. 181)

Introduction
Have the students ask and answer questions about famous people as they did in Lesson 8, Practice III, using 〜と思います in the following way:

> Teacher: エリザベス・テーラーは子供の時、かわいかったですか。
> Student: はい、かわいかったと思います。
>   いいえ、かわいくなかったと思います。

Points to remember when practicing
1. It may be difficult for the students to respond with a "short form と思います" pattern to a question asked in the long form without some preparation. Before starting the exercise, practice conjugating short forms in the past tense using flash cards. It is also possible to practice conjugating adding 〜と思います after the short forms.
2. Allow the students to refer to their conjugation tables (Workbook p. 73) if necessary when they are practicing.

Other classroom activities
The activity "〜だったと思います" (Worksheet #20 at the back of this book): Using the worksheets in pairs or small groups, the students choose a person from the list of famous people and talk about what sort of person he or she is and work together to think up some sentences to describe him or her. The teacher or a student from each group then reads the sentences out to the other students who have to try to guess who the person is. The list could be adjusted to suit the students' nationalities, ages, likes and dislikes. The names of the students' classmates, other teachers or friends in the school could be used instead.

Practice Ⅳ
子供の時遊んだと言っていました [〜と言う] (p. 182)

Introduction
Ask one of the students, "先週の週末、何をしましたか。" Listen to the reply and say, for example, "スミスさんは先週の週末、友だちと買い物をしたと言っていました."

Points to remember when practicing
If the students seem to be finding it difficult to do Practice B, try doing it with different characters.

Practice Ⅴ
めがねをかけている人です [〜ている人] (p. 183)

Introduction
Show the class three pictures—one of someone singing, one of someone drinking coffee and another of someone taking pictures—and say, "田中さんは歌を歌っています," "鈴木さんはコーヒーを飲んでいます" and "佐藤さんは写真を撮っています." Set up the situation for the students that they have to find Tanaka-san but they don't know him, and elicit the question, "田中さんはどの人ですか." Then you answer, "田中さんは歌を歌っている人です."

> Student: 田中さんはどの人ですか。
> Teacher: 田中さんは歌を歌っている人です。

Important grammar points
Generally speaking, all short forms can be used to qualify nouns, but only the "*te*-form＋いる" is practiced here. The qualification of nouns is dealt with in more detail in Lesson 15.

Points to remember when practicing
These exercises will go more smoothly if you review the *te*-form beforehand.

Practice Ⅵ
まだ食べていません [まだ〜ていません] (p. 184)

Introduction
Introduce this structure by asking the stu-

dents, "もう昼ごはんを食べましたか." If they answer "はい," say "もう食べました." If they answer "いいえ," say "いいえ、まだ食べていません."

Important grammar points
1. Be careful that the students don't start producing negative forms like いいえ、まだ食べませんでした, however, they could be taught the alternative expression いいえ、まだです.
2. Although it is not dealt with here, verbs of state like ある and いる cannot be used in 〜ている forms with the structure "まだ＋negative." If the students start making this sort of mistake go back to Lesson 7 (p. 136) and explain about the verb groups again.

Practice Ⅶ
天気がいいから、遊びに行きます [〜から]
(p. 185)

Important grammar points
〜から has already been introduced in Lesson 6. In this lesson explain how the word から can be used after short forms.

Points to remember when practicing
In Practice A, there are several possible ways of answering. For example, 試験が終わったから、学校を休みました/今はひまです and 旅行に行ったから、学校を休みました/今はひまです. Accept either answer as long as it makes sense.

Practice Ⅷ
Review Exercises (p. 186)

Points to remember when practicing
1. Before doing Practice A, practice the "Numbers" section in the Vocabulary (p. 173).
2. Although the main focus of Practice B is to practice the new vocabulary, the students could jot down their partner's answers and then report back using the structure "○○さんは〜と言っていました."

Dialogue (p. 170)

Important points and applications
After practicing Dialogue I, have the students substitute 野球, 映画 or ジャズ for かぶき and make up skits of their own.

Lesson 10:
冬休みの予定 (Winter Vacation Plans)

The Objectives of This Lesson

- The comparison of two items——新幹線よりバスのほうが安いです.
- The comparison of three or more items——新幹線がいちばん速いです.
- Adjectives/nouns＋の——大きいのをください。これは私のです.
- 〜つもりだ——勉強するつもりです.
- 〜なる——大きくなりました。 きれいになりました.
- The particle で (ways; means)——バスで行きます.
- ◇Talking about future plans
- ◇Talking about means of transportation and the time required
- ◇Making reservations at the travel agency

Practice Ⅰ
電車のほうがバスより速いです
[Comparison of two items] (p. 199)

Introduction
Choose two people such as Arnold Schwartzenegger and Danny DeVito that have characteristics that are obvious, or characteristics that everyone can agree on, and put their pictures on the board. Say, for example, "アーノルドさんは背が高いです" and "ダニーさんはあまり背が高くありません" to draw the students' attention to the characteristic that you wish to compare. Then write a sign of inequality (a＞b) between the pictures and show them the sentence アーノルドさんのほうがダニーさんより背が高いです. When they have understood the declarative sentence, show them how to form the interrogative.

Important grammar points
1. In Japanese, there are a great variety of different structures and vocabulary used in comparative sentences, in particular the words どちら and どっち, のほうが and が, より and よりも. In addition to this, the word order of the subject being compared and the object to which it is being compared often appears in reverse. The teaching of too many of these variations can confuse the students, so limit the structures to those that you yourself find easy to teach. Anything else can be just mentioned in passing.
2. When the subject of comparison is also the main topic, instead of AのほうがBより, は is sometimes used as in AはBより. Here, however, only the form のほうが is used.
3. Here we have only given examples of sentences where が is added to the subject of comparison, and have not included sentences that employ のほうを such as 野球よりサッカーのほうをよく見る.

Points to remember when practicing
1. Do more practice of the same type using pictures or photographs before or after doing Practice A.
2. Before doing the pair work in Practice B, give the students an example of how to make a sentence such as AもBも好き that expresses the idea that two things are equally liked/disliked. It would be a good idea to go over the exercise with the whole class briefly to see that they understand the words in *katakana* and the new vocabulary.

Practice ⑪
新幹線がいちばん速いです
[Comparing three or more items] (p. 200)

Introduction
Use the pictures of Arnold Schwartzenegger and Danny DeVito that you used in Practice I together with another picture of somebody else, e.g., Tanaka-san, who is taller (or shorter) than either of them, and put them up on the board. First of all, make comparative statements like, "アーノルドさんのほうがダニーさんより背が高いです" and "田中さんのほうがアーノルドさんより背が高いです." Then introduce the sentence "この中で田中さんがいちばん背が高いです." When the students have understood the declarative sentence, show them how to make the interrogative form.

Important grammar points
1. Take care that the students do not start mixing up the use of the two comparative forms. のほうが/より/どちら is used when comparing two items, and の中で/いちばん/どれ is used for three or more items.
2. Point out to the students that the interrogative pronoun will differ according to what it is that is being compared, e.g., だれ or どこ.
3. There is a tendency to use どれ when an explicit list of items is presented, and 何 when a group is referred to collectively (refer to Grammar footnote 3, p. 195).

Points to remember when practicing
1. Practice A uses the same pictures as the exercises comparing two items. However, to avoid boring the students, different materials could be used. Depending on how the class is going, the topic could be broadened by substituting ○と×と△の中で for この中で or you could ignore it completely and concentrate on the part after ○がいちばん……．
2. In Practice B, warn the students to be careful to choose the correct interrogative pronoun. Particular care should be taken if they are doing a question and answer activity in pairs. Make sure that the whole class understands their use before starting the practice.

Other classroom activities
"Quiz Show": Split the class up into pairs and in the same way as in a television quiz program, ask the students either questions comparing two items or ones comparing three or more items. The students have to answer in pairs. This is not a game to see who can answer the quickest, but get all the pairs to answer with full sentences. The pair with the most correct answers wins.

Examples of questions:
- 東京タワーとエッフェル塔とどっちのほうが高いですか。
- 日本とカリフォルニアとどっちのほうが大きいですか。
- 世界の川の中で何がいちばん長いですか。

Practice Ⅲ
これは私のです [Adjective/noun ＋ の] (p. 202)

Introduction
Write on the board a pair of sentences これは○○さんの本です and これは○○さんの＿＿＿です to show the students what has been left out. Ask them "これは××さんの本ですか" and get them to answer using の. Then go on to deal with adjectives and write the following pair of sentences on the board too, 赤いシャツをください and 赤いのをください. When you have pointed out that the noun has been replaced by の, ask the class, "ここはTシャツの店です。赤いシャツと黒いシャツがあります。どちらがいいですか。" Get them to answer using の.

Important grammar points
In the construction of sentences, substituting a noun with the pronoun の is not, in itself, complicated, but care should be taken to see that the students do not make mistakes in other structures. Some examples of common mistakes are: (i) Using の between an adjective and a noun as in 大きいのかばん, and (ii) Using の in the same way as the English "one" as in the sentence "I don't have one," when there is no accompanying modifier thus giving the mistaken usage のがありません.

Points to remember when practicing
In Practice B, at first glance the questions look like questions about comparisons, but instead of having the students use comparative sentences to answer, it would be better if they simply used 〜をください. The reason being that if a comparative structure is used the students could find themselves producing sentences like 冷たいののほうがいい with a double のの resulting in unnecessary confusion.

Practice Ⅳ
見に行くつもりです [〜つもりだ] (p. 203)

Introduction
Say to the class, "これは私のスケジュールです" and draw on the blackboard a timetable of some things that you plan to do. Then introduce the structure by pointing to some of the items and saying, "私はあした、友だちに会うつもりです."

Important grammar points
1. It is possible to express practically the same meaning as あした、会うつもりです by simply saying "あした、会います." Without going into the ins and outs of nuance and meaning, it is enough to explain that there are several ways of saying the same thing. The introduction of the structure 〜つもりです is intended to be not so much a new grammatical item, but another way of reviewing the affirmative and negative forms of verb short forms in the present tense, so put emphasis on reviewing the conjugations.

2. If the students are able, and there seem to be no problems with the conjugation of verbs in the present tense, you could introduce the structure 会うつもりでした which expresses past intentions and divergence from present ones.

Points to remember when practicing
1. In Practice A, the more able students often try to connect two plans on the same day by using the *te*-form to make one long sentence. However, in numbers 6 and 7 for example, this would give us the sentence 友だちと晩ごはんを食べて日本語を勉強しないつもりです which is very unnatural, so tell the students to use one verb at a time.

2. In Practice B, the students have to answer questions related to themselves. Tell them to give reasons as well, and to make their conversations as long as they can. It could be practiced in pairs, and when they have finished, have them report their dialogue back to the class using the form, "○○さんは〜するつもりだと言っていました."

Practice Ⅴ
きれいになりました [〜なる] (p. 204)

Introduction
Introduce the structure by showing the students two pictures of a room, before and after it has been cleaned, and say, "私の部屋はきれいじゃありませんでした。きのう、掃除しました。だから、部屋はきれいになりました."

Important grammar points
1. It is very common for students to make the mistake of using に with *i*-adjectives in the same way as for *na*-adjectives and nouns, e.g., 眠いになる.
2. When simply reporting changes that occur before our eyes, the particle が is used for the subject of the sentence, and when what is observed has been already established as a topic, は is used.
3. Native speakers of English are often heavily influenced by the present perfect use of the verb "has" as in "has become..." and tend to use the present tense in Japanese to produce sentences using なります. If this happens, explain that given a certain situation "A," the past tense is used in Japanese, as in Aになりました, because a change of becoming "A" happened in the past. It might also be a good idea to use "became" as the English equivalent rather than "has become."

Practice Ⅵ
自転車で行きます [The particle で] (p. 205)

Introduction
1. Introduce the structure by using the blackboard to explain where you live, how you get to school and how long it takes.
2. Use travel brochures that give examples of how to get to famous places of interest.

Important grammar points
1. This topic is very easy to learn as long as the students master the common expressions "○○から××まで," "mode of transport ＋で," and "かかります."
2. It is possible to join two phrases together and say, for example, "自転車とバスで," but it is not possible to do this with 歩いて. If you have students who insist on doing this, tell them to use the expression それから between the two phrases or even teach them the expression 徒歩で.

Points to remember when practicing
If most of your students live in student accommodation on campus, Practice C will have very little meaning for them, so use a situation other than going to and from school.

Dialogue (p. 190)

Important points and applications
After doing Dialogue I, give the students handouts of the following:

```
A: ○○さん、休みはどうしますか。
B: _____か_____に行くつもりで
   すが、まだ決めていません。
   _____と_____とどっちのほう
   がいいと思いますか。
A: _____と思います。
   でも_____
   と言っていました。
```

Lesson 11:
休みのあと (After the Vacation)

The Objectives of This Lesson

- ●〜たい——ハンバーガーが食べたいです。
- ●〜たり〜たりする——掃除したり、洗濯したりします。
- ●〜ことがある——有名人に会ったことがあります。
- ● The particle や——すしや天ぷらをよく食べます。
- ◇Talking about what you did on vacation
- ◇Introducing friends to each other
- ◇Asking where somebody comes from and talking about hometowns
- ◇Asking about childhood dreams and ambitions

Practice ①
ハンバーガーが食べたいです ［〜たい］ (p. 219)

Introduction
1. Talk about food and then ask, "今何が食べたいですか."
2. Open up the situation by saying, "私はジャズが好きです" and then introduce the sentence "ジャズのコンサートに行きたいです."

Important grammar points
1. It is important to do the exercises on 〜たいです／〜たくありません／〜たかったです／〜たくありませんでした thoroughly in order to review the conjugation of *i*-adjectives.
2. Be aware that there will be some students who will try to use this structure in the same way as the English "want" is used to express offers and invitations such as 手伝いたい？ or うちに来たい？
3. When you do the exercises on 〜たがっている, be careful the students do not use the particle が in the objective case, and that they do not confuse the structure "verb stem＋たがっている" with "〜た (short form past)＋がっている."

Points to remember when practicing
1. Practice A consists of basic exercises on 〜たいです and 〜たくありません. If there are students who seem to need to do some even more basic work, before starting Practice A, give them some verbs and have them say the 〜たいです and 〜たくありません forms, e.g., 読む → 読みたいです.
2. In Practice A and C, the answers have been provided in parentheses so that the students can do these exercises with the CD. When you are doing this in class, let the students answer the questions as they like.
3. Although with Practice E, some explanation of how the use of たい is limited according to the grammatical "person" will be necessary, the most important thing in this lesson is that the students learn how to express their own hopes and aspirations. It is not necessary to force them to use 〜たがっている. Depending on the students' level, only going as far as practicing 〜たい in pairs is fine, but if they are able they can practice expressing their partners' hopes by using either 〜と言っていました or 〜たがっている.

Other classroom activities
1. Practice for using the structure combined with 〜てもいいですか: The students explain to the host family that they wish to do something and ask for permission. Show the class a picture of somebody drenched in sweat after playing tennis, for example, and say, "お風呂に入りたいです。お風呂に入ってもいいですか," and have them practice.
2. Practice for answering in the negative: Tell the students that "今日は天気がいいです" and then say, "一緒に宿題をしましょう." Or tell the students "今日は疲れています," then say, "山に登りましょう." Have them answer in the negative as in "天気がいいから、宿題をしたくありません" or "疲れているから、山に登りたくありません."
3. Practice for the interrogative forms: Tell the students to imagine that a Japanese friend has come to visit and they are going to show him or her around. Have them practice asking questions like "何がしたいですか," "どこに行きたいですか," "何が食べたいですか" and "どの映画が見たいですか."

Practice ②
掃除したり、洗濯したりします
［〜たり〜たりする］ (p. 221)

Introduction
1. Ask the students the question "週末、何をしましたか" to elicit answers such as "本を読みました," "テレビを見ました" or "友だちに会いました," and rephrase them using 〜たり〜たりする.
2. Show the class pictures of different actions like the ones in Practice B and say, "田中さんは週末たくさんのことをしました。掃除したり、洗濯したりしました."

Important grammar points
1. As the students have just finished practicing the たい form, they often make the mistake to use "stem＋たり," so special care is needed here. Take care not to overlook mis-

takes with *u*-verbs such as 音楽を聞いたり or 温泉に行ったり.
2. A mistake that students often make is to put a と in the sentence as in "〜たりと、〜たり."

Points to remember when practicing
1. Practice B allows the students a little more freedom in making up their own sentences. You could also show them pictures of action verbs to do with parties, such as "dance," "talk," "eat" and "sing," and let them practice with those too.
2. Practice C, 7-9, are applied exercises that review what the students have learned so far, so whether you do them or not will depend on the level of the class and the time available.

Other classroom activities
1. In classes at the beginning of the week, you could get the students to work in pairs to talk about what they actually did on the weekend. Using Dialogue I as a model will help them to produce longer conversations.
2. You can ask some other questions such as "図書館の中で何をしますか" and "飛行機の中で何をしましたか," and get the students to answer them using 〜たり〜たり.

Practice Ⅲ
有名人に会ったことがありますか
[〜ことがある] (p. 222)

Introduction
1. Show the class contrasting pictures to introduce the sentences "メアリーさんは95年にパリに行きました。メアリーさんはパリに行ったことがあります" and "けんさんはパリに行ったことがありません."
2. Using information that you already have about the students, for example, using the name of a student who has been to Hiroshima, say, "マイクさんは広島に行ったことがあります."

Important grammar points
Point out that the verb at the end of the sentence is always in the present tense, as students often make mistakes like 〜たことがありました.

Points to remember when practicing
1. The students' own situations could be employed when you do Practice A. For example, get students who have never studied French to answer number 2 by saying, "フランス語を勉強したことがありません."
2. Practice B is aimed at getting the students to produce longer conversations by the addition of the question どうでしたか as in the example.

Other classroom activities
1. The aim of this activity is to find someone who has experienced a certain thing. The students are given questions like "中国はきれいですか" which only people who have been to China will be able to answer. The students then go around the class asking "中国に行ったことがありますか" so that they can find someone with the necessary experience to answer the first question. When everybody has finished they can tell the rest of the class what they found out by saying, "○○さんは中国はきれいだと言っていました."
2. The students get together in small groups of three or four. Find three interesting experiences that all the members of the group have had and tell them to the rest of the class.

Practice Ⅳ
すしや天ぷらをよく食べます [The particle や]
(p. 223)

Introduction
1. First show the students a picture of just a book and a pencil and say, "本とえんぴつがあります." Then, to compare with the first sentence, show them a picture with a book, a pencil and a few other things and say, "本やえんぴつがあります."
2. Say to the class, "このクラスにはトムさんやミシェルさんがいます" and then let them see how this compares with "このクラスにはトムさんとミシェルさんとジェーンさんと……がいます."

Important grammar points

Be on the look out for mistakes in the use of particles. A very common mistake is to say "ゴルフやテニスや見ます." Remind the students that the final noun takes the original particle after it.

Practice Ⅴ
Review Exercises (p. 224)

Points to remember when practicing

1. Practice A and C involve quite long speeches by the students. Allow plenty of time for preparation.
2. For Practice B, it is also a good idea to prepare questions that fit the students' interests and experiences.

Dialogue (p. 210)

Important points and applications

1. After the class has finished practicing Dialogue I, give out handouts like the one below and have the students work in pairs on the conversation and then act it out in front of the class.

```
A: _____さん、久しぶりですね。休みはどうでしたか。
B: すごく楽しかったです。_____で、
    _____たり、_____ (place)
    _____たりしました。
A: いいですね。私も_____たいです。
B: _____さんの休みは楽しかったですか。
A: まあまあでした。
```

2. Have the students work in groups of three on a conversation similar to Dialogue II. One student introduces the other two to each other.

Lesson 12:
病気 (Feeling III)

The Objectives of This Lesson

- ～んです――どうしたんですか。
- ～すぎる――食べすぎました。
- ～ほうがいいです――薬を飲んだほうがいいです。
- ～ので――いい天気なので、散歩します。
- ～なくちゃいけません――七時に起きなくちゃいけません。
- ～でしょう――あしたは晴れでしょう。
- ◇Describing symptoms of illness
- ◇Giving advice
- ◇Forecasting the weather

Practice Ⅰ
どうしたんですか [～んです] (p. 236)

It is sometimes difficult for students to understand in which situations this structure can be used. For this reason, your aim here should be that the students learn to use it in typical situations such as explaining things and giving reasons.

Introduction

1. Show the class a picture of somebody who looks as if they have a headache, or perhaps somebody who is crying, and ask, "どうしたんですか." Then teach the class how to answer "頭が痛いんです."
2. Present the situation, "メアリーさんはあしたテストがあります." Then ask the class, "メアリーさんはあした忙しいですか," to elicit the answer, "はい、忙しいと思います。あしたテストがあるんです."

Important grammar points

1. Be careful of the な of ～なんです with *na*-adjectives and nouns in the present tense.
2. When the students use the past tense be careful that they don't start saying ～んでした.
3. After you have introduced this structure, it is important to insist that the students use it when explaining or giving their reasons for something. Adding ～んです to a sentence is not very difficult, but deciding when to use it is. Students need to be constantly reminded that they should use the construction when it is appropriate to do so.

Points to remember when practicing

1. There will still be some students who

have not thoroughly learned the conjugation of the short forms, so pay attention to whether they conjugate correctly in Practice A and B.
2. If you have a class that can speak well, have them make longer conversations in Practice C and D as in the example below.

 A: すてきな時計ですね。
 B: 日本で買ったんです。
 A: 高かったですか。
 B: いいえ。……

Other classroom activities
1. Present each student with situations like ダイエットをしている, ピザがきらい and きのうもピザを食べた, and then show them a picture of a pizza and say, "私が作りました。一緒に食べませんか." Then have the students practice declining the offer by giving an explanation such as, "ちょっと……。今ダイエットをしているんです." They could also do this exercise among themselves.
2. Present the situation "みんなはきのう授業をサボりました。" Ask them why they skipped class by saying "○○さん、どうしてきのう授業に来なかったんですか" and get them to explain themselves using 〜んです.

Practice Ⅱ
食べすぎました [〜すぎる] (p. 238)

Introduction
1. Show the class a picture of Tanaka-san drinking beer and say, "田中さんはビールをたくさん飲みました。" Then show them another picture of Tanaka-san with a hangover and a headache and say, "田中さんはビールを飲みすぎましたね。"
2. Show the class a picture of a watch with a price tag for ¥300,000. Say to the class, "この時計は高すぎます。"

Points to remember when practicing
You could do Practice B as pair work and have the students say the sentences in front of the class.

Other classroom activities
1. Show the class a picture of an expensive car and ask them, "買いますか," to elicit the answer, "いいえ、買いません。高すぎるんです," and encourage the students to practice using 〜んです in their answers. Do the same exercise using other objects like a Japanese newspaper or a small sweater.
2. Show the class a picture which illustrates "○○さんはこの料理を全部食べました。今おなかが痛いです," and ask, "どうしたんですか," to elicit the answer, "おなかが痛いんです。食べすぎたんです。" Try other items too, like 甘いものを食べすぎた (歯が痛い) and コンピューターを使いすぎた (目が痛い), to practice using 〜が痛い as well.

Practice Ⅲ
薬を飲んだほうがいいです [〜ほうがいいです]
           (p. 240)

Introduction
1. Give the students back a test with really low marks and tell them "もっと勉強したほうがいいですよ。" Illustrate the negative form by saying "甘いものを食べないほうがいいですよ," to somebody who has a toothache.
2. Show the class a picture of somebody with a bad headache and do the following dialogue with one of the students who can take the part of the person with the headache.

 Teacher: どうしたんですか。
 Student: 頭が痛いんです。
 Teacher: じゃあ、薬を飲んだほうがいいですよ。

Important grammar points
Some students will produce forms like 食べるほうがいい or 行かなかったほうがいい, so make sure that they understand that when the advice is in the affirmative, the past tense is used and when the advice is in the negative, the present tense is used.

Points to remember when practicing
In Practice A, depending on whether the form is in the affirmative or the negative the verbs have to be conjugated differently. Pay attention to the form as well as the meaning of each sentence.

Other classroom activities

Give each student a piece of paper, ask them to write down one problem that they have and then collect the papers. Read out the problems to the class and ask them to tell you some good advice for each problem. Explain the procedure of this exercise before doing it, and try not to let the exercise get too serious or too involved in highly personal problems.

Practice Ⅳ
いい天気なので、散歩します ［〜ので］ (p. 241)

Introduction
If you are in fact going to give the students a test the following week, remind them by saying, "来週テストがありますね" and ask, "勉強しますか." Then introduce the new structure by saying, "テストがあるので、勉強します."

Important grammar points
1. Point out to the students that in the case of *na*-adjectives and nouns in the present tense, な is used instead of だ and that this is one way that this form differs from から. In the same way as for から, be careful that the students do not start reversing the order of the expressions for reason and result.
2. It will probably be less confusing for students from English-speaking countries if they try to remember that the word order is like the English "so" and not "because."

Points to remember when practicing
Practice A is an exercise to practice using ので after a short form to join two sentences. Afterward Practice A, do an exercise like Practice B or C where the students have to make up either the first half or the second half of the sentence themselves. If there is time, it would be a good idea to have them make up whole sentences too.

Other classroom activities
Write some sentences like the ones given below on cards, shuffle them and put them up on the board. The aim is to choose two matching phrases and join them using ので.

　　魚がきらいです　　すしを食べません

パーティーをします　あしたは友だちの誕生日です
かぜをひきました　学校を休みます

Practice Ⅶ
七時に起きなくちゃいけません
［〜なくちゃいけない］ (p. 242)

Introduction
1. Show the class a picture of a dirty room and say, "あした彼女が来ます。今日掃除しなくちゃいけません."
2. If the class has finished practicing ので, you could introduce the structure by saying, "テストがあるので、勉強しなくちゃいけません."

Important grammar points
There are sometimes students who want to know what 〜なくちゃいけない itself actually means. You could tell them that it means something like "It doesn't work if you don't . . ."

Points to remember when practicing
1. When you are doing Practice A, pay attention to whether the students can produce the negative forms of the verbs correctly. Also, the phrase 〜なくちゃいけません is difficult to say, so keep the students practicing until it rolls of their tongues naturally.
2. After you have finished Practice A you could ask the students individual questions such as "それでは○○さんは今日何をしなくちゃいけませんか."
3. Practice B is an exercise in using 〜なくちゃいけない as a way to turn down invitations and give reasons. Encourage the students to make longer conversations by suggesting that the student who was turned down make another different invitation.

Other classroom activities
Practice using 〜なくちゃいけない with ので, as in "かぜをひいたので、薬を飲まなくちゃいけません." Show the students a picture of somebody taking medicine with the words "You caught a cold" written on it and put it up on the board. You could also try something like, "ホストファミリーのお母さんが病気なので、晩ごはんを作らなくちゃいけません." You could

also practice inviting somebody to do something such as, "今晩遊びに行きませんか" and have the students answer using 〜んです as in "今晩は都合が悪いんです。お母さんが病気なので晩ごはんを作らなくちゃいけないんです" to explain the reason. Be sure to do these additional exercises after doing plenty of practice on the basic structures.

Practice Ⅵ
あしたは晴れでしょう [〜でしょう] (p. 243)

Amongst other things, 〜でしょう with a rising intonation is used to check whether somebody agrees with you (Grammar Notes, p. 235, end of section) but in these exercises we will only be using it with predicting the weather.

Introduction
Make an enlarged photocopy of the weather forecast and show it to the students. Say, "あしたの天気です" and point to different places and say, "あした、東京は晴れでしょう。大阪はくもりでしょう。"

Points to remember when practicing
Practice B can not only be done as a pair exercise, but also by the class as a whole. Everybody can play the role of weather forecaster and predict the weather for different parts of the country. You could also give out papers with the weather for different areas and have the students use them to make their predictions. (See Game 21 "あしたは晴れでしょう" in *80 Communication Games for Japanese Language Teachers* [CAG Teaching Materials Development Group/The Japan Times].)

Other classroom activities
Ask the students to make sentences about their classmates using the pattern "○○さんは〜ので、〜でしょう," e.g., スミスさんは頭がいいので、いい成績をもらうでしょう.

Practice Ⅶ
Review Exercises (p. 244)

Points to remember when practicing
1. After finishing the pair work in Practice B, ask the students, "月曜日に一緒に出かけますか" and have them answer in the "いいえ、月曜日は○○さんが〜しなくちゃいけないんです" form and check that their answers are accurate.
2. Apply what the students have learned in Practice C by using the supplementary section "Health and Illness" (pp. 246-7) to give them extra practice with different expressions.

Dialogue (p. 226)

Important points and applications
The line たぶん食べすぎたんだと思います is a difficult one, and if you explain that it is a combination of 食べすぎたんです and と思います it will be easier to understand. If there is time, give the class some more examples. You could, for example, show the class a picture of somebody crying and ask, "どうしたんですか" to elicit the answers like "たぶん彼と別れたんだと思います."

Lesson 13:
アルバイト探し (Looking for a Part-time Job)

The Objectives of This Lesson

- Potential verbs――日本語が話せます。
- 〜し――物価が高いし、人がたくさんいるし
- 〜そうです (It looks . . .)――おいしそうです。
- 〜てみる――東京に行ってみます。
- なら――紅茶なら飲みました。
- Frequency――一週間に三日アルバイトをします。
- ◇Using the telephone
- ◇Making appointments to meet
- ◇Giving reasons
- ◇Saying what you can or cannot do

Practice Ⅰ
日本語が話せます [Potential verbs] (p. 17)

Introduction
Have a picture of a pair of jeans with a ¥4,800

price tag ready beforehand and explain to the students that Mary and John have ¥10,000 and ¥1,000 respectively and that they are going to the department store to buy some jeans. Say, "デパートにジーンズを買いに行きます" and introduce the expressions, メアリーさんはこのジーンズが買えます and ジョンさんはこのジーンズが買えません.

Important grammar points
1. Point out that all verbs of potential are *ru*-verbs and thus the negative and past forms of them follow the conjugation of *ru*-verbs.
2. In English it is possible to say "can understand" so students often think that わかる in Japanese has a potential form. It might be a good idea to point out that this is not so.

Points to remember when practicing
Practice E reviews 〜すぎる and practices the past negative forms of potential verbs so the students might benefit from practicing the conjugation of past forms of potential verbs before starting this exercise.

Other classroom activities
1. Give the students an opportunity to say what they can do by presenting the class with such situations as "このクラスでバンドを作ります。だれが楽器ができますか。上手に歌が歌えますか" and "このクラスでパーティーをします。だれがケーキが作れますか。上手に写真が撮れますか."
2. The scenario drill "飲みに行きました" (Scenario #1 at the back of this book).

Practice Ⅱ
物価が高いし、人がたくさんいるし [〜し] (p. 19)
Introduction
Show the students a photograph or a picture of somebody and say, "この人はすてきです." Then explain why you think so using a few simple sentences like 頭がいいです、親切です、料理が上手です and 外国語が話せます. Then show the students the sentence structure "reason し、reason し、situation" by saying "この人は頭がいいし、料理が上手だし、すてきです."

Important grammar points
Point out that the short form of the verb is used before 〜し and make sure that the students do not forget to use だ with *na*-adjectives and nouns.

Points to remember when practicing
When you do Practice B you can also add the questions with some situations which they will find easy to relate to and think up "reasons" for. Some examples of questions are, 大学はいいですか and その町に住みたいですか.

Other classroom activities
1. Get the students to choose a place and have them introduce it to the class. E.g., 京都に行ったことがありますか。京都はお寺がたくさんあるし、静かだし、とてもいい所です.
2. Bring in a selection of "merchandise" and have the students make up commercials. E.g., この教科書は、おもしろいし、絵がたくさんあるし、とてもいいです.

Practice Ⅲ
おいしそうです [〜そうです (It looks . . .)] (p. 20)
Introduction
Show the class a picture of some cakes and use it to introduce the structures おいしそうです and 甘そうです.

Important grammar points
1. Take care that the students do not forget the な of 〜そうな when the structure is used to qualify a noun.
2. It is not necessary to teach the past form here, but if you do, point out to the students that the part that comes before 〜そう cannot be changed into the past form, but です in そうです is changed such as 〜そうだった.

Points to remember when practicing
The teacher can bring in pictures and photographs to use as visual aids to elicit the structure 〜そう for practice in addition to Practice A or C.

Other classroom activities
The activity "ジェスチャーゲーム" (Worksheet

#21 at the back of this book): Give one of the students a card with the phrase 悲しいです written on it and tell him or her to try to look sad. The other students have to try to guess what is written on the card and say, "悲しそうです." The person who guesses correctly gets a point. This activity could also be carried out as a competition between two groups.

Practice Ⅳ
着てみます [～てみる] (p. 22)

Introduction
Bring some unusual food into class and say, "おいしそうです。食べたことがありません。食べてみます," and eat it. You could do the same with other verbs such as 本を読んでみます, 靴をはいてみます and 服を着てみます.

Important grammar points
Some students will attempt to use ～てみる incorrectly as 勉強してみます meaning "try to do."

Practice Ⅴ
紅茶なら飲みました [なら] (p. 22)

Introduction
Find pictures of a guitar, a violin and a piano and mark the pictures of the guitar and the violin with a × and the one of the piano with a ○. Put the picture of the guitar up on the blackboard and say, "メアリーさんはギターが弾けません." Then do the same with the picture of the violin and say "メアリーさんはバイオリンが弾けません." Finally, put up the picture of the piano and say, "メアリーさんはピアノが弾けます." Then ask the question, "メアリーさんは楽器ができますか," and teach the answer, "メアリーさんはピアノなら弾けます." Do the same for sentences such as フランス語なら話せます and 中国なら行ったことがあります.

Important grammar points
なら can be used in combination with particles (e.g., になら and でなら). However, we do not deal with such structures in this lesson, but rather concentrate on the more simple construction of なら directly following a noun.

Points to remember when practicing
In Practice A, two items from the same category, such as economics and history—both academic subjects—are contrasted. In Practice B, one phrase refers to a more general category (e.g., foreign languages), and answers should be made from a more specific example from that category (e.g., German language). The form an appropriate answer should take differs between the two practice exercises. In A, we expect both negative and affirmative answers. In B, on the other hand, it is wrong to answer both in the affirmative and in the negative, as in ドイツ語なら話せますが、中国語は話せません.

Practice Ⅵ
一か月に一回床屋に行きます [Frequency] (p. 23)

Introduction
1. Give out timetables to the class (such as the one in *Genki I*, p. 84, Practice C) and say, "たけしさんは月曜日にコンピューターの授業があります" and "たけしさんは水曜日にもコンピューターの授業があります." Then introduce the new structure by saying, "たけしさんは一週間に二回コンピューターの授業があります."
2. Do the following conversation with one of the students.
   Teacher: Aさんは何時に寝ますか。
   Student A: 十一時に寝ます。
   Teacher: 何時に起きますか。
   Student A: 六時に起きます。
   Teacher: Aさんは一日に七時間寝ます。

Points to remember when practicing
1. Before starting Practice A, practice expressions for days such as 一日、二日 and 三日.
2. In Practice B and C, if the students are sufficiently able, have them practice using expressions such as 一週間に何回学校に来なくちゃいけませんか.

Other classroom activities
Get the students to make up questionnaires using questions such as 一日に何時間ぐらい勉強するか/何時間ぐらいテレビを見るか and ask the question to people around them. When they have finished they can report the results back to the class.

Practice Ⅶ
Review Exercises (p. 25)

Points to remember when practicing
In Practice C, in order to make the conversation flow, you can provide the manager with some questions for the interviewee such as about using a computer, speaking a foreign language, experience of studying abroad, work experience, and when he or she can start working. Also, after interview you can get the students to explain the reasons for hiring or not hiring the interviewee using the "〜し、〜し" structure.

Other classroom activities
The scenario drill "レストランで" (Scenario #2 at the back of this book).

Dialogue (p. 6)

Important points and applications
Using Dialogue II, have the students make their own dialogue of an interview for a part-time job. Tell them they should include the following:
1. Reasons for wanting the job using 〜し、〜し.
2. Experience using 〜たことがある.
3. Qualifications using potential verbs (e.g., タイプができる, 英語が話せる, etc.)

Lesson 14:
バレンタインデー (Valentine's Day)

The Objectives of This Lesson

- ほしい――車がほしいです。
- 〜かもしれません――将来日本に住んでいるかもしれません。
- あげる/くれる/もらう――きょうこさんにセーターをあげました。
- 〜たらどうですか――家へ帰ったらどうですか。
- も――四時間も勉強しました。
- しか――三十分しか勉強しませんでした。
- ◇Talking about presents
- ◇Making proposals
- ◇Making speculations

Practice Ⅰ
車がほしいです [ほしい] (p. 39)

Introduction
1. Show the class a picture of an old car and say, "私の車です。とても古いです。新しい車がほしいです。"
2. Make statements such as "とても忙しくて疲れています。長い休みがほしいです。" Like the sentences above, it is better to state the reason first, so that students can easily guess the meaning of ほしい.

Important grammar points
1. The teacher should be aware of some common student mistakes such as ほしいでした and 〜をほしいです, and attention should be paid to the conjugation of ほしい, both in the negative and in the past, and to the use of the particle が.
2. When you are practicing the structure 〜をほしがっています, remind the class that the correct particle to use here is を.

Points to remember when practicing
The expressions of comparison in Practice D were dealt with in Lesson 10, but there will be some students who have forgotten them, so review them before starting the exercises.

Practice Ⅱ
あの人は学生かもしれません [〜かもしれません] (p. 41)

Introduction
Expressions with any part of speech or in any tense can precede 〜かもしれない so when practicing this structure use a variety of dif-

ferent verbs, adjectives and nouns, both in the present and the past, as follows.
E.g. 1: Show the students the weather forecast for that evening, such as "Cloudy with a 30% possibility of rain." Then introduce the sentences, "今晩、傘を持っていったほうがいいです。雨が降るかもしれません。"
E.g. 2: Show the class a picture of a person crying and let them see you try to guess why. Say, for example, "彼と別れたかもしれません。" Then let the students try to guess.
E.g. 3: Read out the name of a student who did not come to class that day and say something like, "○○さんがいませんね。今寝ているかもしれません。病気かもしれません。"

Important grammar points
So that the students do not start producing sentences like 元気だかもしれません and 学生だかもしれません, explain that nouns and *na*-adjectives in the present tense do not take だ.

Points to remember when practicing
1. In Practice A, the answers are limited to "maybe" and "maybe not" so that the students can practice along with the CD. In class, however, you may let them answer freely.
2. After finishing Practice A, ask some questions about one of the students like "○○さんは忙しいですか" or "○○さんはきのう勉強しましたか," and get the other students to guess what the answer will be.

Other classroom activities
Show the class pictures of different places and people and get the students to try to guess what sort of place and what sort of people they are. You could also use the pictures in Game 30 "これは何だと思いますか" in *80 Communication Games for Japanese Language Teachers* (CAG Teaching Materials Development Group/The Japan Times).

Practice Ⅲ
きょうこさんはトムさんにセーターをあげました [あげる/くれる/もらう] (p. 42)

The verbs あげる/くれる/もらう can be very confusing for the students if they are taught all at once. Introduce and practice them separately. もらう has already been dealt with in Lesson 9. There is no fixed order for which the three verbs should be taught, but two examples are given below.

- Teach the verbs based on the concept of "give": First deal with あげる and then くれる in its meaning of "give me." When you feel that these two forms have been well understood, go on to deal with もらう meaning "receive."
- Focus on the concept of the speaker doing something: Practice first the new sentence pattern 私がAにあげる (= the speaker giving to A). Then note that 私がAにもらう (the speaker receiving from A) describes a movement of the object being given in the opposite direction. The verb もらう was introduced in Lesson 9. Next, practice using the new verb くれる, with the pattern Aが私にくれる, noting that this sentence describes exactly the same situation as the もらう sentence above. Finally, practice the sentence pattern AがBにあげる, in which the speaker does not appear.

Introduction
- Introducing あげる

Use actual objects and say, for example, "私はAさんに本をあげます," and give a book to student A. Then have Student A give the book to Student B, and say, "AさんはBさんにあげました," noting that we can use あげる in descriptions of exchanges between third persons.

- Introducing くれる

Say to one of the students, "その本をください," and get him or her to give it to you. Take the book and say, "Cさんは私に本をくれました。" Then give the book to another student and while you are doing so say, "私はDさんに本をあげます," showing the students by both words and actions the concept of くれる as a movement towards oneself and あげる as a movement away from oneself. Then get the students to do the same among themselves and describe what they are doing with あげます and くれました as they do it.

● Introducing もらう

In the same way as introducing くれる, receive something from one of the students and say, "私はEさんに本をもらいました。" If you are doing this after introducing くれる, write the previous sentence and "Eさんは私に本をくれました" on the blackboard and draw the students' attention to the word order and the use of the particles.

Important grammar points

1. For all practical purposes, the words 私は and 私に are generally omitted. Explain that when the verbs あげる and くれる are used, the direction of movement is inherent in the meaning of the verbs.
2. We do not deal with くれる sentences in which things are given to people psychologically close to the speaker, such as the speaker's family, e.g., 田中さんが妹にチョコレートをくれました. The main goal of this lesson is to learn the giving and receiving verbs as they are used with the speaker in the sentence.
3. Care should be taken with the use of particles in expressions like ○○さんが/はくれる and ○○さんにもらう.
4. The expressions さしあげる, くださる, いただく and やる are not dealt with in this lesson. くださる can be found in Lesson 19, and さしあげる and いただく are dealt with in Lesson 20, both as part of the study of honorific expressions. The word やる appears in the vocabulary list in Lesson 21 as a verb meaning "to give to pets, etc."

Points to remember when practicing

1. As in Practice A and C, the pictures in the textbook can be used with the exercises, but getting the students to practice among themselves using actual objects or picture cards will be more effective. Doing so will make it easier to grasp the concept of direction from oneself to the other person and vice-versa.
2. In Practice C, either くれる or もらう can be used. You can use this section immediately after practicing either one of these verbs using real objects. Or, you can practice on both verbs using actual objects and then use this section, having the students describe each action both with くれる and with もらう.
3. When the students do Practice E they may tend to use あげる and くれる most of the time and avoid using もらう. If this starts happening, you will have to remind them to use もらう as much as they can.

Practice Ⅳ
家に帰ったらどうですか [〜たらどうですか] (p. 45)

Introduction

Introduce this expression by choosing one of the students and explaining the following situation: ○○さんはきのう飲みすぎました。今日は二日酔いです. Then ask the student, "どうしたんですか." After the student has explained what is wrong, say to him or her, "薬を飲んだらどうですか."

Important grammar points

1. If you explain the meaning of 〜たらどうですか as being the equivalent of the English "Why don't you . . . ?" you may find that the students start confusing it with invitations or requests like "Why don't you call me?" or "Why don't you come to my house?" It would be better to explain that it is used when we wish to give somebody a piece of advice.
2. Although the negative form 〜なかったらどうですか exists, teach the students to use the 〜ないほうがいいです form when they want to give advice using negatives.

Other classroom activities

Give out some paper to each of the students and ask them to write down something that they are worried about. Collect the papers and then read them with the class and get them to make suggestions for solving the problems using the expression 〜たらどうですか.

Practice Ⅴ
四時間も勉強しました [も/しか] (p. 46)

Introduction

Ask the students, "CDを何枚持っていますか,"

and write the answers up on the board and compare their answers by using the three sentences, "Aさんは CD を20枚持っています。Bさんは100枚も持っています。私は３枚しか持っていません。" When you are doing this, emphasize the difference between the three by looking very surprised by how many B has in the も example, and in the しか example show by your facial expression or by saying "もっとほしいです" that it is a very small number.

Important grammar points
1. Explain that although しか is followed by the negative, it is in fact affirmative in meaning.
2. Point out that if one uses も about ones own possessions, such as Ｔシャツを20枚も持っています, it can sound boastful so they must be careful when using も.
3. To compare しか with だけ, refer to the Expression Notes in Lesson 11 (Book I, p. 217).

Points to remember when practicing
Before starting to teach or practice も and しか, turn to the table "Counters" at the end of the lesson on p. 49 and practice and review the counters. Afterwards, go back to Practice A and do the exercises with the sentences using the counters. When you do this, make sure that the students learn the "noun + particle + number" structure thoroughly.

Other classroom activities
Put up on the board a picture of Mr. Tanaka with, for example, his three cars. Then ask the class, "田中さんはお金持ちですか" and elicit the reply, "はい、田中さんは車を三台も持っているのでお金持ちかもしれません。" To help develop the student's ability, remember to encourage the students to practice not only the new grammatical items, but also the previously learned items. You could also show the class a picture showing that Mr. Tanaka has only one friend. Ask the class, "田中さんは人気がありますか" and elicit the answer, "いいえ、人気がないと思います。友だちが一人しかないんです。"

Practice Ⅵ
Review Exercises (p. 47)

Other classroom activities
The scenario drill "自転車がほしいです" (Scenario #3 at the back of this book).

Dialogue (p. 28)

Important points and applications
1. In Dialogue I, get the students to substitute バレンタインデー, いつも同じセーターを着ているから and セーター with other expressions. They could try it with ○○さんは料理が好きだから and 料理の本, for example.
2. Dialogue II is an example of the sort of conversation the students will encounter fairly often in their daily lives so it would be a good idea to get the students to memorize the whole dialogue and act it out in front of the class. When you do this, have a sweater in a bag ready to use in the skit.
3. In Dialogue II, you could get the students to substitute クッキー, 指輪 or CD for セーター. You could also prepare a number of envelopes (one for each student) containing pictures of things such as 手編みのセーター, 手作りのケーキ or 写真. Give all the students an envelope, have them exchange their envelopes, and do the dialogue in pairs.
4. The scenario drill "けんさんの誕生日" (Scenario #4 at the back of this book).

Lesson 15:
長野旅行 (A Trip to Nagano)

The Objectives of This Lesson

- Volitional form——コーヒーを飲もう。
- Volitional form ＋ と思っている——勉強しようと思っています。
- ～ておく——お金を借りておきます。
- Using sentences to qualify nouns——友だちにもらったみかん
- ◇Inviting friends to do something with you
- ◇Making plans
- ◇Explaining about people or things in detail

Practice I
コーヒーを飲もうか [Volitional form] (p. 59)

Introduction
Show the class that 食べよう is the casual form of 食べましょう. To start with, put up pictures of Professor Yamashita and Mary on the board. Then you, yourself, play the role of a student and invite them to go out to eat with you. Say to Professor Yamashita, "先生、アルバイトのお金をもらったから、一緒に晩ご飯を食べましょう," and to Mary say, "アルバイトのお金をもらったから、一緒に晩ご飯を食べよう."

Points to remember when practicing
When you do Practice B, you can expand the conversations in the following way:
 A: 今日、何か予定ある？
 B: ううん、別に。
 A: じゃあ、喫茶店でコーヒーを飲もうか。
 B: う～ん、ちょっと……。
 A: 近くの喫茶店は安いし、おいしいコーヒーが飲めるし、いいよ。

Other classroom activities
Introduce the situation "Going out on a date" and have the students make up conversations using the volitional form. For example, the students could imagine themselves standing outside a bar and they could say 入ってみようか, and once inside, どこに座ろうか、何を飲もうか、踊ろうか、帰ろうか、また来ようね, and the like.

Practice II
勉強しようと思っています
[Volitional form+と思っている] (p. 60)

Introduction
Ask Student A, "Aさん、週末は何をしますか." Listen to the reply and say to the class, "Aさんは週末に～しようと思っています." You could also tell the class what your own plans are and say, "私は週末に～しようと思っています."

Important grammar points
You may find that the students want to know the difference between "the short form ＋ と思います" and "the volitional form ＋ と思っています." The difference is that the volitional form is used to express the speaker's intention to carry out an action, and the subject of the verb in the volitional form and that of 思っている are the same. On the other hand, in the case of "the short form ＋ と思います," the subject of 思う is almost always the speaker, but the subject of the verb short form is not necessarily the speaker.

Points to remember when practicing
Practice D can be fun if you get the students to perform the actions while they sing.

Practice III
お金を借りておきます [～ておく] (p. 62)

Introduction
Using "time flow" is a good way to explain that ～ておく means "an action performed ahead of time in preparation for something." One way to do this would be to put up a schedule chart for the week and say, "週末旅行に行きます." Then point to somewhere around Thursday and say, "旅館を予約しておきます."

```
水
木
金
土：旅行
日：旅行
```

Points to remember when practicing
After finishing Practice A, get the students to tell you what they think they should do to prepare for a possible earthquake.

Other classroom activities
Divide the students into groups and have them imagine that they are going to go off to see the cherry blossoms/maple leaves or have a barbecue, and that they have to decide who is going to do all the various things that need to be done beforehand. They can practice expressions like お弁当を作る, フィルムを買う, 地図で調べる, ビデオカメラを借りる, etc.

Practice IV
京都で買った時計 [Clauses that qualify nouns]
(p. 63)

Introduction
Show the class a book, saying "これは本です," and write the sentence on the blackboard. Then add きのう買った, saying "これはきのう買った本です," to show the sentence structure.

Important grammar points
1. Be aware that many students make the mistake of inserting the particle の between the clause and the noun resulting in sentences like 私が作ったのケーキです.
2. As with adjectives that qualify nouns, emphasize that the word that is being qualified comes at the end.

Points to remember when practicing
1. After finishing Practice A, get the students to talk about their own possessions like 日本で買ったかばん. If you would prefer that they made complete sentences such as これは日本で買ったかばんです, get the students to do this after you have finished Practice B.
2. After the class has finished joining the sentences in Practice C, get them to say them in English.

Other classroom activities
1. Give the class a quick peek at a photograph while you say, "これは写真です。私が夏休みにニューヨークで撮りました。" Next say, "これは、私が夏休みにニューヨークで撮った写真です。" Then ask the class, "見たいですか。じゃあ、聞いてください，" so as to elicit the question, "先生が夏休みにニューヨークで撮った写真を見せてください。" Afterwards when somebody is looking at the photograph ask the students "○○さんは何を見ていますか" to elicit the reply "○○さんは先生が夏休みにニューヨークで撮った写真を見ています," and to allow the students to practice the phrase in a variety of different structures.
2. Show and tell: Get the students to bring something to class and have them explain what it is using clauses that qualify nouns. When the first student has finished giving the explanation, have the others ask him or her questions.

 E.g., これは父にもらったぬいぐるみです。子供の時、毎日一緒に寝たり、遊んだりしました。

Dialogue (p. 50)

Important points and applications
1. The students will not be accustomed to using casual speech in conversations so explain beforehand if it is necessary.
2. Dialogue I ends with Mary saying, "みちこさんに電話しておく。" So you can get the students to do a role play in a consequent situation where Mary calls Michiko to review how to make telephone calls.
3. The class can apply what they learned in Dialogue I by working in pairs to practice inviting each other to do something.
4. Ask the students to imagine that they have arrived at a certain station and apply this to Dialogue II. Use examples of famous products and places that the students will be likely to know about.

Lesson 16:
忘れ物 (Lost and Found)

The Objectives of This Lesson

- ～てくれる/あげる/もらう——手伝ってあげます。
- ～ていただけませんか——作文を直していただけませんか。
- ～といい——よくなるといいです。
- ～時——かぜをひいた時、病院に行きます。
- ～てすみませんでした——授業に来られなくてすみませんでした。
- ◇Making requests
- ◇Apologizing
- ◇Talking about hopes and wishes
- ◇Explaining about something you have lost

Practice ①
紹介してあげます [〜てくれる/あげる/もらう]
(p. 82)

As in Lesson 14, teach and practice あげる first (Practice A and B), and then go on to teach and practice くれる and もらう (Practice C and D).

Introduction
● Introducing 〜てあげる
Show the students a picture of somebody who is ill like the one in Practice A, and explain the situation by saying, "田中さんは病気です。熱もあります。" Then show them a picture of somebody carrying in food and say, "私は田中さんにご飯を作ってあげました。"

● Introducing 〜てくれる and 〜てもらう
Tell the students that you are going to make an anti-smoking poster in different languages that says, "たばこを吸わないでください。" Ask the students who can speak languages such as Chinese or Spanish, "〜語ができますか。じゃあ、書いてください，" and have them write it down for you. Then introduce the new structure by saying, "○○さんが書いてくれました" and "○○さんに書いてもらいました。"

Important grammar points
Some students always use に after the beneficiary with 〜てあげる and 〜てくれる as in トムさんに連れていってあげました. Point out to the students that the particle に does not invariably follow the noun referring to the beneficiary. If it seems that some of the students are being overwhelmed by practicing 〜てあげる and 〜てくれる, have them leave out the noun referring to the beneficiary as this can usually be understood from the situation.

Points to remember when practicing
1. In Practice C, it is preferable not to do both 〜てくれる and 〜てもらう at the same time but to separate them and deal with one and then the other. For example, start with the exercises on 〜てくれる and when the class has thoroughly learned this structure go on to do 〜てもらう.

2. Before you start Practice F "お見合いゲーム," give the students a simple explanation of what an お見合い is as some students may not know. If you do not have equal numbers of male and female students in your class, get some of the men to play the women's parts or vice-versa.

Other classroom activities
1. When the students have thoroughly understood the use of 〜てあげる, you could get them to practice using longer sentences. Ask one of the students to pretend to be a little brother or sister and give him or her a card that says, for example, "I want to go to Disneyland" and elicit the sentence, "ディズニーランドに行きたい。" Then ask the rest of the class, "どうしますか，" and have them answer using the structures they have already learned in the following way: 妹がディズニーランドに行きたがっているので、連れていってあげようと思っています。

2. The activity "私が紹介してあげますよ" (Worksheet #22 at the back of this book): Divide the class into two groups, A and B. Give out cards which have problems written on them to all the students in Group A. To the students in Group B give out the cards with matching solutions on them. One of the students in Group A reads out the problem on his or her card. If, for example, the card says, "You want to become friends with Kyoko," the student should say, "私はきょうこさんと友だちになりたいです。" Then the student in Group B who has the card which says, "You know Kyoko" stands up and says, "私はきょうこさんを知っているから、紹介してあげますよ。"

When everybody has finished their turn, have the students tell the class the results using the forms, "私は○○さんにきょうこさんを紹介してもらいます/○○さんがきょうこさんを紹介してくれます。" If your class has an odd number of students, join one of the groups yourself.

Practice ②
ゆっくり話していただけませんか
[〜ていただけませんか] (p. 85)

Introduction
Make up some situations where you have some very heavy luggage and you can't lift it, or there is something that you want but it's too high for you to reach and say, "持ってくれませんか" or "取ってくれませんか."

Important grammar points
In this section the students will be studying only the three structures, 〜てくれない？, 〜てくれませんか and 〜ていただけませんか. However, you could also point out to them the existence of a large number of other forms such as the affirmative 〜てくれますか and 〜てもらえますか. Also point out that the longer the expression is, the more polite it sounds.

Points to remember when practicing
1. When doing Practice A in class, so that the students do not end up using only simple sentences, ask them to give reasons too, such as when they are doing ノートを貸す they can say, "きのう、かぜをひいて授業に行けなかったので、ノートを貸してくれない？" They could also include 〜んです in sentences like "ノートを貸してくれない？きのう、かぜをひいて授業に行けなかったんだ."
2. In Practice B, the example ends with student A saying, "温泉に行きたい," but you could get the students to continue this conversation by getting them to say, "温泉は好きじゃないから、ほかのところに行こうよ."

Other classroom activities
Tell the class that you have decided to have a Christmas party. Put a list on the board of all the things that have to be done such as ケーキを作る, サンタクロースになる and ギターを弾く, and say that you have to decide who is going to do what. The students should go around the class asking each other, "○○さん、〜てくれない？/〜てくれませんか." Of course they can also refuse by saying, "私はギターが弾けないんです," if need be. When they have found somebody to do one of the jobs, they can come and write the person's name on the board and then report it to the class later. Ask the class, "××さんがビールを買いに行きますか," to elicit the answers, "いいえ、○○さんが買いに行ってくれます/○○さんに買いに行ってもらいます."

Practice ③
よくなるといいですね [〜といい] (p. 86)

Introduction
1. Explain that a friend has a bad cold and say, "早くよくなるといいですね."
2. Present the situation that a friend is going to study abroad. Say to the friend, "授業がおもしろい/ルームメートが親切だ/友だちができるといいですね."
3. Ask one of the students, "週末、何をしますか." If the student answers, "ハイキングに行きます," say, "いい天気だといいですね." If the student answers, "レポートを書きます," say, "早くレポートが終わるといいですね."

Important grammar points
1. Point out that 〜といいですね is not normally used to say what you hope for yourself. In this case we say 〜といいんですが/けど.
2. Explain that sentences like 奨学金をもらうといい and パーティーに行くといい sound more natural if the verb is put in the potential form as in 奨学金をもらえるといい and パーティーに行けるといい.

Points to remember when practicing
After doing Practice B, get the students to talk about their own situations using the pattern "〜んです。〜といいんですが."

Practice ④
かぜをひいた時、病院に行きます [〜時] (p. 88)

Students whose mother tongue is English often find the tense used with 時 very confusing. It is especially important, therefore, that in this lesson the students are told to read through the grammar notes before coming to class.

Introduction

Use the following sentences to show the difference between when we say "いただきます" and when we say "ごちそうさま"

　ご飯を食べる時、「いただきます」と言います。
　ご飯を食べた時、「ごちそうさま」と言います。

Important grammar points

1. Explain to the students that sentences such as 日本に来る時、パスポートを取りました where the clause before 時 is in the present tense and the final verb is in the past tense, and 朝寝坊した時、タクシーに乗ります where the clause before 時 is in the past tense and the final verb is in the present tense, are not like their English equivalents in that there is no agreement of tenses.
2. Here we do not deal with the pattern 〜ている時.
3. Here we also do not deal with sentences such as チベットに行った時、ビザを取りました where the tense in both clauses is in the past tense and the event of the second clause occurs at the same time or before the event of the first clause.

Practice Ⅴ
来られなくてすみませんでした
[〜てすみませんでした] (p. 90)

Introduction

1. Apologizing to a superior: Present the situation, "ジョンさんは悪い学生です。宿題を忘れました," and then pretend that you are John and have one of the students be John's teacher. Bow and apologize saying, "先生、宿題を忘れてすみませんでした."
2. Apologizing to a friend: Present the situation, "たけしさんとメアリーさんは今日11時に駅の前で会います。今11時15分ですが、たけしさんはまだ来ません." Take the part of Takeshi and ask one of the students to be Mary and say, "メアリー、遅くなってごめん。バスが来なかったんだ."

Important grammar points

1. The negative of verb *te*-form "〜なくて" is introduced in this lesson for the first time.
2. This lesson only deals with apologizing for something that you have done, not for something that you will do or fail to do in the future, as in あした授業に来られなくてすみません.

Practice Ⅳ
Review Exercises (p. 91)

Points to remember when practicing

In Practice A, the conversation is rather long so have the students prepare for it beforehand.

Dialogue (p. 70)

Important points and applications

1. Use the first four lines of the Dialogue I and have the students pretend they have to go to the professor's office to apologize for not coming to class. Giving the students a list of set excuses such as "you had a test for another class in the afternoon," "you lost your bike key" or "your mother didn't wake you up" will help the exercise go more smoothly.
2. In Dialogue II, use the sentence 電車を降りる時、忘れたと思うんですが and check whether the article was left on the train or after getting off to see whether the use of 時 has been understood.
3. As for Dialogue II, get the students to make up a conversation about reporting something that was lost. Encourage them to describe the article and when it was lost in as much detail as possible. Get them to practice using their hands to show the size of the article when they say "このぐらい."

Lesson 17:
ぐちをうわさ話 (Grumble and Gossip)

The Objectives of This Lesson

- 〜そうです (I hear)──病気だったそうです
- 〜って──今週は忙しいって。
- 〜たら──卒業したら、日本で仕事がしたいです。

- 〜なくてもいい──宿題をしなくてもいいです。
- 〜みたいです──スーパーマンみたいです。
- 〜前に／〜てから──日本に来る前に／来てから、日本語を勉強しました。

◇ Grumbling
◇ Gossiping
◇ Speculating
◇ Comparing people or things to something else

Practice Ⅰ
CD を買ったそうです [〜そうです (I hear)] (p. 102)

Introduction
Ask one of the students, "○○さんは先週の週末何をしましたか." Listen to the reply and say to the class, "○○さんは先週〜したそうです." Ask a variety of questions including those which will require the students to use *i*-adjectives or *na*-adjectives in their answers.

Important grammar points
1. Some students confuse this structure with 〜そう meaning "seems," so explain the difference. It may help to compare sentences like おもしろそうです and おもしろいそうです.
2. Point out to the students not to say 〜そうでした when talking about past events.

Points to remember when practicing
When you do Practice A, check to see that the students have learned the conjugation of short forms properly. This exercise is almost entirely on the past tense so have them practice structures like the present form of *na*-adjectives, too.

Other classroom activities
1. Tell the class that they are going to interview a famous person. Get one of the students to be that person, and have the rest of the class be reporters and ask questions in turn. Afterwards, using 〜そう, the students can take turns doing television-like reports in front of the class. This activity can also be done in pairs.
2. Give out papers like the one below to everybody and get them to think of three questions to write down. They then go around the class and ask three people the questions and write down their answers which they report back to the class.

QUESTIONS	NAME ( )	NAME ( )	NAME ( )

Practice Ⅱ
今週は忙しいって [〜って] (p. 103)

Introduction
As this is a conversation between friends, tell the students to use casual speech and introduce the structures in the same way as for 〜そうです.

Teacher (playing the part of a friend):
　　○○さん、きのう何をした？
Student: 友だちと晩ご飯を食べに行った。
Teacher (to the class):
　　○○さんは友だちと晩ご飯を食べに行ったって。

Important grammar points
Although the structure って is a contracted colloquial form of 〜と言っていました, it is not normally used to express a source of information as in the sentence メアリーさんが、ジョンさんは朝六時に起きるって.

Points to remember when practicing
Although the grammatical structure of って itself is comparatively simple, getting the hang of the rhythm of saying the っ can be difficult, so particular attention should be given to this when practicing.

Other classroom activities
Have the students read a letter in English from a mutual friend. You can pretend that you are one of the students too, but that you didn't get a letter, and ask questions such as "彼、元気？" to elicit the answers using って.

Practice Ⅲ
お金があったら、うれしいです [～たら] (p. 103)

Introduction
Tell the class about what you have planned for the weekend using たら, and let them think about what the expression means:
E.g., 週末、友だちが来るかもしれません。友だちが来たら、町を案内してあげます。来なかったら、一人で買い物に行きます。週末、山に登りたいです。天気がよかったら、山に登ります。でも雨が降ったら、うちで本を読みます。

たら can be used after affirmative or negative structures, nouns, verbs or adjectives, so introduce a variety of different examples.

Important grammar points
Make sure that the students understand that たら can mean either "if" or "when," by giving examples like "友だちが十二時に来ます。友だちが来たら、昼ご飯を食べましょう" and "友だちは来ないかもしれません。友だちが来たら、うれしいです."

Points to remember when practicing
1. If you do other basic exercises like Practice A, practice with various parts of speech both in the negative and the affirmative.
2. Practice C only gives a single question and answer to practice. Encourage the students to add content and make a longer conversation.

Practice Ⅳ
勉強しなくてもいいです [～なくてもいい] (p. 104)

Introduction
Introduce this structure by asking the students the question, "日本では、家の中に入る時どうしますか," to elicit the answer, "靴を脱がなくちゃいけません." Then, using the United States as an example say, "アメリカでは、靴を脱がなくてもいいです." Ask students from other countries, and say, "～では靴を脱がなくちゃいけません" and "～では靴を脱がなくてもいいです/いいそうです." You could also use a topic like 土曜日も学校に行く.

Important grammar points
This might be a good time to review and clarify the differences between ～てもいい, ～てはいけない and ～なくちゃいけない.

Other classroom activities
The activity "パーティーに行こう" (Worksheet #23 at the back of this book): Make an enlarged copy of the worksheet and put it up on the board. Ask the students if they think they have to do the things set out below or get them to discuss it among themselves.
(1) ネクタイをする (2) 食べ物を持っていく
(3) お金を払う (4) プレゼントを買う
(5) 飲み物を持っていく (6) 六時に行く

Practice Ⅴ
スーパーマンみたいですね [～みたいです] (p. 106)

Introduction
Show the class a picture of a Kabuki actor playing a female role and say, "男の人です。女の人みたいです." Teach them that this structure is not only used to describe physical characteristics but personality and actions too. As an example, show the class a picture of a university-age person and say, "この人は二十一歳です。でも、自分で料理ができません。朝、いつもお母さんに起こしてもらいます。いつもテレビゲームをしています," and introduce the sentence "この人は子供みたいです."

Important grammar points
Students often confuse the use of みたい and そう. At this point, it's better to clarify the difference in usage as "verb/noun + みたい" and "adjective + そう."

Practice Ⅵ
日本に来てから日本語を勉強しました
[～前に/～てから] (p. 108)

Introduction
Prepare two pictures, one of someone drinking coffee, and another of someone washing his or her face. First, say, "私は朝、コーヒーを飲みます。それから顔を洗います," and put up the pictures. Then, introduce the new struc-

tures by saying, "コーヒーを飲んでから顔を洗います and 顔を洗う前にコーヒーを飲みます."

Important grammar points
Check that the students understand that even if the clause that comes before 前に refers to a past event, it should be in the present tense.

Other classroom activities
Get the students to describe what they do between the time they get up in the morning and coming to school or after they get home until they go to bed, using ～前に and ～てから.

Practice Ⅶ
Review Exercises (p. 110)

Points to remember when practicing
For Practice B, write the following words up on the board and encourage the students to use them.
　　～にくらべて　　たとえば　　それに

Dialogue (p. 92)

Important points and applications
1. Dialogue I is rather long so if you get the students to memorize it, only going as far as 大変ですね will do.
2. You could have the students make up a conversation by starting with もう日本語の授業に慣れましたか and have them talk about a difficult situation.
3. Using the line ぼくだったら、仕事より彼女を選ぶけど, ask one of the students, "○○さんだったら、どうしますか," to elicit the answer "私/ぼくだったら、仕事/彼女/彼を選びます."
4. Pretend to be a certain person "X," present the students with the situation that it has been a very long time since you have seen each other, and have a conversation with them saying such things as 離婚した/自分で掃除や洗濯をしなくちゃいけない、会社をやめた/早く起きなくてもいい, or similar topics that lend themselves to "gossip." When you have finished, the students can work in pairs and start "gossiping" about what you have said

using the patterns in Dialogue II such as, "駅でXさんに会ったよ."

Lesson 18:
ジョンさんのアルバイト (John's Part-time Job)

The Objectives of This Lesson

> ● Transitive and intransitive verbs——窓が開いています。
> ● ～てしまう——財布を忘れてしまいました。
> ● ～と——春になると暖かくなります。
> ● ～ながら——テレビを見ながら勉強します。
> ● ～ばよかったです——もっと勉強すればよかったです。
> ◇ Expressing regret
> ◇ Describing the condition of things
> ◇ Talking about failures

Practice ①
窓が開いています
[Transitive and intransitive verbs] (p. 122)

Introduction
● Introducing transitive and intransitive verbs

Explain the difference between transitive and intransitive verbs by showing the class two pictures side by side and say, "田中さんは窓を開けます" and "(駅に着いたら)電車のドアが開きます."

● Introducing the "intransitive verb + ている" form

1. Show the class a picture of a dirty shirt and teach the expression シャツが汚れています.
2. Teach the difference by going over to the classroom window and saying, "窓を開けます." When you have opened the window, say, "今、窓が開いています."

Important grammar points
1. Instead of mechanically introducing the intransitive and transitive counterparts of each other, for example, はいる and いれる,

present them in more enriched contexts using words that the students already know, so the meaning of each verb becomes clear. For example, お風呂にはいる and お茶をいれる.

2. Some students misunderstand and think that the subject of a transitive verb is always a person and that that of an intransitive verb is an object or an animal. Explain that this is not so by giving them examples using such verbs as 入る and 出る where the subject of the intransitive verb is a person.

3. Use the sentences such as 銀行は九時に開きます and 銀行は今開いています, to check that the students understand the difference between 開きます and 開いています.

Points to remember when practicing

1. If you are not careful, you will find that you are spending too much class time just studying verbs. After you have explained the difference between transitive and intransitive verbs refer the students to the table of verbs in the Grammar section (p. 116) and tell them to learn them at home. Doing this before starting the exercises will help class work go more smoothly.

2. Before doing Practice B, introduce the structure "intransitive verb＋ている" and check that they understand the difference between that and "transitive verb＋ている."

3. After you have finished Practice B, you can have the students describe things in the classroom using ～ている (e.g., 窓が開いています).

Other classroom activities

1. Using things in the classroom, get the students to ask each other to do things with the pattern "○○さん、～てください." E.g., 窓を開ける/閉める, 電気をつける/消す, 本をかばんに入れる/出す. Then describe the state resulting from the action, e.g., 窓は今開いています。○○さんが開けました.

2. Ask the class to pretend that they are all members of the same family and say, "これからみんなで出かけます." Then have them say what they think they have to do in order to get ready. Before starting the activity, put pictures of various objects on the board to form situations, such as a refrigerator and carton of a milk, creating a situation where the milk carton is not in the refrigerator. Get the students to say, "牛乳が出ているから、冷蔵庫に入れておきます," and have them actually move the milk carton picture on top of the one of a refrigerator (or, with a little more ingenuity, through the opening door of the refrigerator). Also prepare pictures that show, for example, a light is on, an open window or garbage that has not been taken out. After going over all the situations, review everything by saying, "もう一度チェックします" and ask, for example, "牛乳は？" and "電気は？" Get the students to complete the sentences by saying things like "入っています" and "消えています."

3. The scenario drill "コーヒーを飲みに行きます" (Scenario #5 at the back of this book).

Practice Ⅲ
昼ご飯を食べてしまいました ［～てしまう］ (p. 125)

Introduction

When you introduce this structure do not teach two meanings at the same time but introduce them separately.

● Introducing ～てしまう when it means "to do something completely"

Teach this meaning by showing the class two pictures, one of a person with a plateful of cakes in front of him or her, and one of the same person with an empty plate but a very full stomach, and say, "全部食べてしまいました." In the same way, show them a picture of somebody who is working surrounded by papers, and another of the same person relaxing with the papers piled up to one side. This time say, "仕事を全部してしまいました."

● Introducing ～てしまう when it means "regret"

Say to the class, "困りました" to elicit the question, "どうしたんですか." Then tell them, "かぎをなくしてしまったんです."

Important grammar points

Tell the students that they cannot use this

structure to express regret for something that they did not do, e.g., 勉強しなくてしまいました.

Points to remember when practicing
1. Before starting Practice C, it would be useful to practice the casual form of 〜てしまいました, 〜ちゃった and 〜じゃった.
2. Think of situations where the students can apply the language they have learned to what they do in their daily lives. For example, show them a picture of a pizza with only one slice left and have them practice "食べてしまってもいいですか" or as another example explain that they should pretend to be a group of workers and say "今日してしまおう."

Practice Ⅲ
春になると暖かくなります [〜と] (p. 127)

Introduction
Show the class a picture of somebody who is drinking too much and say, "お酒を飲みすぎます." Then show them a picture of somebody with a hangover and say, "二日酔いになります." Finally introduce the new structure by saying, "お酒を飲みすぎると二日酔いになります."

Important grammar points
This lesson only deals with と followed by a clause in the present tense meaning "something happens" not "someone does something."

Points to remember when practicing
1. When you are doing this section on 〜と, control the language choices available to the students by mostly doing the exercises on the book. With this structure they can easily start making unnatural sentences if they are allowed to make up their own examples.
2. Explain that number 7 in Practice C, 踊りたくなる is the "〜たい ＋ 〜なる" form.

Practice Ⅳ
テレビを見ながら勉強します [〜ながら] (p. 128)

Introduction
Show the students a picture of somebody studying and say, "田中さんは勉強しています." Then introduce the new structure by putting another picture that shows the same situation plus music coming from a stereo, and say, "田中さんは音楽を聞きながら勉強しています."

Important grammar points
1. Check that the students understand that 〜ながら follows the verb stem and not the *te*-form.
2. Tell the students that this structure refers to two actions being performed at the same time by one person. Make sure they understand that it is not possible, for instance, to say in Practice A (4), "服を脱ぎながら電話があります."
3. Explain that it is, however, possible to use this structure even when the two actions are not happening at exactly the same instant in time but in the same general period of time such as in アルバイトをしながら、学校に行く.

Points to remember when practicing
The activity "Charades" in Practice C can be used to review vocabulary (Worksheet #24 at the back of this book).

Practice Ⅴ
もっと勉強すればよかったです
[〜ばよかったです] (p. 130)

Introduction
Both forms, 〜ばよかったです and 〜なければよかったです, should be presented at the introduction.
1. Tell the students to imagine that they are in a park with beautiful scenery, and describe it or show them pictures. Then say, "写真が撮りたいです。でもカメラがありません" and "カメラを持ってくればよかったです."
2. Depending on the weather the day you are teaching, you could also introduce this structure by saying, "傘を持ってくればよかったです" or "持ってこなければよかったです."

Important grammar points
The word "regret" is used to refer to both

〜てしまう and 〜ばよかった, and students may sometimes confuse the two. You may need to clarify the difference between the two.

Points to remember when practicing

1. Before doing Practice A, explain how to make the ば-form and check that the students understand it.
2. The expression 〜ておけばよかった as in 予約しておけばよかった is one that is very frequently used, so it is worthwhile practicing this, too.

Practice Ⅱ ─────────────
Review Exercises (p. 132)

Points to remember when practicing

In Practice B, instead of just doing this as a "single question, single answer" exercise, encourage the students to continue to ask more questions so that they can expand the conversations.

Dialogue (p. 112) ─────────────

Important points and applications

Have the students adapt Dialogue I and make up a conversation between the owner of a coffee shop and the part-time assistant. This will encourage the students to practice using a large number of expressions such as, ナプキンが汚れているから洗濯しておいて、窓が開いているから閉めておいて、時計が壊れているから直しておいて and お手洗いが汚いから掃除しておいて. They can also make up a conversation based on the picture in Practice I-D (p. 124).

Lesson 19:
出迎え (Meeting the Boss)

The Objectives of This Lesson

- ●Honorific verbs──大学にいらっしゃいます。
- ●お〜ください──お待ちください。
- ●〜てくれてありがとう──手伝ってくれてありがとう。
- ●〜てよかったです──日本に来てよかったです。
- ●〜はずです──もうすぐバスが来るはずです。
- ◇Speaking politely
- ◇Understanding conversations in polite situations
- ◇Expressing gratitude

Practice Ⅰ ─────────────
コーヒーを召し上がります [Honorific verbs]
(p. 144)

Introduction

Put up pictures of Takeshi and Professor Yamashita on the board and below them pictures of bread and rice and say, "朝たけしさんはパンを食べます" and "山下先生はご飯を召し上がります." Afterwards introduce other verbs such as いらっしゃる and ご覧になる. You may introduce negative sentences and sentences in different tenses.

Points to remember when practicing

Before doing Practice A, make sure that the class is aware of the irregular conjugations by going through the tables in the Grammar section (p. 138).

Other classroom activities

1. The activity "社長がいらっしゃいます" (Worksheet #25 at the back of this book): Explain the situation to the students. Tell them that they are all employees of the same company based in Hong Kong and they have to entertain the boss of one of their client companies in Japan. They have to decide how they are going to entertain her, so they will have to get in touch with her secretary by telephone to find out as much as they can about her. Give out photocopies of Worksheet #25, where there is a list of things to ask, and tell them to take notes. Have one of the students telephone to ask questions and you, playing the part of the secretary, can answer. Give the first student the telephone and then they can pass it around so that they can all ask questions in turn. Remind them to use honorific language when they ask the ques-

tions. Show them too, that as the boss's secretary, you do not use honorific expressions when referring to the boss.

2. As a progression from the first activity, have the students use the information obtained in 1 above to do the following exercise. This time you be one of the employees of the company in Hong Kong and say, "私が作ったスケジュールです," and give out enlarged copies of the schedule given below. Referring to the list of questions and notes from 1, get the students to decide which parts of the schedule should be changed. There are some things on the schedule that the boss doesn't like doing, so this will give them an opportunity to practice the negative forms of honorific verbs. For example, golf is on the schedule, but the students know that the boss doesn't play golf. The students then should say, "社長はゴルフをなさらないそうです." Next you could ask, "じゃあ、どうしましょう," and have the students look at the information from 1 and make other suggestions. In this exercise students can practice the negative honorific forms and the short forms of honorific verbs with 〜そう.

```
社長のスケジュール
10:00   Arrive
12:00   Lunch
 1:00   Golf
 4:00   Business meeting
 6:00   Dinner at a Chinese restaurant
 8:00   To a bar for drinks
11:00   Back to the hotel
```

If using the above schedule the teacher playing the role of the secretary should use the answers given below in Activity 1.

QUESTIONS	ANSWERS
Watches sports?	サッカーが好きだ
Goes to bed when?	10時
Plays golf?	しない
Eats Chinese food?	あまり食べない
	日本の食べ物のほうが好きだ
Drinks alcohol?	飲まない
Married?	結婚している
Has kids?	いない
Has been to Hong Kong before?	行ったことがある
Goes to museums often?	よく行く

Practice Ⅱ
お待ちください [お〜ください] (p. 146)

Introduction
Present the situation by saying, "今みなさんはレストランにいます。家に電話をかけたいので、ウエイター／ウエートレスに聞いてください。" You, yourself, should play the part of the waiter or waitress. (It might be a good idea to have a telephone for the students to use.) When the students ask, "電話を貸してください," answer, "どうぞお使いください."

Important grammar points
Explain the difference between 〜てください in sentences like 晩ご飯を作ってください and the structure "お + stem + ください," so that the students do not start making mistakes such as 晩ご飯をお作りください.

Points to remember when practicing
In Practice A we have presented a number of expressions that are frequently used in public announcements. Here, we expect the students to be able to understand what they mean, not to be able to produce them.

Practice Ⅲ
悩みを聞いてくれてありがとう [〜てくれてありがとう] (p. 147)

Introduction
Put up a picture of a friend and give the class some examples how a friend helped such as "親切な友だちです。宿題を手伝ってくれました." Then introduce the new sentence pattern by

saying, "お礼を言いましょう。宿題を手伝ってくれてありがとう。" Then go through the same process, but this time with a picture of a teacher and say, "推薦状を書いてくださいました。推薦状を書いてくださってありがとうございました。"

Points to remember when practicing
As Practice C has the students making comparatively long utterances, you may write the following up on the board.

```
私は_____にお礼を言いたいです。
_____は_____くれました。
おかげで_____。
「_____」と言いたいです。
```

Other classroom activities
Play the students the song "ありがとう" (by Yosui Inoue and Tamio Okuda, For Life Records/Sony Records). Have them change some of the words and make their own "Thank you" song. An example of one part that could be changed is the line, ほほえんでくれてどうもありがとう → 晩ご飯を作ってくれてどうもありがとう.

Practice Ⅳ
日本に来てよかったです [～てよかったです] (p. 148)

Introduction
Put up two pictures of people on the board, one with a happy face and the other, unhappy. Point to the unhappy face and say, "日本が好きじゃありません。友だちができないし、授業はつまらないし" and remind the class of the structure 日本に来なければよかったです. Then, point to the happy face and say, "日本の生活は楽しいです。友だちもたくさんいるし、日本語も上手になったし," to introduce the new structure 日本に来てよかったです.

Important grammar points
1. As shown in the introduction above, make sure that the students are clear about the difference between the new structure and ～ばよかったです.
2. Explain that the negative form ～なくてよかったです is also used.

Other classroom activities
Get the class to look back over the term and talk about things they are glad they did or didn't do, and things they wish they had or hadn't done, adding their reasons why.

Practice Ⅴ
頭がいいはずです [～はずです] (p. 149)

Introducing the two structures ～はずです and ～はずでした at the same time may be confusing for the students, so introduce and practice ～はずです first, and then go on to ～はずでした.

Introduction
● Introducing ～はずです
1. Use one of the students as an example and say, "○○さんはアメリカ人ですね。" Then present the new structure by saying, "○○さんはアメリカ人だから、英語を話すはずです。"
2. If you will be giving a test the next day, present the new structure by saying, "あしたテストがあります" and "あしたテストがあるから、○○さんは今日勉強するはずです。"

● Introducing ～はずでした
Show the class a picture of John studying and say, "ジョンさんは今日、テストがあります。だから、きのう勉強しなくちゃいけませんでした。" Then say, "でも、きのうはとてもいい天気でした。" Next put a cross against the picture showing John studying, and point to another one of him outside, perhaps having a picnic. Now introduce the new structure by saying, "ジョンさんは勉強しませんでした。遊んでしまいました" and "きのうジョンさんは勉強するはずでしたが、遊んでしまいました。"

Important grammar points
Tell the students to be careful when conjugating na-adjectives and nouns as, for example, in the case of 元気なはずです and 日本人のはずです.

Points to remember when practicing
In Practice B and C, the students are only required to supply and practice the latter part of the sentence. When they have finished you could give them the opportunity to make up

whole sentences of their own using "～から、…はずです" and "…はずでしたが、～."

Other classroom activities
Have the class gather information that they can use to answer questions by using はずです. For example, do the activity "Find someone who . . . " using questions below.

Find someone who . . .	
studied French in high school	＿＿＿さん
likes Aerosmith	＿＿＿さん
didn't sleep well last night	＿＿＿さん
has a computer	＿＿＿さん
is a vegetarian	＿＿＿さん

When the students have completed the activity, ask them questions in such a way that they can reply using はずです as in the examples below.
　Teacher: だれがフランス語を話せますか。
　Student: ○○さんが話せるはずです。高校でフランス語を勉強したと言っていました。

Here are some more examples of suitable questions:
　来週エアロスミスのコンサートがあります。だれが行きますか。
　だれが疲れていますか。
　だれがコンピューターを使えますか。
　だれがマクドナルドで食べませんか。

Lesson 20:
メアリーさんの買い物 (Mary's Shopping)

The Objectives of This Lesson

- Extra-modest expressions——田中と申します。
- Humble expressions——お持ちします。
- ～ないで——傘を持たないで出かけました。
- Questions within larger sentences——その店はどこにあるかわかりません。
- ～という～——ローソンというコンビニ
- ～やすい/～にくい——覚えやすいです。
- Speaking modestly
- Making requests and proposals modestly
- Returning/exchanging merchandise
- Asking for/giving directions

Practice ①
田中と申します [Extra-modest expressions]
(p. 165)

Introduction
Have the students ask questions in the following way using honorific verbs to review what they studied in Lesson 19. For example, get one of the students to ask, "お名前は何とおっしゃいますか," and have one of the others answer, "○○です." After making sure again that the students understand that honorific verbs cannot be used with regard to oneself, introduce the extra-modest expression ○○と申します.

Important grammar points
1. The term "extra-modest expressions" as used in the textbook is the equivalent of 丁寧語 in the Japanese version of this manual. Special care should be taken here as the classification of linguistic items such as "extra-modest expressions" (丁寧語) or "humble expressions" (謙譲語) often varies from textbook to textbook.
2. Draw the students' attention to the verbs いる, 行く and 来る, which are all いらっしゃる in the honorific verbs, but they differ in the extra-modest expressions, where いる becomes おる, and 行く and 来る become 参る.
3. Clarify the difference between honorific verbs and extra-modest expressions. In honorific verbs, the subject of the verb is the person to whom you are deferring, and the language is used as a mark of respect for that person. In the case of extra-modest expressions, however, the subject is yourself or somebody within your group. In this case the language is used as a mark of respect for the person to whom you are speaking.
4. Tell the students to beware of over-using these extra-modest expressions, as there are times when it can sound strange. The correct

speech style depends on who you are and who you are talking to. Explain to the students that being over-modest can sound unnatural.
5. In this textbook, we expect students to use extra-modest expressions in two situations. One is when they introduce themselves formally, and the other is when they answer the telephone. Basically, it will be sufficient if the students can understand what is being said to them.

Points to remember when practicing
1. In Practice B, you could use an actual recording such as a station announcement.
2. In Practice D, if the students are allowed to make a free speech they may start to say things like, "私はスポーツが好きでございます," so proceed with caution.

Other classroom activities
Have the students make a name card for themselves that they think they might be using ten years from now, with their own names and a company's name on it. Ask them to imagine that they have been invited to a wedding and that they are having a conversation with one of the other guests with whom they exchange cards and introduce themselves. Prepare flash cards, each with a cue for a question or a comment (e.g., "Ask where he/she lives," "Compliment him/her on his/her Japanese and ask where he/she studied Japanese"). Show the cards, one by one, and get the students to act them out.

Practice Ⅱ
お持ちします [Humble expressions] (p. 167)

Introduction
Put up pictures of Takeshi and Professor Yamashita and say, "(私は)たけしさんに会いました" and "山下先生にお会いしました," and point to the respective pictures so that the students can compare what you say. It would also be a good idea to present the difference visually too, by putting the picture of Takeshi at eye level and the one of Professor Yamashita up higher. Afterwards, use the same method to introduce other verbs such as あげる and さしあげる.

Important grammar points
1. It will be necessary to prepare a simple explanation in case any of the students ask you the question (as they will) "What's the difference between this and extra-modest expressions?"
2. In order to lighten the burden on the students, we introduce only いただく and さしあげる as the irregularly conjugated verbs. Comparatively speaking, the students will have far less opportunity to use humble expressions than honorific expressions and the topic of respect language in general will be dealt with again at the intermediate level where more examples of these structures will be introduced.
3. In other textbooks the verb うかがう is sometimes presented as being the humble form of たずねる. In this book, however, it has been presented as having no corresponding plain form.

Points to remember when practicing
Do Practice D only after you are sure that the class understands the difference between honorific, extra-modest and humble expressions. You could also have the class do this exercise as short skits which they can memorize and act out in front of the class.

Practice Ⅲ
ひげをそらないで大学に行きました [〜ないで] (p. 169)

Introduction
Show the class pictures of John having his breakfast and leaving for school and say, "ジョンさんはいつも朝ご飯を食べて、学校に行きます." Then show them another pair of pictures, one showing John having breakfast but with a big cross over it and the other of him rushing off to school, and say, "でも今日は朝寝坊しました。朝ご飯を食べないで学校に行きました."

Points to remember when practicing
The form ～ないで has already been introduced in the section on ～ないでください but it is possible that some students have not really learned it yet. Check before going on to do Practice A.

Practice Ⅳ
アメリカ人かどうかわかりません
[Questions within longer sentences] (p. 170)

Introduction
Ask the class, "あした雨が降りますか." If they answer, "わかりません" (if they don't you will have to give this answer), say, "「あした雨が降りますか」と「わかりません」を一つの文で言ってみましょう，" and introduce the sentence, "あした雨が降るかどうかわかりません." Introduce the "interrogative + か" form in the same manner using as an example a sentence like 冬休みに何をするかわかりません.

Important grammar points
Point out that when there is a noun or a *na*-adjective before か or かどうか, the present tense form だ is usually dropped as in 学生かどうか知りません.

Points to remember when practicing
Some students may find it confusing if you practice both the "～かどうか" and the "interrogative + か" forms at the same time. In order to avoid this do one form first, and when the students have mastered it fairly well go on to do the other form.

Other classroom activities
1. Ask the students to imagine that they think they have just met their ideal man or woman and to tell the class things they want to know about the person using ～か(どうか)知りたいです. Here are some examples: 名前が何か/どこに住んでいるか/彼(彼女)がいるか/大学生か 知りたいです.
2. Have the students work in pairs and give one of each pair a picture or a photograph. Then the student with the picture shows it to his or her partner for 10 seconds after which the second student must answer questions that the first student asks about the picture. If they cannot answer a question tell them to say, "～か(どうか)覚えていません." This exercise could also be done by the whole class. The teacher can hold up the picture and have the students answer the questions.

Practice Ⅴ
ローソンというコンビニ [～という～] (p. 172)

Introduction
1. To start with, show the class a picture of a restaurant and say, "きのうレストランで食べました." Then put up the name of the restaurant and say, "きのうボンジュールというレストランで食べました."
2. Ask the class, "「ありがとう」を知っていますか." You will probably get a lot of different answers and some students will not understand and just look puzzled. When you have listened to all the answers ask, "「ありがとう」という歌を知っていますか." Show them that using the expression ～という is helpful when the person hasn't caught on that "ありがとう" is a song.

Important grammar points
Point out to the students that when the speaker feels that the listener is familiar with what he or she is speaking about, it is not necessary to use という, as in パンという食べ物.

Practice Ⅵ
覚えやすいです [～やすい/～にくい] (p. 173)

Introduction
Show the students a card with the word あさ written on it and ask one of the students, "言ってください." Then show them a card with the word あたたかかった on it and ask one of them to read that too. Usually when asked to read あたたかかった, they will look like they are having some difficulty in reading it so you can say, "難しいですね．でも、「あさ」は簡単ですね，" and introduce the new structure by saying, "「あさ」は言いやすいです．「あたたかかった」は言いにくいです."

Important grammar points

Be careful not to simply translate the expressions やすい/にくい into the English "easy to do/hard to do" as this leads to the students occasionally coming up with mistakes like テニスはしにくいです.

Practice Ⅶ
Review Exercises (p. 175)

Points to remember when practicing

Practice A involves asking for and giving directions. You can do this exercise directly before or after doing Dialogue II to make sure that the students know how to ask for and give directions.

Dialogue (p. 154)

Important points and applications

Depending on where the interests of the students lie, when you get them to memorize Dialogue I, you could just have them learn the customer's part.

Lesson 21:
どろぼう (Burglar)

The Objectives of This Lesson

- Passive sentences——どろぼうに入られました。
- 〜てある——窓が開けてあります。
- 〜間に——日本にいる間に、旅行したいです。
- adjectives + する——公園を多くします。
- 〜てほしい——たばこをやめてほしいです。
- ◇ Talking about bad experiences or events
- ◇ Describing things and situations
- ◇ Telling somebody what you wish them to do

Practice Ⅰ
ルームメートに日記を読まれました
[Passive sentences] (p. 189)

Introduction

Present the class with the situation that they are living with a roommate and that he or she has eaten your cake without asking. Say, "ルームメートが私のケーキを食べました。私は怒っています," and then present the passive sentence, "私はルームメートに私のケーキを食べられました."

Important grammar points

1. Point out to the students that the passive form of ru-verbs and 来る looks the same as the potential verb.
2. Also point out that the person performing the action comes before 〜に. Explain that the sentences in Practice B, 雨に降られる and 蚊にさされる where the noun before 〜に is not a person, are special exceptions.
3. The passive sentence can be used to express the effects of both unfavorable and neutral actions, but in this book only the unfavorable are dealt with.

Points to remember when practicing

The students will normally find the passive forms of verbs difficult to say, and they will tend to confuse this form with the potential (Lesson 13) and the causative forms (Lesson 22). Be sure to provide sufficient practice.

Other classroom activities

The video「ビデオ講座日本語 受け身」(氏家研一企画構成/東京書籍) can be used for the introduction, sentence pattern drills, and review of passive sentences as it provides good examples of situations where passive sentences are used. After watching the video you could get the students to work in pairs and make up skits using the passive sentences. In the video, the structure 〜られてしまいました is used instead of 〜られました.

Practice Ⅱ
写真が置いてあります [〜てある] (p. 191)

Introduction

Present the situation, "今晩友だちが家に遊びに来ます." Then say, "一緒にビデオを見るのでビデオを借りておきました," and put up a picture of a video on the blackboard. Point to it and introduce the new structure by saying, "ビデオが借りてあります."

Important grammar points
1. Point out that a transitive verb is used in this structure and the particle が is used in place of を.
2. Be prepared for questions which students often ask concerning how this structure differs from "intransitive verb ＋ ておく."
3. Be aware that students often mistakenly use transitive verbs with ～てある.

Points to remember when practicing
1. This structure involves the use of many transitivity pairs like 閉まる and 閉める which are easily confused, so review them before starting to do the exercises.
2. Practice A can be done by the class as a whole, and Practice B, in pairs. When doing Practice B in pairs, get students to ask and answer as follows: Q: 車が洗ってありますか。 A: いいえ、洗ってありません。

Other classroom activities
Practice I-C in Lesson 18 (p. 124) can be used here to practice ～てある. You could also use the pictures from Game 5 "どこがちがいますか" in *80 Communication Games for Japanese Language Teachers* (CAG Teaching Materials Development Group/The Japan Times).

Practice Ⅲ
社長が寝ている間に起きます ［～間に］ (p. 192)

Introduction
Present the situation by saying, "両親が一週間旅行します。でも私は家にいます。" Then introduce the new structure by saying, "両親が旅行している間に友だちをたくさん呼んでパーティーをします。" You could also ask them about their most recent holidays and say, "春休みの間に何をしましたか," and so on.

Important grammar points
1. Point out to the students that even when referring to something that happened in the past, the verb that comes before ～間に is in the present tense.
2. Point out that the ～ている form generally comes before ～間に, but when a verb expressing a state such as 日本にいる comes before ～間に, it doesn't take the ～ている form.

Points to remember when practicing
In Practice A, you could have them use polite language depending on the students' level.

Practice Ⅳ
公園を多くします ［Adjective ＋ する］ (p. 193)

Introduction
Bring a radio into class, and let the students hear it in very low volume. Then ask, "聞こえますか." When the class says, "聞こえません," say, "じゃあ、音を大きくします," and turn up the volume.

Important grammar points
1. You could compare this structure with "adjective ＋ なる" and point out the differences in meanings.
2. Students often make mistakes with the particle and say, "音は大きくする。" Make sure that they are using the correct particle を.

Points to remember when practicing
Before doing the practice, review related adjectives so that the practice will go more smoothly.

Practice Ⅴ
たばこをやめてほしいです ［～てほしい］ (p. 194)

Introduction
Present the situation by showing a picture of your roommate and explaining, "私のルームメートはあまり掃除をしません。だから部屋が汚いです。" Then introduce the new structure by saying, "私はルームメートに掃除をしてほしいです。" In the same way, say, "私のルームメートは夜遅くテレビを見ますから、私は寝られません," and introduce, "私はルームメートに夜遅くテレビを見ないでほしいです。"

Important grammar points
Be aware that students make mistakes with the particles and may confuse this structure with ～たい. Other common mistakes are 私は

ルームメートに掃除をするがほしいです and テレビを見なくてほしいです.

Practice Ⅵ
Review Exercises (p. 195)

Points to remember when practicing
In Practice A, tell the students to explain the situation in as much detail as possible.

Other classroom activities
Have the students work in pairs to think of ways to make their school better. Tell them to think of as many ideas as possible, such as 図書館を大きくしてほしい or クラスの種類を多くしてほしい.

Then tell them to work with their partner again to think of the reasons why they would like to make such changes and choose the two changes which they think are the most important. Then tell them to get together with another pair to make groups of four, pool their ideas, and again, choose the two that they think are the most important. By having the students work together in this way you can encourage an active exchange of ideas.

Dialogue (p. 178)

Important points and applications
In the same situation as a burglar entering the apartment in Dialogue I and II, have the students make their own dialogue by changing what was stolen and why they returned home late.

Lesson 22:
日本の教育 (Education in Japan)

The Objectives of This Lesson

- Causative sentences——後輩にお茶をいれさせます。
- Causative + あげる/くれる——両親は大学に行かせてくれました。
- 〜なさい——勉強しなさい。
- 〜ば——薬を飲めば、元気になります。
- 〜のに——日本に留学したことがないのに、日本語がぺらぺらです。
- 〜のような/〜のように——父のような人になりたいです。
- ◇Talking about your childhood
- ◇Expressing your opinions on education
- ◇Asking for and giving advice
- ◇Giving orders

Practice Ⅰ
服を洗わせます [Causative sentences] (p. 208)

Introduction
Put up a picture on the blackboard of a strict-looking mother together with another of a child who is doing his homework or eating his vegetables and looking very unhappy. Introduce the new structure by saying, "とても厳しいお母さんです。お母さんは子供に勉強させます。お母さんは子供にきらいな野菜を食べさせます。"

Important grammar points
させる has two meanings, "make" and "let," but teaching them together at the beginning can lead to confusion, so in Practice I, only the meaning of "make" is dealt with.

Points to remember when practicing
When you are doing Practice C in class, ask the students, "後輩/部下に何をさせますか," and let them respond. The practice can also be done in pairs. Questions like "あなたがお母さん/お父さんだったら、子供に何をさせますか" could also be used.

Practice Ⅱ
大学に行かせてくれました
[The causative + あげる/くれる] (p. 211)

Introduction
- Introducing 〜させてくれます

Talk about your childhood and introduce the new structure by saying, "私はピアノを習いたかったです。ピアノのレッスンは高かったですが、母はピアノを習わせてくれました。" You could also say, "テレビゲームが大好きで毎日したかっ

たです。でも、母は毎日テレビゲームをさせてくれませんでした。"
● Introducing 〜させてください
Put up a picture of a celebrity on the board and say, "あっ、○○さんがいます。写真を撮りたいです。" Have the students think of what they should say to ask for permission to take the person's photo, and then introduce the structure by saying, "写真を撮らせてください。"

Important grammar points
At this point you can tell the students that させる also means "let" and have them practice it together with 〜てくれる/〜てあげる/〜てください. When you are doing this, it will be necessary to make sure that the students are clear about who is doing the action and who is making or letting them do it.

Points to remember when practicing
1. In Practice B, in addition to the questions in the book, you could have the students make up some of their own questions about what they were allowed and not allowed to do by their parents when they were children or high school students.
2. After doing Practice C in pairs, get the whole class to talk about the topics.
3. Before starting Practice D, review once more of the difference between "causative + てください" as in コピーを取らせてください, and the regular "〜てください" as in コピーを取ってください.

Practice Ⅲ
掃除をしなさい [〜なさい] (p. 213)

Introduction
Tell the class, "私は子供の時、ぜんぜん勉強しませんでした。" Then show them a picture of a really scary-looking father (providing the picture with an empty speech "bubble" would be a good idea) and introduce the new structure by saying, "だから、父は私に「勉強しなさい」とよく言いました。"

Important grammar points
Make sure that the students understand that 〜なさい only has an affirmative form and that they can't use it in the negative. For a negative command they can use the previously studied structure 〜てはいけない.

Other classroom activities
"子供への十戒" (Your own "Ten Commandments"): Get the class to think of ten things that they would allow or would not allow their children to do if they were parents. Have the students make ten sentences using 〜なさい and 〜てはいけない. Later they can report them to the class.

Practice Ⅳ
薬を飲めば、元気になります [〜ば] (p. 213)

Introduction
Tell the class, "ロバートさんは日本語が上手になりたいそうです," and ask them, "何かアドバイスがありますか。" If the students say, "日本人の友だちを作ったほうがいいですよ/作ったらどうですか," introduce the new structure by saying, "そうですね。日本人の友だちを作れば日本語が上手になります。"

Important grammar points
If you are asked what the difference is between 〜ば and 〜たら, you could say that "AばB" cannot be used in place of "AたらB" when the likelihood of "A" happening is extremely high, e.g., 今晩家に帰ったら電話します. But you may tell the students not to worry too much about the fine differences for most applications.

Points to remember when practicing
1. Before starting the practice exercises, you should review the conjugation of the ば-form.
2. In Practice C, there is a tendency for students to answer as they did in B, "〜ば大丈夫ですよ," so remind them to change the latter part according to the question. When they have completed the exercise, have them make up their own questions.

Practice Ⅴ
ゆうべ寝たのに、眠いんです ［～のに］ (p. 216)

Introduction
Show the class a picture of a student watching television or just staring into space and say, "学生です。でも、ぜんぜん勉強しません。" Then introduce the new structure by saying, "学生なのに勉強しません。" Introduce the following in the same manner, "あした試験があります。でも、ぜんぜん勉強しません" → "あした試験があるのにぜんぜん勉強しません。"

Important grammar points
The clause which comes after ～のに must state a fact, therefore you cannot have sentences like 雨が降っているのに出かけませんか.

Practice Ⅵ
父のような人になりたいです
［～のような/～のように］ (p. 217)

Introduction
While you are putting up a picture of Superman on the blackboard, say to the class, "私はスーパーマンが好きです。スーパーマンは強くてやさしいです。" Then say, "私は強くなりたいです。そしてやさしくなりたいです、" and while you are saying, "私はスーパーマンのような人になりたいです、" put a photograph of your face over Superman's.

Important grammar points
Be prepared for common mistakes in the use of adjectives with のよう, such as やさしいのような人が好きです and 静かのような町に住みたいです.

Practice Ⅶ
Review Exercises (p. 218)

Points to remember when practicing
1. When you are doing Practice A, if you have a large number of students in the class, divide them up into groups of three or four to discuss their topic and then have a discussion with the whole class. You could also divide the class into two groups, "for" and "against," and let each group discuss the topic before the class discussion. It will be difficult for the students to state their opinions in front of the whole class without any preparation, so it might be a good idea to have them do some preparation for homework.
2. Tell the students to prepare Practice B for homework, and have them make a presentation in class.

Dialogue (p. 198)

Important points and applications
For an explanation of the first line of Dialogue I, ～でしょ, refer to the Grammar explanation in Lesson 12 (Book I, p. 235).

Lesson 23:
別れ (Good-bye)

The Objectives of This Lesson

- Causative-passive sentences——子供の時、毎日勉強させられました。
- ～ても——学生がうるさくても絶対に怒りません。
- ～ことにする——日本語の勉強を続けることにしました。
- ～ことにしている——毎日日本語のテープを聞くことにしています。
- ～まで——病気がよくなるまで、お酒を飲みません。
- ～方——コンピューターの使い方を教えてくれませんか。
- ◇Talking about unpleasant experiences
- ◇Explaining about something you have decided to do
- ◇Talking about memories
- ◇Saying goodbye
- ◇Asking and explaining how to do things the right way

Practice Ⅰ
買い物に行かされました
[Causative-passive sentences] (p. 230)

Introduction
Using the same picture as for the introduction in Lesson 22 on the causative form, use the

causative to say, "母はとても厳しかったです。母は私に勉強させました。きらいな野菜を食べさせました。" Then introduce the causative-passive sentence by saying, "私は母に勉強させられました。そして、きらいな野菜を食べさせられました。"

Important grammar points
1. In this book, the form 立たされる is used when conjugating *u*-verbs in the causative-passive, not 立たせられる.
2. The causative has two meanings, "make" and "let," but the causative-passive has only one meaning, "make."
3. Some students find the difference between the passive, the causative and the causative-passive very confusing, so review these structures again. Explain the differences using the examples below.

 私は母に大好きなすしを食べられました。
         (passive)
 母は私に大きらいな野菜を食べさせました。
         (causative)
 私は母に大きらいな野菜を食べさせられました。
        (causative-passive)

Points to remember when practicing
1. After you have finished Practice B, tell the class that they should now pretend to be either a married couple or roommates and make up their own sentences.
2. Practice C could also be done as a "Find someone who . . ." activity.
3. Practice D could either be done as it is in the textbook or by using the worksheet (Worksheet #26 at the back of this book).

Other classroom activities
1. Pair work "使役受け身" (Worksheet #27 at the back of this book): Divide the class into pairs and give the worksheets A and B to each pair. Each partner then takes it in turns to say the infinitive of a verb while the other says the causative-passive form. Each student should check to see whether his or her partner's answer is correct.
2. The lesson "使役/使役受け身" from the video series mentioned in Lesson 21, 「ビデオ講座日本語」(氏家研一企画構成/東京書籍), is useful for the introduction, sentence pattern drills and review of the passive and the causative-passive. After watching the video, the students will enjoy working in pairs to make up skits of their own. In the video, however, the *u*-verbs are conjugated 立たせられる and not 立たされる.

Practice Ⅱ
学生がうるさくても、怒りません [～ても] (p. 232)

Introduction
Tell the class, "あした、遊園地に行きます。でも、雨が降るかもしれません," and ask them, "雨が降ったら、どうしますか。" Depending on whether they answer "行きません" or "行きます," introduce one of the following structures, either "Aさんは雨が降ったら行きません" or "Bさんは雨が降っても行きます。" You could do the same question and answer pattern with sentences like 寒かったらどうしますか and 病気だったらどうしますか. There are a variety of parts of speech such as adjectives and nouns both in the affirmative and the negative that can be employed before ～ても, so you should give a variety of examples when you introduce the structure.

Important grammar points
1. Because in the ～ても structure the verb takes the same form as the ～た form, the students are likely to apply the same rule to adjectives and nouns and produce incorrect phrases such as 悲しかっても.
2. Prepare for the questions asking the difference between ～ても and ～のに appearing in Lesson 22.

Points to remember when practicing
1. The practice exercises will go more smoothly if you review not only the *te*-form of verbs but also that of adjectives and nouns both in the affirmative and the negative.
2. Depending on the level of your students, when you are doing Practice C, you may have the students expand the dialogue into a short conversation like the following.

A: いじめられたら、学校を休みますか。
B: いいえ、いじめられても学校を休みません。勉強が好きですから。Aさんは？
A: 私はいじめられたら、休みます。家で勉強できるし、一人でいるのが好きですから。

Practice Ⅲ
日本語の勉強を続けることにしました
[〜ことにする] (p. 234)

Introduction
Say to the class, "急にあした休みになりました。隣の人と何か一緒にすることを考えてください," and tell them to discuss it in pairs. Then ask one of the pairs, "AさんとBさんは何をしますか." When they have answered, introduce the new structure by saying, "AさんとBさんは〜することにしました."

Important grammar points
Point out to the class that not only affirmative but also negative structures can be employed before 〜ことにする.

Points to remember when practicing
After doing Practice A, get the students to imagine that they will soon be reaching the end of the school term and tell them to make up sentences based on that situation.

Practice Ⅳ
毎日日本語のテープを聞くことにしています
[〜ことにしている] (p. 235)

Introduction
Prepare three pictures of Mary listening to a tape and write きのう on one, 今日 on another and あした on the last. Show the students the "きのう" picture and say, "メアリーさんはきのう日本語のテープを聞きました." Do the same for 今日 and あした, saying, "今日も日本語のテープを聞きます" and "あしたも日本語のテープを聞きます." Then introduce the new structure by saying, "メアリーさんは毎日テープを聞くことにしています."

Important grammar points
1. As in the case of 〜ことにする, point out to the students that 〜ことにしている can be preceded by either the affirmative or the negative.
2. As the two structures 〜ことにする and 〜ことにしている resemble each other very closely, students tend to mix up the meanings. Point out the differences very clearly.

Points to remember when practicing
In Practice B, if the students seem to have difficulty giving their opinions, it may help to present them with situations such as "病気になりたくないので……," "たくさん友だちがほしいので……" and "日本語がもっと上手になりたいので……."

Practice Ⅴ
大学を卒業するまで日本にいるつもりです
[〜まで] (p. 236)

Introduction
Present the situation, "今学校にいます。家に帰りたいですが、雨がたくさん降っているし、傘がないし、待たなくちゃいけません." Then ask one student, "何をしますか," and using the student's answer, introduce the new structure "○○さんは雨がやむまで〜します."

Important grammar points
1. Point out that even if they are referring to something which happened in the past, the verb which precedes 〜まで should be in the present tense.
2. You will probably need to explain the difference between 〜までに (Review Exercises in Lesson 18, p. 132) and 〜まで. Use such examples as below.
　　六時まで、会社にいます。
　　六時までに、会社に行きます。

Points to remember when practicing
After doing Practice A, have them make up some sentences about themselves.

Practice Ⅵ
コンピューターの使い方を教えてくれませんか
[〜方] (p. 238)

Introduction
First ask the students, "天ぷらをどうやって

作るか知っていますか." If somebody says that they do, introduce the new structure by saying, "○○さんは天ぷらの作り方を知っています."

Other classroom activities
Tell the students to imagine that their host mother is going on a trip for a week, but they have no idea how to look after the house. Get the students to think of the sort of questions they will need to ask her before she goes away, such as お風呂の沸かし方を教えてください.

Practice Ⅶ
Review Exercises (p. 239)

Points to remember when practicing
In Practice B, use the first and last lines of Dialogue II and get the students to make up the rest of the conversation in between as shown below.

 A: この一年いろいろなことがあったね。
   ⋮
 A: みんないい思い出だね。

Teaching the Reading and Writing Section 「読み書き編」の指導

About the Reading and Writing Section

1. How to Use the Reading and Writing Section

(1) Kanji List (From Lesson 3 onwards)
This is a list of 14 to 16 new kanji introduced in the lesson. The shaded areas on the chart indicate the vocabulary and the readings that should be learned in the particular lesson. It should be pointed out to the students that although they will be taught the kanji in class, and will be given the opportunity to practice with their teacher, this alone will not be enough. They should be prepared to practice them at home every day, a few at a time. It would be a good idea to give a kanji test for each lesson.

(2) Kanji Practice (From Lesson 3 onwards)
In all of the lessons, Practice I is devoted to practicing kanji. In *Genki I* there are exercises to practice the newly learned kanji, and these should be done after studying the kanji lists. In *Genki II* these exercises include a review of the kanji, readings previously learned and the new readings introduced in each particular lesson. If there is not a great deal of time available, the students can be told to do these exercises by themselves.

(3) Readings for Comprehension
After the Kanji Practice, there are one or two reading comprehension passages. Have the students read them after they have finished the Kanji Practice. If there are any pre-reading questions, deal with them first to give the students information related to the passage, and capture their interest. After reading the passage, check comprehension using the questions provided in the textbook.

In *Genki II*, a list of new items of vocabulary that appear in the reading comprehension passages is provided under the heading "単語" and the students should be advised to memorize it. It has been assumed that any words dealt with in the Dialogue and Grammar section have already been learned. It would be a good idea to give simple vocabulary tests occasionally. It is not necessary for the students to learn any vocabulary with a footnote.

(4) Writing Practice
At the end of each lesson there is a writing exercise relevant to the content of the lesson. If there is time, the Writing Practice can be done in lesson time, if not, it can be given for homework.

2. Teaching Procedures

(1) Length and Content of the Lessons
Each lesson in the Reading and Writing section has been designed to be completed in about three hours of lesson time. Basically, about one hour should be devoted to the teaching and practice of kanji, one hour to the reading passages and one hour to writing. However, the amount of time that can be devoted to this section will vary from class to class and we advise each individual teacher to plan the lessons according to the time available in his or her teaching situation.

Lessons 1 and 2 are almost entirely devoted to the introduction of *hiragana* and *katakana*. Some students will need more time than others and the teacher should bear this in mind when fixing the schedule.

In the Reading and Writing section, the reading comprehension passages include grammar that is dealt with in the equivalent lesson of the Dialogue and Grammar section. For this reason we would recommend that the

Dialogue and Grammar section be presented first, and the reading comprehension passages in the Reading and Writing section, later.

(2) Example Lesson Plan
In the following section we have laid out suggested lesson plans based on the premise that three hours a week can be devoted to studying the Reading and Writing section. Section 3 below, "Examples of activities to make the lesson more enjoyable," provides some ideas for activities that can be included in your lessons from time to time.

*　　　　　　*　　　　　　*

The First Lesson:
● *Kanji: Introduction and Practice*
Tell the students to open their books and turn to the kanji list, and introduce the each new kanji. The following plan is one possible way to introduce each individual kanji.
  (1) First of all, write a large kanji on the blackboard, indicating the construction of its parts, stroke order and compounds in which it is used. Because the most important thing here is for the students to learn kanji easily, it probably doesn't matter whether or not the explanation on the origin is authentic.
  (2) Use flash cards to practice the compounds that have to be learned.
  (3) Use the Kanji Practice pages in the Workbook and have the students practice writing each kanji several times. While they are doing this go around to each student and correct their mistakes.
  (4) Get all the students (or groups of students) to come up to the blackboard and write one or two kanji or compounds, or sentences using the kanji. Correct any mistakes.

● *Preparing for the next lesson*
If there is time, introduce new vocabulary by using flash cards or the like. In Lesson 13 and subsequent chapters, you should do Practice I which provides review exercises for the kanji readings that were already learned and exercises for new readings.

● *Homework*
Have the students look over the reading passages, and do one of the Using Kanji pages from the Workbook.

The Second Lesson:
● *Reading comprehension: Preparation*
Review kanji and vocabulary using flash cards. Giving a dictation can also be effective. Before reading the passage, ask the students questions pertaining to the content (From Lesson 10 onwards, such questions have been included in the textbook). If there are any particular grammatical items that need to be pointed out to the students, do so now.

● *Reading comprehension*
When you are doing reading comprehension, using an overhead projector to read the passage can be useful in drawing all of the students' attention to a particular point. If you need to write comments on the transparency, use a second one over the first and write on the top copy. In this way, you can use the first one by changing the second sheet when you explain the same passage again.

First and foremost, when you are teaching reading comprehension, avoid translating the passage word for word. Instead, use questions and the rephrasing of difficult parts to facilitate understanding. Ask individual students to read the passage aloud, a paragraph at a time. Depending on the size and atmosphere of your classes, you could have the students read aloud in small groups or altogether.

Next, check to see that the students have understood what they are reading by asking comprehension questions on the passage, section by section. If you come to a part that is particularly complicated, don't wait until you come to the end of the paragraph, but find a convenient place to stop and explain it. When you come across a new expression that can be rephrased in another way, point it out to the class. Develop and expand on the passage so that the students do not lose interest. For example, you could ask the class questions such as what they think about the content, or if anything similar has happened to them.

When you have finished reading the passage, use the questions at the end to check comprehension.

The Third Lesson:
● *Kanji quiz*
Test the students' acquisition of kanji by giving them words in *hiragana* to put into kanji and vice-versa. Depending on how much work the students have to do and how enthusiastic they are, you could also give them a vocabulary quiz.

The following is an example of a typical kanji quiz:

Write the words below in kanji.
　　りょうり　→
Write the following words in appropriate mixes of *hiragana* and kanji.
　　おなじ　→
Write the following words in *hiragana*.
　　空港　→
Write the underscored parts in kanji.
　　五時に＿＿＿＿に＿＿＿きました。
　　　　　くうこう　　　つ

● *Writing practice*
Using the sentence completion exercises such as the ones in the Workbook, or some exercises to make up sentences using a set of words or kanji, and have the students write them on the blackboard and make any necessary corrections.

Have the students do the exercises from the Writing Practice in the textbook during class and collect their work. When you have corrected it, give the work back to the students and have them write a continuation or rewrite it by correcting the mistakes. These writing exercises could be given for homework, but some students may get a native speaker to help them or overuse their dictionaries and for this reason it is important that they do the work in class, using their own linguistic ability.

3. Examples of Activities to Make the Lesson Enjoyable

When teaching reading and writing, the lessons tend to become a boring repetition of "learn the kanji and read the passage." To avoid this and inject some life into your classes, you can include games and pair or group work. Below you will find some examples of activities including (1) Activities to aid kanji learning, (2) Activities using dictation, and (3) Activities for composition.

(1) Activities to Aid Kanji Learning

● *Bingo*
Fill in each of the squares of the Bingo cards with kanji and play the game in the same way as ordinary Bingo.

● *Karuta*
Prepare a set of cards on which you have written either single kanji or kanji compounds, lay them out on a table and have groups of students play Karuta.

● *Matching kanji parts*
Choose some of the new kanji from the lesson and split them up into parts. Write the parts separately on cards. Get the students to try to put the separated parts back together again. This could also be done in pairs. To keep the students on their toes, you could slip in a kanji part that doesn't belong. (For more details refer to Lesson 11, Practice I-A [Book I, p. 306].)

● *Matching the kanji*
Choose five or six words that are made up of several kanji, and write the kanji separately on cards. Mix up all the cards and get the students to put them back together again correctly. (For more details refer to Lesson 16, "Other classroom activities," p. 217 of this book.)

● *A game using the radicals or parts of the kanji*
Write a radical or part of a kanji on the blackboard. Have the students work in pairs (or groups if the number of students in the

class is large) and try to recall as many kanji as they can that use that particular radical. Tell them that they are not allowed to look at their books while they are doing it. One of the members of the pairs or groups comes up to the board and writes up a kanji. Then somebody from another group comes up and writes a different one. A group can "pass" if they can't think of any more kanji. The group that can keep going the longest, wins. (For more details refer to Lesson 18, "Other classroom activities," p. 218 of this book.)

(2) Dictation

● *Dictation using the new kanji*
After introducing the new kanji, dictate sentences using those kanji and tell the class to write them down. In order to check whether they have got them right or not, ask the students to come and write the answers up on the blackboard. If you wish to use dictation to review kanji, do this after you have gone over them using flash cards. (For more details refer to Lesson 15, "Other classroom activities," p. 217 of this book.)

● *Using dictation to practice sentence structures*
This activity is for practicing important sentence structures. First, dictate a complete sentence and tell the students to write it down. Then tell them to change part of the sentence (the part underlined) and make a new sentence of their own. You could also dictate sentences with blanks to the students, and tell them to complete them. (For more details refer to Lesson 12, "Other classroom activities," p. 215 of this book.)

● *Pair dictation*
Think up about eight short sentences that contain new kanji. Make up two different sets of handouts. On one write sentences which have the odd numbers, 1, 3, 5, 7, and on the other the even numbers, 2, 4, 6, 8. Put the students into pairs and give each partner a different handout. They should take it in turns to dictate and write down the sentences. When they have finished, they can look at each other's handout and correct any mistakes. In this way both reading and writing can be practiced at the same time. (For more details refer to Lessons 14 and 17, "Other classroom activities," p. 216 and 218 of this book.)

(3) Activities for Composition

● *Writing summaries*
When the students have finished reading the passage, choose some vocabulary and expressions that are important to the gist of the passage and write them down on cards. Then split the class up into groups of two or three people, give them the cards and tell them to work together to write a summary of the passage using the words and expressions on the cards. Giving them the cards helps them to learn the new expressions and also gives you some control over what they write. (For more details refer to Lesson 13, "Other classroom activities," p. 216 of this book.)

● *Using composition to review vocabulary*
Choose about ten of the new words and tell the students to write a story with their partner using all the words.

● *Using pictures to write stories*
Show the class some pictures that tell a story. If it is of the four-scene comic type you could divide the class into four groups and give each group a different picture. Tell each group to write as much as they can about their picture. At the end, have each group come up and read out what they have written so that it forms one long story.

Lesson 1:
ひらがな (Hiragana)

Introducing hiragana
When the *hiragana* are introduced in connection with something that the students are familiar with, it arouses their interest in learning. Publications such as the following can

provide the teacher with much useful information.

『KANA CAN BE EASY—絵で覚えるひらがな・カタカナ』(小川邦彦著/ジャパンタイムズ刊)
『KANJI PICT・O・GRAPHIX』(Michael Rowley/Stone Bridge Press)

Important points
1. In the sentences in Lessons 1 and 2, spaces have been left between the words when appropriate.
2. Learning all the *hiragana* at one go would be a formidable task. Have the students practice them a few at a time by giving them some *hiragana* exercises everyday from the Workbook (Lesson 1: 1-7) for homework. Review the *hiragana* every day by using flash cards with one written on each card, and practice with the students at the beginning of every class. You can also write a word on a card and let them read it for further *hiragana* practice.
3. Decide on what your aims will be according to the students' ability. At the very least, teach the students to be able to read *hiragana* by the end of Lesson 1, and if the ability of the students allows, you may try to teach them to be able to write all *hiragana*.

Other classroom activities
1. Bingo: Have the students fill in the squares of the Bingo cards with *hiragana*. Then play the game the same way as ordinary bingo.
2. *Hiragana* card game: Divide the class into groups and give them each a pack of well-shuffled *hiragana* cards. The first group to put them in the correct *a-i-u-e-o* order of the Japanese syllabary wins.
3. Karuta: Divide the class into groups and give out sets of *hiragana* cards. The students have to look for the card that you read out and grab it. The person who gets the most cards in the group or the class is the winner.
4. Dictation: Read out words from Lesson 1 such as がくせい and have the students write them down in their notebooks or on the blackboard.

Lesson 2:
カタカナ (Katakana)

Introducing katakana
Introduce *katakana* in the same way as *hiragana*. Again, for more information refer to the following publications.
『KANA CAN BE EASY—絵で覚えるひらがな・カタカナ—』
『KANJI PICT・O・GRAPHIX』

Important points
1. As in Lesson 1 for *hiragana*, tell the class to do a few exercises in the Workbook (Lesson 2: 1-5) a day for homework, and practice them in class using flash cards.
2. At the very least, teach the students to be able to read *katakana* by the end of Lesson 2, and if the ability of the students allows, you may try to teach the students to be able to write all *katakana*.

Other classroom activities
1. Do Bingo, Karuta or dictation.
2. Use the television, radio or movie listings from the Japanese-language newspaper and ask them questions such as what time the news is on and when they can see the movie "Star Wars."
3. Divide the students up into pairs or groups, give them handouts on which you have written ten or so *katakana* words and get them to guess what they are. The first group to get them all right wins. It will be easier for the students to do this if you choose words that belong to the same category, e.g., countries, food or drinks.

Lesson 3:
まいにちのせいかつ (Daily Life)

Introducing the new kanji
When you introduce new kanji, make use of an explanation such as the one given below so that the students will find it easier to remem-

ber them. It does not matter if the explanation is historically correct or not because the most important thing is for the students to learn kanji easily. Refer to the following publications for more information.

『新訂 漢字なりたち辞典』(藤堂明保監修/ニュートンプレス刊)
『A Guide to Remembering Japanese Characters』 (Kenneth G. Henshall/Charles E. Tuttle Company)

The kanji 円 evolved from the shape of a coin.

(This is a complicated kanji, so split it up into its parts and write each part in a different color. The students have not learned 日 or 土 yet so you may explain what they mean.)

Important points
1. It will be very difficult for the students to learn all the kanji in one go, so tell them to practice a few at a time. You could also use kanji flash cards, with, for example, 五百円 written on them, and use them to practice with at the beginning of each class.
2. From this lesson on, the students will be reading passages. When you are reading them in class, you could choose one of the students to read them out loud, but you could also get them to do reading in pairs. One of the partners reads, while the other listens and checks to see if it is correct, then they change roles.
3. Point out the pronunciation of the particles は and へ are pronounced "*wa*" and "*e*" respectively. Also, point out that を is used for the particle "*o*," and that お is used for the other cases.

Other classroom activities
1. Do Bingo, Karuta and dictation to practice kanji, as you did for the *hiragana* practice.
2. Use a menu from a shop, e.g., a soba shop, where the prices are usually written in kanji, and ask questions such as how much Tanuki soba is.

Lesson 4:
メアリーさんのしゅうまつ (Mary's Weekend)

Introducing the new kanji

日 is derived from a shape of the sun.

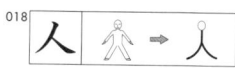
A simplified drawing of a person became 人.

A line drawn through the middle of a circle became 中.

Important points
In Practice III "メアリーさんのしゅうまつ," the も in the last line of the reading passage 本もよみました is the same as おみやげも買いました, a line of the dialogue in the Dialogue and Grammar section. The meaning of the particle does not refer to the noun but to the situation that Mary read books in addition to other things.

Other classroom activities
1. After reading the passage in Practice III, divide the class into pairs. Tell them to think up some questions about the content of the passage and ask each other these questions, e.g., メアリーさんは、金曜日にどこに行きましたか.
2. As in Lesson 2, use a Japanese newspaper or a weekly TV magazine to ask the students what day of the week a particular film is being shown. You could also use pamphlets from adult education centers or language schools and ask what days certain classes are taking place.
3. When they have finished writing about

their weekends in Practice IV-B, ask them to change papers with another student and read and make comments about what their partner has written. If there are any particularly interesting pieces of work you could make copies and give them out to the rest of the class to read.

Lesson 5:
りょこう (Travel)

Introducing the new kanji

山 evolved from a picture of a mountain.

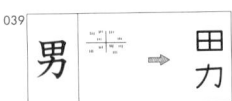

This kanji is composed of two parts, the top part 田 meaning "rice field" and the bottom part 力 meaning "power." In the past, a man's strength was needed to work the rice fields.

The kanji 行 shows a crossroads.

This kanji shows somebody with a big stomach who has eaten a lot of food.

Important points

1. Saying the date (Practice I-C) is hard for the students to learn, so at the beginning of every lesson, write the date on the blackboard in kanji and ask the class, "今日は何日ですか." This will help the students to familiarize themselves with the expressions for the date.
2. When you do the address writing exercise in Practice III (Writing Practice), draw the class's attention to where the names and addresses are written on the postcard. Also teach them to use さま after the addressee's name. In this lesson examples of both horizontal (left to right) and vertical writing have been given, so mention that either way is acceptable.

3. When you have the students write postcards, in order to make the activity more real, either have some actual picture postcards for them to use, or photocopy both sides of one, and give them out to the class. To have a little fun, you could also have them write about imaginary holidays instead of real ones.
4. In the Dialogue and Grammar section, ある/いる is introduced with the structure "place に thing/people が ある/いる." Here, however, "私は place にいる" is used to mean the same as "私は place です."

Other classroom activities

Dictating sentences: Read out some sentences which include the kanji introduced in this lesson such as 私は朝ごはんを食べません, and have the students write them down.

Lesson 6:
私のすきなレストラン
(My Favorite Restaurant)

Introducing the new kanji

This depicts the sun rising behind a tree. The sun rises in the east, hence 東.

西 西

One (一) of the four (四) points of the compass, 西.

The right hand is the hand we usually eat with so the kanji for mouth (口) is used.

生 生

The soil (土) gives birth to plants.

A person spreading their arms and legs out.

Important points

1. Before you start Writing Practice IV, where the class has to make up notices for a

party, get a selection of colored markers ready.

2. It could be said that the の in 私のすきなレストラン is working as a modifier replacing が, however, in this instance you may explain it as the simple possessive as in "my favorite."

Other classroom activities

1. In Writing Practice IV-A, as well as making up the notices for the party, have the class write notices for things "for sale," things "wanted" and Japanese teacher "wanted."

2. When the students have finished Writing Practice IV-B about their favorite restaurant, collect the work and make up a "Restaurant Guide." Then give this back to the class so that everybody can read it and perhaps vote for the restaurant that looks the best.

Lesson 7:
メアリーさんのてがみ (Mary's Letter)

Introducing the new kanji

A house is built on a hill, and the place becomes the capital city.

Derived from the picture of a child.

Fathers have moustaches.

Derived from a picture of a woman.

Patterns on pottery vessels became characters.

Important points

1. Explain that generally speaking letters follow this pattern: (1) A comment about the weather at the beginning, (2) A word or two to wish the receiver good health at the end, e.g., 体に気をつけてください, then the date and the sender's name.

2. The Writing Practice III-B will seem more real if you provide some letter paper (vertical writing) for the students to use. If the students have Japanese friends, have them write a letter saying how they are getting on. Get the student to rewrite the letter, correcting any mistakes and actually send it off.

Lesson 8:
日本の会社員 (Japanese Office Workers)

Introducing the new kanji

Somebody with his ear (耳) listening at the gate (門).

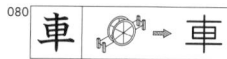

Derived from the shape of a wheeled vehicle.

A person (人) resting against a tree (木).

A person carrying something over her shoulder on a pole. "What's that?"

Important points

1. Strictly speaking, the expression 会社員十人に, which appears in line three of the reading passage in Practice II-C, is something that has not been learned yet.

2. When you do Writing Practice III, an exercise for writing a report on the result of a questionnaire, you can provide the students with a format such as the one below and tell them to substitute the underlined parts so that the exercise progresses smoothly. If time allows, conducting a questionnaire and reporting its results could be done as a project in groups. The groups make a questionnaire on their own theme, write up reports, and present them in class by handing them out or putting them up on the board.

私はスポーツについて日本人の学生に聞きました。
　まず、「どんなスポーツをしますか」と聞きました。三人は「テニスをする」と言っていました。二人は「水泳をする」と言っていました。
　次に……
　最後に……

Lesson 9:
スーさんの日記 (Sue's Diary)

Introducing the new kanji

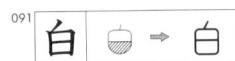

An acorn-like nut, white on the inside.

Derived from clouds and raindrops.

Derived from a picture of two hands together, i.e., "friends."

An old grave.

Important points
1. In this lesson the students practice writing in short forms in the form of a journal. Some students use long forms and short forms together in the same piece of work, so emphasize that they should stick with short forms in Practice III-A.
2. In Practice III-A, it might be interesting to get the students to write a journal describing a pleasant day or a disastrous day.

Lesson 10:
かさじぞう (The Folktale *Kasajizo*)

Introducing the new kanji

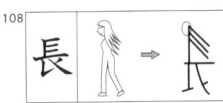

Derived from a picture of somebody with long hair.

The ヨ of ヨーデル (yodel) which is what some people are good at in Switzerland, a country that has a lot of snow.

This character is in the shape of a nose, which is what you point to when you refer to yourself.

The kanji for October the 10th (十月十日) makes 朝.

Important points
The reading passage in Practice II, "*Kasajizo*," is a long story unlike the previous passages the students have read. You may tell them not to pay too much attention to the details as long as they can follow the gist of the story.

Other classroom activities
After reading the story "*Kasajizo*," divide the class into groups and tell each group to look at one of the pictures in Practice II-C and write a description of it. Have the groups read out their work to the rest of the class in turn to make up a whole story.

Lesson 11:
友だち募集 (Looking for Friends)

Introducing the new kanji

Opening up a new road with an axe (斤)

brings things closer. (The students have already learned 斤 in the kanji 新.)

If the sun (日) and the moon (月) shone together, it would be very bright.

The part 丙 represents a sick person lying in bed with a futon over him, the upper line being a pillow.

Filming is an art which uses light (日). The box-shaped part on the right is a screen, and a person (人) in front of you is obstructing the view.

Important points
In Practice II, ～たいと思っています is frequently used instead of ～たいです.

Other classroom activities
Have the students read some actual examples of "Friends Wanted" ads from the personal columns of magazines such as 「じゃマール」(リクルート刊).

Lesson 12:
七夕 (Tanabata Festival)

Introducing the new kanji

Twenty-one days ago (二十一日) is a long time ago (昔).

牛 → A picture of a cow with one horn.

別 → A dancing skeleton with a sword. Death is a parting (別).

The 巴 part looks like the red and blue mark of Korean Air.

Important points
In the reading passage in Practice II-B, the structure ～なくちゃいけない learned in the Dialogue and Grammar section is used in a quotation. In other parts of the passage, however, the structure ～なくてはいけない is used.

Other classroom activities
1. Dictation to practice sentence patterns: Read some sentences out to the class containing the pattern that you wish to practice and have the students write them down. Then, have them substitute parts of the sentence with their own ideas, e.g., 学生なので勉強しなくちゃいけません. The students substitute their own words for those underlined.
2. When you are doing the writing practice, get some strips of paper (短冊) and tell the students to write wishes and their names on them and hang them up in the classroom.

Lesson 13:
日本のおもしろい経験
(Interesting Experiences in Japan)

Introducing the new kanji

鳥 → Derived from a picture of a bird.

特 → At Hindu temples (寺), cows (牛) are special being.

安 → A picture of a woman (女) feeling safe at home.

A picture of two people (人) in bed.

体 → If you hurt yourself, put on a bandage and have a rest (休).

Important points

In Practice II-B, the fourth line of the reading passage, 見たことも聞いたこともありませんでした, is derived from the structure 〜ことがあります with the structures 〜も〜も and the past perfect.

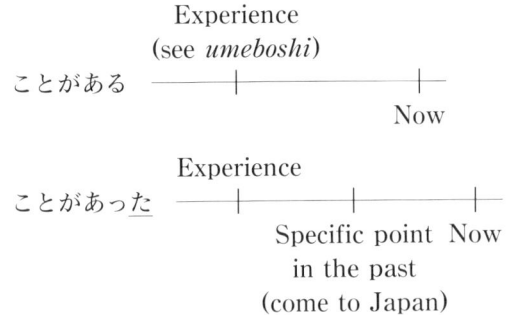

Other classroom activities

Writing summaries: Divide the class up into groups of two or three people. After reading the passage in Practice III-B "満員電車," give out cards to the groups with expressions such as the following: びっくりした, 第一印象, ラッシュの時, 昼ごろに電車に乗った and 楽しそう. The groups should then write summaries of the reading passage by using the expressions on the cards.

Lesson 14:
悩みの相談 (Personal Advice Column)

Introducing the new kanji

166

The left part is the same as the left part of 新. To see one's parents in a new light.

167 切 七 + 刀 → 切

Seven (七) warriors cutting with swords (刀).

171 急 🏃 → 急

The top part is "thumbs up." It'll be all right if we hurry.

173 当 ⊙ → 当

An arrow hits the bulls-eye.

Important points

In this textbook, the か of 〜か月, such as 六か月, is always written as a *hiragana* か.

Other classroom activities

1. After you have finished reading the passage 1 "結婚と仕事" in Practice II-B, have the students discuss in pairs whether they think the couple should get married or not and give their reasons. Later you could have the whole class discuss it together.

2. Pair dictation: Prepare a set of cards like the ones below, divide the class into pairs and give each pair an (A) and a (B) card. One student dictates the sentences while the other writes them down. When they have gone through all the sentences, they check each other's work for mistakes.

```
(A)
1. 彼と彼女は大学時代に会いました。
2. _____
3. 店の人は親切でした。
4. _____
5. 去年イギリスに留学しました。
6. _____
```

```
(B)
1. _____
2. 私の家族は英語を話します。
3. _____
4. 急いで電車に乗りました。
5. _____
6. 彼の父親は医者です。母親は音楽の先生です。
```

Lesson 15:
私が好きな所 (My Favorite Place)

Introducing the new kanji

180

A mouth (口) and barbecued meat on a skewer.

182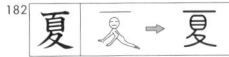

A person lying in the shade, exhausted because of the heat.

A person feeding fish in a rice paddy (田).

Two people running.

Important points
Instead of simply dealing with this topic in the manner of a travelogue, you could also have the students read and write about the social problems the particular areas have.

Other classroom activities
A dictation on the new kanji: Dictate some sentences like the ones below that use the new kanji.
友だちに自転車を借りました。
広場を通りました。
あの建物はお寺です。

Lesson 16:
まんが「ドラえもん」(The Manga *Doraemon*)

Introducing the new kanji

Derived from the *hiragana* せ.

An arrow pointing to the Earth.

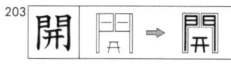
The gate (門) is too high to open so you have to use a stool.

A car with a mattress on the roof.

Important points
The story in Practice II-B, "アンキパン," is slightly different from the original that appeared in 『ドラえもん』(小学館てんとう虫コミックス第2巻). In the original story, (i) Nobita doesn't write on the bread, but presses it against the pages he wants to copy, and (ii) before he goes to school his stomach starts to ache so he has to run to the toilet.

Other classroom activities
1. Matching kanji: Choose some kanji compounds and split them up. Write the separated kanji on cards or on the blackboard and have the students work in pairs to put them back together again. Tell them that they can use the same kanji more than once.
　E.g., [自　全　屋　運　部　車　転　動　本]
　　→ 全部, 運動, 自転車, 部屋, 本屋, etc.
2. It would be a good idea to let the students read some 『ドラえもん』 comic books. They will encounter a number of expressions and grammatical structures that they have not yet studied, but this should not be an insurmountable obstacle. Below are some ways of getting around this problem.
・Make footnotes for difficult words.
・Give the students pages that are out of order and have them rearrange them correctly. As long as they understand the story line, there is no need to pay to much attention to details.
・Erase the dialogue in the speech "bubbles" and get the students to think what the characters might be saying in Japanese. Afterwards show them the actual dialogue. (You will need to be careful to choose a page where the dialogue is easy to guess at.)

Lesson 17:
オノ・ヨーコ (Yoko Ono)

Introducing the new kanji

Birds gathering together in a tree.

品 → A department store has a large variety of goods.

字 → Children (子) learn letters at home.

220 活 ≋⊂ → 活

Drinking lots of water makes you lively and healthy.

Important points

1. If you wish to read about Yoko Ono's life in more detail, see 『オノ・ヨーコ』(飯村隆彦著/講談社文庫).
2. In the Japanese edition of the anthology 『グレープフルーツ』, the instructions are written in the 〜なさい form. This book is now available as 『グレープフルーツ・ジュース』(講談社文庫). In this edition, both the Japanese translation and the original text are included.
3. In actual fact, between her first marriage and her marriage to John Lennon, there was a second marriage during which time Yoko Ono gave birth to her daughter, Kyoko.

Other classroom activities

1. Have the students write their own autobiographies. Give the students a handout like the one below to simplify the task. You can get the students to write in the more objective third person instead of using 私.

```
_____年 _____で生まれる。
_____年 _____
_____年 _____
_____年 _____
_____年 _____
```

Add comments or details to the chronology above and write your autobiography.

2. Pair dictation:

(A)
1. 私の友だちは長野でスキーを教えています。
2. _____
3. 子供の時、バイオリンを習っていました。
4. _____
5. 映画のパンフレットを集めています。
6. _____
7. これは私が作った作品です。
8. _____

(B)
1. _____
2. 私は二十八歳で結婚しました。
3. _____
4. 家族と一緒に写真を撮りました。
5. _____
6. 友だちのご主人は字がきれいです。
7. _____
8. 仕事をやめて、ボランティアの活動を始めました。

Lesson 18:
大学生活 (College Life)

Introducing the new kanji

225 目 👁 → 目

Derived from the shape of an eye.

227 力 💪 → 力

Developed from the idea of a strong arm.

230 堂 🏛 → 堂

A large, tall building on the soil (土).

234 験  験

A person judges the quality of horses in front of a house.

239 宿 🏠 → 宿

A house that can sleep a hundred (百) people (人).

Other classroom activities

1. A game using the radicals (parts of a kanji): The students work in pairs to think of as many kanji as they can that use a certain radical. Afterwards check to see which pair found the most.

　E.g., しんにょう → 近, 連, 達, 運, 週, etc.
　　　 にんべん　 → 便, 夜, 働, 代, 借, etc.

You could also use the radicals, 口, 目 and 日.

2. Have the students interview a Japanese friend about their college life (study, extra-curricular activities, friends, life in a dormitory or at home, etc.) and write up the results.

Get them to prepare their questions beforehand.

E.g., 今、何年生ですか。
大学で何を勉強していますか。

Lesson 19:
手紙 (Letters)

Introducing the new kanji

Three people (三人) looking at the sun (日).

In the autumn the leaves turn the color of fire (火).

In the winter snow falls from the sky.

People who study engineering are called 「エ」ンジニア (engineers).

A lot of タ's.

Important points
1. Point out and explain that expressions such as 〜はいかがですか and お体を大切になさってください are commonly used in letter writing.
2. The 中 of 留学中 in the fifth line of the letter in Practice II was introduced in Dialogue and Grammar, Lesson 16 as 授業中に. You can teach other examples of this usage such as 午前中, 電話中 and 勉強中.

Other classroom activities
Get the students to write an actual letter. You could tell them that they are free to choose what they want to say, but you could also provide them with a handout like the one below, which sets out guidelines for the content and the expressions that they can employ. This will make it easier for them to use the language that they have been studying. Letter 1 is a thank you letter, and Letter 2 is to someone they do not know asking for information.

> Letter 1: Write a thank you letter to your host family/friend/teacher/etc.
> - Preliminary greetings: Seasonal greetings, inquiries about the weather, the receiver's health, etc.
> - The body of the letter (i): Talk about recollections of and gratitude towards the addressee. You can use the following expressions (you don't need to use them all).
>   〜おかげで　〜てくれて/くださってありがとう　お世話になりました　〜がなつかしい　思い出す
> - The body of the letter (ii): You can talk about yourself and your future plans.
> - Closing greetings: (i) Send your regards to someone. (ii) Wish for the good health of the addressee.

> Letter 2: You are interested in studying at a Japanese language school/graduate school or teaching in Japan. You are writing a letter to someone whom you don't know very well to ask several questions.
> - Explain why you are writing this letter.
> - Say who you are.
> - Ask for information.
> - Closing greetings.

Lesson 20:
猫の皿 (A Cat's Plate)

Introducing the new kanji

A plate with a cake on it.

Pausing a little when you walk means that you stop.

The fishmonger's boy is carrying a load on both shoulders.

A heart which is beating.

Somebody having a good (lit. big) laugh saying like "ケッケッ."

Important points

1. Before starting the reading passage in Practice II, explain to the students what *rakugo* is. They will get a better idea if you show them a *rakugo* video.
2. The で of 今でも in the fifth line of the reading passage and similar expressions such as 今では is used to show a comparison with the past.
3. In the passage, the antique dealer finishes his sentences with だ and か. Tell the students that in modern Japanese this would sound arrogant.
4. In Writing Practice III-A, tell the students that they can choose to do either (1) or (2). You could also divide the class into four groups and have each group write in detail about one of the cartoon frames. They can then read this out to the class, group by group, so that the whole class tells the story.

Other classroom activities

1. Vocabulary practice: When you have taught the new vocabulary, give the class a handout such as the one below to help with reinforcement.

同じ意味の言葉を下から選んでください。
1. (　) 残念だと思うこと
2. (　) お店を持っている人
3. (　) 山や川があって、人があまり住んでいない所
4. (　) できないこと
5. (　) 飲み物を飲んだり、お菓子を食べたりできる所
6. (　) 動物が食べるご飯
[a. いなか　b. 主人　c. 無理　d. 茶店
e. えさ　f. がっかりする]

---

2. Pick out the lines of dialogue from the passage "猫の皿," and have the students work in groups or pairs to put them back in the right order without looking at the text. To simplify the task, separate the tea house owner's lines from the other man's before getting the students to put them in the right order.

3. Separate and mix up the frames of the cartoon and have the students put them back either into the original order, or any order they like, and write a story to go with it. You could give the students in advance some words that have to be used in the task.

Lesson 21:
厄年 (Unlucky Ages)

Introducing the new kanji

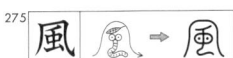

Trust what a person (人) says (言).

A bug (虫) sheltering from the wind under a leaf.

Derived from a picture of a dog.

Bundles of books are heavy.

Important points

In Practice II-B, you can draw the students' attention to the use of the passive voice by having them write out the sentences that use this structure.

Other classroom activities

Writing from vocabulary: Provide the students with an opening sentence and a list of vocabulary as below, and have them write a composition using at least four of the words provided.

「去年、私は大変な経験をしました……」

多くの　信じる　長い間　一生懸命　楽しみ
ところが　心配な　起こる　めったに〜ない

Lesson 22:
友美さんの日記 (Tomomi's Diary)

Introducing the new kanji

288 銀　銀 ➡ 銀
A person taking gold (金) in hand to see if it is real gold or not. It was silver.

289 回　◎ ➡ ◎
Turning round and round.

298 駅  ➡ 駅
Arriving at the station and getting off the horse.

299 説　言+兌 ➡ 説
Big brother getting very angry and explaining something.

Important points
1. When you are doing the reading passage in Practice II-B, make the relationships between the characters clear. This could be done on the blackboard.
2. In Writing Practice III, tell the students to use the short forms.

Other classroom activities
1. Comprehension exercise for Practice II: Make a handout like the one below and have the students sort out the order of the sentences, by writing the numbers 1-6 in the parentheses. This is a good way to check how well the students understand the content of the reading passage.

次の文を順番にしなさい。
a. (　) 研一から友美に手紙が来た。
b. (　) 友美と研一は夏子に同僚を紹介しようと思った。
c. (　) 夏子は彼がいる友美がうらやましいと思っていた。
d. (　) 友美は東京の話を聞きたかったが、夏子はあまり話したがらなかった。
e. (　) 友美は黒木に会いに東京に行った。
f. (　) 友美は駅で夏子が男と楽しそうに話しているのを見た。

2. Comprehension and vocabulary review exercise: Make a photocopy of the reading passage and white out some of the words. Then give these papers out and have the students try to think of appropriate words to fill the gaps. You could give the students some clues by writing a list of the missing words on the blackboard. This could also be done as a pair activity.

Lesson 23:
これはどんな顔？
(What Does This Face Mean?)

Introducing the new kanji

304 情　心+青 ➡ 情
You can tell by somebody's expression when they feel blue (青).

309 比　上+ヒ ➡ 比
The two parts of this kanji look very similar so let's compare them carefully.

312 悲 ➡ 悲
Behind bars your heart (心) feels sad.

314 査 ➡ 査
A person in a top hat inspecting a tree (木).

Important points
1. When you do Practice II-A, go over the vocabulary that is used to express emotions. You could also introduce some new words. It might be fun to get the students to try to look (a) scared or (b) surprised, and you could have them talk about in what situations they might have such an expression on their faces.

2. For more information about cultural differences in facial expressions, see Paul Ekman's book, "Cross-cultural Studies of Facial Expression," P. Ekman Ed., *Darwin and Facial Expression*, 1973, Academic Press.

Other classroom activities

1. Use the four photographs in the textbook and give them speech "bubbles." Get the students to think of something to write in the bubbles. You could also use other photographs.

2. If there is a computer available with Japanese language software, show the students how to use it to write in Japanese. You could then have them do the Writing Practice on the computer and give it to you to be checked.

巻末ワークシート ❶〜㉗

[巻末ワークシート❶]
アクティビティ「私の番号は七じゃありません」　　→ p. 23 第2課・練習Ⅴ「その他の教室内活動1」

The rules of the game:
- Choose a number or a word from each category on the cards below.
- Take turns asking one student and find out what number/word has been chosen. You can ask ○○さんの ばんごう (number)／たんご (word) は ××ですか.
- When you answer, you can only tell them いいえ、わたしの ばんごう／たんご は ××じゃありません or はい、そうです. If somebody has guessed right, you give them your card.
- Take turns asking another student what their number/word is. The person who has collected the most cards wins.

1. Number between 0 and 10	2. Number between 11 and 25
3. Major (cf. p. 13)	4. Thing (cf. p. 32-33)

[巻末ワークシート❷]
アクティビティ「私はだれでしょう」　　→ p. 24 第2課・練習Ⅴ「その他の教室内活動2」

Each student pretends to be one of the following people on the list. Guess who your classmates are. Use the following sentence patterns.

Example:　Nationality/occupation/man/woman ですか。
　　　　→　はい、そうです。／いいえ、〜じゃありません。

Cindy Crawford	Gandhi	Fidel Castro	Mr. Bean	Elvis Presley
Micheal Jackson	Brad Pitt	Celine Dion	Tiger Woods	Bill Clinton
Michael Jordan	Madonna	Bruce Lee	Mick Jagger	Monica Seles

Vocabulary:
おとこの ひと (man)　おんなの ひと (woman)　　かしゅ (singer)
せいじか (politician)　えいがスター (movie star)　スポーツせんしゅ (athlete)
モデル (model)

[巻末ワークシート❸]

アクティビティ「私は本を読みません」　　　　→ p. 26 第3課・練習Ⅰ「その他の教室内活動」

Find a person who...　　　　name　　　　　Tell your classmates that you...

1. watches TV　　　　(　　　　　)
2. listens to the tapes　(　　　　　)
3. speaks English　　(　　　　　)
4. drinks Japanese tea　(　　　　　)
5. eats breakfast　　(　　　　　)
6. reads magazines　(　　　　　)

do not watch TV
listen to the tapes
do not speak English
do not drink Japanese tea
do not eat breakfast
read magazines

Example:　○○さんは noun を verb ますか。
　　→　はい、私(わたし)は noun を verb ます。
　　　　いいえ、私(わたし)は noun を verb ません。

Find a person who...　　　　name　　　　　Tell your classmates that you...

1. watches TV　　　　(　　　　　)
2. listens to the tapes　(　　　　　)
3. speaks English　　(　　　　　)
4. drinks Japanese tea　(　　　　　)
5. eats breakfast　　(　　　　　)
6. reads magazines　(　　　　　)

do not watch TV
do not listen to the tapes
do not speak English
drink Japanese tea
eat breakfast
do not read magazines

Example:　○○さんは noun を verb ますか。
　　→　はい、私(わたし)は noun を verb ます。
　　　　いいえ、私(わたし)は noun を verb ません。

Find a person who...　　　　name　　　　　Tell your classmates that you...

1. watches TV　　　　(　　　　　)
2. listens to the tapes　(　　　　　)
3. speaks English　　(　　　　　)
4. drinks Japanese tea　(　　　　　)
5. eats breakfast　　(　　　　　)
6. reads magazines　(　　　　　)

watch TV
do not listen to the tapes
speak English
do not drink Japanese tea
do not eat breakfast
do not read magazines

Example:　○○さんは noun を verb ますか。
　　→　はい、私(わたし)は noun を verb ます。
　　　　いいえ、私(わたし)は noun を verb ません。

[巻末ワークシート❹]
ペアワーク「あなたの部屋に何がありますか」 → p. 29 第4課・練習II「その他の教室内活動1」

Choose five items you want to have in your room and draw them at the places you want to have. Then ask your partner as in the example and draw a picture of your partner's room. After both of you finish drawing, show pictures each other.

Example:　　A：スミスさんの部屋に何がありますか。
　　　　　　B：テレビとラジカセと日本語の辞書とラケットとマドンナのポスターがあります。
　　　　　　A：日本語の辞書は、どこですか。
　　　　　　B：テーブルの上です。

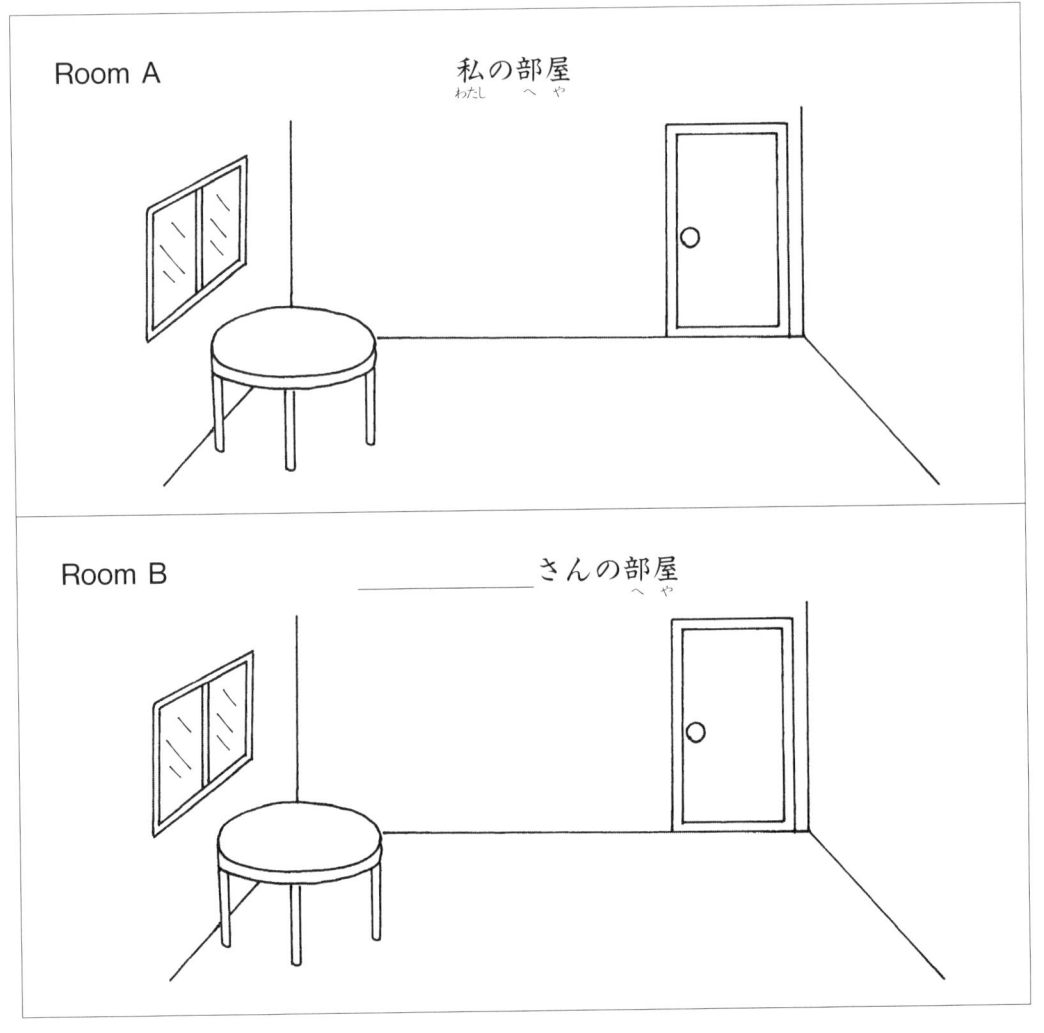

[巻末ワークシート❺]
ペアワーク「新聞はどこですか」

→ p. 30 第4課・練習II「その他の教室内活動3」

Student A

Ask your partner where the following things are and draw them in the picture.

1. bag
2. book
3. umbrella
4. newspaper

Student B

Ask your partner where the following things are and draw them in the picture.

1. cat
2. socks
3. jacket
4. watch

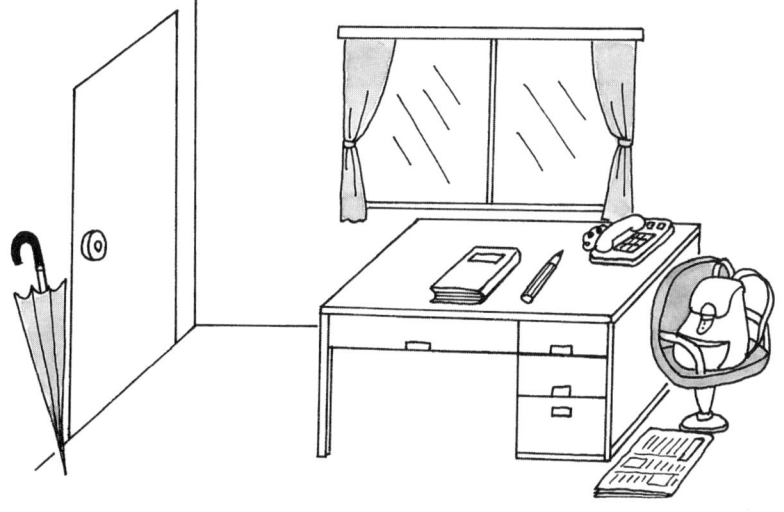

[巻末ワークシート❻]
ペアワーク「レストラン」

→ p. 32 第5課・練習I「その他の教室内活動」

Student A

You and your partner are thinking of eating out tonight. You have three restaurants in your mind. Each of you knows something about the restaurants. Exchange information and choose one restaurant.

Example:　A：今晩レストランで晩ごはんを食べませんか。
　　　　　B：いいですね。
　　　　　A：レストランBの食べ物はどうですか。
　　　　　B：まあまあです。

	Restaurant A	Restaurant B	Restaurant C
Restaurant:		not expensive new clean	expensive small clean
Service:	not good	good	very good
Foods:	not delicious		
Waiters/Waitresses:	very sexy	funny	

sexy＝セクシー　so so＝まあまあ

Student B

You and your partner are thinking of eating out tonight. You have three restaurants in your mind. Each of you knows something about the restaurants. Exchange information and choose one restaurant.

Example:　A：今晩レストランで晩ごはんを食べませんか。
　　　　　B：いいですね。
　　　　　A：レストランBの食べ物はどうですか。
　　　　　B：まあまあです。

	Restaurant A	Restaurant B	Restaurant C
Restaurant:	cheap old not clean		expensive small clean
Service:	not good	good	
Foods:		so so	very delicious
Waiters/Waitresses:		funny	scary

sexy＝セクシー　so so＝まあまあ

[巻末ワークシート❼]
アクティビティ「どんな人が好きですか」　　　→ p. 34　第5課・練習Ⅳ「その他の教室内活動」

What is the most important thing for you when you choose your boyfriend（彼）or girlfriend（彼女）? Choose one from below. Find two people who share your opinion.

1. (　　) interesting/funny person
2. (　　) handsome/beautiful person
3. (　　) big person
4. (　　) energetic person
5. (　　) kind person
6. (　　) quiet person
7. (　　) lively person
8. (　　) sexy person（セクシーな）

[巻末ワークシート❽]
練習E・ペアワーク用シート　　　→ p. 36　第6課・練習Ⅰ「練習を行う上での留意点4」

Student A

1. to turn off the light
3. to speak French
5. to take a picture
7. to smoke
9. to read a Japanese book
11. to bring a chair
13. (your own request)

Student B

2. to open the window
4. to listen to the tape
6. to stand up
8. to sleep
10. to carry your bag
12. to drink beer
14. (your own request)

[巻末ワークシート❾]
ペアワーク「*Te*-forms」

→ p. 37 第6課・練習Ⅰ「その他の教室内活動」

Student A

dictionary form	meaning	*te*-form
1. いく	go [*u*]	いって (irregular)
3. くる	come [irr.]	きて
5. たべる	eat [*ru*]	たべて
7. のむ	drink [*u*]	のんで
9. はなす	speak [*u*]	はなして
11. べんきょうする	study [irr.]	べんきょうして
13. あう	meet [*u*]	あって
15. いる	here is (a person) [*ru*]	いて
17. かく	write [*u*]	かいて
19. とる	take (a picture) [*u*]	とって
21. *あそぶ	play; have fun [*u*]	あそんで
23. *いそぐ	hurry [*u*]	いそいで
25. *おしえる	teach [*ru*]	おしえて
27. *けす	turn off [*u*]	けして
29. *すわる	sit down [*u*]	すわって
31. *つける	turn on [*ru*]	つけて
33. *わすれる	forget [*ru*]	わすれて
35. *もってくる	bring (a thing) [irr.]	もってきて

*Words introduced in this lesson

Student B

dictionary form	meaning	*te*-form
2. おきる	get up [*ru*]	おきて
4. かえる	return (home) [*u*]	かえって
6. きく	listen; ask [*u*]	きいて
8. する	do [irr.]	して
10. みる	see; look [*ru*]	みて
12. よむ	read [*u*]	よんで
14. かう	buy [*u*]	かって
16. まつ	wait [*u*]	まって
18. わかる	understand [*u*]	わかって
20. のる	ride; take (a bus) [*u*]	のって
22. *あける	open [*ru*]	あけて
24. *おりる	get off (a bus) [*ru*]	おりて
26. *かえす	return (a thing) [*u*]	かえして
28. *しめる	close [*ru*]	しめて
30. *たつ	stand up [*u*]	たって
32. *てつだう	help [*u*]	てつだって
34. *でんわをかける	make a phone call [*ru*]	でんわをかけて
36. *つれてくる	bring (a person) [irr.]	つれてきて

*Words introduced in this lesson

[巻末ワークシート❿]
アクティビティ「ビンゴ」

→ p. 39 第6課・練習Ⅵ「その他の教室内活動」

Walk around the room and find who did the following things last week. When you find three people like a bingo game, you can sit down.

＿＿＿＿＿さん (did TV Game)	＿＿＿＿＿さん (did not go out)	＿＿＿＿＿さん (rested a lot)
＿＿＿＿＿さん (had a date with a Japanese)	＿＿＿＿＿さん (listened to a Japanese tape at LL)	＿＿＿＿＿さん (taught English)
＿＿＿＿＿さん (drank alcohols at a bar)	＿＿＿＿＿さん (played with children)	＿＿＿＿＿さん (came home late)

[巻末ワークシート⓫]

練習C・クラスアクティビティ用カード　　　　　→ p. 40 第7課・練習I「練習を行う上での留意点3」

私は 今 お風呂で 歌を歌っています。	私は 今 お手洗いで 新聞を読んでいます。
私は 今 図書館で 手紙を書いています。	私は 今 電車の中で 音楽を聞いています。
私は 今 喫茶店で コーヒーを飲んでいます。	私は 今 食堂で 昼ごはんを食べています。
私は 今 スーパーで 買い物をしています。	私は 今 お寺で 写真を撮っています。
私は 今 レストランで 友だちを待っています。	私は 今 海で 泳いでいます。
私は 今 学校で 友だちと話しています。	私は 今 家で ビデオを見ています。

[巻末ワークシート⓬]
練習C・ペアワーク用シート → p. 40 第7課・練習Ⅰ「練習を行う上での留意点4」

Student A

1. eating sushi
3. swimming
5. smoking
7. speaking French
9. singing a song
11. (your own sentence)

Student B

2. reading a Japanese book
4. taking pictures
6. making a phone call
8. doing *sumo*
10. waiting for a friend
12. (your own sentence)

[巻末ワークシート⓭]
ペアワーク「何を着ますか」 → p. 42 第7課・練習Ⅲ「その他の教室内活動2」

What would you wear on the following occasions? Ask your partner as in the example.

Example: テニスをします。
→ A：テニスをします。何を着ますか。
B：Tシャツを着ます。そして、ショートパンツとスニーカーをはきます。

1. パーティーに行きます。
2. 初めてデートします。
3. ハイキング (hiking) に行きます。
4. 海に行きます。
5. 学校に行きます。
6. 寝ます。

スニーカー　　サンダル　　パジャマ　　シャツ　　ジャケット

    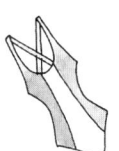

ズボン　　ショートパンツ　　ワンピース　　スカート　　水着

[巻末ワークシート❶]
ペアワーク「何をしに行きますか」

→ p. 43 第7課・練習Ⅴ「その他の教室内活動」

Student A

Ask and answer the question to find out in what purpose the following people go to the places.

Example:　A：メアリーさんは家に何をしに帰りますか。
　　　　　B：ごはんを食べに帰ります。

Ex.　　　　　　　　　　(1) to borrow　　　　　　　(2)

(3) to buy souvenir　　　(4)　　　　　　　　　　　(5)

Student B

Ask and answer the question to find out in what purpose the following people go to the places.

Example:　A：メアリーさんは家に何をしに帰りますか。
　　　　　B：ごはんを食べに帰ります。

Ex. Mary — Home
(1) Ken — Library
(2) Paul — L.L.
(3) Maria — Department Store
(4) Tom — Friend's House — to play (have fun)
(5) Yoko — Temple

[巻末ワークシート⓯]
ペアワーク「Short Form Negative」　　　→ p. 44 第8課・練習Ⅰ「その他の教室内活動」

Student A

dictionary form	meaning	*te*-form	short form negative
1. やる	do it [*u*]	やって	やらない
3. けっこんする	get married [irr.]	けっこんして	けっこんしない
5. きく	listen; ask [*u*]	きいて	きかない
7. あそぶ	play; have fun [*u*]	あそんで	あそばない
9. のる	ride; take (a bus) [*u*]	のって	のらない
11. たばこをすう	smoke [*u*]	たばこをすって	たばこをすわない
13. およぐ	swim [*u*]	およいで	およがない
15. いる	here is (a person) [*ru*]	いて	いない
17. もってくる	bring (a thing) [irr.]	もってきて	もってこない
19. かう	buy [*u*]	かって	かわない
21. しめる	close [*ru*]	しめて	しめない
23. くる	come [irr.]	きて	こない
25. いく	go [*u*]	いって (irregular)	いかない
27. でかける	go out [*ru*]	でかけて	でかけない
29. あう	meet [*u*]	あって	あわない
31. かける	put on (glasses) [*ru*]	かけて	かけない
33. はく	put on (pants) [*u*]	はいて	はかない
35. すわる	sit down [*u*]	すわって	すわらない
37. わかる	understand [*u*]	わかって	わからない
39. つかう	use [*u*]	つかって	つかわない
41. まつ	wait [*u*]	まって	またない

Student B

dictionary form	meaning	te-form	short form negative
2. やすむ	be absent [u]	やすんで	やすまない
4. つれてくる	bring (a person) [irr.]	つれてきて	つれてこない
6. しぬ	die [u]	しんで	しなない
8. たべる	eat [ru]	たべて	たべない
10. はいる	enter [u]	はいって	はいらない
12. きる	put on (shirts) [ru]	きて	きない
14. よむ	read [u]	よんで	よまない
16. うたう	sing [u]	うたって	うたわない
18. べんきょうする	study [irr.]	べんきょうして	べんきょうしない
20. ある	there is (a thing) [u]	あって	ない (irregular)
22. かく	write [u]	かいて	かかない
24. かりる	borrow [ru]	かりて	かりない
26. のむ	drink	のんで	のまない
28. しる	get to know [u]	しって	しらない
30. いそぐ	hurry [u]	いそいで	いそがない
32. かえす	return (a thing) [u]	かえして	かえさない
34. みる	see; look [ru]	みて	みない
36. はなす	speak [u]	はなして	はなさない
38. たつ	stand up [u]	たって	たたない
40. おしえる	teach [ru]	おしえて	おしえない
42. けす	turn off [u]	けして	けさない

[巻末ワークシート⓰]
ペアワーク「私はかっこいいと思いますか」 → p. 45 第8課・練習Ⅲ「その他の教室内活動1」

Student A

Do you think I . . .

1. smoke?
3. often go to watch movies?
5. am married?
7. listen to a Japanese language tape every day?
9. will be busy this afternoon?

Student B

Do you think I . . .

2. drink alcohol?
4. sometimes go to a disco?
6. know Spanish?
8. take a bath every day?
10. am nice?

[巻末ワークシート⓱]
ペアワーク「将来のパートナーはどんな人?」 → p. 45 第8課・練習Ⅲ「その他の教室内活動2」

Ask your partner the following questions about his/her future spouse. When you answer, use "short form ＋と思います."

1. ハンサム／きれいですか。
2. セクシーですか。
3. 有名ですか。
4. 日本人ですか。
5. 仕事は何ですか。
6. 料理が上手ですか。
7. 洗濯／掃除が好きですか。
8. スポーツが好きですか。
9. 子供が好きですか。
10. よく仕事をしますか。
11. 日本語を話しますか。
12. お金をたくさん持っていますか。
13. 太っていますか。
14. 背が高いですか。
15. 頭がいいですか。

[巻末ワークシート⓲]
ペアワーク「二十年後は?」　　　　　　　　　→ p. 45 第8課・練習Ⅲ「その他の教室内活動3」

Ask your partner the following questions about yourself in twenty years. When you answer, use "short form ＋と思います."

1. ハンサム／きれいですか。
2. セクシーですか。
3. 有名ですか。
4. 仕事は何ですか。
5. 料理が上手ですか。
6. 洗濯／掃除が好きですか。
7. スポーツが好きですか。
8. 子供が好きですか。
9. よく仕事をしますか。
10. 日本語を話しますか。
11. だれと結婚していますか。
12. 太っていますか。
13. どこに住んでいますか。
14. お金をたくさん持っていますか。

[巻末ワークシート⓳]
アクティビティ「〜と言っていました」　　　　→ p. 46 第8課・練習Ⅳ「その他の教室内活動」

Walk around the class and ask your classmates the following questions. Ask each person a different question. Then report the answers to class using 〜と言っていました.

MEMO

1. 日本語のクラスはどうですか。
2. (your town) はおもしろいですか。
3. 先生は親切ですか。
4. 今晩何を食べますか。
5. 今日日本語のテープを聞きますか。
6. あした料理をしますか。
7. あした掃除をしますか。
8. 今日髪を洗いますか。
9. 今週の週末、カラオケに行きますか。
10. 今週の週末、たくさん勉強しますか。

[巻末ワークシート⓴]
アクティビティ「〜だったと思います」　　　　　→ p. 50 第9課・練習Ⅲ「その他の教室内活動」

Choose a person from the list and guess what they were like when they were a high school student/a child.

Micheal Jackson	Hilary Clinton	Steven Spielberg	Celine Dion
Micheal Jordan	Bill Gates	Tiger Woods	Elvis Presley
Cindy Crawford	Gandhi	Fidel Castro	Mr. Bean
Madonna	Bruce Lee	Mick Jagger	Monica Seles

Example:　マイケル・ジャクソンさんは、高校(こうこう)の時(とき)／子供(こども)の時(とき)、人気(にんき)があったと思(おも)います。

Vocabulary:

人気(にんき)がある　　　　　よくデートをする　　　　　お酒(さけ)を飲(の)む
たばこを吸(す)う　　　　　(name of the sports) をする　　〜が上手(じょうず)(な)／下手(へた)(な)
〜が好(す)き(な)／きらい(な)　いい学生(がくせい)／いい子(こ)　かっこいい
いじわる(な)　　　　　　髪(かみ)が長(なが)い／短(みじか)い　　頭(あたま)がいい
かわいい　　　　　　　　太(ふと)っている／やせている　めがねをかけている
有名(ゆうめい)(な)

[巻末ワークシート㉑]
アクティビティ「ジェスチャーゲーム」　　　　→ p. 66 第13課・練習Ⅲ「その他の教室内活動」

眠(ねむ)いです	悲(かな)しいです	元気(げんき)です	暑(あつ)いです
寒(さむ)いです	忙(いそが)しいです	幸(しあわ)せです	ひまです
さびしいです	こわいです		

[巻末ワークシート㉒]
アクティビティ「私が紹介してあげますよ」

→ p. 76 第16課・練習Ⅰ「その他の教室内活動2」

● 問題カード　　　　　　　　　　　　　○ 解決につながる状況カード

● You want to eat spaghetti but you cannot cook.	○ You like cooking.
● You want to learn Chinese.	○ You can speak Chinese.
● (It is raining) You didn't bring an umbrella today.	○ You have two umbrellas.
● You are hungry, but you don't have money.	○ You have money.
● You have to return books of the library today, but you cannot go because you are busy.	○ You are going to the library today.
● You are looking for a Japanese who can translate a Japanese letter.	○ You have many Japanese friends.
● You want to become a friend with Kyoko.	○ You know Kyoko.

[巻末ワークシート❷❸]
アクティビティ「パーティーに行こう」　　　　　→ p. 81 第17課・練習Ⅳ「その他の教室内活動」

山下先生の誕生日パーティー

＜7月27日（火曜日）　6時〜　山下先生のお宅で＞

- 一人1,000円（プレゼントはいりません。）
- 飲み物を持ってきてください。（食べ物はたくさんあります。）
- Tシャツやジーンズで OK。
- カラオケがあります。

[巻末ワークシート❷❹]
練習C用・文カード　　　　　→ p. 85 第18課・練習Ⅳ「練習を行う上での留意点」

化粧をしながら、電話で話しています	泣きながら、お酒を飲んでいます
笑いながら、話しています	地図を見ながら、運転しています
アイロンをかけながら、テレビを見ています	服を着ながら、歯を磨いています
歌いながら、髪をとかしています	テレビを見ながら、セーターを編んでいます

[巻末ワークシート㉕]
アクティビティ「社長がいらっしゃいます」　　→ p. 87 第19課・練習Ⅰ「その他の教室内活動1」

Your company (in Hong Kong) is trading with Japanese companies. Next week the president of one of these trading partners is coming. It's your responsibility to make his schedule, call his secretary and find out the following.

QUESTIONS	ANSWERS
Watches sports?	
Goes to bed when?	
Plays golf?	
Eats Chinese food?	
Drinks alcohol?	
Married?	
Has kids?	
Has been to Hong Kong before?	
Goes to museums often?	

[巻末ワークシート㉖]
練習D用シート　　→ p. 101 第23課・練習Ⅰ「練習を行う上での留意点3」

Student A

1. open the window
2. stand up
3. sing a song
4. dance
5. wash a car
6. make a strange face

Student B

1. run
2. make tea
3. iron
4. turn off the light
5. read the Japanese textbook
6. talk about the teachers behind their back

[巻末ワークシート㉗]
ペアワーク「使役受け身」　　　→ p. 101 第23課・練習Ⅰ「その他の教室内活動1」

Student A

dictionary form	meaning	causative-passive form
1. よむ	read	よまされる
3. くる	come	こさせられる
5. のむ	drink	のまされる
7. かく	write	かかされる
9. さがす	look for	さがさせられる
11. つくる	make	つくらされる
13. あやまる	apologize	あやまらされる
15. むかえにいく	go to pick up	むかえにいかされる
17. つづける	continue	つづけさせられる
19. アイロンをかける	iron	アイロンをかけさせられる
21. つれていく	take	つれていかされる
23. みがく	polish	みがかされる
25. おぼえる	memorize	おぼえさせられる
27. あるく	walk	あるかされる
29. おどる	dance	おどらされる
31. あらう	wash	あらわされる
33. なく	cry	なかされる
35. すてる	throw away	すてさせられる
37. はこぶ	carry	はこばされる
39. がまんする	be patient	がまんさせられる

Student B

dictionary form	meaning	causative-passive form
2. まつ	wait	またされる
4. かう	buy	かわされる
6. いく	go	いかされる
8. コピーをとる	make a photocopy	コピーをとらされる
10. あきらめる	give up	あきらめさせられる
12. しらべる	look into	しらべさせられる
14. せわをする	take care of	せわをさせられる
16. ひろう	pick up	ひろわされる
18. ほんやくする	translate	ほんやくさせられる
20. はらう	pay	はらわされる
22. ほけんにはいる	buy an insurance	ほけんにはいらされる
24. せつめいする	explain	せつめいさせられる
26. そうじする	clean	そうじさせられる
28. うたう	sing	うたわされる
30. たつ	stand up	たたされる
32. てつだう	help	てつだわされる
34. はしる	run	はしらされる
36. ならう	learn	ならわされる
38. おごる	treat	おごらされる
40. テストをうける	take a test	テストをうけさせられる

巻末シナリオ集 ①〜⑤

●シナリオドリルとは

　この練習は「コンテクスト」という概念が基盤となる。コンテクストとは学生に学習項目を自主的にかつ自然に使わせるために、与える状況のことを言う。例えば「いくらですか」という質問を学習者にさせたい場合、教師は店員の役になり、何か商品の絵を見せて、「どうですか。安いですよ」と勧める。買うか買わないかを決定するためにはその商品の値段が条件になるはずであるから、学習者は自然ななりゆきで「いくらですか」と聞くことになるだろう。このような学習項目を導き出すような状況をコンテクストといい、自然な話の展開の中でこのような練習がいくつも組み合わさってできているストーリー性を持った練習を、その教案が映画や芝居のシナリオのようなものだということから「シナリオドリル」と呼ぶ。「シナリオドリル」は各学習項目ごとに取り入れることもでき、また同じ課で導入された複数の文型のまとめ的な復習として行うことも可能である。その学習項目の基本練習、ペアワークなどを十分に行った後に行うのが望ましい。

　「シナリオドリル」は、学生に「何をどう言うか」について考える機会を与えることを目的としているので、他の練習と比べると学生一人当たりの発話の機会が少ない。しかし、学生は他の学生のパフォーマンスを見たり聞いたりすることでも学ぶことができる。同じ会話を他のペアに当てたり、内容について質問したりして、他の学生も参加できるように配慮してほしい。また、シナリオ通りに進行することはないと考えたほうがいい。教師が意図した答えが出ない場合には、他の学生を指名したり、ヒントのようなものを与えて導くことが必要である。期待する答えがどうしても導き出せない時は、役を交代して、学生に質問をさせ、教師がモデルを示す。

　また、教師は授業の前に、ドリルに必要な絵やカードなどを用意し、話の展開や質問などを頭の中で整理しておく。そして、教室内でスムーズに進行できるようにリハーサルしておかなければならない。

[巻末シナリオ集①]
シナリオドリル「飲みに行きました」　　　　　　　　　　→ p. 65 第13課・練習Ⅰ「その他の教室内活動2」

<練習する文型>
- 可能形

<用意するもの>
- バーの外観の絵とバーの中の絵
- 生年月日が書いてあるIDカード（一人の学生以外全員に行き渡るように用意する）。そのうち何枚かは20歳以下にしておく。
- カクテルなどお酒のメニュー
- 大きい時計（12時と12時15分を指しているもの）
- 時刻表（最終電車は12時）
- 電話の受話器2つ
- 「きょうこ」「bouncer（年齢を確認する店員）」「came here by moterbike」と書いた大きい紙

<手順>
1. 教師はバーの外観の絵を貼って、「これから、みんなでこのバーに行きます」と説明する。
2. 教師はID（生年月日付き）を一人の学生以外全員に配る。そして「bouncer」と書いた紙を自分に貼って、bouncerの役になる。

    教師 (bouncer)：IDを見せてください。
    学生A：はい。
    教師：　はい。オッケーです。
    学生B（20歳以下）：はい。
    教師：　まだ19歳ですから、入れませんね。
    学生C（IDなし）：あのう、IDがありません。
    教師：　じゃあ、入れませんね。

    教師がモデルを示した後で他の学生を指名してbouncerをやらせる。教師は「私はみなさんの友だちで、きょうこです」と言って、「きょうこ」と書いた紙を胸に貼る。
3. バーの中の絵を黒板に貼って「バーの中です」と説明する。黒板にメニューを貼る。

    教師：　〜さんは何を飲みますか。
    学生D：私は○○○を飲みます。きょうこさんは？
    教師：　私は△△△が飲みたいです。（既習の項目もさりげなく取り入れる）

    その後、学生同士何組かに同じ質問をさせる。

一人の学生に「came here by moterbike」と書いた紙を貼り、その学生に質問させる。

 学生E：〜さんは何を飲みますか。
 学生F：私はバイクで来たから、今日はお酒は飲めないんです。
 学生E：じゃあ、何を飲みますか。
 学生F：オレンジジュースを飲みます。

4.　教師は時計を出して、「あっ、もう12時ですよ。帰りましょう」と言う。
5.　教師は「駅に来ました」と言って、時刻表を貼って見せる（時計は12時15分になっている）。教師はその時刻表を見ないで「じゃあ、帰りましょう」ととぼけて言う。

 学生G：先生、帰れませんよ。
 教師：　本当ですか!!　じゃあ、ホストファミリーに電話したほうがいいですね。

と言って電話をかけさせる。この時、受話器を渡す。教師がホストファミリーの親になる。

 学生H：もしもし。○○です。お母さん？
 教師（お母さん）：どうしたの？　今どこ？
 学生H：今、駅です。今晩帰れません。
 教師：　どうして？
 学生H：12時の電車に乗れなかったんです。（「〜んです」も復習する）
 教師：　じゃあ、どうするの？
 学生H：（自由に答えさせる――ホテルに行きます、公園で寝ます、など）

その後、ペアで学生役とお母さん役にして練習させる。

6.　内容確認の質問をする（この場合、過去形の練習ができる）。

 教師：　バーはどうでしたか。
 学生I：楽しかったです。
 教師：　何を飲みましたか。
 学生I：○○○を飲みました。

学生によっては、以下のような答えが出るだろう。

・IDがなかった（まだ19歳な）ので、入れませんでした。
・バイクを運転しなくちゃいけなかったので、飲めませんでした。
・楽しくありませんでした。バイクで来たから、お酒が飲めなかったんです。

[巻末シナリオ集②]
シナリオドリル「レストランで」　　　　　　　　　　→ p. 67　第13課・練習Ⅶ「その他の教室内活動」

<復習する文型>
- ・〜そう　　・可能形　　・〜し、〜し　　・〜なら

<用意するもの>
- レストランガイド……いくつかのレストランのリストで、それぞれ Food/Service/Price/Location などの項目を★マークの数で採点してあるもの。教師が作っておく。
- レストランの中の絵
- ランチセットの絵……「今日のランチ」と書いたランチのAセットとBセットの写真。明らかにAセットのほうが豪華でおいしそうにする。それぞれの写真の下には値段が書いてある（Aセットは 4,000円、Bセットは2,000円 ）。
- 財布の絵（中に3,000円入っている）
- クレジットカード（VISA）。本物を使ってもよい。
- クレジットカードの種類の上に○と×を書いた紙（ウエイター用）。VISAカードの上には○、その他のカードには×を書いておく。

<手順>
1. クラス全員で昼ご飯を食べに行くという設定にする。
2. 学生の一人（学生A）に教師が「レストランガイド」を渡す。以降の会話として次のようなものに導く。

　　　教師：　どのレストランに行きましょうか。
　　　学生A：○○○がよさそうです。
　　　教師：　どうしてですか。
　　　学生A：安いし、おいしいし、駅から近いし。

それから他の学生にレストランガイドを渡して、同じ質問をする。あるいは、下の例のように別のレストランについて質問し、行きたくない理由を述べさせることもできる。

　　　教師：　△△△はどうですか。
　　　学生B：高いし、あまりおいしくないし、よくなさそうです。

その後、もう一度クラス全員に聞く。

　　　教師：　どのレストランに行きましょうか
　　　学生C：○○○に行きましょう。安いし、おいしいし、駅から近いし。

他の学生は学生A・Bが前に言ったことを聞いていなければ答えられないので、学生はお互いの発話を注意して聞く必要がある。

3. 教師はレストランの中の絵を黒板に貼り、「○○○に来ました」と状況を説明する。
4. 「今日のランチ」と書いたランチのAセットとBセットの写真を壁に貼る。

  教師：　どちらが食べたいですか。
  学生D：Aセットがおいしそうですから、Aセットが食べたいです。
  教師：　そうですね。

 他の学生同士で質問させてもいい。

5. 黒板に「みなさんの財布です」と言って、3,000円入っている財布の絵を貼っておく。

  教師：　Aセットを食べましょうか。
  学生E：Aセットは4,000円なので、食べられません。Bセットなら食べられます。

 この際、何人かの学生に当てて、練習させる。

6. 教師はポケットからクレジットカードを出して、

  教師：　でも、先生はクレジットカードがありますよ。店の人に聞いてください。

 学生の一人（学生G）をウエイターにして、クレジットカードの種類の上に○と×を書いた紙を渡す。

  学生F：すみません。この店でクレジットカードが使えますか。
  学生G（ウエイター）：VISAカードなら使えますが。
  教師：　どうでしたか。
  学生F：VISAカードなら使えます。

 他の学生にも答えさせる。

  教師：　そうですか。（ほほ笑みながら）じゃあ、私はAセットが食べられます。みなさんもVISAカードを持っていますか。
  学生G：はい。私もVISAカードがあるから、Aセットが食べられます。
  学生F：いいえ。VISAカードを持っていないから、Aセットが食べられません。

 この後、ウエイターを呼んで注文する場面を復習することもできる。

7. 後で内容確認の質疑応答をする。比較的答えるのが簡単な疑問詞の質問だけではなく、説明が必要な質問など、いろいろ取りまぜる。

 （例）教師：どのレストランに行きましたか。
     どうしてそのレストランに行きましたか。
     何を食べましたか。
     ○○さんもAセットを食べましたか。
  学生：いいえ。私はBセットを食べました。
  教師：Bセットが食べたかったんですか。
  学生：いいえ。本当はAセットが食べたかったんですけど、お金がなかったんです。

[巻末シナリオ集③]
シナリオドリル「自転車がほしいです」　　　　　　→ p. 72 第14課・練習Ⅵ「その他の教室内活動」

<復習する文型>
- あげる／くれる／もらう　　・〜たらどうですか　　・Counter＋も

<用意するもの>
- 自転車の絵（一人の学生以外全員に行き渡るようにコピーしておく）
- 新しいマウンテンバイクの絵（一枚）

<手順>
1. 学生の一人（学生A）以外のクラス全員に自転車の絵を与える。教師は「みなさんは自転車を持っています。Aさんは自転車がほしいんですが、お金がないので買えないんです」と状況を説明する。
2. 教師は「Bさんはきのう新しいマウンテンバイクを買いました」と言って、学生Bにマウンテンバイクの絵を渡す（この時点で学生Bは自転車を2台持っていることになる）。
3. ここまでの状況を理解させたら、次のように導く。

    教師：　来週みんなでサイクリングに行きましょうか。
    学生A：私は行けません。自転車がないんです。
    学生C：じゃあ、Bさんに古いのをもらったらどうですか。Bさんは新しい自転車を買ったから、今自転車を2台も持っているんですよ。

    一度に言うのが難しかったら少しずつ説明させるようにしたらいい。「〜たらどうですか」が出ない場合は「Aさんに何かアドバイスはありませんか？」と聞いて導く。また、「Bさんに何かアドバイスはありませんか？」と聞いて、「Aさんは自転車をほしがっています。古いのをAさんにあげたらどうですか」と言わせる。「〜たらどうですか」を言う場合、必ずその相手を見て言うように注意する。

4. その後、「Bさん、Aさんに自転車をあげてください」と言って、実際に自転車をやりとりさせる。

    学生B：新しい自転車を買ったから、古いのをあげます。
    学生A：ありがとう。

5. 内容確認の質疑応答をする。教師はAさんの自転車を指して学生A、学生B、その他の学生に聞く。

    教師：　Aさんはあの（その）自転車を買ったんですか。
    学生C：いいえ。Bさんがあげたんです（Bさんにもらったんです）。
    学生A：いいえ。Bさんがくれたんです（Bさんにもらったんです）。
    学生B：いいえ。私があげたんです。

[巻末シナリオ集④]
シナリオドリル「けんさんの誕生日」
→ p. 72 第14課・会話「留意点・応用例４」

<復習する文型>
- あげる／くれる／もらう　　・〜たらどうですか

<用意するもの>
- けんの顔の絵
- けんのプロフィール（「likes jogging/will go to China next year」などと書いてある）
- プレゼントの箱または袋（中に靴の絵を入れておく）

<手順>
1. 教師は黒板にけんの顔の絵とプロフィールの紙を貼って、「けんさんはみなさんの友だちです。今日はけんさんの誕生日です」と説明する。

    教師：誕生日のプレゼントは何がいいと思いますか。
    学生：靴をあげたらどうですか。

    できるだけプロフィールに則した意見が出るようにする。「けんさんはジョギングが好きだから、靴をあげたらどうですか」のように理由を一緒に述べさせてもいい。

2. 教師は「じゃあ、靴をあげましょう」と言って、「買いました」と言いながらプレゼントの箱を出す。ある学生にけんの役になってもらい、会話Ⅱを参考にして物のやりとりの会話をさせる。

    学生：けんさん、誕生日おめでとう。はい、これ。みんなで買ったんです。
    けん：ありがとう。開けてもいい？
    学生：うん。
    けん：わあー、こんな靴がほしかったんだ。ありがとう。
    学生：はいてみて。
    けん：ちょうどいいよ。ありがとう。

    何組かのペアに演じてもらった後、けん役の学生に質問する。

    教師：けんさん、すてきな靴ですね。
    けん：はい。誕生日に友だちにもらった（友だちがくれた）んです。

[巻末シナリオ集⑤]
シナリオドリル「コーヒーを飲みに行きます」　　　　→ p. 84 第18課・練習Ⅰ「その他の教室内活動3」

<復習する文型>
- ・他動詞／自動詞　・可能形　・〜し、〜し　・〜みたいです

<用意するもの>
- ・喫茶店の外観の絵（窓があり、中が暗い）
- ・自動販売機の絵（「OUT OF ORDER」と書いてある）。導入されていない単語なので、絵の下に「じどうはんばいき」と書いておく。

<手順>
1. 教師は「私はみなさんのクラスメートです。あしたテストがあるので、今みんな勉強しています」と状況を説明する（「クラスメート」と書いた紙を自分に貼ってもいい）。そして「ちょっと休みましょう。コーヒーを飲みに喫茶店に行きませんか？」と誘って、喫茶店の絵を黒板に貼る。
2. 喫茶店の前まで来たという状況。絵では喫茶店の中は暗くなっている。

    教師：　あそこに喫茶店がありますね。入りましょうか。
    学生A：開いていないみたいです。電気がついていませんから。
    　　　　（「〜みたい」の復習もする）
    教師：　残念ですね。

    他の学生にも当てて練習する。「開いていません」を「閉まっている」、「ついていません」を「消えている」にしてもいい。

3. 自動販売機の絵を黒板に貼る。自動販売機には「OUT OF ORDER」と書いてある（国によってはコーヒーを自動販売機で買うという概念がないかもしれないので、臨機応変に説明を入れてほしい）。

    教師：　あそこに自動販売機がありますね。じゃあ、自動販売機でコーヒーを買いましょう。
    学生B：壊れているみたいですよ。
    教師：　本当ですか。じゃあ、帰りましょうか。

4. 教師は次のように内容確認の質問をする（過去形の練習）。

    教師：　コーヒーを飲みましたか？
    学生C：喫茶店は閉まっていたし、自動販売機は壊れていたし、飲めませんでした。
    　　　　（「〜し、〜し」や可能形の復習も入れる）

    学生が長い文を作れない時は、最初は短い文で答えさせて、後でまとめて言わせるようにする。それでも難しいようなら、板書してクラス全体あるいは一人ずつ言う練習してから、もう一度だれかを指名して答えさせることもできる。

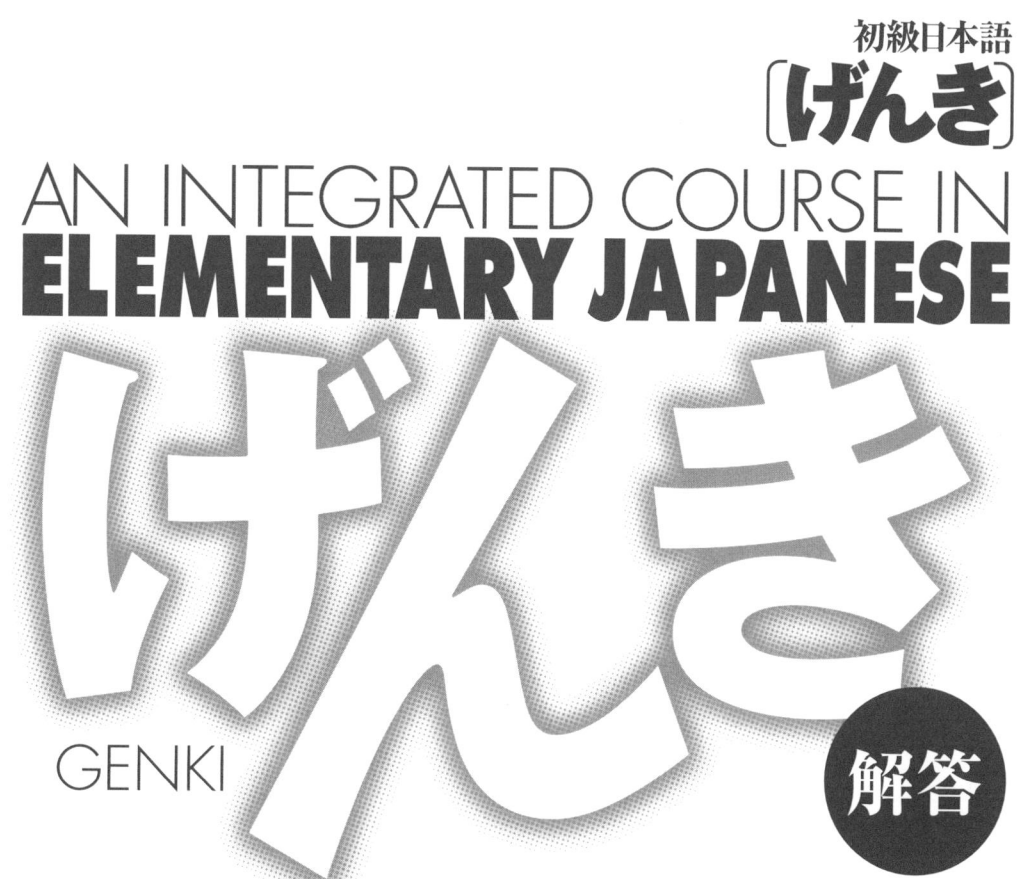

初級日本語 [げんき]
解 答

▶ げんき Ⅰ テキスト・解答
2

▶ げんき Ⅱ テキスト・解答
15

▶ げんき Ⅰ ワークブック・解答
28

▶ げんき Ⅱ ワークブック・解答
42

▶ ワークブック「聞く練習」スクリプト
54

げんき I テキスト・解答

会話・文法編

あいさつ (p. 9)

1.はじめまして。どうぞよろしく。 2.こんにちは。 3.(to the teacher) おはようございます。／(to the friend) おはよう。 4.すみません。 5.ありがとうございます。 6.こんばんは。 7.おやすみなさい。 8.いってきます。 9.ただいま。 10.いただきます。 11.ごちそうさま。

会話・文法編 第1課

I-A. (p. 20)
(a)ご (b)きゅう／く (c)なな／しち (d)いち (e)じゅう (f)はち (g)に (h)ろく (i)よん／し (j)さん

I-B. (p. 20)
(a)よんじゅうご (b)はちじゅうさん (c)じゅうきゅう／じゅうく (d)ななじゅうろく (e)ごじゅうに (f)ひゃく (g)さんじゅうはち (h)ろくじゅういち (i)にじゅうよん／にじゅうし (j)きゅうじゅうなな／きゅうじゅうしち

I-C. (p. 20)
(a)はち (b)じゅう (c)なな／しち (d)ゼロ／れい (e)じゅうきゅう／じゅうく (f)いち (g)じゅうご

II-A. (p. 21)
(1)さんじです。 (2)くじです。 (3)じゅういちじです。 (4)しちじです。 (5)にじはんです。 (6)よじはんです。

II-B. (p. 22)
1.ごご ろくじです。 2.ごご しちじです。 3.ごご くじです。 4.ごご じゅういちじはんです。 5.ごぜん いちじです。 6.ごぜん よじです。 7.ごご いちじです。 8.ごご さんじです。

III-A. (p. 22)
1.きゅうごいちの ゼロさんにろく 2.さんろくにの よんごいちきゅう 3.ろくきゅういちの よんにさんろく 4.はちごにの いちゼロさんに

III-B. (略)

IV. (p. 23)
1.わたしの せんせい 2.わたしの でんわばんごう 3.わたしの なまえ 4.たけしさんの せんもん 5.メアリーさんの ともだち 6.ロンドンだいがくの がくせい 7.にほんごの せんせい 8.こうこうの せんせい

V-A. (p. 23)
(a) 1.たけしさんは にほんじんです。 2.スーさんは かんこくじんです。 3.ロバートさんは イギリスじんです。 4.やましたせんせいは にほんじんです。
(b) 1.たけしさんは よねんせいです。 2.スーさんは さんねんせいです。 3.ロバートさんは よねんせいです。
(c) 1.たけしさんは にじゅうにさいです。 2.スーさんは はたちです。 3.ロバートさんは にじゅうにさいです。 4.やましたせんせいは よんじゅうななさいです。
(d) 1.たけしさんは とうざいだいがくの がくせいです。 2.スーさんは ソウルだいがくの がくせいです。 3.ロバートさんは ロンドンだいがくの がくせいです。 4.やましたせんせいは とうざいだいがくの せんせいです。
(e) 1.たけしさんの せんもんは れきしです。 2.スーさんの せんもんは コンピューターです。 3.ロバートさんの せんもんは ビジネスです。

V-B. (p. 24)
1.Q：メアリーさんは アリゾナだいがくの がくせいですか。 A：ええ、そうです。 2.Q：メアリーさんは いちねんせいですか。 A：いいえ、にねんせいです。 3.Q：たけしさんは にほんじんですか。 A：ええ、そうです。 4.Q：たけしさんは にほんだいがくの がくせいですか。 A：いいえ、

とうざいだいがくの がくせいです。 5.Q：たけしさんは じゅうきゅうさいですか。A：いいえ、にじゅうさいです。 6.Q：スーさんは スウェーデンじんですか。A：いいえ、かんこくじんです。 7.Q：スーさんの せんもんは けいざいですか。A：いいえ、コンピューターです。 8.Q：ロバートさんの せんもんは ビジネスですか。A：ええ、そうです。 9.Q：ロバートさんは よねんせいですか。A：ええ、そうです。 10.Q：ロバートさんは にじゅういっさいですか。A：いいえ、にじゅうさいです。 11.Q：やましたせんせいは にほんじんですか。A：ええ、そうです。 12.Q：やましたせんせいは ハワイだいがくの せんせいですか。A：いいえ、とうざいだいがくの せんせいです。

Ⅵ-A. (p. 25)

(a) 1.メアリーさんの おかあさんは しゅふです。 2.メアリーさんの おにいさんは だいがくいんせいです。 3.メアリーさんの いもうとは こうこうせいです。
(b) 1.メアリーさんの おかあさんは よんじゅうごさいです。 2.メアリーさんの おにいさんは にじゅうさんさいです。 3.メアリーさんの いもうとは じゅうろくさいです。

Ⅵ-B. (p. 26)

1.はい、そうです。 2.よんじゅうはっさいです。 3.いいえ、しゅふです。 4.よんじゅうごさいです。 5.いいえ、だいがくいんせいです。 6.にじゅうさんさいです。 7.いいえ、こうこうせいです。 8.じゅうろくさいです。

会話・文法編 第2課

Ⅰ-A. (p. 40)

(a)さんじゅうよん／さんじゅうし (b)ろくじゅうなな／ろくじゅうしち (c)はちじゅうさん (d)きゅうじゅうきゅう／きゅうじゅうく (e)ひゃくにじゅうご (f)ごひゃくじゅうご (g)ろっぴゃくさん (h)はっぴゃくごじゅう (i)せんさんびゃく (j)さんぜんよんひゃく (k)はっせんきゅうひゃく (l)さんまんごせん (m)ろくまんよんせんごひゃく (n)きゅうまんにせんさんびゃくよんじゅう

Ⅰ-B. (p. 40)

(1)ごじゅうえんです。 (2)せんえんです。 (3)ひゃくじゅうえんです。 (4)せんごひゃくえんです。 (5)ろっぴゃくえんです。 (6)さんぜんごひゃくえんです。 (7)いちまんえんです。 (8)にまんえんです。 (9)はっせんえんです。 (10)きゅうせんえんです。 (11)にまんごせんえんです。 (12)よんひゃくごじゅうえんです。 (13)にせんはっぴゃくえんです。

Ⅱ-A. (p. 42)

(1)これは じてんしゃです。 (2)これは ぼうしです。 (3)これは えんぴつです。 (4)これは かさです。 (5)これは じしょです。 (6)これは かばんです。 (7)それは テープです。 (8)それは にほんごの ほんです。 (9)それは ノートです。 (10)それは くつです。 (11)それは とけいです。 (12)それは しんぶんです。

Ⅱ-B. (p. 43)

(1)あれは だいがくです。 (2)あれは ぎんこうです。 (3)あれは ゆうびんきょくです。 (4)あれは きっさてんです。

Ⅳ. (p. 45)

(1)メアリーさんは にねんせいです。たなかさんも にねんせいです。 (2)このかばんは ごせんはっぴゃくえんです。あのかばんも ごせんはっぴゃくえんです。 (3)たけしさんは にじゅうさいです。ロバートさんも にじゅうさいです。 (4)これは とけいです。あれも とけいです。 (5)これは やさいです。あれも やさいです。 (6)ロバートさんは ロンドンだいがくの がくせいです。ナンシーさんも ロンドンだいがくの がくせいです。

Ⅴ-A. (p. 46)

1.いいえ、ちゅうごくじんじゃありません。にほんじんです。 2.いいえ、アメリカじんじゃありません。イギリスじんです。 3.いいえ、かんこくじんじゃありません。にほんじんです。 4.いいえ、にほんごじゃありません。ビジネスです。 5.いいえ、けいざいじゃありません。コンピューターです。 6.はい、そうです。 7.いいえ、ロンドンだいがくの がくせいじゃありません。アリゾナだいがくの がくせいです。 8.いいえ、にねんせい

じゃありません。よねんせいです。 9.いいえ、いちねんせいじゃありません。さんねんせいです。 10.はい、そうです。

会話・文法編 第3課

I-A. (p. 65)
1.のみます／のみません 2.ききます／ききません 3.みます／みません 4.します／しません 5.はなします／はなしません 6.いきます／いきません 7.きます／きません 8.かえります／かえりません 9.ねます／ねません 10.よみます／よみません 11.おきます／おきません 12.べんきょうします／べんきょうしません

I-B. (p. 65)
(a)(1)テープを聞きます。 (2)テニスをします。 (3)ハンバーガーを食べます。 (4)コーヒーを飲みます。 (5)テレビを見ます。 (6)日本語を話します。
(b)(1)LLでテープを聞きます。 (2)学校でテニスをします。 (3)マクドナルドでハンバーガーを食べます。 (4)喫茶店でコーヒーを飲みます。 (5)うちでテレビを見ます。 (6)大学で日本語を話します。

I-C. (p. 66)
(1)図書館に行きます。 (2)学校に来ます。 (3)喫茶店に来ます。 (4)家に帰ります。 (5)アメリカに帰ります。

II-A. (p. 68)
1.七時半に起きます。 2.八時半に学校に行きます。 3.十二時に昼ごはんを食べます。 4.三時にコーヒーを飲みます。 5.五時にうちに帰ります。 6.八時に勉強します。 7.十一時半に寝ます。

II-C. (p. 68)
(I-B)(1)四時半にLLでテープを聞きます。 (2)土曜日に学校でテニスをします。 (3)五時にマクドナルドでハンバーガーを食べます。 (4)三時に喫茶店でコーヒーを飲みます。 (5)今晩うちでテレビを見ます。 (6)毎日大学で日本語を話します。
(I-C)(1)三時に図書館に行きます。 (2)八時半に学校に来ます。 (3)日曜日に喫茶店に来ます。 (4)五時半に家に帰ります。 (5)あしたアメリカに帰ります。

III-A. (p. 69)
1.映画を見ませんか。 2.私のうちに来ませんか。 3.テニスをしませんか。 4.晩ごはんを食べませんか。 5.図書館で勉強しませんか。 6.喫茶店で話しませんか。 7.うちでお茶を飲みませんか。 8.音楽を聞きませんか。

会話・文法編 第4課

I-C. (p. 84)
1.はい、あります。 2.いいえ、ありません。 3.いいえ、ありません。 4.いいえ、ありません。 5.フランス語のクラスと英語のクラスとコンピューターのクラスがあります。 6.英語のテストとパーティーがあります。 7.アルバイトがあります。

II-A. (p. 85)
1.郵便局は病院の前です。 2.喫茶店はホテルの中です。 3.バス停は大学の前です。 4.公園はホテルの後ろです。 5.スーパーは図書館のとなりです。 6.病院は大学とホテルの間です。

II-B. (p. 85)
1.えんぴつはつくえの上です。 2.ラケットはかばんの中です。 3.時計はテレビの上です。 4.電話はテレビの右です。 5.かばんはつくえの下です。 6.ぼうしはドアの左です。

III-A. (p. 86)
1.いいえ、山下先生は子供じゃありませんでした。 2.いいえ、山下先生は一年生じゃありませんでした。 3.はい、山下先生はいい学生でした。 4.いいえ、山下先生の専門は英語じゃありませんでした。 5.はい、山下先生の専門は歴史でした。

IV-A. (p. 88)
1.はなしました／はなしませんでした 2.かいました／かいませんでした 3.よみました／よみませんでした 4.かきました／かきませんでした 5.きました／きませんでした 6.まちました／まちませんでした 7.おきました／おきませんでした 8.わかりました／わかりませんでした 9.し

ました／しませんでした　10.とりました／とりませんでした　11.ありました／ありませんでした　12.ねました／ねませんでした　13.ききました／ききませんでした　14.かえりました／かえりませんでした　15.のみました／のみませんでした

IV-B. (p. 88)

(1)メアリーさんは火曜日に家で手紙を書きました。　(2)メアリーさんは水曜日に学校でテニスをしました。　(3)メアリーさんは木曜日に喫茶店で日本人の友だちに会いました。　(4)メアリーさんは金曜日に友だちのうちで晩ごはんを食べました。　(5)メアリーさんは土曜日に京都で映画を見ました。　(6)メアリーさんは日曜日にデパートで買い物をしました。

IV-C. (p. 89)

1.はい、書きました。　2.いいえ、行きませんでした。　3.はい、会いました。　4.いいえ、行きませんでした。　5.いいえ、しませんでした。　6.はい、しました。

IV-D. (p. 89)

1.学校でテニスをしました。　2.家で手紙を書きました。　3.土曜日に映画を見ました。　4.日曜日に買い物をしました。　5.友だちのうちで晩ごはんを食べました。　6.喫茶店で友だちに会いました。

VI-A. (p. 90)

1.たけしさんはかばんも買いました。　2.メアリーさんも日本語を勉強します。　3.たけしさんは日曜日にもアルバイトをします。　4.メアリーさんは学校でも日本語を話します。　5.あした、メアリーさんはスーさんにも会います。　6.きのうもLLに行きませんでした。

VI-B. (p. 91)

(1)木村さんはパーティーに行きます。山口さんもパーティーに行きます。　(2)ごはんを食べます。パンも食べます。　(3)コーヒーを飲みます。お茶も飲みます。　(4)英語を話します。スペイン語も話します。　(5)公園で写真を撮ります。お寺でも写真を撮ります。　(6)うちで勉強します。図書館でも勉強します。　(7)土曜日にデートをします。日曜日にもデートをします。　(8)火曜日にテストがあります。木曜日にもテストがあります。　(9)東京に行きます。広島にも行きます。

会話・文法編　第5課

I-A. (p. 105)

1.やすいです　2.あついです　3.さむいです　4.おもしろいです　5.つまらないです　6.いそがしいです　7.いいです　8.しずかです　9.にぎやかです　10.きれいです　11.ひまです

I-B. (p. 105)

1.さむくありません　2.ふるくありません　3.こわくありません　4.あたらしくありません　5.むずかしくありません　6.ちいさくありません　7.よくありません　8.げんきじゃありません　9.しずかじゃありません　10.きれいじゃありません　11.ハンサムじゃありません

I-C. (p. 105)

(1)この時計は安いです。／この時計は高くありません。　(2)暑いです。　(3)寒いです。　(4)このテレビはおもしろいです。　(5)このテレビはつまらないです。／このテレビはおもしろくありません。　(6)メアリーさんは忙しいです。／メアリーさんはひまじゃありません。　(7)メアリーさんはひまです。／メアリーさんは忙しくありません。　(8)この町は静かです。／この町はにぎやかじゃありません。　(9)この町はにぎやかです。／この町は静かじゃありません。　(10)この部屋はきれいです。　(11)テストはいいです。　(12)この部屋はきれいじゃありません。　(13)テストはよくありません。

II-A. (p. 107)

1.やすかったです　2.あつかったです　3.さむかったです　4.おもしろかったです　5.つまらなかったです　6.いそがしかったです　7.よかったです　8.しずかでした　9.にぎやかでした　10.きれいでした　11.ひまでした

II-B. (p. 107)

1.たかくありませんでした　2.たのしくありませんでした　3.やさしくありませんでした　4.つまらなくありませんでした　5.おおきくありませんでした　6.よくありませんでした　7.いそがしく

ありませんでした　8.にぎやかじゃありませんでした　9.しずかじゃありませんでした　10.きれいじゃありませんでした　11.ひまじゃありませんでした

II-C. (p. 107)
1.食べ物は高くありませんでした。　2.食べ物はおいしかったです。　3.ホテルは大きくありませんでした。　4.ホテルは新しかったです。　5.レストランは静かじゃありませんでした。　6.海はきれいでした。　7.サーフィンはおもしろかったです。

II-D. (p. 108)
(1)映画を見ました。・こわかったです。　(2)うちにいました。・とてもつまらなかったです。　(3)パーティーに行きました。・楽しくありませんでした。　(4)フリーマーケットに行きました。・安くありませんでした。　(5)(解答略)

III-A. (p. 108)
(1)古いホテルですね。　(2)つまらないテレビですね。　(3)難しい宿題ですね。　(4)忙しい人ですね。　(5)ひまな人ですね。　(6)にぎやかな町ですね。　(7)きれいな部屋ですね。

III-B. (p. 109)
(1)スーさんはきれいな人です。　(2)ロバートさんはおもしろい人です。　(3)たけしさんは元気な人です。

V-A. (p. 110)
1.うちに帰りましょう。　2.先生に聞きましょう。　3.映画を見ましょう。　4.はがきを買いましょう。　5.出かけましょう。　6.待ちましょう。　7.泳ぎましょう。　8.写真を撮りましょう。　9.バスに乗りましょう。

会話・文法編　第6課

I-A. (p. 123)
1.たべて　2.かって　3.よんで　4.かいて　5.きて　6.まって　7.あそんで　8.とって　9.して　10.いそいで　11.いって　12.ねて　13.しんで　14.はなして　15.かえって

I-B. (略)

I-C. (p. 123)
1.あした電話をかけてください。　2.手紙を書いてください。　3.窓を開けてください。　4.お茶を飲んでください。　5.漢字を教えてください。　6.飲み物を持ってきてください。　7.待ってください。　8.私と来てください。　9.病院に行ってください。　10.本を返してください。　11.友だちを連れてきてください。　12.立ってください。

I-D. (p. 124)
(1)電気を消してください。　(2)入ってください。　(3)このテープを聞いてください。　(4)急いでください。／待ってください。　(5)窓を閉めてください。

II-A. (p. 124)
1.たばこを吸ってもいいですか。　2.電話をかけてもいいですか。　3.朝、お風呂に入ってもいいですか。　4.遅く帰ってもいいですか。　5.友だちを連れてきてもいいですか。　6.音楽を聞いてもいいですか。　7.夜、出かけてもいいですか。　8.テレビゲームをしてもいいですか。

II-B. (p. 125)
1.お手洗いに行ってもいいですか。　2.家に帰ってもいいですか。　3.あした宿題を持ってきてもいいですか。　4.英語で話してもいいですか。　5.たばこを吸ってもいいですか。　6.電話を使ってもいいですか。／電話を借りてもいいですか。　7.写真を撮ってもいいですか。　8.窓を開けてもいいですか。　9.電気をつけてもいいですか。

II-C. (p. 125)
1.たばこを吸ってはいけません。　2.電話をかけてはいけません。　3.朝、お風呂に入ってはいけません。　4.遅く帰ってはいけません。　5.友だちを連れてきてはいけません。　6.音楽を聞いてはいけません。　7.夜、出かけてはいけません。　8.テレビゲームをしてはいけません。

III-A. (p. 125)
(1)テレビを消して、出かけます。　(2)朝ごはんを食べて、お手洗いに行きます。　(3)お風呂に入って、デートをします。　(4)日本語のテープを聞い

て、寝ます。 (5)新聞を読んで、コーヒーを飲みます。

Ⅴ. (p. 127)
1.窓を開けましょうか。 2.テレビをつけましょうか。 3.手伝いましょうか。 4.先生に聞きましょうか。 5.電話をかけましょうか。 6.荷物を持ちましょうか。 7.飲み物を持ってきましょうか。 8.電気を消しましょうか。 9.写真を撮りましょうか。 10.窓を閉めましょうか。

会話・文法編 第7課

Ⅰ-A. (p. 142)
(1)メアリーさんは本を読んでいます。 (2)メアリーさんは泳いでいます。 (3)メアリーさんは写真を撮っています。 (4)メアリーさんは日本語のテープを聞いています。 (5)メアリーさんは歌を歌っています。 (6)メアリーさんは日本語を話しています。 (7)メアリーさんは友だちを待っています。 (8)メアリーさんはたばこを吸っています。 (9)メアリーさんはテニスをしています。 (10)メアリーさんはコーヒーを飲んでいます。 (11)メアリーさんは電話をかけています。

Ⅱ-A. (p. 143)
1.お姉さんはソウルに住んでいます。 2.いいえ、弟さんはロンドンに住んでいます。 3.お母さんは高校の先生です。 4.お姉さんは銀行に勤めています。 5.はい、お姉さんは結婚しています。 6.いいえ、弟さんは結婚していません。 7.お父さんは四十八歳です。 8.弟さんは十八歳です。 9.いいえ、お父さんはアメリカの会社に勤めています。

Ⅲ-A. (p. 144)
1.いいえ、山田さんは太っていません。 2.いいえ、山田さんはセーターを着ています。 3.吉川さんはトレーナーを着ています。 4.はい、山田さんはジーンズをはいています。 5.いいえ、吉川さんはめがねをかけていません。 6.いいえ、吉川さんはかさを持っていません。 7.はい、山田さんは背が高いです。 8.はい、吉川さんは背が低いです。 9.いいえ、山田さんは髪が短いです。 10.いいえ、吉川さんは目が大きいです。

Ⅳ-A. (p. 145)
1.東京は大きくてにぎやかです。 2.みちこさんはきれいでやさしいです。 3.たけしさんは背が高くてかっこいいです。 4.アパートは静かで大きいです。 5.新幹線は速くて便利です。 6.スーさんは頭がよくて親切です。 7.私の国の人は元気でにぎやかです。

Ⅳ-B. (p. 145)
1.私の町は静かでよかったです。 2.私の先生は大きくてこわかったです。 3.私の家は古くてきれいじゃありませんでした。 4.クラスは長くておもしろくありませんでした。 5.私の友だちは親切でおもしろかったです。 6.学校はにぎやかでおもしろかったです。 7.宿題は難しくて大変でした。 8.私は小さくてかわいかったです。

Ⅴ-A. (p. 146)
1.スーさんはLLにテープを聞きに行きます。
2.スーさんは図書館に本を借りに行きます。
3.スーさんは食堂に昼ごはんを食べに行きます。
4.スーさんは郵便局に切手を買いに行きます。
5.スーさんは公園に写真を撮りに行きます。
6.スーさんは友だちのうちに勉強しに行きます。
7.スーさんは町に遊びに行きます。
8.スーさんはデパートにくつを買いに行きます。
9.スーさんは高校に英語を教えに行きます。
10.スーさんは喫茶店にコーヒーを飲みに行きます。

会話・文法編 第8課

Ⅰ-A. (p. 161)
1.みない 2.あけない 3.すまない 4.かけない 5.はかない 6.はじめない 7.つくらない 8.せんたくしない 9.あらわない 10.こない 11.わすれない 12.ない 13.おもわない 14.もっていかない 15.はいらない 16.かえらない 17.あめがふらない

Ⅰ-B. (p. 161)
1.ゆうめいじゃない 2.あめじゃない 3.いそがしくない 4.かわいくない 5.みじかくない 6.しんせつじゃない 7.やすくない 8.きれいじゃない 9.たいへんじゃない 10.よくない 11.かっこよくない 12.すきじゃない 13.きらいじゃない

II-A. (p. 161)

1. うん、勉強する。／ううん、勉強しない。 2. うん、会う。／ううん、会わない。 3. うん、飲む。／ううん、飲まない。 4. うん、乗る。／ううん、乗らない。 5. うん、話す。／ううん、話さない。 6. うん、見る。／ううん、見ない。 7. うん、来る。／ううん、来ない。 8. うん、ある。／ううん、ない。 9. うん、持っている。／ううん、持っていない。 10. うん、行く。／ううん、行かない。 11. うん、掃除する。／ううん、掃除しない。 12. うん、洗濯する。／ううん、洗濯しない。

II-B. (p. 162)

1. うん、ひま。／ううん、ひまじゃない。 2. うん、忙しい。／ううん、忙しくない。 3. うん、おもしろい。／ううん、おもしろくない。 4. うん、難しい。／ううん、難しくない。 5. うん、いい。／ううん、よくない。 6. うん、こわい。／ううん、こわくない。 7. うん、上手。／ううん、上手じゃない。 8. うん、好き。／ううん、好きじゃない。 9. うん、きらい。／ううん、きらいじゃない。 10. うん、月曜日。／ううん、月曜日じゃない。

III-A. (p. 162)

1. メアリーさんはよく料理をすると思います。 2. メアリーさんは車を運転すると思います。 3. メアリーさんはたばこを吸わないと思います。 4. メアリーさんは毎日日本語のテープを聞くと思います。 5. メアリーさんは夜遅く家に帰らないと思います。 6. メアリーさんはあまりお酒を飲まないと思います。 7. メアリーさんはよく映画を見に行くと思います。 8. メアリーさんは結婚していないと思います。 9. メアリーさんはたけしさんが好きだと思います。 10. メアリーさんは忙しいと思います。 11. メアリーさんはいい学生だと思います。 12. メアリーさんは背が高くないと思います。 13. メアリーさんはこわくないと思います。 14. メアリーさんは静かじゃないと思います。 15. メアリーさんは一年生じゃないと思います。

III-B. (p. 162)

(Picture A)

1. ええ、会社員だと思います。／いいえ、会社員じゃないと思います。 2. ええ、有名だと思います。／いいえ、有名じゃないと思います。 3. ええ、ひまだと思います。／いいえ、ひまじゃないと思います。 4. ええ、頭がいいと思います。／いいえ、頭がよくないと思います。 5. ええ、背が高いと思います。／いいえ、背が高くないと思います。 6. ええ、忙しいと思います。／いいえ、忙しくないと思います。 7. ええ、結婚していると思います。／いいえ、結婚していないと思います。 8. ええ、お金をたくさん持っていると思います。／いいえ、お金をたくさん持っていないと思います。 9. ええ、よく食べると思います。／いいえ、あまり食べないと思います。 10. ええ、よくスポーツをすると思います。／いいえ、あまりスポーツをしないと思います。 11. ええ、フランス語を話すと思います。／いいえ、フランス語を話さないと思います。

(Picture B)

1. ええ、ここは日本だと思います。／いいえ、ここは日本じゃないと思います。 2. ええ、有名な所だと思います。／いいえ、有名な所じゃないと思います。 3. ええ、空気はきれいだと思います。／いいえ、空気はきれいじゃないと思います。 4. ええ、暑いと思います。／いいえ、暑くないと思います。 5. ええ、冬は寒いと思います。／いいえ、冬は寒くないと思います。 6. ええ、人がたくさん住んでいると思います。／いいえ、人がたくさん住んでいないと思います。 7. ええ、ここの人はよく泳ぐと思います。／いいえ、ここの人はあまり泳がないと思います。 8. ええ、よく仕事をすると思います。／いいえ、あまり仕事をしないと思います。 9. ええ、夏によく雨が降ると思います。／いいえ、夏にあまり雨が降らないと思います。

IV-A. (p. 164)

1. 来月もひまじゃないと言っていました。 2. あしたは買い物をすると言っていました。 3. 京都に住んでいると言っていました。 4. ホームステイをしていると言っていました。 5. お父さんは親切だと言っていました。 6. お母さんは料理が上手だと言っていました。 7. お兄さんは大学生だと言っていました。 8. 家族は英語を話さないと言っていました。 9. あしたはいい天気だと言っていました。 10. あしたは寒くないと言っていました。 11. あさっては雨が降ると言っていました。 12. あさっては寒いと言っていました。

V. (p. 165)
1.英語を話さないでください。 2.電話をかけないでください。 3.私の家に来ないでください。 4.行かないでください。 5.たばこを吸わないでください。 6.クラスで寝ないでください。 7.忘れないでください。 8.じろじろ見ないでください。 9.まだクラスを始めないでください。 10.遅くならないでください。 11.まだ黒板を消さないでください。

VI-A. (p. 165)
1.メアリーさんはフランス語が上手です。 2.メアリーさんはテレビゲームが下手です。 3.メアリーさんは料理が上手です。 4.メアリーさんはすしを作るのが下手です。 5.メアリーさんは日本語を話すのが上手です。 6.メアリーさんは写真を撮るのが上手です。 7.メアリーさんは車を運転するのが上手です。 8.メアリーさんははしで食べるのが上手です。 9.メアリーさんはラブレターを書くのが上手です。

VII-A. (p. 166)
1.スーさんが韓国人です。 2.ロバートさんが料理をするのが上手です。 3.たけしさんがいつも食堂で食べます。 4.たけしさんとメアリーさんがデートをしました。 5.メアリーさんが犬が好きです。

VIII-A. (p. 166)
1.パーティーに行きましたが、何も飲みませんでした。 2.カラオケがありましたが、何も歌いませんでした。 3.テレビがありましたが、何も見ませんでした。 4.カメラを持っていましたが、何も撮りませんでした。 5.ゆみさんに会いましたが、何も話しませんでした。 6.パーティーに行きましたが、何もしませんでした。

会話・文法編 **第9課**

I-A. (p. 179)
(a) 1.はなした 2.しんだ 3.すんだ 4.かけた 5.いった 6.あそんだ 7.つくった 8.せんたくした 9.あらった 10.きた 11.ひいた 12.まった 13.いそいだ 14.もらった 15.おどった 16.でた

(b) 1.みなかった 2.すてなかった 3.すまなかった 4.かけなかった 5.はかなかった 6.はじまらなかった 7.つくらなかった 8.せんたくしなかった 9.あらわなかった 10.こなかった 11.いわなかった 12.うんどうしなかった 13.おぼえなかった 14.うたわなかった 15.かえらなかった 16.やすまなかった

I-B. (p. 179)
(a) 1.ゆうめいだった 2.あめだった 3.あかかった 4.かわいかった 5.みじかかった 6.しんせつだった 7.やすかった 8.きれいだった 9.いいてんきだった 10.かっこよかった 11.さびしかった 12.ねむかった

(b) 1.いじわるじゃなかった 2.びょうきじゃなかった 3.わかくなかった 4.かわいくなかった 5.ながくなかった 6.べんりじゃなかった 7.あおくなかった 8.しずかじゃなかった 9.いいてんきじゃなかった 10.かっこよくなかった 11.おもしろくなかった 12.さびしくなかった

II-A. (p. 180)
1.きのうピザを食べた？ 2.きのう散歩した？ 3.きのう図書館で本を借りた？ 4.きのううちを掃除した？ 5.きのううちで料理した？ 6.きのう友だちに会った？ 7.きのう単語を覚えた？ 8.きのう学校に来た？ 9.きのう家族に電話をかけた？ 10.きのうコンピューターを使った？ 11.きのう手紙をもらった？ 12.きのう遊びに行った？ 13.きのう運動した？ 14.きのうディスコで踊った？

II-B. (p. 181)
1.子供の時、かわいかった？ 2.子供の時、髪が長かった？ 3.子供の時、背が高かった？ 4.子供の時、勉強が好きだった？ 5.子供の時、スキーが上手だった？ 6.子供の時、さびしかった？ 7.子供の時、楽しかった？ 8.子供の時、スポーツが好きだった？ 9.子供の時、宿題がきらいだった？ 10.子供の時、頭がよかった？ 11.子供の時、先生は親切だった？ 12.子供の時、いじわるだった？

III-A. (p. 181)
(a) 1.はい、きれいだったと思います。／いいえ、きれいじゃなかったと思います。 2.はい、いじわ

るだったと思います。／いいえ、いじわるじゃなかったと思います。　3.はい、上手だったと思います。／いいえ、上手じゃなかったと思います。　4.はい、頭がよかったと思います。／いいえ、頭がよくなかったと思います。　5.はい、背が高かったと思います。／いいえ、背が高くなかったと思います。　6.はい、黒かったと思います。／いいえ、黒くなかったと思います。　7.はい、やせていたと思います。／いいえ、やせていなかったと思います。　8.はい、弾いたと思います。／いいえ、弾かなかったと思います。　9.はい、勉強したと思います。／いいえ、勉強しなかったと思います。　10.はい、手伝ったと思います。／いいえ、手伝わなかったと思います。

(b) 1.はい、かわいかったと思います。／いいえ、かわいくなかったと思います。　2.はい、好きだったと思います。／いいえ、好きじゃなかったと思います。　3.はい、太っていたと思います。／いいえ、太っていなかったと思います。　4.はい、いじわるだったと思います。／いいえ、いじわるじゃなかったと思います。　5.はい、遊んだと思います。／いいえ、遊ばなかったと思います。　6.はい、人気があったと思います。／いいえ、人気がなかったと思います。

Ⅵ-A. (p. 184)
1.いいえ、まだ買っていません。　2.いいえ、まだしていません。　3.いいえ、まだ書いていません。　4.いいえ、まだ飲んでいません。　5.いいえ、まだ食べていません。　6.いいえ、まだ覚えていません。

Ⅶ-A. (p. 185)
1.魚がきらいだから→すしを食べません。　2.試験が終わったから→今はひまです。　3.旅行に行ったから→学校を休みました。　4.コンサートの切符を二枚もらったから→行きませんか。　5.天気がよくなかったから→遊びに行きませんでした。　6.クラスが始まるから→急ぎましょう。

会話・文法編 **第10課**

Ⅰ-A. (p. 199)
1.新幹線のほうがバスより速いです。　2.電車のほうが新幹線より遅いです。　3.バスのほうが新幹線より安いです。　4.電車のほうがバスより高いです。　5.東京のほうが大阪より大きいです。　6.京都のほうが大阪より小さいです。　7.田中さんのほうが山田さんより背が高いです。　8.山田さんのほうが鈴木さんより背が低いです。　9.田中さんのほうが鈴木さんより若いです。　10.山田さんのほうが鈴木さんより髪が短いです。

Ⅱ-A. (p. 200)
1.バスがいちばん遅いです。　2.バスがいちばん安いです。　3.東京がいちばん大きいです。　4.京都がいちばん小さいです。　5.鈴木さんがいちばん背が高いです。　6.山田さんがいちばん若いです。　7.鈴木さんがいちばん髪が長いです。

Ⅲ-A. (p. 202)
(1)このアイスクリームはスーさんのです。　(2)このピザはトムさんのです。　(3)このパンはたろうさんのです。　(4)このトマトはゆみさんのです。　(5)このケーキはようこさんのです。　(6)このヨーグルトはクリスさんのです。　(7)このジュースはけんさんのです。　(8)このミルクはまりさんのです。

Ⅳ-A. (p. 203)
(1)月曜日にピアノを練習するつもりです。　(2)火曜日に運動するつもりです。　(3)水曜日に洗濯するつもりです。　(4)木曜日に友だちに手紙を書くつもりです。　(5)木曜日に出かけないつもりです。　(6)金曜日に友だちと晩ごはんを食べるつもりです。　(7)金曜日に日本語を勉強しないつもりです。　(8)土曜日に友だちのうちに泊まるつもりです。　(9)土曜日に家に帰らないつもりです。　(10)日曜日に部屋を掃除するつもりです。　(11)日曜日に早く起きないつもりです。

Ⅴ-A. (p. 204)
(1)眠くなりました。　(2)元気になりました。　(3)大きくなりました。　(4)髪が短くなりました。　(5)ひまになりました。　(6)暑くなりました。　(7)涼しくなりました。　(8)医者になりました。　(9)春になりました。　(10)円が安くなりました。

Ⅵ-A. (p. 205)
(1)うちから学校までバスで行きます。　(2)うちからバス停まで歩いて行きます。　(3)うちから会

社まで車で行きます。 (4)横浜から東京まで電車で行きます。 (5)会社からデパートまで地下鉄で行きます。 (6)名古屋から東京まで新幹線で行きます。 (7)日本からハワイまで飛行機で行きます。 (8)日本からインドネシアまで船で行きます。

Ⅵ-B. (p. 206)

(1)うちから学校まで四十分かかります。 (2)うちからバス停まで二十分かかります。 (3)うちから会社まで一時間かかります。 (4)横浜から東京まで三十分かかります。 (5)会社からデパートまで十五分かかります。 (6)名古屋から東京まで二時間かかります。 (7)日本からハワイまで八時間かかります。 (8)日本からインドネシアまで一週間かかります。

会話・文法編 第11課

Ⅰ-A. (p. 219)

1.湖に行きたいです。 2.日本語のテープが聞きたいです。 3.旅行がしたいです。 4.ゆっくり休みたくありません。 5.会社の社長になりたくありません。 6.日本で働きたいです。 7.車が買いたいです。 8.日本に住みたくありません。 9.留学したいです。 10.山に登りたくありません。

Ⅰ-C. (p. 219)

1.子供の時、テレビが見たかったです。 2.子供の時、飛行機に乗りたかったです。 3.子供の時、お風呂に入りたくありませんでした。 4.子供の時、犬が飼いたかったです。 5.子供の時、学校をやめたくありませんでした。 6.子供の時、魚が食べたくありませんでした。 7.子供の時、男の子／女の子と話したくありませんでした。 8.子供の時、ピアノが習いたくありませんでした。 9.子供の時、車が運転したかったです。 10.子供の時、有名になりたかったです。 11.子供の時、ミッキー・マウスに会いたかったです。

Ⅱ-A. (p. 221)

1.たけしさんはキャンプに行ったり、ドライブに行ったりしました。 2.きょうこさんはお菓子を作ったり、家で本を読んだりしました。 3.スーさんは大阪に遊びに行ったり、食べに行ったりしました。 4.けんさんは部屋を掃除したり、洗濯したりしました。 5.ロバートさんは友だちと会ったり、ビデオを見たりしました。 6.山下先生は温泉に行ったり、休んだりしました。

Ⅲ-A. (p. 222)

1.すしを食べたことがあります。 2.フランス語を勉強したことがあります。 3.レストランで働いたことがあります。 4.広島に行ったことがありません。 5.ラブレターを書いたことがありません。 6.授業で寝たことがあります。 7.富士山に登ったことがあります。 8.日本で車を運転したことがありません。 9.日本の映画を見たことがありません。

会話・文法編 第12課

Ⅰ-A. (p. 236)

(1)彼から電話があったんです。 (2)プレゼントをもらったんです。 (3)あしたは休みなんです。 (4)きのうは誕生日だったんです。 (5)テストが難しくなかったんです。 (6)のどが痛いんです。 (7)かぜをひいたんです。 (8)切符をなくしたんです。 (9)あしたテストがあるんです。 (10)せきが出るんです。 (11)彼女と別れたんです。

Ⅰ-B. (p. 237)

(1)友だちにもらったんです。 (2)イタリアのなんです。 (3)母が作ったんです。 (4)安かったんです。 (5)親切なんです。

Ⅱ-A. (p. 238)

(1)食べすぎました。 (2)飲みすぎました。 (3)テレビを見すぎました。 (4)買いすぎました。 (5)この服は大きすぎます。 (6)このテストは難しすぎます。 (7)このセーターは高すぎます。 (8)このお風呂は熱すぎます。 (9)この宿題は多すぎます。 (10)この犬は元気すぎます。

Ⅲ-A. (p. 240)

1.早く寝たほうがいいですよ。 2.遊びに行かないほうがいいですよ。 3.病院に行ったほうがいいですよ。 4.仕事を休んだほうがいいですよ。 5.うちに帰ったほうがいいですよ。 6.運動しないほうがいいですよ。

IV-A. (p. 241)

1.安いので、買います。 2.あの映画はおもしろくないので、見たくありません。 3.今週は忙しかったので、疲れています。 4.病気だったので、授業を休みました。 5.彼女はいつも親切なので、人気があります。 6.政治に興味がないので、新聞を読みません。 7.あしたテストがあるので、勉強します。 8.のどがかわいたので、ジュースが飲みたいです。 9.歩きすぎたので、足が痛いです。

V-A. (p. 242)

(1)トムさんは八時にうちを出なくちゃいけません。 (2)トムさんは九時に授業に出なくちゃいけません。 (3)トムさんは一時に山下先生に会わなくちゃいけません。 (4)トムさんは二時に英語を教えなくちゃいけません。 (5)トムさんは三時にLLに行って、テープを聞かなくちゃいけません。 (6)トムさんは五時にうちに帰らなくちゃいけません。 (7)トムさんは六時にホストファミリーと晩ごはんを食べなくちゃいけません。 (8)トムさんは八時に宿題をしなくちゃいけません。 (9)トムさんは九時にお風呂に入らなくちゃいけません。 (10)トムさんは十時に薬を飲まなくちゃいけません。 (11)トムさんは十一時にうちに電話をかけなくちゃいけません。

VI-A. (p. 243)

(1)シドニーはあした晴れでしょう。 (2)シドニーはあした暑いでしょう。 (3)シドニーの気温は、三十度ぐらいでしょう。 (4)香港はあした雨でしょう。 (5)香港はあした涼しいでしょう。 (6)香港の気温は、十八度ぐらいでしょう。 (7)ローマはあしたくもりでしょう。 (8)ローマはあした暖かいでしょう。 (9)ローマの気温は、二十度ぐらいでしょう。

読み書き編

読み書き編 第1課

I. (p. 253)

A. 1.よ 2.ほ 3.め 4.す 5.き 6.ち 7.た 8.ろ 9.え

B. 1.Tanaka 2.Yamamoto 3.Akai 4.Hashimoto 5.Takahashi 6.Nakamura 7.Morikawa 8.Sakuma 9.Sapporo 10.Kyoto 11.Kanazawa 12.Osaka 13.Nagasaki 14.Gifu 15.Beppu 16.Chiba

C. (1)ほ (2)む (3)き (4)し (5)あ

D.〔解答例〕(1)る、ろ、え、そ、ね、み、れ、わ (2)あ、お、け、は、ほ (3)の、あ、め、ぬ (4)ま、よ、は、ほ (5)ま、き、ほ、も (6)け、は、ほ、い、に、ゆ

E. 1.でんわ 2.えいご 3.にほん 4.なまえ 5.せんせい 6.だいがく

II. (p. 254)

1.たなか ゆうこ 2.やまだ まこと 3.きたの ひろみ 4.れきし(歴史)

読み書き編 第2課

I. (p. 258)

A. 1.オ 2.ヌ 3.サ 4.シ 5.ク 6.マ 7.ル 8.ホ 9.ユ

B. 1.(c) 2.(d) 3.(i) 4.(f) 5.(h) 6.(a) 7.(k) 8.(j) 9.(g) 10.(l) 11.(e) 12.(b)

C. 1.クアラルンプール 2.アムステルダム 3.ワシントンDC 4.カイロ 5.キャンベラ 6.ストックホルム 7.ニューデリー 8.ブエノスアイレス 9.オタワ

D.

イ	ン	ド	ネ	シ	ア	イ	ル	ワ	ン	ダ
コ	ウ	モ	リ	ブ	ク	ロ	ク	マ	チ	コ
オ	ー	ス	ト	ラ	リ	ア	ネ	コ	エ	イ
ラ	タ	ウ	ナ	ジ	ア	メ	キ	シ	コ	ヌ
ン	ヌ	ェ	メ	ル	ヒ	リ	ネ	ズ	ミ	ペ
ダ	キ	ー	ヘ	ル	カ	ナ	ダ	ラ	ト	ナ
カ	モ	デ	ジ	ビ	ボ	ス	ニ	ア	ク	ム
ワ	シ	ン	ガ	ポ	ー	ル	パ	ン	ダ	
タ	イ	ゴ	リ	ラ	エ	ク	ア	ド	ル	メ

E. 1.ノート 2.メニュー 3.ペン 4.ジーンズ 5.テープ 6.トレーナー

III. (p. 260)

1.(c) 2.(e) 3.(a) 4.(h)

読み書き編 第3課

Ⅰ. (p. 264)
A. (1)¥650 (2)¥1,800 (3)¥714,000 (4)¥123,000 (5)¥39,000,000
B. 1.三十円 2.百四十円 3.二百五十一円 4.六千七十円 5.八千八百九十円 6.四万二千五百円 7.十六万八千円 8.三百二十万円 9.五千七百万円

Ⅱ. (p. 265)

7:00	get up
(8:00)	go to the university
9:00	study Japanese
(12:30)	eat lunch
4:00	read books at the library
6:00	get back home
(10:00)	watch TV
(12:00)	go to bed

読み書き編 第4課

Ⅰ. (p. 268)
A. 1.Wednesday 2.Friday 3.Sunday 4.Monday 5.Saturday 6.Thursday 7.Tuesday
B. 1.中 2.上 3.下

Ⅱ. (p. 268)
1.ともだちとだいがくでべんきょうします。 2.いいえ、たべません。 3.九時半ごろかえります。

Ⅲ. (p. 269)
5 → 3 → 2 → 4 → 1

読み書き編 第5課

Ⅰ. (p. 272)
A. 1.飲 2.飲 3.私 4.元, 今, 行, 三, 土, 時, 金, 半 5.男 6.気 7.金, 今, 食, 飲 8.食 9.気 10.男
B. 1.(f) 2.(e) 3.(b) 4.(d) 5.(c) 6.(a) 7.(g)
C. 1.(c) 2.(g) 3.(h) 4.(k) 5.(a) 6.(i) 7.(e) 8.(j) 9.(b) 10.(d) 11.(f)

Ⅱ. (p. 273)
A. 1.coffee 2.concert 3.Vienna 4.cafe 5.classical 6.cake
B. 1.T 2.F 3.T 4.F 5.T 6.F
C. 1.おきなわにいます。 2.ちょっとあついですが、いい天気です。 3.ともだちといっしょにうみでおよぎました。 4.山に行きました。日本人の男の人と女の人と行きました。 5.おきなわの食べものがだいすきです。

読み書き編 第6課

Ⅰ. (p. 278)
A. 天気, 先生, 学生, 大学, 今日
B. 1.d 2.f 3.e 4.a 5.b

Ⅱ. (p. 278)
1.Mr. Yamada 2.At Professor Yamashita's house. You should bring some drinks. 3.Go out the No. 3 exit of the West station and walk to the left for three minutes. 4.You can stay with a Japanese family in Tohoku.

Ⅲ. (p. 280)
A. c
B. ピザ, アイスクリーム, ワイン
C. 1.ちいさい 2.やすい 3.おもしろい 4.きます。

読み書き編 第7課

Ⅰ. (p. 284)
A. 1.文, 校, 父 2.毎, 母 3.人, 入 4.京, 高
B. 1.帰 2.社 3.会 4.京, 高, 語
C. 1.母 2.高 3.京 4.語 5.帰 6.校

Ⅱ. (p. 285)
1.すこしさむいです。 2.小さくて、しずかです。 3.会社につとめています。いそがしくて、毎日おそく帰ります。 4.とてもおもしろい人です。 5.高校生です。よくべんきょうします。 6.東京の大学に行っています。 7.とてもおもしろいです。

読み書き編 第8課

I. (p. 289)
A. 1.語, 読 2.私, 校, 新, 休 3.時, 曜 4.男, 思 5.行, 作, 仕, 休, 何 6.右, 京, 高, 語, 員, 言, 何
B. 1.読む 2.聞く 3.する 4.思う 5.作る 6.のる 7.休む

II. (p. 290)
C. 1.日本人の会社員はみんなとても疲れていると思いましたから。 2.(a) 9 (b) 3 (c) 5 (d) 6 (e) 7

読み書き編 第9課

I. (p. 294)
A. 1.白, 百 2.小, 少 3.間, 聞 4.語, 話
B. 1.名前 2.午前 3.新しい 4.天気, 雨 5.知って

II. (p. 294)
A. (b)→(e)→(c)→(d)→(a)
B. 1.T 2.F 3.F 4.T 5.T 6.F

読み書き編 第10課

I. (p. 300)
A. 1.正 2.町 3.雪 4.朝 5.道, 自 6.持 7.買 8.道
B. 1.売る 2.立つ 3.長い 4.朝
C. 1.買いもの 2.持っ 3.売っ 4.雪 5.長かったです 6.住ん 7.立っていました

II. (p. 301)
C. (b)→(d)→(c)→(e)→(a)→(f)

D. 1.F 2.T 3.F 4.T 5.F 6.F 7.F 8.T

読み書き編 第11課

I. (p. 306)
A. 紙, 好, 明, 旅, 歌, 強, 勉
B. (1)手 (2)近 (3)名 (4)病

II. (p. 306)
C. 1.岡田香 2.水野裕子 3.中村ひろし 4.松本明 5.中村ひろし
D. 1.テニスやサッカーをします。 2.フランス文学です。 3.20歳から25歳ぐらいで、明るくて、やさしくて、たばこを吸わない人が好きです。 4.運転します。 5.歌手になりたいと思っています。 6.(略)
E. 1.一月に来ました。 2.山に登ったり、つりをしたりするのが好きです。 3.古いお寺や神社や有名な祭りを見に行きたいと思っています。

読み書き編 第12課

I. (p. 312)
A. 1.早 (early) 2.起 (to get up) 3.使 (to use) 4.別 (to separate) 5.赤 (red) 6.青 (blue) 7.色 (color) 8.牛 (cow)
B. 1.々 2.神 3.働 4.度
C. 1.使, 働 2.連 3.別

II. (p. 312)
C. 1.とてもまじめな人です。毎日、朝早く起きてはたを織っていました 2.まじめな人です。牛を使って、畑で働いていました。 3.二人がぜんぜん働かなかったからです。 4.天の川の向こうに行って、ひこぼしに会います。 5.願いがかなうからです。 6.(略)

げんきⅡ テキスト・解答

会話・文法編

会話・文法編 第13課

Ⅰ-A. (p. 17)
1.はなせる 2.できる 3.いける 4.かりられる 5.こられる 6.みられる 7.やめられる 8.ねられる 9.のめる 10.まてる 11.およげる 12.あめる 13.はたらける

Ⅰ-B. (p. 17)
(1)メアリーさんは日本語の歌が歌えます。 (2)メアリーさんはバイオリンが弾けます。 (3)メアリーさんは空手ができます。 (4)メアリーさんはすしが食べられます。 (5)メアリーさんは料理ができます。 (6)メアリーさんは日本語で電話がかけられます。 (7)メアリーさんは車が運転できます。 (8)メアリーさんはセーターが編めます。 (9)メアリーさんは日本語で手紙が書けます。 (10)メアリーさんは朝早く起きられます。 (11)メアリーさんは熱いお風呂に入れます。

Ⅰ-E. (p. 18)
1.いいえ、辛すぎて食べられませんでした。 2.いいえ、難しすぎてできませんでした。 3.いいえ、熱すぎて入れませんでした。 4.いいえ、忙しすぎて出かけられませんでした。 5.いいえ、多すぎて覚えられませんでした。 6.いいえ、寒すぎて泳げませんでした。

Ⅱ-A. (p. 19)
1.試験があるし、宿題がたくさんあるし、忙しいです。 2.やさしいし、親切だし、いい人です。 3.先生は厳しいし、長いレポートを書かなくちゃいけないし、取りません。 4.食べ物がおいしくなかったし、言葉がわからなかったし、楽しくありませんでした。 5.かぜをひいているし、きのうもパーティに行ったし、行きません。 6.漢字が読めないし、文法がわからないし、読めません。 7.日本語が話せるし、もう大人だし、できます。 8.うそをつくし、約束を守らないし、好きじゃありません。 9.会社に近いし、静かだし、いいです。

Ⅲ-A. (p. 20)
(1)このケーキは甘そうですね。 (2)このカレーは辛そうですね。 (3)この服は古そうですね。 (4)この先生は厳しそうですね。 (5)この時計は新しそうですね。 (6)このやくざはこわそうですね。 (7)この男の人はさびしそうですね。 (8)この女の人はうれしそうですね。 (9)このおじいさんは元気そうですね。 (10)このおばあさんはいじわるそうですね。 (11)この女の人は親切そうですね。 (12)この弁護士は頭がよさそうですね。 (13)この学生は眠そうですね。 (14)このセーターは暖かそうですね。 (15)この子供は悲しそうですね。

Ⅲ-B. (p. 21)
(1)甘そうなケーキですね。 (2)辛そうなカレーですね。 (3)古そうな服ですね。 (4)厳しそうな先生ですね。 (5)新しそうな時計ですね。 (6)こわそうなやくざですね。 (7)さびしそうな男の人ですね。 (8)うれしそうな女の人ですね。 (9)元気そうなおじいさんですね。 (10)いじわるそうなおばあさんですね。 (11)親切そうな女の人ですね。 (12)頭がよさそうな弁護士ですね。 (13)眠そうな学生ですね。 (14)暖かそうなセーターですね。 (15)悲しそうな子供ですね。

Ⅳ-A. (p. 22)
1.じゃあ、取ってみます。 2.じゃあ、見てみます。 3.じゃあ、読んでみます。 4.じゃあ、食べてみます。 5.じゃあ、行ってみます。 6.じゃあ、聞いてみます。 7.じゃあ、使ってみます。

Ⅴ-A. (p. 22)
1.自転車なら乗れますが、バイクは乗れません。 2.オーストラリアなら行ったことがありますが、ニュージーランドは行ったことがありません。 3.テニスならしますが、ゴルフはしません。 4.歴史なら興味がありますが、経済は興味がありません。 5.友だちならいますが、彼女はいません。 6.日曜

日なら出かけられますが、土曜日は出かけられません。

VI-A. (p. 23)
(1)一日に三回歯を磨きます。 (2)一日に七時間寝ます。 (3)一日に三時間勉強します。 (4)一週間に一回部屋を掃除します。 (5)一週間に二回洗濯します。 (6)一週間に三日アルバイトをします。 (7)一週間に五日学校に行きます。 (8)一か月に一回映画を見に行きます。

会話・文法編 第14課

I-A. (p. 39)
1.お金がほしいです。 2.セーターがほしくありません。 3.コンピューターがほしくありません。 4.バイクがほしいです。 5.ぬいぐるみがほしくありません。

I-B. (p. 39)
1.子供の時、テレビゲームがほしかったです。 2.子供の時、指輪がほしくありませんでした。 3.子供の時、時計がほしくありませんでした。 4.子供の時、おもちゃがほしかったです。 5.子供の時、花がほしくありませんでした。

II-A. (p. 41)
1.あの女の人は会社員かもしれません。 2.あの男の人は先生じゃないかもしれません。 3.あの女の人はテニスが上手かもしれません。 4.あの男の人は背が低くないかもしれません。 5.今、寒くないかもしれません。 6.あの女の人は今日テニスをするかもしれません。 7.あの男の人と女の人は、今、駅にいないかもしれません。 8.あの男の人は結婚しているかもしれません。 9.あの男の人と女の人は夫婦じゃないかもしれません。 10.あの女の人は男の人に興味があるかもしれません。 11.あの女の人はきのうテニスをしたかもしれません。

III-A. (p. 42)
(1)母に本をあげます。 (2)友だちにチョコレートをあげます。 (3)ルームメートにTシャツをあげます。 (4)弟に帽子をあげます。 (5)先生に紅茶をあげます。

III-C. (p. 43)
(1)両親がお金をくれました。／両親にお金をもらいました。 (2)おじいさんがラジオをくれました。／おじいさんにラジオをもらいました。 (3)おばあさんが手袋をくれました。／おばあさんに手袋をもらいました。 (4)友だちがバイクをくれました。／友だちにバイクをもらいました。 (5)おじさんがビデオカメラをくれました。／おじさんにビデオカメラをもらいました。 (6)兄が時計をくれました。／兄に時計をもらいました。

III-D. (p. 43)
(1)私はビルさんにチョコレートをあげました。 (2)きょうこさんは私にテープをくれました。／私はきょうこさんにテープをもらいました。 (3)メアリーさんは私に手袋をくれました。／私はメアリーさんに手袋をもらいました。 (4)たけしさんはメアリーさんに花をあげました。／メアリーさんはたけしさんに花をもらいました。 (5)メアリーさんはたけしさんに靴をあげました。／たけしさんはメアリーさんに靴をもらいました。 (6)私はたけしさんにチョコレートをあげました。 (7)ロバートさんはスーさんに本をあげました。／スーさんはロバートさんに本をもらいました。 (8)ロバートさんは私にCDをくれました。／私はロバートさんにCDをもらいました。 (9)ナオミさんはけんさんにチョコレートをあげました。／けんさんはナオミさんにチョコレートをもらいました。 (10)けんさんは私にみかんをくれました。／私はけんさんにみかんをもらいました。

IV-A. (p. 45)
1.先生に相談したらどうですか。 2.会社に履歴書を送ったらどうですか。 3.パーティーに行ったらどうですか。 4.クラブに入ったらどうですか。 5.あきらめたらどうですか。 6.プロポーズしたらどうですか。 7.彼女に指輪をあげたらどうですか。 8.彼女の両親に会ったらどうですか。

V-A. (p. 46)
1.猫が二匹います。 2.花が七本あります。 3.ネクタイが二本あります。 4.本が六冊あります。 5.ラジオが一台あります。 6.CDが五枚あります。 7.雑誌が三冊あります。 8.えんぴつが三本あります。 9.コップが二個あります。 10.皿が

三枚あります。

V-B. (p. 46)
(1)メアリーさんはハンバーガーを一個しか食べませんでした。／ジョンさんはハンバーガーを四個も食べました。 (2)メアリーさんは本を一冊しか読みませんでした。／ジョンさんは本を六冊も読みました。 (3)メアリーさんはCDを五十枚も持っています。／ジョンさんはCDを二枚しか持っていません。 (4)メアリーさんはコーラを三本も飲みました。／ジョンさんはコーラを一本しか飲みませんでした。 (5)メアリーさんは十一時間も寝ます。／ジョンさんは五時間しか寝ません。

会話・文法編 第15課

I-A. (p. 59)
1.たべよう 2.さそおう 3.かりよう 4.よもう 5.こよう 6.はいろう 7.まとう 8.いそごう 9.はなそう 10.みよう 11.かこう 12.よやくしよう

I-B. (p. 59)
(1)図書館で雑誌を読もうか。 (2)京都で映画を見ようか。 (3)学校で写真を撮ろうか。 (4)プールで泳ごうか。 (5)マクドナルドでハンバーガーを買おうか。 (6)ディスコで踊ろうか。 (7)長野で山に登ろうか。 (8)公園でバーベキューをしようか。

II-A. (p. 60)
1.きょうこさんは運動しようと思っています。 2.山下先生はたばこをやめようと思っています。 3.ともこさんはダイエットをしようと思っています。 4.ジョンさんは朝早く起きようと思っています。 5.ロバートさんは一日中日本語のテープを聞こうと思っています。 6.たけしさんは野菜をもっと食べようと思っています。 7.スーさんは日本人の友だちをたくさん作ろうと思っています。 8.けんさんは仕事を探そうと思っています。

III-A. (p. 62)
1.メアリーさんは水と食べ物を買っておきます。 2.スーさんはお金をおろしておきます。 3.ロバートさんはお金を借りておきます。 4.山下先生はうちを売っておきます。 5.たけしさんのお母さんは保険に入っておきます。 6.ともこさんは大きい家具を捨てておきます。 7.たけしさんはたくさん食べておきます。

IV-A. (p. 63)
(1)スペイン語が話せる友だち (2)彼女にもらった時計 (3)去年中国に行った友だち (4)毎日使うかばん (5)ときどき行く喫茶店 (6)先週見たお寺 (7)ハワイで買ったTシャツ (8)今住んでいる家

IV-B. (p. 63)
(1)これはピカソがかいた絵です。 (2)これはベートーベンが弾いたピアノです。 (3)これはエルビス・プレスリーが着ていたジャケットです。 (4)これはケネディーが乗った車です。 (5)これはガンジーが書いた手紙です。 (6)これはヒッチコックが撮った写真です。 (7)これはベルが作った電話です。 (8)これは毛沢東がかぶっていたぼうしです。

IV-C. (p. 64)
1.妹が作った料理はおいしくありません。 2.温泉がある旅館に泊まりたいです。 3.料理ができない人と結婚したくありません。 4.アメリカで勉強したことがある学生を知っていますか。 5.日本の習慣についてよく知っている外国人を探しています。 6.去年の夏会った人にもう一度会いたいです。

会話・文法編 第16課

I-A. (p. 82)
1.宿題を手伝ってあげました。 2.レポートを直してあげました。 3.花を買ってあげました。 4.病院に連れていってあげました。 5.洗濯してあげました。 6.部屋を掃除してあげました。 7.ノートを貸してあげました。 8.先生に電話してあげました。 9.銀行に行って、お金をおろしてあげました。 10.皿を洗ってあげました。

I-C. (p. 83)
1.お母さんが部屋を掃除してくれました。／お母さんに部屋を掃除してもらいました。 2.お母さんが洗濯してくれました。／お母さんに洗濯してもらいました。 3.お母さんがアイロンをかけて

くれました。／お母さんにアイロンをかけてもらいました。 4.お母さんが迎えに来てくれました。／お母さんに迎えに来てもらいました。 5.友だちがコーヒーをおごってくれました。／友だちにコーヒーをおごってもらいました。 6.友だちが京都に連れていってくれました。／友だちに京都に連れていってもらいました。 7.友だちがセーターを編んでくれました。／友だちにセーターを編んでもらいました。 8.友だちが家族の写真を見せてくれました。／友だちに家族の写真を見せてもらいました。 9.知らない人が案内してくれました。／知らない人に案内してもらいました。 10.知らない人が道を教えてくれました。／知らない人に道を教えてもらいました。 11.知らない人が荷物を持ってくれました。／知らない人に荷物を持ってもらいました。 12.知らない人が百円貸してくれました。／知らない人に百円貸してもらいました。

Ⅰ-E. (p. 84)
(1)お父さんが美術館へ連れていってくれました。／お父さんに美術館へ連れていってもらいました。 (2)お父さんがアイスクリームを買ってくれました。／お父さんにアイスクリームを買ってもらいました。 (3)ホストファミリーに家族の写真を見せてあげました。 (4)お母さんがかさを貸してくれました。／お母さんにかさを貸してもらいました。 (5)ゆみさんに英語を教えてあげました。

Ⅱ-A. (p. 85)
1.ノートを貸してくれない？ 2.本を返してくれない？ 3.友だちを紹介してくれない？ 4.今晩電話してくれない？ 5.六時に起こしてくれませんか。 6.駅に迎えに来てくれませんか。 7.お弁当を作ってくれませんか。 8.宿題を手伝ってくれませんか。 9.文法を説明していただけませんか。 10.推薦状を書いていただけませんか。 11.英語に訳していただけませんか。 12.作文を直していただけませんか。

Ⅲ-A. (p. 86)
1.いい天気だといいですね。 2.寒くないといいですね。 3.楽しいといいですね。 4.大学院に入れるといいですね。 5.奨学金がもらえるといいですね。 6.円が安くなるといいですね。 7.先生が宿題を集めないといいですね。 8.先生が授業に来ないといいですね。 9.台風が来て、今日授業がないといいですね。

Ⅳ-A. (p. 88)
(1)眠い時、コーヒーを飲みます。 (2)わからない時、人に聞きます。 (3)日本語で手紙を書いた時、先生に見てもらいます。 (4)ホームシックの時、両親に電話をかけます。 (5)友だちの家に行く時、ケーキを買います。 (6)ひまな時、テレビを見ます。 (7)おいしいスパゲッティが食べたい時、レストランに行きます。 (8)朝寝坊した時、タクシーに乗ります。

Ⅳ-B. (p. 89)
1.友だちが来た時、私の町を案内します。 2.さびしい時、友だちに電話をします。 3.電車に乗る時、切符を買います。 4.写真を撮る時、「チーズ」と言います。 5.ひまな時、料理をします。 6.ディズニーランドに行った時、ミッキー・マウスのぬいぐるみを買いました。 7.ホームシックの時、泣きます。 8.かぜをひいた時、病院に行きます。

Ⅴ-A. (p. 90)
1.授業中に話してすみませんでした。 2.授業中に寝てすみませんでした。 3.遅刻してすみませんでした。 4.教科書を持ってこなくてすみませんでした。 5.夜遅く電話してごめん。 6.約束を守らなくてごめん。 7.パーティーに行かなくてごめん。 8.手紙を書かなくてごめん。

Ⅴ-B. (p. 90)
1.授業に来られなくてすみませんでした。 2.起こしてごめん。 3.誕生日を忘れてごめん。 4.笑ってごめん。 5.うそをついてごめん。 6.借りた本をなくしてすみませんでした。

会話・文法編 第17課

Ⅰ-A. (p. 102)
1.きのうは暖かかったそうです。 2.きのう京都に行って、友だちに会ったそうです。 3.友だちは大学院の学生だそうです。 4.友だちは元気だったそうです。 5.友だちと映画を見に行ったそうです。 6.映画館は込んでいたそうです。 7.映画

はあまりおもしろくなかったそうです。 8.その後、一緒に買い物をしたそうです。 9.何も買わなかったそうです。 10.きのうはぜんぜん英語を話さなかったそうです。

II-A. (p. 103)
1.今晩勉強しなくちゃいけないって。 2.トムさんと京子さんは付き合っているって。 3.ゆうべ三時間しか寝なかったって。 4.佐藤さんは離婚したって。 5.アルバイトをやめたって。 6.六月にイギリスに帰らなくちゃいけないって。

III-A. (p. 103)
1.友だちがたくさんできたら、うれしいです。 2.成績がよかったら、うれしいです。 3.日本に行けたら、うれしいです。 4.学校が休みだったら、うれしいです。 5.宿題がなかったら、うれしいです。 6.プレゼントをもらったら、うれしいです。 7.物価が安かったら、うれしいです。 8.いい天気だったら、うれしいです。 9.弁護士になれたら、うれしいです。 10.先生がやさしかったら、うれしいです。

III-B. (p. 104)
1.e（太ったら、ダイエットをしなくちゃいけません。） 2.g（ディスコに行ったら、踊ります。） 3.b（宿題が終わらなかったら、どこにも行けません。） 4.i（寒かったら、ストーブをつけたほうがいいですよ。） 5.c（カメラが高くなかったら、買おうと思っています。） 6.f（友だちが病気だったら、薬を買ってきてあげます。） 7.a（部屋がきれいじゃなかったら、掃除します。） 8.b（お客さんが来たら、お茶をいれてください。）

IV-A. (p. 104)
1.ジョンさんは単語を覚えなくてもいいです。
2.ジョンさんは漢字を練習しなくてもいいです。
3.ジョンさんは日本語を話さなくてもいいです。
4.ジョンさんは朝早く起きなくてもいいです。
5.ジョンさんは学校に行かなくてもいいです。
6.ジョンさんは皿を洗わなくてもいいです。
7.ジョンさんは洗濯しなくてもいいです。
8.ジョンさんは料理しなくてもいいです。
9.ジョンさんは自分の部屋を掃除しなくてもいいです。
10.ジョンさんは早く帰らなくてもいいです。

V-A. (p. 106)
(1)紙みたいですね。 (2)スプーンみたいですね。 (3)ブーツみたいですね。 (4)女みたいですね。 (5)ぬいぐるみみたいですね。 (6)猫みたいですね。 (7)バットマンみたいですね。 (8)マイケル・ジャクソンみたいですね。

VI-A. (p. 108)
(1)靴を脱いでから、部屋に入ります。 (2)電話をかけてから、友だちの家に行きます。 (3)歯を磨いてから、髪をとかします。 (4)ひげを剃ってから、顔を洗います。 (5)コンタクトを入れてから、化粧をします。 (6)電気を消してから、出かけます。 (7)お湯を沸かしてから、紅茶を入れます。 (8)かぎをかけてから、寝ます。

VI-B. (p. 109)
(1)部屋に入る前に、靴を脱ぎます。 (2)友だちの家に行く前に、電話をかけます。 (3)髪をとかす前に、歯を磨きます。 (4)顔を洗う前に、ひげを剃ります。 (5)化粧をする前に、コンタクトを入れます。 (6)出かける前に、電気を消します。 (7)紅茶を入れる前に、お湯を沸かします。 (8)寝る前に、かぎをかけます。

会話・文法編 第18課

I-A. (p. 122)
1.(a)ドアを閉めます。 (b)ドアが閉まります。 2.(a)電気をつけます。 (b)電気がつきます。 3.(a)ろうそくを消します。 (b)ろうそくが消えます。 4.(a)服を汚します。 (b)服が汚れます。 5.(a)おもちゃを壊します。 (b)おもちゃが壊れます。 6.(a)犬を入れます。 (b)犬が入ります。 7.(a)猫を出します。 (b)猫が出ます。 8.(a)コップを落とします。 (b)コップが落ちます。 9.(a)お湯を沸かします。 (b)お湯が沸きます。

I-B. (p. 123)
(1)銀行が開いています。 (2)喫茶店が閉まっています。 (3)エアコンがついています。 (4)テレビが消えています。 (5)パンが入っています。 (6)ラジカセが壊れています。 (7)シャツが汚れています。 (8)お金が落ちています。 (9)お湯が沸いています。

II-A. (p. 125)
1.もう宿題をしてしまいました。 2.もうレポートを書いてしまいました。 3.もう本を読んでしまいました。 4.もう日本語のテープを聞いてしまいました。 5.もう部屋を掃除してしまいました。 6.もうビデオを見てしまいました。

II-B. (p. 125)
1.友だちにラジカセを借りたんですが、壊してしまいました。 2.給料をもらったんですが、全部使ってしまいました。 3.急いでいたので、ころんでしまいました。 4.きのう寒かったので、かぜをひいてしまいました。 5.きのうあまり寝なかったので、授業中に寝てしまいました。 6.ゆみさんが好きだったんですが、ゆみさんは結婚してしまいました。 7.今日までに家賃を払わなくちゃいけなかったんですが、忘れてしまいました。 8.朝寝坊したので、電車に乗り遅れてしまいました。

II-C. (p. 126)
(1)実はシャンプーを使っちゃった。 (2)実は日記を読んじゃった。 (3)実は雑誌を捨てちゃった。 (4)実はカメラを壊しちゃった。 (5)実は留守番電話を聞いちゃった。 (6)実はセーターを汚しちゃった。

III-A. (p. 127)
1.c（電気をつけると明るくなります。） 2.g（お酒を飲みすぎると気分が悪くなります。） 3.a（日本語を話さないと日本語が上手になりません。） 4.f（家族から手紙が来ないと悲しくなります。） 5.b（一日中コンピューターを使うと目が疲れます。） 6.d（春になると花が咲きます。）

IV-A. (p. 128)
(1)みちこさんは、音楽を聞きながら歯を磨きます。 (2)みちこさんは、新聞を読みながら朝ご飯を食べます。 (3)みちこさんは、歌を歌いながら皿を洗います。 (4)みちこさんは、留守番電話を聞きながら服を脱ぎます。 (5)みちこさんは、友だちと話しながらご飯を食べます。 (6)みちこさんは、歩きながら電話をかけます。 (7)みちこさんは、ポップコーンを食べながら映画を見ます。

V-A. (p. 130)
1.よめば 2.くれば 3.みれば 4.はなせば 5.すれば 6.つかえば 7.あそべば 8.おきれば 9.たべなければ 10.こなければ 11.きかなければ 12.つかわなければ 13.しなければ

V-B. (p. 130)
(1)勉強すればよかったです。 (2)歯を磨けばよかったです。 (3)予約すればよかったです。 (4)お風呂に入ればよかったです。 (5)友だちを作ればよかったです。 (6)食べすぎなければよかったです。 (7)買いすぎなければよかったです。 (8)夜遅くテレビを見なければよかったです。

会話・文法編 第19課

I-A. (p. 144)
(a)1.召し上がる 2.おっしゃる 3.いらっしゃる 4.なさる 5.お休みになる 6.いらっしゃる 7.ご覧になる 8.召し上がる 9.住んでいらっしゃる 10.読んでいらっしゃる 11.くださる
(b)1.おわかりになる 2.お調べになる 3.お読みになる 4.お聞きになる 5.お座りになる 6.お立ちになる 7.お乗りになる 8.お入りになる 9.お待ちになる

I-B. (p. 144)
(1)山下先生はバスにお乗りになります。 (2)山下先生は大学にいらっしゃいます。 (3)山下先生は電話をおかけになります。 (4)山下先生は昼ご飯を召し上がります。 (5)山下先生はコンピューターをお使いになります。 (6)山下先生は家にお帰りになります。 (7)山下先生は料理をなさいます。 (8)山下先生はテレビをご覧になります。 (9)山下先生は本をお読みになります。 (10)山下先生はお休みになります。

I-C. (p. 145)
1.お名前は何とおっしゃいますか。 2.どちらに住んでいらっしゃいますか。 3.どんな音楽をよくお聞きになりますか。 4.車を持っていらっしゃいますか。 5.ご兄弟／お子さんがいらっしゃいますか。 6.週末、よく何をなさいますか。 7.週末、どちらへよくいらっしゃいますか。 8.きのう何を召し上がりましたか。 9.外国にいらっしゃったことがありますか。 10.どんな外国語をお話しになりますか。 11.最近、映画をご覧になり

ましたか。 12.毎日、何時ごろお休みになりますか。 13.日本の歌を知っていらっしゃいますか。 14.ペットを飼っていらっしゃいますか。 15.どんなスポーツをなさいますか。 16.お酒を召し上がりますか。 17.結婚していらっしゃいますか。 18.有名人にお会いになったことがありますか。 19.なぜ日本語を勉強していらっしゃるんですか。

II-A. (p. 146)
1.(e)　2.(g)　3.(c)　4.(i)　5.(h)　6.(a)　7.(d)　8.(b)　9.(f)

III-A. (p. 147)
1.ノートを見せてくれてありがとう。 2.うちまで送ってくれてありがとう。 3.宿題を手伝ってくれてありがとう。 4.おいしい料理を作ってくれてありがとう。 5.昼ご飯をおごってくれてありがとう。 6.推薦状を書いてくださってありがとうございました。 7.宿題の間違いを直してくださってありがとうございました。 8.パーティーに招待してくださってありがとうございました。 9.日本の文化を教えてくださってありがとうございました。 10.辞書を貸してくださってありがとうございました。

IV-A. (p. 148)
1.留学してよかったです。 2.敬語を習ってよかったです。 3.日本語の勉強をやめなくてよかったです。 4.友だちに手伝ってもらってよかったです。 5.授業をサボらなくてよかったです。 6.この大学を選んでよかったです。 7.授業に遅れなくてよかったです。 8.早くレポートを書いてしまってよかったです。 9.いろいろな人と知り合えてよかったです。 10.新しいアパートに引っ越してよかったです。

V-A. (p. 149)
1.ええ。コンピューターの会社に勤めているから、コンピューターが使えるはずです。 2.ええ。大きい家に住んでいるから、お金持ちのはずです。 3.いいえ。ベジタリアンだから、肉を食べないはずです。 4.ええ。性格がいいから、女の人にもてるはずです。 5.いいえ。まじめな学生だから、授業をサボらないはずです。 6.ええ。中国に一年留学していたから、中国語が話せるはずです。 7.ええ。テニスのクラブに入っているから、テニスが

上手なはずです。 8.ええ。一人で住んでいるから、自分で洗濯や掃除をするはずです。

V-D. (p. 150)
1.バスが十時に来るはずでしたが、遅れました。 2.バスから山が見えるはずでしたが、雨が降りました。 3.奈良まで一時間しかかからないはずでしたが、三時間もかかってしまいました。 4.いいレストランに行くはずでしたが、道に迷ってしまいました。 5.デートは楽しいはずでしたが、メアリーは怒ってしまいました。

会話・文法編 第20課

I-A. (p. 165)
1.いただきます　2.申します　3.参ります　4.いたします　5.おります　6.ございます　7.いただきます　8.あちらでございます

I-B. (p. 165)
(1) c　(2) b　(3) e　(4) a　(5) f　(6) d

I-C. (p. 166)
1.おっしゃいます　2.いらっしゃいました　3.住んでいらっしゃいます　4.召し上がります　5.いらっしゃいます　6.なさいます　7.勉強なさいます　8.召し上がります　9.いらっしゃいました　10.おありになります

I-D. (p. 166)
ビル・ブラウンと申します。トマス銀行から参りました。横浜支店に勤めております。どうぞよろしくお願いいたします。

II-A. (p. 167)
1.お借りする　2.お返しする　3.お送りする　4.お持ちする　5.お取りする　6.お話しする　7.お読みする　8.お貸しする　9.いただく　10.さしあげる

II-B. (p. 167)
(1)お取りしましょうか。 (2)お手伝いしましょうか。 (3)お送りしましょうか。 (4)お書きしましょうか。 (5)お撮りしましょうか。 (6)お貸ししましょうか。 (7)お調べしましょうか。

Ⅲ-A. (p. 169)
1.(a)たけしさんは朝ご飯を食べないで、大学に行きました。 (b)たけしさんは顔を洗わないで、大学に行きました。 (c)たけしさんは歯を磨かないで、大学に行きました。 2.(a)メアリーさんは晩ご飯を食べないで、寝ました。 (b)メアリーさんは宿題をしないで、寝ました。 (c)メアリーさんはお風呂に入らないで、寝ました。 3.(a)ジョンさんは天気予報を見ないで、出かけました。 (b)ジョンさんは財布を持たないで、出かけました。 (c)ジョンさんはかぎをかけないで、出かけました。

Ⅳ-A. (p. 170)
1.さあ、日本人かどうかわかりません。 2.さあ、学生かどうかわかりません。 3.さあ、結婚しているかどうかわかりません。 4.さあ、子供がいるかどうかわかりません。 5.さあ、外国語が話せるかどうかわかりません。 6.さあ、名前は何かわかりません。 7.さあ、何歳かわかりません。 8.さあ、仕事は何をしているかわかりません。 9.さあ、どこに住んでいるかわかりません。 10.さあ、今日何を食べたかわかりません。 11.さあ、きのう何をしたかわかりません。 12.どうやってここに来たかわかりません。

Ⅳ-B. (p. 171)
1.はやしさんは歌が上手かどうか知っていますか。 2.はやしさんは泳げるかどうか知っていますか。 3.はやしさんは政治に興味があるかどうか知っていますか。 4.はやしさんはどこに住んでいるか知っていますか。 5.はやしさんはどんな音楽が好きか知っていますか。 6.はやしさんは今週の週末何をするか知っていますか。 7.はやしさんは何時に寝るか知っていますか。 8.はやしさんの趣味は何か知っていますか。

Ⅴ-A. (p. 172)
(1)丸井という会社 (2)カーサというレストラン (3)明石(あかし)という町 (4)ポチという犬 (5)「キッチン」という小説 (6)ラムネという飲み物

Ⅵ-A. (p. 173)
(1)ハンバーガーは食べやすいですが、魚は食べにくいです。 (2)ハイヒールは歩きにくいですが、スニーカーは歩きやすいです。 (3)メアリーさんのかばんは持ちやすいですが、たけしさんのかばんは持ちにくいです。 (4)スーさんの話はわかりやすいですが、けんさんの話はわかりにくいです。 (5)大きい辞書は使いにくいですが、小さい辞書は使いやすいです。 (6)せまい道は運転しにくいですが、広い道は運転しやすいです。 (7)スーさんの字は読みやすいですが、ロバートさんの字は読みにくいです。

会話・文法編 第21課

Ⅰ-A. (p. 189)
1.食べられる 2.やめられる 3.なくされる 4.される 5.捨てられる 6.うそをつかれる 7.見られる 8.笑われる 9.壊される 10.連れていかれる 11.来られる 12.たばこを吸われる 13.立たれる 14.ばかにされる 15.怒られる

Ⅰ-B. (p. 189)
(1)たけしさんはメアリーさんに笑われました。 (2)たけしさんは友だちに足を踏まれました。 (3)たけしさんはどろぼうに財布を盗まれました。 (4)たけしさんは友だちになぐられました。 (5)たけしさんは赤ちゃんに泣かれました。 (6)たけしさんは雨に降られました。 (7)たけしさんは蚊に刺されました。 (8)たけしさんは友だちにいじめられました。 (9)たけしさんはおじさんに怒られました。 (10)たけしさんはきょうこさんにふられました。 (11)たけしさんはちかんにさわられました。

Ⅱ-A. (p. 191)
(1)電気が消してあります。 (2)エアコンがつけてあります。 (3)カーテンが開けてあります。 (4)名前が書いてあります。 (5)窓が閉めてあります。 (6)プレゼントが包んであります。 (7)ポスターがはってあります。

Ⅱ-B. (p. 191)
1.晩ご飯が作ってあります。 2.猫に水がやってあります。 3.洗濯がしてありません。 4.買い物がしてあります。 5.冷蔵庫に食べ物が入れてあります。 6.部屋が掃除してありません。

Ⅲ-A. (p. 192)
1.社長が着替えている間に、車にガソリンを入れます。 2.社長が喫茶店で朝ご飯を食べている間に、コンビニでお弁当を買います。 3.社長が新聞を読んでいる間に、お弁当を食べます。 4.社長が会議に出ている間に、昼寝をします。 5.社長が工場を見に行っている間に、電話で友だちと話します。 6.社長がパーティーで飲んでいる間に、車の中でコーラを飲みます。

Ⅳ-A. (p. 193)
1.町をきれいにします。 2.市民病院を新しくします。 3.町を安全にします。 4.環境をよくします。 5.税金を安くします。 6.学校の休みを長くします。 7.道を広くします。

Ⅴ-A. (p. 194)
1.お母さんに仕事をしてほしいです。 2.おばあさんに若いころの話をしてほしいです。 3.友だちに日本語の勉強を続けてほしいです。 4.友だちに遠い所に行かないでほしいです。 5.同僚に夢をあきらめないでほしいです。 6.先生にほめてほしいです。 7.昔の彼に私を忘れてほしいです。 8.昔の彼女に幸せになってほしいです。

会話・文法編 第22課

Ⅰ-A. (p. 208)
1.やめさせる 2.働かせる 3.飲ませる 4.持たせる 5.あきらめさせる 6.来させる 7.考えさせる 8.習わせる 9.取らせる 10.持っていかせる 11.帰らせる 12.運ばせる 13.拾わせる 14.練習させる

Ⅰ-B. (p. 208)
(a)(1)私は後輩にお弁当を買いに行かせます。 (2)私は後輩に荷物を運ばせます。 (3)私は後輩に好きな人の電話番号を調べさせます。 (4)私は後輩に車を運転させます。 (5)私は後輩にボールを拾わせます。 (6)私は後輩に宿題をさせます。
(b)(1)私は部下にコピーを取らせます。 (2)私は部下にお茶をいれさせます。 (3)私は部下に残業させます。 (4)私は部下に空港に迎えに来させます。 (5)私は部下にお客さんを案内させます。 (6)私は部下に安いホテルを探させます。

Ⅱ-A. (p. 211)
1.子供の時、両親は夜遅くテレビを見させてくれませんでした。 2.子供の時、両親は友だちの家に泊まらせてくれました。 3.子供の時、両親はテレビゲームをさせてくれました。 4.子供の時、両親はお菓子をたくさん食べさせてくれませんでした。 5.子供の時、両親は学校を休ませてくれませんでした。 6.高校の時、両親は車の免許を取らせてくれました。 7.高校の時、両親は友だちと旅行させてくれませんでした。 8.高校の時、両親はアルバイトをさせてくれました。 9.両親は自分の好きな大学に行かせてくれました。

Ⅱ-D. (p. 212)
1.私に出張に行かせてください。 2.私にお客さんを案内させてください。 3.私に書類を書かせてください。 4.私にその仕事をやらせてください。 5.私に次のプロジェクトの計画を立てさせてください。 6.私にお嬢さんと結婚させてください。

Ⅲ-A. (p. 213)
1.野菜を食べなさい。 2.勉強しなさい。 3.早く寝なさい。 4.ピアノの練習をしなさい。 5.お風呂に入りなさい。 6.遊びなさい。 7.早く家に帰りなさい。 8.髪を切りなさい。

Ⅳ-A. (p. 213)
1.a（風が吹けば、涼しくなります。） 2.g（試験がなければ、遊びに行けます。） 3.e（走れば、授業に間に合います。） 4.f（予習をすれば、授業がよくわかります。） 5.c（友だちに電話すれば、迎えに来てくれます。） 6.b（無駄遣いしなければ、ほしいものが買えます。）

Ⅳ-B. (p. 214)
(1)走れば大丈夫ですよ。 (2)ジェスチャーを使えば大丈夫ですよ。 (3)先生に頼めば大丈夫ですよ。 (4)早く洗えば大丈夫ですよ。 (5)目覚し時計をたくさん買っておけば大丈夫ですよ。 (6)今度がんばれば大丈夫ですよ。 (7)神様にお願いすれば大丈夫ですよ。

Ⅴ-A. (p. 216)
1.f（かぎがかけてあったのに、どろぼうに入られました。） 2.h（学生なのに、ベンツに乗ってい

ます。) 3.g（ゆうべ早く寝たのに、朝寝坊してしまいました。) 4.b（彼女はとてもきれいなのに、人気がありません。) 5.e（ぜんぜん練習しなかったのに、試合に勝ちました。) 6.c（給料が安いのに、仕事は大変です。) 7.a（徹夜したのに、眠くありません。)

会話・文法編 第23課

I-A. (p. 230)

1.食べさせられる 2.やめさせられる 3.受けさせられる 4.取らされる 5.作らされる 6.待たされる 7.習わされる 8.歌わされる 9.話させられる 10.迎えに行かされる 11.世話をさせられる 12.戻ってこさせられる

I-B. (p. 230)

(1)ひろしさんはみちこさんに買い物に付き合わされます。 (2)ひろしさんはみちこさんに駅に迎えに行かされます。 (3)ひろしさんはみちこさんに高い服を買わされます。 (4)ひろしさんはみちこさんにパンクした時タイヤを換えさせられます。 (5)ひろしさんはみちこさんにお弁当を作らされます。 (6)みちこさんはひろしさんに夕食をおごらされます。 (7)みちこさんはひろしさんにアイロンをかけさせられます。 (8)みちこさんはひろしさんに部屋を掃除させられます。 (9)みちこさんはひろしさんに毎晩会社の文句を聞かされます。 (10)みちこさんはひろしさんに靴を磨かされます。

II-A. (p. 232)

1.学生が授業中に寝ていても絶対に怒りません。
2.学生が宿題をしなくても絶対に怒りません。
3.学生に文句を言われても絶対に怒りません。
4.学生にばかにされても絶対に怒りません。
5.クラブの先輩に怒られても絶対に我慢します。
6.クラブの練習が厳しくても絶対に我慢します。
7.先輩に荷物を持たされても絶対に我慢します。
8.友だちと遊ぶ時間がなくても絶対に我慢します。
9.メアリーが料理が下手でも絶対にメアリーと結婚します。 10.親に反対されても絶対にメアリーと結婚します。 11.今は離れていても絶対にメアリーと結婚します。 12.言葉や文化が違っても絶対にメアリーと結婚します。

II-B. (p. 233)

1.いいえ。朝寝坊しても、学校をサボりません。
2.いいえ。授業がつまらなくても、先生に文句を言いません。 3.いいえ。道に迷っても、だれにも聞きません。 4.いいえ。電車の中で子供がうるさくても、注意しません。 5.いいえ。先生に怒られても、泣きません。 6.いいえ。宝くじに当たっても、みんなにおごってあげません。 7.いいえ。友だちとけんかしても、自分から謝りません。 8.いいえ。自分が作った料理がまずくても、食べます。 9.いいえ。誕生日のプレゼントが靴下でも、がっかりしません。

III-A. (p. 234)

1.スーさんは小学校の先生になることにしました。 2.ロバートさんは日本の会社の面接を受けることにしました。 3.ジョンさんは日本で空手を習うから、オーストラリアに帰らないことにしました。 4.たけしさんは会社をやめて、新しい仕事を探すことにしました。 5.みちこさんは留学することにしました。 6.山下先生は中国で日本語を教えることにしました。 7.メアリーのホストファミリーはメアリーに会いにアメリカに行くことにしました。

IV-A. (p. 235)

(1)たけしさんは悪口を言わないことにしています。 (2)メアリーさんは週末に図書館で勉強することにしています。 (3)たけしさんは毎日新聞を読むことにしています。 (4)メアリーさんはテレビを見ながら勉強しないことにしています。 (5)たけしさんは毎朝朝ご飯を食べることにしています。 (6)メアリーさんはわからない時、人に聞くことにしています。 (7)たけしさんは悲しくても泣かないことにしています。 (8)メアリーさんは母の日に、花を買ったり、料理をしたりすることにしています。 (9)たけしさんは寝る前にコーヒーを飲まないことにしています。

V-A. (p. 236)

(a) 1.メアリーさんは今学期が終わるまで日本にいるつもりです。 2.スーさんは日本語がぺらぺらになるまで日本にいるつもりです。 3.ロバートさんはお金がなくなるまで日本にいるつもり

です。 4.ヤンさんは死ぬまで日本にいるつもりです。
(b) 1.ジョンさんは理想の相手を見つけるまで結婚しません。 2.けんさんは好きなチームが優勝するまで結婚しません。 3.スーさんは百万円ためるまで結婚しません。 4.ロバートさんは三十歳になるまで結婚しません。

Ⅶ-A. (p. 238)
1.すみませんが、おいしいコーヒーのいれ方を教えてくれませんか。 2.すみませんが、アイロンのかけ方を教えてくれませんか。 3.すみませんが、自転車の乗り方を教えてくれませんか。 4.すみませんが、運転のし方を教えてくれませんか。 5.すみませんが、ギターの弾き方を教えてくれませんか。 6.すみませんが、セーターの編み方を教えてくれませんか。 7.すみませんが、すしの作り方を教えてくれませんか。 8.すみませんが、新幹線の予約のし方を教えてくれませんか。 9.すみませんが、ケーキの焼き方を教えてくれませんか。

読み書き編

読み書き編 第13課

Ⅱ. (p. 246)
A. 1.(1) c (2) a (3) d (4) b 2.(略)
C. 1.◯ 2.× 3.× 4.◯ 5.× 6.◯ 7.× 8.×

Ⅲ. (p. 249)
C. 1.「ここには住めない」と思いました。電車は込んでいるし、みんな同じ顔をしていたからです。
2. (1) a, c (2) b, d, e

読み書き編 第14課

Ⅱ. (p. 253)
C. ①1.大学時代の先輩です。やさしくて、仕事もできる人です。 2.仕事をやめたくないからです。 3.(略) 4.(略) ②1.英語で話します。ホストファミリーは英語を話したがっているからです。 2.英語で話します。みんなの英語はこの人の日本語より上手だからです。 3.この人は日本語で話しますが、お店の人は英語を話します。 4.(略) ③1.去年乗りました。気分が悪くて大変でした。 2.27時間ぐらい飛行機に乗っていなくてはいけないからです。 3.(略)

読み書き編 第15課

Ⅱ. (p. 258)
A. 1.(略) 2.(略) 3.(1) c (2) d (3) b (4) a
C. 1. a.広島です。1945年8月6日です。二十万人の人が死にました。 b.原爆について読んだり、写真を見たりできます。 c.小さい島で、有名な神社があります。 d.島にいる鹿はたいていおなかがすいているからです。 2.(略) 3.(略)
D. ジョンさん：広島・宮島（海や山がきれいで、鹿もいる）　ケリーさん：沖縄（ビーチがきれい。冬も暖かいので一年中スポーツが楽しめる）　トムさん：東京（大きい会社もあるし、ホームレスの人たちもいる）　ユンさん：京都（嵐山で紅葉が見られる）

読み書き編 第16課

Ⅱ. (p. 265)
C. 1.未来から来ました。 2.未来のいろいろな便利な道具を持っています。 3.覚えたいことをそのパンに書いて食べます。すると覚えられます。 4.行きたい所を考えて、ドアを開けます。するとドアの向こうにはその場所があります。 5.テストの前にトイレに行ったので、何も覚えていませんでした。 6.夢をたくさんくれます。弱い子供の味方です。いろいろなことを教えてくれます。 7.シンガポール、インドネシア、ブラジルなどで見られます。
D. 5, 6, 4, 1, 3, 2

読み書き編 第17課

Ⅱ. (p. 271)
A. 1. b-(1) c-(8) d-(9) e-(2) f-(6) g-(3) h-(5) i-(7) 2.(略)
3.〔解答例〕ベトナム戦争など 4.(略)

C. 1.

1933年	オノ・ヨーコ　東京で生まれる
1935年	アメリカに行く
1941年	アメリカから帰る
1953年	大学に入る
1956年	結婚する
1964年	『グレープフルーツ』を出す
1966年	イギリスで展覧会を開く
1969年	ジョン・レノンと結婚する「ベッド・イン」イベントを開く
1975年	男の子ショーンが生まれる
1980年	ジョンとヨーコ、『ダブル・ファンタジー』を出すジョンが銃で撃たれる

2．（略）

読み書き編　第18課

Ⅱ．(p. 278)
B. 1.家庭教師です。　2.力仕事です。　3.「洋服が買いたい」です。　4.はい、違います。

Ⅲ．(p. 280)
B. 1.大学のそばのワンルームマンションです。家賃は一か月五万円です。　2.家庭教師をしたり、大学の食堂で働いたりしています。ときどき、引っ越しの仕事もします。3.いいえ、払えます。　4.いい学生じゃないと思います。よく遅刻したり、授業をサボったりするからです。　5.先輩たちと親しくなれたし、彼女に会えました。　6.勉強しなくてはいけません。

読み書き編　第19課

Ⅱ．(p. 286)
A. 1.（略）　2. a.夏　b.春　c.冬　d.秋
C. 1.大学の授業でいそがしかったからです。　2.お姉さんといっしょにテニスをしたり、お兄さんとしょうぎをしたりしたことを思い出します。　3.自分で漢字を勉強しようと思っています。4.来年大学を卒業したら、日本にもどるつもりです。

Ⅲ．(p. 288)
B.
マリアさんは今カリフォルニア大学で政治を勉強しています。卒業したら、日本の大学院で国際政治を勉強したいと思っています。パクさんは日本の大学院で電気工学を研究しています。……
1）パクさんは日本語の試験のためにどんな勉強をしましたか。
2）奨学金を申し込みたいのですが、どうしたらいいですか。
3）留学生がアルバイトを見つけるのはむずかしいですか。

読み書き編　第20課

Ⅱ．(p. 293)
A. 1.150年から200年ぐらい前（広重は1797～1858年。東海道五十三次は天保４～５年[1833～34年]刊行。）　2.茶店　3.小判（慶長小判）、昔のお金　4.落語
C. 1.いなかに行って、古い物を安く買い、江戸でそれを高い値段で売っていました。　2.三百両でした。　3.猫といっしょに皿も持っていこうと思ったからです。　4.三両で買いました。　5.いいえ。　6.家に置いておくとあぶないからです。　7.茶店の主人のほうがかしこいです。

Ⅲ．(p. 297)
A.〔解答例〕
(1)男の子が、パンを買いに行きました。パンを買うと、男の子はお金を払わないで、走って行ってしまったので、お店の人は男の子の家まで追いかけました。男の子のお母さんがパン屋さんにお金を払いました。男の子はお母さんにお金をもらっていたのですが、払うのを忘れてしまったのです。
(2)雨が降っているので、男の子はたばこ屋の前で待ちました。お母さんがかさを持って迎えに来てくれるはずです。まだ雨は降っていますが、男の子は走っておもちゃ屋の前に行きました。お母さんがおもちゃ屋さんで、何か買ってくれるかもしれません。

読み書き編　第21課

Ⅱ．(p. 300)
C. 1.(1)台風で家が壊れてしまいました。　(2)飼っていた犬に死なれました。　(3)急に重い病気

になって入院しなくてはいけませんでした。 2. 三十三歳だと思います。 3. いいえ、信じていませんでした。 4. 外国で勉強することでした。 5. 若い日本人留学生は、親にお金を送ってもらって、ぜいたくをしていますが、この人はぜいたくをしません。 6. どろぼうに入られました。 7. テレビとラジカセとカメラと時計と自転車を取られました。 8. バスで通います。 9. 厄年だから、悪いことが起こったと思っています。 10. ちょっと信じています。

読み書き編　第22課

Ⅱ. (p. 306)
C. 1, 3
D. 1. 友美に秘密で研一と会っていたからです。 2.「出張で大阪に行けない」と言って、本当は大阪で夏子と会っていました。夏子のことを好きになったからです。 3. (略)

読み書き編　第23課

Ⅱ. (p. 312)
A. 1. a. こわい時の表情　b. びっくりした時の表情　2. (略)
C. 1. うれしい気持ちを表しています。 2. 顔文字を使えば、自分の気持ちが簡単に伝えられるからです。 3. ＼(^o^)／(バンザイしているからです) 4. 笑ってVサインをしています。 5. 英語の顔文字は縦書きで口が笑っていますが、日本語の顔文字は横書きで目が笑っています。 6. 日本人もアメリカ人もうれしい表情だと思いました。 7. 日本人はほとんど全員が怒っている表情だと思いましたが、アメリカ人は66％しかそう思いませんでした。
D. 1.「すみません」 2.「こんにちは」 3.「いただきます」 4.「痛い！」 5. ウインク 6.「ああ、こわかった」「ああ、あぶなかった」 7. やくざ：「私はこわいよ！気をつけなさい！」 8.「びっくりしました！」 9.「寝ています」

げんき I ワークブック・解答

会話・文法編

あいさつ (p. 11)

1.おはよう。 2.ありがとう。 3.こんばんは。 4.すみません。 5.いただきます。 6.ごちそうさま。 7.いってきます。 8.いってらっしゃい。 9.ただいま。 10.おかえりなさい。 11.はじめまして。どうぞよろしく。 12.さようなら。 13.おやすみなさい。 14.こんにちは。

第1課-1 (p. 13)

(1) 5 (2) 0 (3) 9 (4) 3 (5) 7 (6) 2 (7) 6 (8) 1 (9) 8 (10) 4 (11) 16 (12) 40 (13) 21 (14) 164 (15) 92 (16) 35 (17) 76 (18) 18 (19) 157 (20) 101

第1課-2 (p. 14)

Ⅰ. 1.ごご ごじです。 2.ごぜん くじです。 3.ごご じゅうにじはんです。 4.ごぜん よじはんです。
Ⅱ.(解答略)

第1課-3 (p. 15)

Ⅰ. 1.にほんじんの がくせい 2.たけしさんの でんわばんごう 3.わたしの ともだち 4.えいごの せんせい 5.みちこさんの せんもん
Ⅱ. 1.おがわさん・にほんじん 2.たけださんは せんせいです。 3.わたしは りゅうがくせいです。 4.みちこさんは いちねんせいです。 5.やまもとさんは にじゅうごさいです。 6.わたしの せんもんは にほんごです。

第1課-4 (p. 16)

Ⅰ. 1.なんねんせいですか。 2.せんもんは なんですか。 3.なんさいですか。 4.でんわばんごうは なんですか。 5.なんじですか。
Ⅱ. 1.がくせいですか。はい、わたしは にほんだいがくの がくせいです。 2.みちこさんは よねんせいですか。いいえ、みちこさんは さんねんせいです。

第1課-5 (p. 17)

A. 1.h 2.k 3.g 4.a 5.e 6.j 7.f 8.c 9.b 10.i 11.d
B. 1.4 A.M. 2.9 P.M. 3.1 P.M. 4.7:30 A.M. 5.11 A.M. 6.3:30 P.M.
C. 1.905-0877 2.5934-1026 3.49-1509 4.6782-3333
D. [Lee] 1.American 2.American Univ. 3.second year 4.business [Taylor] 1.Australian 2.U. of Sydney 3.first year 4.Japanese

第2課-1 (p. 19)

Ⅰ. (1) 470 (2) 853 (3) 1,300 (4) 17,000 (5) 3,612 (6) 5,198 (7) 46,900 (8) 90,210
Ⅱ. (1) ごひゃくよんじゅういち (2) にせんななひゃくさんじゅうろく (3) はっせんきゅうひゃく (4) いちまんにせんさんびゃくよんじゅうご
Ⅲ. 1.じてんしゃは いくらですか。 2.さんぜんろっぴゃくえんです。 3.ひゃくろくじゅうえんです。

第2課-2 (p. 20)

Ⅰ. 1.これ 2.それ 3.これ 4.あれ 5.あれ
Ⅱ. 1.これは わたしの かばんです。 2.それは たけしさんの ほんです。 3.あれは としょかんです。 4.これは にくですか。 5.あれは なんですか。

第2課-3 (p. 21)

Ⅰ. 1.このとけいは いくらですか 2.そのとけいは いくらですか 3.これは にせんはっぴゃくえんです 4.あのとけいは いくらですか 5.あ

れは せんごひゃくえんです 6.じゃあ、あのとけいをください
II．1.これは だれの じてんしゃですか 2.その くつは だれの くつですか

第2課-4 (p. 22)

1.たなかさんは にほんじんです。よしださんも にほんじんです。 2.たなかさんは はたちです。よしださんも はたちです。 3.このじしょは にせんえんです。あのじしょも にせんえんです。 4.これは わたしの じてんしゃです。あれも わたしの じてんしゃです。 5.これは にほんごの ほんです。これも にほんごの ほんです。 6.たけしさんの せんもんは れきしです。わたしの せんもんも れきしです。 7.たなかさんは にほんだいがくの がくせいです。よしださんも にほんだいがくの がくせいです。 8.〔解答例〕わたしは りゅうがくせいです。パットさんも りゅうがくせいです。

第2課-5 (p. 23)

1.いいえ、わたしは たけしじゃありません。 2.いいえ、わたしは かいしゃいんじゃありません。 3.いいえ、わたしは にほんじんじゃありません。 4.いいえ、わたしの せんもんは れきしじゃありません。 5.いいえ、わたしは じゅうななさいじゃありません。 6.いいえ、それは わたしの じてんしゃじゃありません。 7.いいえ、これは わたしの かさじゃありません。 8.いいえ、あれは きっさてんじゃありません。

第2課-6 (p. 24)

A. 1.¥80 2.¥1,000 3.? 4.¥120 5.¥100
B. 1.Christi (Tanaka) 2.Paris, France 3.English 4.French 5.Japanese
C. 1.a.¥3,000 b.¥600 c.¥1,200 2.She ordered Udon, because it is inexpensive. 3.Takeshi ordered Udon as well.

第3課-1 (p. 25)

1.おきる・おきます・おきません 2.みる・みま

す・みません 3.たべる・たべます・たべません 4.ねる・ねます・ねません 5.はなす・はなします・はなしません 6.きく・ききます・ききません 7.いく・いきます・いきません 8.よむ・よみます・よみません 9.のむ・のみます・のみません 10.かえる・かえります・かえりません 11.くる・きます・きません 12.する・します・しません 13.べんきょうする・べんきょうします・べんきょうしません

第3課-2 (p. 26)

〔解答例〕1.わたしは コーヒーを のみます。わたしは おちゃを のみません。 2.わたしは にほんの えいがを みます。わたしは フランスの えいがを みません。 3.ペレは サッカーを します。ペレは バスケットボールを しません。 4.わたしの ともだちは スポーツの ざっしを よみます。わたしの ともだちは ほんを よみません。 5.わたしは にほんごの テープを ききます。わたしは にほんの おんがくを ききません。

第3課-3 (p. 27)

I．〔解答例〕1.がっこうで 2.いえで 3.きっさてんで 4.がっこうに 5.いえに
II．1.たなかさんは がっこうに いきます。 2.わたしの ともだちは にほんに きます。 3.すずきさんは LLで テープを ききます。 4.わたしは いえで にほんごを はなします。 5.わたしは いえで ひるごはんを たべません。

第3課-4 (p. 28)

I．7, 9
II．〔解答例〕1.ろく・おき 2.わたしは まいにち はちじはんに だいがくに いきます。 3.わたしは まいにち じゅうにじに がっこうで ひるごはんを たべます。 4.わたしは たいてい ろくじごろに いえに かえります。 5.わたしは たいてい じゅういちじごろに ねます。
III．1.わたしは まいにち にほんごを はなします。 2.わたしは こんばん テレビを みません。 3.メアリーさんは どようびに がっこうに きません。

第3課-5 (p.29)

Ⅰ．1.こんばん えいがを みませんか。 2.こんばんは ちょっと…… 3.あしたは どうですか。 4.いいですね。

Ⅱ．〔解答例〕1.アブドゥルさん、こんばん ばんごはんを たべませんか。 2.いいですね。 3.じゃあ、マクドナルドに いきませんか。 4.マクドナルドは ちょっと……

第3課-6 (p.30)

1.(わたしは) よく (としょかん)に いきます 2.スーさんは よく わたしの いえに きます。 3.わたしは たいてい ろくじに おきます。 4.やましたせんせいは たいてい じゅういちじに ねます。 5.わたしは ときどき にほんの しんぶんを よみます。 6.たけしさんは ときどき あの きっさてんで コーヒーを のみます。 7.メアリーさんは あまり たべません。

第3課-7 (p.31)

A. [Mary] 1.see a movie; Kyoto 2.study; the library [Sue] 1.read books; home 2.have dinner; the restaurant in Osaka
B. 1.c 2.a 3.g 4.e 5.h 6.f 7.b 8.i 9.d
C. 1.a 2.b 3.d 4.b 5.d 6.c 7.c
D. 1.b 2.a 3.a,c 4.b,c

第4課-1 (p.33)

Ⅰ．1.あそこにバス停があります。 2.木曜日にクラスがありません。 3.私は辞書がありません。 4.あそこに山下先生がいます。 5.私は子供がいます。

Ⅱ．〔解答例〕1.いいえ、あした、アルバイトがありません。 2.月曜日と水曜日と金曜日に日本語のクラスがあります。 3.はい、たくさんいます。 4.はい、お姉さんと弟がいます。

第4課-2 (p.34)

Ⅰ．

Ⅱ．1.日本語の本は新聞の下です。 2.メアリーさんのかさはつくえの上です。 3.スーさんの辞書はかばんの中です。 4.図書館は郵便局の後ろです。 5.銀行は郵便局の左／となりです。

第4課-3 (p.35)

Ⅰ．〔解答例〕1.はい、きのうは月曜日でした。 2.いいえ、きのうは十五日じゃありませんでした。二十二日でした。 3.いいえ、今日の朝ごはんはハンバーガーじゃありませんでした。パンでした。 4.いいえ、私は子供の時、あまりいい子供じゃありませんでした。 5.はい、高校の時、私はいい学生でした。

Ⅱ．1.私の自転車は三万円でした。 2.きのうは日曜日でした。 3.山田先生は日本大学の学生じゃありませんでした。

第4課-4 (p.36)

1.のむ・のみました・のみませんでした 2.はなす・はなしました・はなしませんでした 3.きく・ききました・ききませんでした 4.かう・かいました・かいませんでした 5.とる・とりました・とりませんでした 6.かく・かきました・かきませんでした 7.まつ・まちました・まちませんでした 8.ある・ありました・ありませんでした 9.たべる・たべました・たべませんでした 10.おきる・おきました・おきませんでした 11.する・しました・しませんでした 12.くる・きました・きませんでした

第4課-5 (p.37)

Ⅰ．1.いいえ、たけしさんは金曜日に手紙を書きませんでした。 2.たけしさんは土曜日にスーパーでアルバイトをしました。 3.たけしさんは金

曜日に音楽を聞きました。 4.日曜日・京都・メアリーさん・映画・見ました 5.〔解答例〕私は土曜日に横浜で友だちに会いました。日曜日にスーパーで買い物をしました。

Ⅱ．1.スーさんはぜんぜん写真を撮りませんでした。 2.私は子供の時、よくハンバーガーを食べました。 3.たけしさんは高校の時、あまり勉強しませんでした。

第4課-6 (p. 38)

1.メアリーさんは先週大阪に行きました。たけしさんも先週大阪に行きました。 2.月曜日に日本語のクラスがあります。月曜日に歴史のクラスもあります。 3.あそこに本屋があります。レストランもあります。 4.私は辞書を買いました。私は雑誌も買いました。 5.私はお茶を飲みます。私はコーヒーも飲みます。 6.メアリーさんは韓国に行きます。メアリーさんは中国にも行きます。 7.みちこさんは金曜日にハンバーガーを食べました。みちこさんは土曜日にもハンバーガーを食べました。 8.スーさんはお寺でおみやげを買いました。スーさんはデパートでもおみやげを買いました。 9.私はきのう学校で写真を撮りました。家でも写真を撮りました。

第4課-7 (p. 39)

Ⅰ．1.(1)きのう (2)二時間 (3)日本語を勉強しました 2.(1)デパートの前で (2)一時間 (3)メアリーさんを待ちました 3.(1)毎日 (2)一時間ぐらい (3)LLで (4)テープを聞きます

Ⅱ．1.に 2.を 3.を 4.を 5.が 6.を

第4課-8 (p. 40)

A. 1.watched TV at home 2.went to a department store with a friend 3.play tennis
B. 1.a 2.d 3.e 4.b 5.f 6.c
C. 1.September 14 2.Monday 3.[Sue] a, e [Mary] a, d [Robert] b, c, f 4.He didn't know that there is an exam today.

第5課-1 (p. 41)

Ⅰ．1.dislike・な・きらいじゃありません 2.new・い・あたらしくありません 3.easy; kind・い・やさしくありません 4.quiet・な・しずかじゃありません 5.handsome・な・ハンサムじゃありません 6.boring・い・つまらなくありません 7.scary・い・こわくありません

Ⅱ．1.この時計は高いです。 2.このコーヒーはおいしくありません。 3.山下先生は元気です。 4.本は安くありません。 5.あした私はひまじゃありません。

第5課-2 (p. 42)

1.おおきい・おおきいです・おおきくありません・おおきかったです・おおきくありませんでした 2.たかい・たかいです・たかくありません・たかかったです・たかくありませんでした 3.こわい・こわいです・こわくありません・こわかったです・こわくありませんでした 4.おもしろい・おもしろいです・おもしろくありません・おもしろかったです・おもしろくありませんでした 5.ふるい・ふるいです・ふるくありません・ふるかったです・ふるくありませんでした 6.いい・いいです・よくありません・よかったです・よくありませんでした

第5課-3 (p. 43)

1.しずかな・しずかです・しずかじゃありません・しずかでした・しずかじゃありませんでした 2.きれいな・きれいです・きれいじゃありません・きれいでした・きれいじゃありませんでした 3.げんきな・げんきです・げんきじゃありません・げんきでした・げんきじゃありませんでした 4.すきな・すきです・すきじゃありません・すきでした・すきじゃありませんでした 5.きらいな・きらいです・きらいじゃありません・きらいでした・きらいじゃありませんでした 6.にぎやかな・にぎやかです・にぎやかじゃありません・にぎやかでした・にぎやかじゃありませんでした

第5課-4 (p. 44)

Ⅰ.〔解答例〕1.いいえ、先週はひまじゃありませんでした。忙しかったです。 2.いいえ、テストは難しくありませんでした。やさしかったです。 3.はい、きのうはとても暑かったです。 4.はい、先週は楽しかったです。 5.いいえ、きのうの晩ごはんはあまりおいしくありませんでした。

Ⅱ.1.私はきのう忙しかったです。 2.宿題は難しかったです。 3.私の部屋はきれいじゃありませんでした。 4.天気はよかったです。 5.旅行は楽しくありませんでした。 6.切符は高くありませんでした。

第5課-5 (p. 45)

Ⅰ.1.古い自転車です。 2.静かな町です。 3.こわい人です。 4.きれいな家です。

Ⅱ.1.私はやさしい人に会いました。 2.私は安い切符を買いました。 3.私は先週おもしろい本を読みました。

第5課-6 (p. 46)

〔解答例〕1.私は日本語のクラスが大好きです。 2.私はこの町があまり好きじゃありません。 3.私は月曜日が大きらいです。 4.私は海が好きです。 5.私は猫が大好きです。 6.私は寒い朝がきらいです。 7.私は魚がきらいです。 8.私はこわい映画が好きでもきらいでもありません。 9.私は『げんき』が大好きです。

第5課-7 (p. 47)

Ⅰ.〔解答例〕1.浅草に行きましょう。 2.お寺を見ましょう。 3.おみやげを買いましょう。 4.十時に会いましょう。

Ⅱ.1.ここで写真を撮りましょう。 2.今晩この映画を見ましょう。 3.喫茶店で待ちましょう。 4.この漢字は難しいです。先生に聞きましょう。 5.一緒に宿題をしましょう。

第5課-8 (p. 48)

A. 1.old 2.clean 3.quiet 4.not big 5.many 6.94,000

B. 1.a.kind; plays tennis b.interesting; eats with friends c.quiet; watches TV at home 2.Yoshida

C. [Mary] 1.a 2.b 3.c 4.a [Takeshi] 1.b 2.a 3.a 4.a 5.a

第6課-1 (p. 49)

1.おきて 2.たべて 3.ねて 4.みて 5.いて 6.でかけて 7.あって 8.かって 9.きいて 10.かいて 11.いって 12.およいで 13.はなして 14.まって 15.のんで 16.よんで 17.かえって 18.あって 19.とって 20.わかって 21.のって 22.やって 23.きて 24.して 25.べんきょうして

第6課-2 (p. 50)

Ⅰ.1.写真を撮ってください。 2.この漢字を教えてください。 3.このかばんを持ってください。 4.このテープを聞いてください。 5.すわってください。 6.本を持ってきてください。

Ⅱ.〔解答例〕（友だち）宿題を手伝ってください。／（友だち）本を返してください。／（先生）漢字を教えてください。／など

第6課-3 (p. 51)

1.あけます・あけて・to open 2.おしえます・おしえて・to teach 3.おります・おりて・to get off 4.かります・かりて・to borrow 5.しめます・しめて・to close 6.つけます・つけて・to turn on 7.でんわをかけます・でんわをかけて・to make a phone call 8.わすれます・わすれて・to forget 9.たばこをすいます・たばこをすって・to smoke 10.つかいます・つかって・to use 11.てつだいます・てつだって・to help 12.いそぎます・いそいで・to hurry 13.かえします・かえして・to return 14.けします・けして・to turn off; to erase 15.たちます・たって・to stand up 16.もちます・もって・to carry; to hold 17.しにます・しんで・to die 18.あそびます・あそんで・to play 19.やすみます・やすんで・to be absent; to rest 20.すわります・すわって・to sit down

21.はいります・はいって・to enter　22.つれてきます・つれてきて・to bring a person　23.もってきます・もってきて・to bring a thing

第6課-4　(p. 53)

Ⅰ．1.たばこを吸ってはいけません。　2.入ってはいけません。　3.写真を撮ってはいけません。　4.食べ物を食べてはいけません。
Ⅱ．1.今晩出かけてもいいですか。　2.テレビを消してもいいですか。　3.一人でこの映画を見てはいけません。あなたは十六歳ですよ。　4.宿題を忘れてはいけません。　5.私は日本でアルバイトをしてもいいです。
Ⅲ．〔解答例〕部屋でたばこを吸ってはいけません。／夜テレビを見てもいいです。／など

第6課-5　(p. 54)

Ⅰ．1.朝起きて、朝ご飯を食べました。　2.窓を閉めて、出かけました。　3.海に行って、泳ぎました。　4.電気を消して、寝ました。
Ⅱ．1.あした図書館に行って、本を返します。　2.メアリーさんとたけしさんは会って、一時間ぐらい話しました。　3.私の友だちは中国に行って、帰りませんでした。

第6課-6　(p. 55)

Ⅰ．1.今日はひまじゃありません。あしたテストがありますから。　2.テストは難しくありませんでした。たくさん勉強しましたから。　3.今晩出かけましょう。あしたは休みですから。　4.お母さんを手伝いました。お母さんは忙しかったですから。　5.コーヒーを飲みません。朝コーヒーを飲みましたから。
Ⅱ．〔解答例〕1.今日、銀行に行きます。　2.お金がありません

第6課-7　(p. 56)

A．1.F　2.T　3.T　4.F
B．1, 3, 4, 6
C．1.[Michiko] a.Saturday　b.has a part-time job　[Sue] a.Saturday　b.her friend is coming　[Robert] a.Sunday　b.has to study for a test on Monday　2.next week

第7課-1　(p. 57)

1.u・わかります・わかって　2.u・やります・やって　3.u・けします・けして　4.u・たちます・たって　5.ru・おきます・おきて　6.u・かえります・かえって　7.irregular・きます・きて　8.irregular・します・して　9.u・あそびます・あそんで　10.ru・かけます・かけて　11.ru・きます・きて　12.u・かぶります・かぶって　13.ru・つとめます・つとめて　14.u・はきます・はいて　15.u・うたいます・うたって　16.u・すみます・すんで　17.irregular・けっこんします・けっこんして

第7課-2　(p. 58)

Ⅰ．1.電話をかけています。　2.お酒を飲んでいます。　3.ごはんを食べています。　4.写真を撮っています。　5.友だちと話しています。
Ⅱ．〔解答例〕1.今、日本語を勉強しています。　2.ビデオを見ていました。
Ⅲ．1.メアリーさんはバス停でバスを待っています。　2.きのう二時にたけしさんは友だちとテニスをしていました。　3.家に電話をかけました。姉は宿題をしていました。

第7課-3　(p. 59)

Ⅰ．1.お父さんは銀行に勤めています。　2.お母さんは病院に勤めています。　3.いいえ、お姉さんは勤めていません。　4.はい、お姉さんは結婚しています。　5.いいえ、お姉さんは東京に住んでいます。　6.弟さんは長野に住んでいます。　7.お父さんは五十一歳です。
Ⅱ．〔解答例〕父はソニーに勤めています。五十三歳です。母は先生です。四十八歳です。父と母は沖縄に住んでいます。兄は東京に住んでいます。結婚しています。

第7課-4　(p. 60)

Ⅰ．1.やすおさんはめがねをかけています。　2.のりこさんは今日新しいTシャツを着ています。

3.のりこさんはやせていますが、やすおさんは太っています。 4.みちこさんは髪が短いです。 5.みちこさんは背が高くありません。 6.みちこさんはとても頭がいいです。

Ⅱ．1.背が低かったです。 2.髪が短かったです。 3.めがねをかけていました。 4.目が小さかったです。 5.Tシャツを着ていました。 6.ジーンズをはいていました。 7.靴をはいていませんでした。 8.音楽を聞いていました。

第7課-5 (p. 61)

Ⅰ．1.安くておいしいです 2.静かでつまらないです 3.とても小さくてかわいいです 4.きれいでとても大きいです 5.古くておもしろいです 6.髪が長くて目が大きいです

Ⅱ．〔解答例〕1.おもしろくて楽しいです 2.髪が短くて背が高いです 3.小さくてきれいです 4.親切で頭がいいです

第7課-6 (p. 62)

Ⅰ．1.大阪に友だちに会いに行きます。 2.家に晩ごはんを食べに帰ります。 3.きのう、町に雑誌を買いに行きました。 4.私は週末京都に写真を撮りに行きました。 5.ロバートさんはよく私のアパートにテレビを見に来ます。

Ⅱ．〔解答例〕日本に日本語を勉強しに来ました。／ときどき海に泳ぎに行きます。／図書館に本を返しに行きます。／喫茶店にコーヒーを飲みに行きます。／など

第7課-7 (p. 63)

〔解答例〕1.日本語のクラスに女の人が五人います。 2.日本語のクラスに男の人が六人います。 3.はい、います。兄弟が二人います。 4.はい、います。ルームメートが一人います。 5.私の大学に学生が一万二千人います。 6.私の町に人が八千人ぐらい住んでいます。

第7課-8 (p. 64)

A. 1.doing homework in his room with Sue 2.doing homework with Robert 3.listening to the music in Takeshi's room 4.listening to the music in Takeshi's room 5.taking a bath 6.Robert doesn't know

B. 1.a, h 2.b, f 3.c, e 4.d, g

C. 1.c 2.b 3.b

第8課-1 (p. 65)

1.あける・あけない・あけます・あけて 2.かう・かわない・かいます・かって 3.すわる・すわらない・すわります・すわって 4.くる・こない・きます・きて 5.しぬ・しなない・しにます・しんで 6.けす・けさない・けします・けして 7.べんきょうする・べんきょうしない・べんきょうします・べんきょうして 8.かく・かかない・かきます・かいて 9.ある・ない・あります・あって 10.のむ・のまない・のみます・のんで 11.わかる・わからない・わかります・わかって 12.まつ・またない・まちます・まって 13.あそぶ・あそばない・あそびます・あそんで 14.いそぐ・いそがない・いそぎます・いそいで

第8課-2 (p. 66)

Ⅰ．1.Q：よくバスに乗る？ A：ううん、乗らない。 2.Q：毎日日本語を話す？ A：ううん、話さない。 3.Q：今日宿題がある？ A：ううん、ない。 4.Q：今週の週末、出かける？ A：ううん、出かけない。 5.Q：あしたひま？ A：ううん、ひまじゃない。 6.Q：日本人？ A：ううん、日本人じゃない。 7.Q：暑い？ A：ううん、暑くない。

Ⅱ．〔解答例〕1.今日は火曜日。 2.魚がきらい。 3.今週の週末、買い物をする。

第8課-3 (p. 67)

Ⅰ．1.日本の食べ物は高いと思います。 2.山下先生はハンサムだと思います。 3.この女の人はメアリーさんの日本語の先生だと思います。 4.山下先生はたくさん本を読むと思います。 5.この町はおもしろくないと思います。 6.さえこさんはお酒を飲まないと思います。 7.ちえこさんはまゆみさんが好きじゃないと思います。 8.のりこさんは今日学校に来ないと思います。

Ⅱ.〔解答例〕1.あしたは雨が降ると思います。 2.来週は忙しくないと思います。 3.はい、日本語の先生は料理が上手だと思います。 4.日本語の先生は、今週の週末、掃除すると思います。

第8課-4 (p. 68)

〔解答例〕1.田中さんは毎日楽しいと言っていました。 2.田中さんはイタリア料理が好きだと言っていました。 3.田中さんはあまりお酒を飲まないと言っていました。 4.田中さんはよくテニスをすると言っていました。 5.田中さんはお兄さんが一人いると言っていました。 6.田中さんは西町に住んでいると言っていました。 7.田中さんは結婚していないと言っていました。 8.田中さんは車を持っていないと言っていました。 9.田中さんは週末はたいてい友だちに会うと言っていました。 10.〔解答例〕今日、何をしますか。→ 田中さんは今日アルバイトをすると言っていました。

第8課-5 (p. 69)

Ⅰ.1.かさを忘れないでください。今日の午後、雨が降りますから。 2.窓を開けないでください。寒いですから。 3.テレビを消さないでください。ニュースを見ていますから。 4.その手紙を読まないでください。私の手紙ですから。
Ⅱ.1.切る 2.着る 3.来る 4.かける 5.書く 6.する 7.死ぬ 8.帰る 9.買う

第8課-6 (p. 70)

Ⅰ.〔解答例〕1.歌うのが 2.写真を撮るのが 3.日本語を話すのが 4.洗濯するのが 5.車を洗うのが
Ⅱ.1.えりかさんは友だちを作るのがとても上手です。 2.きよしさんは本を読むのが大好きです。 3.まことさんは部屋を掃除するのが大きらいです。 4.よしえさんは車を運転するのが上手じゃありません。 5.ゆきさんはあまり洗濯するのが好きじゃありません。

第8課-7 (p. 71)

Ⅰ.1.佐藤さんが新聞を読んでいます 2.だれが写真を撮っていますか 3.山田さんがめがねをかけています 4.だれがたばこを吸っていますか
Ⅱ.1.けさ、何か食べましたか。いいえ、けさ何も食べませんでした。 2.週末、何をしますか。何もしません。 3.よしおさんは何か言っていましたが、わかりませんでした。 4.何か飲みませんか。

第8課-8 (p. 72)

A. 1.(f) 2.(c) 3.(b) 4.(e) 5.(a) 6.(d) 7.(g)
B. 1.Sunday at 4:30 2.No. He has a part-time job. 3.Yes. He said he is not busy on Sunday.
C. 1.c, d, e 2.b, c 3.a

第9課-1 (p. 73)

1.よんだ・よまなかった・よみます 2.あそんだ・あそばなかった・あそびます 3.おぼえた・おぼえなかった・おぼえます 4.いった・いかなかった・いきます 5.もらった・もらわなかった・もらいます 6.おどった・おどらなかった・おどります 7.およいだ・およがなかった・およぎます 8.ひいた・ひかなかった・ひきます 9.やすんだ・やすまなかった・やすみます 10.した・しなかった・します 11.きた・こなかった・きます 12.わかかった・わかくなかった 13.かっこよかった・かっこよくなかった 14.きれいだった・きれいじゃなかった 15.にちようびだった・にちようびじゃなかった

第9課-2 (p. 74)

Ⅰ.1.Q：きのう、友だちに会った？ A：ううん、会わなかった。 2.Q：きのう、運動した？ A：ううん、運動しなかった。 3.Q：先週、試験があった？ A：ううん、なかった。 4.Q：先週の週末、大学に来た？ A：ううん、来なかった。 5.Q：先週の週末、楽しかった？ A：ううん、楽しくなかった。 6.Q：子供の時、髪が長かった？ A：ううん、長くなかった。 7.Q：子供の時、勉

強がきらいだった？ A：ううん、きらいじゃなかった。
Ⅱ.〔解答例〕子供の時、よく公園に行った？／子供の時、かわいかった？／子供の時、いい子だった？／など

第9課-3 (p.75)

1.よしこさんは子供の時、スキーが上手だったと思います。 2.ただしさんの弟は若い時、ハンサムだったと思います。 3.コンサートは九時に始まったと思います。 4.子供の時、この歌は人気があったと思います。 5.さえこさんは先週の週末、運動したと思います。 6.先週の試験は難しくなかったと思います。 7.山下先生はきのう病気じゃなかったと思います。 8.みえさんは子供の時、いじわるじゃなかったと思います。 9.まさこさんはまりさんから手紙をもらわなかったと思います。

第9課-4 (p.76)

〔解答例〕1.田中さんは日本の音楽をよく聞くと言っていました。 2.田中さんは宿題をするのがきらいだと言っていました。 3.田中さんは先週の週末、アルバイトをしたと言っていました。 4.田中さんは子供の時、いい子だったと言っていました。 5.田中さんは子供の時、背が高くなかったと言っていました。 6.田中さんは子供の時、学校が好きだったと言っていました。 7.田中さんは子供の時、京都に住んでいたと言っていました。 8.田中さんは子供の時、よく遊んだと言っていました。 9.〔解答例〕高校の時、勉強しましたか。 → 田中さんは高校の時、あまり勉強しなかったと言っていました。

第9課-5 (p.77)

1.みどりさんはハンバーガーを食べている人です。 2.けんいちさんはコーヒーを飲んでいる人です。 3.ともこさんはケーキを切っている人です。 4.しんじさんは歌を歌っている人です。 5.えりかさんはけんいちさんと話している人です。

第9課-6 (p.78)

1.Q：もう昼ごはんを食べましたか。 A：いいえ、まだ食べていません。 2.Q：もう東京に行きましたか。 A：はい、もう行きました。 3.Q：もう漢字の辞書を買いましたか。 A：いいえ、まだ買っていません。 4.Q：もう新しい先生と話しましたか。 A：いいえ、まだ話していません。 5.Q：もう宿題をしましたか。 A：はい、もうしました。

第9課-7 (p.79)

Ⅰ.1.今日は病気だから、運動しません。 2.単語をみんな覚えたから、今日の試験はやさしかったです。 3.まさこさんは踊るのが上手だから、とても人気があります。 4.友だちがいなかったから、とてもさびしかったです。 5.切符を二枚もらったから、友だちとかぶきを見に行きました。
Ⅱ.〔解答例〕1.はい、テストがあったから、忙しかったです 2.はい、クラスがあったから、学校に来ました 3.はい、友だちの家に行くから、出かけます 4.はい、日本語はおもしろいから、来年も日本語を勉強します

第9課-8 (p.80)

A. 1.Michiko waited for Ken. 2.about 10 minutes 3.They are going to eat spaghetti for dinner. 4.in a hotel nearby
B. 1.f 2.e 3.h 4.c 5.g 6.a 7.b
C. 1.5; 600 2.3; 180 3.9; 1,080 4.8; 960 5.7; 8,400

第10課-1 (p.81)

Ⅰ.1.東京のほうが大阪より大きいです。 2.日曜日のほうが月曜日より楽しいです。 3.スポックのほうがカークより頭がいいです。 4.Q：サッカーと野球とどちらのほうが好きですか。 A：野球のほうが好きです。
Ⅱ.〔解答例〕Q：夏と冬とどちらのほうが好きですか。A：夏のほうが好きです。／Q：日本語と中国語とどちらのほうが難しいと思いますか。A：日本語のほうが難しいと思います。／Q：メ

アリーさんとたけしさんとどちらのほうが若いですか。A：メアリーさんのほうが若いです。／など

第10課 - 2 (p. 82)

Ⅰ．〔解答例〕Q：世界の町の中で、どこがいちばん好きですか。A：京都がいちばん好きです。／Q：野菜の中で、何がいちばんおいしいですか。A：トマトがいちばんおいしいと思います。／Q：外国語の中で、何がいちばん簡単だと思いますか。A：スペイン語がいちばん簡単だと思います。／など
Ⅱ．1.Q：中国語と韓国語と日本語の中で、どれがいちばん難しいですか。A：韓国語がいちばん難しいです。 2.Q：肉と魚と野菜の中で、どれがいちばん好きですか。A：〔解答例〕野菜がいちばん好きです。

第10課 - 3 (p. 83)

Ⅰ．1.白いのです 2.だれのですか 3.短いのです 4.いいえ、たけしさんのです
Ⅱ．1.この時計は高いです。安いのをください。 2.私のコンピューターはあなたのより遅いです。 3.どんな映画が好きですか。—こわいのが好きです。 4.この辞書は古いです。新しいのを買います。 5.この赤いセーターは白いのより高いです。

第10課 - 4 (p. 84)

Ⅰ．1.今日の午後映画を見に行くつもりです。 2.今晩出かけないつもりです。 3.日本の会社に勤めるつもりです。 4.結婚しないつもりです。 5.来週試験があるから、今週勉強するつもりです。
Ⅱ．〔解答例〕1.友だちと晩ごはんを食べるつもりです。 2.買い物をするつもりです。 3.はい、勉強するつもりです。 4.夏休みにアルバイトをするつもりです。

第10課 - 5 (p. 85)

Ⅰ．1.背が高くなりました。 2.髪が長くなりました。 3.ひまになりました。
Ⅱ．1.けさ掃除したから、私の部屋はきれいになりました。 2.きのうの晩あまり寝なかったから、眠くなりました。 3.たくさん練習したから、日本語を話すのがとても上手になりました。 4.子供が好きだから、先生になります。

第10課 - 6 (p. 86)

Ⅰ．1.メアリーさんは北駅から東駅まで電車で行きます。二十分かかります。 2.メアリーさんは東駅から大学までバスで行きます。十五分かかります。 3.お父さんは家から会社までタクシーで行きます。二千円かかります。
Ⅱ．〔解答例〕家から南駅まで自転車で行きます。十分かかります。南駅から京橋駅まで電車で行きます。二十分かかります。京橋駅から学校まで歩いて行きます。五分かかります。

第10課 - 7 (p. 87)

A. [Mary] 1.Korea 2.eat, shop 3.one week [Robert] 1.London 2.go home, see friends 3.12/22−1/23 [Takeshi] 1.nowhere [Sue] 1.Korea 2.go home, see family, go skiing 3.about three weeks
B. 1.Hanaoka University 2.1,500,000 yen per year 3.about two hours by train and bus 4.Tsushima University. There are famous Japanese teachers.
C. 1.はい。東京へ行きました。 2.いいえ、友だちと行きました。 3.バスで行きました。 4.12月11日から12月15日まで東京にいました。 5.買い物をしました。それから東京ディズニーランドに行きました。

第11課 - 1 (p. 89)

Ⅰ．〔解答例〕1.a.ピアノが習いたいです。b.外国に住みたいです。 2.a.学校をやめたくありません。b.友だちとけんかしたくありません。
Ⅱ．1.車が運転したいです。 2.電車に乗りたくありません。 3.子供の時、犬が飼いたかったです。 4.子供の時、学校に行きたくありませんでした。
Ⅲ．〔解答例〕1.歌手になりたかったです。 2.早く寝たくありませんでした。

第11課-2 (p. 90)

Ⅰ.1.週末は映画を見たり、買い物をしたりしました。 2.あしたは洗濯したり、勉強したりします。 3.きのうは友だちに会ったり、本を読んだりしました。 4.LL で日本語を練習したり、日本語のテープを聞いたりします。 5.今週の週末は山に登ったり、温泉に行ったりしたいです。 6.クラスでたばこを吸ったり、ビールを飲んだりしてはいけません。
Ⅱ.〔解答例〕1.映画を見たり、ごはんを食べたりします。 2.旅行したり、アルバイトをしたりしました。 3.よく公園に行ったり、テレビゲームをしたりしました。 4.テニスをしたり、友だちの家に行ったりしたいです。

第11課-3 (p. 91)

Ⅰ.〔解答例〕1. a.日本料理を作ったことがあります。b.猫を飼ったことがあります。 2. a.英語を教えたことがありません。b.山に登ったことがありません。
Ⅱ.1.授業に遅刻したことがあります。 2.うそをついたことがありません。 3.授業をサボったことがありません。 4.富士山に登ったことがありますか。―いいえ、ありません。

第11課-4 (p. 92)

〔解答例〕1.郵便局や喫茶店があります。 2.時計やステレオが買いたいです。 3.カードや花をもらいました。 4.よくデパートや公園に行きます。 5.マイケル・ジョーダンやタイガー・ウッズに会いたいです。 6.すしや天ぷらを食べたことがあります。

第11課-5 (p. 93)

A. [あきら] 1. a, j 2. i [よしこ] 1. e, f, g 2. h [けん] 1. d 2. b, c
B. 1. c 2. d 3. Today: a, d Tomorrow: b, c
C. [Mary] 1. President of a company 2. President of a company [Tom] 1. A singer 2. Rich; He also wants to get married with a rich woman. [Teacher] 1. Nothing special; He didn't want to be a teacher. 2. Nothing special; He sometimes wants to quit his job (teacher).

第12課-1 (p. 95)

Ⅰ.1.おなかが痛いんです 2.彼女と別れたんです 3.かぜをひいたんです 4.二日酔いなんです 5.財布をなくしたんです 6.成績が悪かったんです
Ⅱ.〔解答例〕1.お金がないんです 2.眠かったんです 3.たくさん勉強したんです 4.テストがあるんです

第12課-2 (p. 96)

Ⅰ.1.甘すぎます 2.難しすぎます 3.寒すぎる 4.働きすぎました 5.テレビを見すぎました 6.緊張しすぎた 7.歌を歌いすぎた 8.遊びすぎた
Ⅱ.〔解答例〕日本語の宿題は多すぎます。／母は話しすぎます。／など

第12課-3 (p. 97)

Ⅰ.1.病院に行ったほうがいいですよ。 2.漢字を覚えたほうがいいですよ。 3.お母さんに手紙を書いたほうがいいですよ。 4.心配しないほうがいいですよ。 5.たばこを吸わないほうがいいですよ。 6.うそをつかないほうがいいですよ。
Ⅱ.〔解答例〕1.今日、出かけないほうがいいですよ 2.何か食べたほうがいいですよ 3.薬を飲んだほうがいいですよ

第12課-4 (p. 98)

Ⅰ.1.忙しいので、パーティーに行きません。 2.日本語を勉強したかったので、日本に来ました。 3.彼女は親切なので、(彼女が)好きです。 4.外国に興味があるので、よく映画を見に行きます。 5.勉強しなかったので、成績が悪かったです。 6.都合が悪いので、あしたパーティーに行きません。
Ⅱ.〔解答例〕1.歌が上手なので、シナトラが好きです。 2.スキーがしたいので、山に行きたいです。 3.教えるのが好きなので、先生になりたいです。

第12課-5 (p. 99)

Ⅰ．1.早く起きなくちゃいけません　2.教科書を買わなくちゃいけません　3.練習しなくちゃいけません　4.洗濯しなくちゃいけません　5.アルバイトをやめなくちゃいけません

Ⅱ．〔解答例〕1. a.両親に手紙を書かなくちゃいけません。b.部屋の掃除をしなくちゃいけません。　2. a.日本語の宿題をしなくちゃいけませんでした。b.アルバイトをしなくちゃいけませんでした。

第12課-6 (p. 100)

1.東京はあしたくもりでしょう。気温は十七度ぐらいでしょう。　2.大阪はあした雨でしょう。気温は二十度ぐらいでしょう。　3.沖縄はあした晴れでしょう。気温は二十四度ぐらいでしょう。

第12課-7 (p. 101)

A. [Patient 1] a, d, e; rest at home　[Patient 2] c; not eat too much　[Patient 3] b, c, e; go to a larger hospital

B. 1. No. Takahashi has to go home for his child's birthday.　2. Buy something for the child on the way home.

C. [Tokyo] 1. rain, sometimes cloudy; hot　2. 29°C　[Moscow] 1. cloudy; a little cold　2. 17°C　[Bangkok] 1. sunny; very hot　2. 38°C　[Camberra] 1. cloudy, sometimes rain; warm　2. 21°C

読み書き編

第1課-1 (p. 105)

Ⅱ．1.aoi　2.ue　3.oka　4.aki　5.ike　6.koku
Ⅲ．1.おう　2.いえ　3.あい　4.かこ　5.くい　6.えき

第1課-2 (p. 106)

Ⅱ．1.ashita　2.tochi　3.katate　4.osake　5.kisetsu　6.suso
Ⅲ．1.たすけ　2.さそい　3.つくえ　4.おせち　5.とし　6.あいて

第1課-3 (p. 107)

Ⅱ．1.hifu　2.nanika　3.hone　4.shinu　5.konoha　6.heta
Ⅲ．1.ふね　2.ほし　3.はな　4.へそ　5.ぬの　6.ひにく

第1課-4 (p. 108)

Ⅱ．1.machi　2.mise　3.mune　4.yume　5.moya　6.yosomono
Ⅲ．1.もち　2.まつ　3.やみよ　4.おゆ　5.むすめ

第1課-5 (p. 109)

Ⅱ．1.warau　2.rikaisuru　3.kiiro　4.retsu　5.ki o (wo) tukete　6.shinri
Ⅲ．1.わかる　2.れきし　3.めをさます　4.りろん　5.らいねん　6.はんえい

第1課-6 (p. 110)

Ⅰ．1.dekigoto　2.jidai　3.gobangai　4.banpaku
Ⅱ．1.かば　2.がいこくじん　3.もんだい　4.しんぱい
Ⅲ．1.okaasan　2.oniisan　3.kuuki　4.heewa　5.soodan
Ⅳ．1.おじいさん　2.おばあさん　3.つうやく　4.がくせい　5.おとうさん

第1課-7 (p. 111)

Ⅰ．1.okyakusan　2.shokugyoo　3.shakai　4.minshushugi　5.ocha　6.hyakuen　7.myakuraku　8.ryoo
Ⅱ．1.きょか　2.ちょうさ　3.じょゆう　4.じゅぎょう　5.ちゅうしゃ　6.りょこう

Ⅲ．1.ikkai　2.kissaten　3.zutto　4.shippo　5.annai
Ⅳ．1.いっしょ　2.もっと　3.ちっぽけ　4.ざんねん

第2課 - 1　(p. 112)

Ⅱ．1.オーケー　2.ケーキ　3.ウエア　4.コーク　5.オーイ　6.ココア

第2課 - 2　(p. 113)

Ⅱ．1.シーザー　2.スーツ　3.セット　4.ソックス　5.タコス　6.チーズ　7.タイ　8.デッキ

第2課 - 3　(p. 114)

Ⅱ．1.ボサノバ　2.カヌー　3.ハーブ　4.ビキニ　5.ナッツ　6.ペット　7.コネ　8.ヒッピー　9.ネクタイ

第2課 - 4　(p. 115)

Ⅱ．1.メモ　2.ムード　3.ミニ　4.マヤ　5.ヨット　6.ユーザー　7.キャップ　8.シチュー　9.ショック

第2課 - 5　(p. 116)

Ⅱ．1.ヨーロッパ　2.ワックス　3.ルーレット　4.アフリカ　5.ラーメン　6.シェークスピア　7.チェ・ゲバラ

第3課 - 2　(p. 118)

Ⅰ．1.四十一　2.三百　3.千五百　4.二千八百九十　5.六万七千　6.十二万八千　7.百万
Ⅱ．1.六百円　2.時・十二時
Ⅲ．1.このとけいは四万九千円です。　2.あのかばんは五千三百円です。　3.やまなかさんは六時におきます。　4.かわぐちさんは七時にだいがくにいきます。　5.すずきさんはたいてい十二時ごろねます。　6.わたしはときどききっさてんでコーヒーをのみます。コーヒーは百八十円です。

第4課 - 2　(p. 120)

Ⅰ．1.日曜日　2.月曜日　3.火曜日　4.水曜日　5.木曜日　6.金曜日　7.土曜日
Ⅱ．1.日本・本・中　2.水　3.六時半　4.上・下　5.日本人
Ⅲ．1.金曜日に日本人のともだちとレストランにいきました。　2.土曜日に十時半ごろおきました。　3.月曜日に一人でおてらにいきました。　4.本はつくえの上です。しんぶんは本の下です。

第5課 - 2　(p. 122)

Ⅰ．1.元気　2.今日・天気　3.男・人・山川　4.女・人・山田　5.私・行きました　6.食べました・飲みました　7.見ました
Ⅱ．1.私は今日本にいます。　2.田中さんは元気です。山川さんは元気じゃありません。　3.私は日本人の男の人と女の人と山に行きました。　4.木曜日に私はともだちとばんごはんを食べました。　5.水曜日に私はおさけをたくさん飲みました。それから、ビデオを見ました。

第6課 - 2　(p. 124)

Ⅰ．1.東・西・南・北　2.南口・出て・右・五分　3.西口・出て・左・十分　4.大学生　5.先生・外国
Ⅱ．1.私の大学に外国人の先生がたくさんいます。　2.大学はぎんこうの左です。　3.東口を出て、右に行ってください。　4.レストランは南口のそばです。　5.レストランでピザを食べて、ワインを飲みました。　6.北口で二十分まちました。

第7課 - 2　(p. 126)

Ⅰ．1.東京・京子・お父さん・会いました　2.お母さん・毎日・会社　3.帰ります　4.小さくて・高い　5.入って　6.高校・日本語・文学
Ⅱ．1.京子さんのいもうとさんは高校生です。　2.京子さんのお母さんは小さい会社につとめています。　3.京子さんのお父さんは毎日おそくうちに帰ります。　4.私は日本語と文学をべんきょうしています。　5.南さんはすこしえい語を話します。

第8課 – 2 (p. 128)

Ⅰ．1.会社員・思います　2.仕事・休む・言って　3.新聞・読みます　4.新しい・車　5.次・電車・何時　6.休み・作りました

Ⅱ．1.私は電車で新聞を読みます。　2.私はアンケートを作りました。　3.私は日本の会社員はいそがしいと思います。　4.休みに何をしますか。　5.京子さんは先週東京に行ったと言っていました。　6.次の電車は十一時にきます。

第9課 – 2 (p. 130)

Ⅰ．1.午前中・雨　2.午後・友だち・家・話しました　3.白い・少し・古い　4.名前・知って・書いて　6.二時間・来ませんでした

Ⅱ．1.私は午後友だちに手紙を書きました。　2.私は家で一時間本を読みました。　3.私はけんさんのお父さんと話しました。おもしろかったです。　4.山下さんのいぬの名前はポチです。　5.私のじしょは少し古いです。　6.私の家に来てください。話しましょう。

第10課 – 2 (p. 132)

Ⅰ．1.来年・町・住む　2.今年・お正月・雪　3.自分・売って・買いました　4.道・立って　5.朝・持って　6.夜・長く

Ⅱ．1.私は小さい町に住んでいます。　2.きのうの朝雪がふりました。　3.私は古い車を売って、新しいのを買いました。　4.山田さんはせが高くて、かみが長いです。　5.かさを持っていますか。　6.この道は夜しずかになります。

第11課 – 2 (p. 134)

Ⅰ．1.手紙・明るい　2.映画・歌ったり・勉強　3.近く・病院　4.旅行・好き　5.市・有名・所

Ⅱ．1.私は休みに映画を見たり、歌を歌ったりします。　2.私の友だちは近所に住んでいます。　3.私はいろいろな所に旅行しました。　4.あした病院に行きたくありません。　5.しょうらい有名になりたいです。　6.私に手紙を書いてください。　7.外国語を勉強したことがありません。

第12課 – 2 (p. 136)

Ⅰ．1.昔々・神様　2.牛・使って・働いて　3.早く・起きます　4.赤い・色・青い・色　5.今度・連れて・帰ります　6.別れました

Ⅱ．1.私は赤と青が好きです。　2.今度、映画に行きましょう。　3.朝早く起きるのが好きじゃありません。　4.あなたと別れたくありません。　5.電話を使ってもいいですか。　6.今週の週末、働かなくちゃいけません。

げんき Ⅱ ワークブック・解答

会話・文法編

第13課-1 (p.11)

Ⅰ．1.あそんで・あそべる・あそべない　2.およいで・およげる・およげない　3.のんで・のめる・のめない　4.やめて・やめられる・やめられない　5.もってきて・もってこられる・もってこられない　6.まって・まてる・まてない　7.うたって・うたえる・うたえない　8.つくって・つくれる・つくれない　9.きいて・きける・きけない　10.して・できる・できない　11.きて・こられる・こられない　12.かえして・かえせる・かえせない　13.かえって・かえれる・かえれない

Ⅱ．〔解答例〕1.a.日本語が話せます。b.すしが作れます。　2.a.泳げません。b.上手に歌が歌えません。　3.a.ピアノが弾けました。b.テレビゲームができました。　4.a.肉が食べられませんでした。b.たくさんの人の前で話せませんでした。

第13課-2 (p.13)

Ⅰ．1.話せます　2.泳げません　3.決められません　4.行けません　5.食べられます　6.出かけられません

Ⅱ．1.どんな歌が歌えますか。　2.どこで安い服が買えますか。　3.きのうの夜、ぜんぜん寝られませんでした。　4.子供の時、ピーマンが食べられませんでしたが、今食べられます。　5.お正月に着物が着られました。

第13課-3 (p.14)

Ⅰ．1.寒いし・眠いし　2.頭がいいし・ギターが弾けるし　3.あしたテストがあるし・先生に会わなくちゃいけないし　4.よくうそをつくし・約束を守らないし　5.大学に入れたし・友だちがたくさんいるし

Ⅱ．〔解答例〕1.いいえ、働きたくありません。日本語は難しいし、物価は高いし。　2.はい、好きです。きれいな公園があるし、家族がいるし。　3.冬のほうが好きです。雪が好きだし、スキーができるし。　4.東京に行きたいです。友だちがいるし、おもしろい所がたくさんあるし。

第13課-4 (p.15)

Ⅰ．1.この先生はやさしそうです。　2.このビデオはおもしろそうです。　3.この子供は元気そうです。　4.この指輪は高そうです。　5.この犬は頭が悪そうです。

Ⅱ．1.やさしそうな先生ですね。　2.おもしろそうなビデオですね。　3.元気そうな子供ですね。　4.高そうな指輪ですね。　5.頭が悪そうな犬ですね。

第13課-5 (p.16)

Ⅰ．1.見てみます　2.会ってみます　3.読んでみます　4.食べてみます

Ⅱ．〔解答例〕エジプトに行ってみたいです。そこでピラミッドに登ってみたいです。／アフリカに行ってみたいです。そこで動物をたくさん見てみたいです。／中国に行って見たいです。そこでいろいろな食べ物を食べてみたいです。

第13課-6 (p.17)

Ⅰ．1.魚なら食べますが、肉は食べません。　2.車なら買いたいですが、バイクは買いたくありません。　3.犬なら飼ったことがありますが、猫は飼ったことがありません。

Ⅱ．〔解答例〕1.中国なら行ったことがあります。　2.テニスならできます。　3.すきやきなら作れます。　4.五千円なら貸せます。

第13課-7 (p.18)

Ⅰ．1.メアリーさんは一日に一時間日本語のテープを聞きます。　2.ジョンさんは一週間に一回スーパーに行きます。　3.みちこさんは一か月に二

回買い物に行きます。 4.ジョンさんは一年に一回外国に行きます。
Ⅱ.〔解答例〕1.一週間に一回ぐらい母に電話します。 2.一日に二回歯を磨きます。 3.一日に七時間ぐらい寝ます。 4.マクドナルドでぜんぜん食べません。 5.一週間に二日ぐらい運動します。 6.一年に一回ぐらいかぜをひきます。

第13課-8 (p. 19)

A. 1.can speak English; No; Monday, Wednesday, Saturday 2.can read Chinese; Yes; Saturday, Sunday
B. a.T b.F c.F d.T e.T f.F g.T
C. 1.a.expensive b.No c.it is too expensive 2.a.warm b.Yes c.it is not very expensive and his father would like it 3. a. convenient b.Yes c.it is cheaper than going to a gym

第14課-1 (p. 21)

Ⅰ.1.ぬいぐるみがほしいです/ほしくありません。 2.休みがほしいです/ほしくありません。 3.お金持ちの友だちがほしいです/ほしくありません。
Ⅱ.1.子供の時、大きい犬がほしかったです/ほしくありませんでした。 2.子供の時、楽器がほしかったです/ほしくありませんでした。 3.子供の時、辞書がほしかったです/ほしくありませんでした。
Ⅲ.〔解答例〕1.おもちゃがほしかったです。いいえ、今はほしくありません。 2.お金がほしいです。アルバイトがありませんから。 3.時間のほうがほしいです。毎日忙しすぎますから。

第14課-2 (p. 22)

Ⅰ.1.たけしさんはけちかもしれません。 2.メアリーさんはかぶきに興味がないかもしれません。 3.みちこさんはこの写真がほしかったかもしれません。 4.このセーターは似合わないかもしれません。 5.たけしさんはメアリーさんにプロポーズしたかもしれません。
Ⅱ.〔解答例〕1.友だちがいないかもしれません。 2.アルバイトをしているかもしれません。 3.今日はスーさんの誕生日かもしれません。 4.きのうの夜あまり寝られなかったかもしれません。

第14課-3 (p. 23)

Ⅰ.1.(give)けんさんはスーさんに猫をあげました。(receive)スーさんはけんさんに猫をもらいました。 2.私はスーさんに辞書をあげました。 3.(give)スーさんは私にTシャツをくれました。(receive)私はスーさんにTシャツをもらいました。 4.私はけんさんに時計をあげました。 5.(give)けんさんは私に帽子をくれました。(receive)私はけんさんに帽子をもらいました。
Ⅱ.〔解答例〕1.指輪をもらいました。彼にもらいました。 2.漢字の辞書をあげるつもりです。友だちは漢字が好きだと言っていましたから。

第14課-4 (p. 24)

Ⅰ.1.会社に履歴書を送ったらどうですか 2.パーティーに行ったらどうですか 3.早く寝たらどうですか 4.先生に相談したらどうですか 5.警察に行ったらどうですか
Ⅱ.〔解答例〕1.どうしたんですか 2.日本語の授業が難しすぎるんです 3.先生に相談したらどうですか 4.そうします。ありがとう

第14課-5 (p. 25)

Ⅰ.〔解答例〕1.キムさんは車を七台も持っています。 2.ジョンさんは今年本を三冊しか読みませんでした。 3.メアリーさんはアルバイトが三つもあります。 4.ジョンさんはきのう五時間しか寝ませんでした。 5.たけしさんは猫を六匹も飼っています。 6.リーさんはパーティーでビールを一本しか飲みませんでした。 7.けんは友だちが一人しかいません。
Ⅱ.〔解答例〕1.きのうテレビを五時間も見ました。 2.財布の中に千円しかありません。 3.ジーンズを三本持っています。

第14課-6 (p. 26)

A. すずき→よしだ→たなか→もり

B. 1. a.She wants to have her hair cut.　b.go to a hair salon in front of the bus stop　2. a.He wants to speak Japanese more.　b.join a club　3. a.He wants to give a Christmas present to his host family's children　b.give a Disney video
C. 1. a.○　b.×　c.×　d.○　e.○　2.one comic book

第15課 - 1　(p. 27)

Ⅰ. 1.およげる・およごう　2.よめる・よもう　3.やめられる・やめよう　4.みがける・みがこう　5.うれる・うろう　6.すてられる・すてよう　7.こられる・こよう　8.つきあえる・つきあおう　9.そつぎょうできる・そつぎょうしよう
Ⅱ. 1.今晩レストランで食べよう　2.予約しようか　3.みちこさんも誘おう　4.どうやって行こうか　5.タクシーで行こう

第15課 - 2　(p. 28)

Ⅰ. 1.保険に入ろうと思っています　2.両親にお金を借りようと思っています　3.熱いお風呂に入って早く寝ようと思っています　4.新しい服を買おうと思っています　5.花を送ろうと思っています　6.練習しようと思っています
Ⅱ. 〔解答例〕1.今度の休みに何をしようと思っていますか　2.友だちが来る　3.友だちといろいろな所に行こうと思っています　4.試験があるので、勉強しようと思っています

第15課 - 3　(p. 29)

Ⅰ. 1.旅館を予約しておきます　2.電車の時間を調べておきます　3.新しい歌を練習しておきます　4.いいレストランを探しておきます　5.お金をおろしておきます
Ⅱ. 〔解答例〕1.水と食べ物を買っておきます。　2.たくさん勉強しておきます。　3.暖かい服を買っておかなくちゃいけません。

第15課 - 4　(p. 30)

Ⅰ. 1.the pictures that I took in Nara　2.the bus that goes to Tokyo　3.the Japanese inn where I stayed last year
Ⅱ. 1.私が友だちから借りた本　2.私がよく聞くラジオ番組　3.母が誕生日にくれた指輪　4.これはニューヨークに住んでいる友だちです　5.これは私が卒業した学校です　6.これは私が去年登った山です

第15課 - 5　(p. 31)

Ⅰ. 1.東京大学を卒業した人に会いました。　2.ロシアに行ったことがある友だちがいます。　3.きのう食べた料理はおいしかったです。　4.最近買った辞書はあまりよくありません。　5.フランス語と中国語が話せる人を探しています。
Ⅱ. 〔解答例〕1.プールがあるアパートがいいです。　2.いい店がたくさんある町に住みたいです。　3.料理が上手な人がいいです。

第15課 - 6　(p. 32)

A. 1.a temple in Kyoto　2.younger sister　3.grandfather; he was young　4.his friend; his birthday　5.borrowed; return it tomorrow　6.Kyoto; his girlfriend
B. 1.study　2.go to Hiroshima　3.get information about Hiroshima; ask her father about the cheap inns　4.do homework
C. 1.F　2.F　3.T　4.T　5.F

第16課 - 1　(p. 33)

Ⅰ. 1.母の日に母に花を買ってあげます。　2.おばあさんを駅に連れていってあげます。　3.先生が推薦状を書いてくれます。
Ⅱ. 1.友だちに英語に訳してもらいました。　2.ホストファミリーのお母さんに漢字を教えてもらいました。　3.ルームメートに起こしてもらいました。

第16課 - 2　(p. 34)

Ⅰ. 1.私の家族が日本に来るので、私は京都を案内してあげます。　2.姉はときどき私に車を貸してくれます。　3.私は友だちに病院に連れていっ

てもらいました。 4.友だちは晩ご飯をおごってくれました。 5.私は家族に旅行の写真を見せてあげました。 6.私は先生に文法を説明してもらいます。
Ⅱ.〔解答例〕1.手伝ってあげましょうか 2.父が買ってくれたんです 3.カラオケに連れていってあげよう

第16課-3 (p. 35)

Ⅰ.1.お金を貸してくれない？ 2.(私の)日本語を直してくれない？ 3.あした七時に起こしてくれませんか。 4.もっとゆっくり話してくれませんか。 5.推薦状を書いていただけませんか。 6.これを英語に訳していただけませんか。
Ⅱ.1.お母さん、宿題をしてくれませんか 2.お金を返してくれない

第16課-4 (p. 36)

Ⅰ.1.大学院に行きたいです。奨学金がもらえるといいんですが。 2.あしたの朝、試験があります。朝寝坊しないといいんですが。 3.中国に行きたいです。来年行けるといいんですが。 4.バーベキューをするつもりです。雨が降らないといいんですが。
Ⅱ.〔解答例〕1.プレゼントがたくさんもらえるといいですね 2.いい仕事があるといいですね 3.試験が難しくないといいですね 4.早くよくなるといいですね

第16課-5 (p. 37)

Ⅰ.1.来た 2.来る 3.朝寝坊した 4.な 5.の
Ⅱ.1.ご飯を食べる 2.ご飯を食べた・「ごちそうさま」と言います 3.電車に乗る・切符を買います

第16課-6 (p. 38)

Ⅰ.1.寝る時、歯を磨きました。(N) 2.両親は結婚した時、どこにも行きませんでした。(Y) 3.学校に行く時、バスに乗ります。(N) 4.この車を買う時、銀行からお金を借りました。(N) 5.たけしさんはスパゲッティを食べる時、はしを使いました。(N) 6.かばんをなくした時、警察に行きました。(Y)
Ⅱ.〔解答例〕1.週末だれも電話をしてくれない時、悲しいです。 2.さびしい時、両親に電話をします。 3.スピーチをする時、緊張します。

第16課-7 (p. 39)

Ⅰ.1.先生の話を聞かなくてすみませんでした。 2.夜遅く電話をしてごめん。 3.誕生日パーティーに行けなくてごめん。 4.忙しくて、最近手紙を書かなくてごめん。 5.先生に借りた本をなくしてすみませんでした。 6.遅くなってごめん。
Ⅱ.〔解答例〕1.最近電話をしなくてごめん。 2.あまり勉強しなくてごめん。 3.よく授業をサボってすみませんでした。 4.(to my girlfriend)ほかの人を好きになってごめん。

第16課-8 (p. 40)

A. 1.T 2.T 3.T 4.H 5.H 6.T
B. 1.John 2.John 3.Akiko; John 4.lends her clothes 5.Akiko; Sarah 6.will cook Japanese foods
C. 1.T 2.F 3.T 4.F 5.F 6.T

第17課-1 (p. 41)

Ⅰ.1.佐藤さんは離婚したそうです。 2.あしたは寒くないそうです。 3.たけしさんは旅行会社に就職したそうです。 4.映画館は込んでいなかったそうです。 5.たけしさんはあした試験があるので、今晩勉強しなくちゃいけないそうです。 6.トムさんの大家さんはとてもけちだそうです。
Ⅱ.〔解答例〕1.神戸で地震があったそうです 2.あしたとても寒くなるそうです 3.メアリーさんによると、あしたはクラスがないそうです
Ⅲ.〔解答例〕1.また円が高くなったって 2.先生は病気だって

第17課-2 (p. 42)

Ⅰ.1.服を脱いだら 2.かぎをかけたら 3.お金が足りなかったら 4.あした寒くなかったら
Ⅱ.1.今週の週末雨が降らなかったら、バーベキ

ューをしましょう。 2.私が先生だったら、毎週試験をします。 3.朝寝坊したら、起こしてください。 4.成績がよくなかったら、悲しくなります。 5.元気じゃなかったら、出かけません。 6.就職できなかったら、一年旅行に行きます。
Ⅲ.〔解答例〕1.もっと勉強できます 2.日本に住みます

第17課-3 (p. 43)

Ⅰ.1.私は家で皿を洗わなくてもいいです。ホストファミリーのお母さんがしてくれます。 2.そのホテルは込んでいないので、予約をしなくてもいいです。 3.パーティーに食べ物を持ってこなくてもいいです。 4.今日はおごってあげます。払わなくてもいいです。 5.宿題がないので、今晩勉強しなくてもいいです。
Ⅱ.1.持っていかなくてもいいよ 2.しなくてもいいと思う 3.返さなくてもいいよ
Ⅲ.〔解答例〕あしたは休みなので、早く起きなくてもいいです。/母が料理してくれるので、自分で料理しなくてもいいです。

第17課-4 (p. 44)

Ⅰ.1.田中さんは私の母みたいです。 2.田中さんはかぜをひいているみたいです。 3.田中さんは来年大学を卒業するみたいです。 4.田中さんはけさ歯を磨かなかったみたいです。 5.田中さんは朝寝坊して電車に乗り遅れたみたいです。
Ⅱ.〔解答例〕1.急いでいるみたいです。 2.本を読んでいるみたいです。 3.切符をなくしたみたいです。

第17課-5 (p. 45)

Ⅰ.1.料理する・手を洗います 2.ご飯を食べる・「いただきます」と言います 3.ご飯を食べて・「ごちそうさま」と言います 4.皿を洗って・歯を磨きます
Ⅱ.1.テニスをしてから、日本語を一時間勉強しました。 2.かぎをかけてから寝ました。 3.出かける前に、いつも天気予報を見ます。

第17課-6 (p. 46)

A.1.T 2.F 3.F 4.T 5.F 6.F 7.T
B.1.No 2.Yes 3.No 4.Yes
C.1.Sunday 2. a.eat delicious food b.do shopping c.go to Mt. Rokko 3.If the weather is good, they will climb Mt. Rokko. If it rains, they will do shopping and eat delicious food in town.

第18課-1 (p. 47)

Ⅰ.1.ドアを閉めました。 2.かばんに本を入れませんでした。 3.ろうそくを消してください。 4.お湯を沸かしています。 5.えんぴつがテーブルから落ちました。 6.犬が家を出ました。 7.窓が開きませんでした。 8.エアコンをつけます。 9.服を汚しました。 10.ラジオを壊しました。
Ⅱ.1.開いています 2.閉まっています 3.壊れています 4.ついています 5.汚れています 6.消えています 7.沸いています

第18課-2 (p. 49)

Ⅰ.1.レポートを書いてしまいました。 2.この本を読んでしまいました。 3.あまりお金がありませんでしたが、高いシャツを買ってしまいました。 4.父の車を借りましたが、壊してしまいました。 5.友だちが約束を守らなかったので、けんかしてしまいました。 6.仕事をやめてしまったので、今仕事がありません。
Ⅱ.1.飲んじゃった 2.捨てちゃった

第18課-3 (p. 50)

Ⅰ.1.手紙が来ないと、悲しくなります。 2.コンピューターを使うと、目が痛くなります。 3.食べすぎると、気分が悪くなります。 4.この薬を飲むと、眠くなります。 5.春が来ると、花が咲きます。
Ⅱ.〔解答例〕1.運動すると 2.毎日、日本語を話すと 3.プレゼントをもらうと
Ⅲ.〔解答例〕1.知らない人と話すと、緊張します。 2.寝る前にコーヒーを飲むと、寝られません。 3.人がたくさんいる所で転ぶと、恥ずかしくなります。

第18課 - 4 (p. 51)

Ⅰ．1.電話で話しながら、車を運転しています。 2.ラジオを聞きながら、手紙を書いています。 3.歌を歌いながら、アイロンをかけています。 4.コーヒーを飲みながら、本を読んでいます。
Ⅱ．1.テレビを見ながら宿題をしました。 2.歩きながら食べないほうがいいですよ。 3.メアリーさんは笑いながら写真を見せてくれました。 4.散歩しながら考えます。
Ⅲ．〔解答例〕1.ラジオを聞きながら、勉強します。 2.自転車に乗りながら、歌うのが好きです。

第18課 - 5 (p. 52)

Ⅰ．1.カメラを買わなければよかったです。 2.電話をすれば／かければよかったです。 3.あの服を買えばよかったです。 4.日本語のテープを聞けばよかったです。
Ⅱ．〔解答例〕1.買い物をしなければよかったです。 2.車の中で本を読まなければよかったです。 3.もっと勉強すればよかったです。 4.きのうの夜出かけなければよかったです。
Ⅲ．〔解答例〕牛乳を飲まなければよかったです。／あの時謝ればよかったです。

第18課 - 6 (p. 53)

A．1.F 2.F 3.T 4.T
B．1.off 2.off 3.He forgot to turn on the computer.
C．1.English language school 2.work; study 3.missed the airplane 4.not having studied

第19課 - 1 (p. 55)

1.召し上がりました 2.お吸いになります 3.ご覧になりました 4.お帰りになります 5.いらっしゃいませんでした 6.結婚なさっています／結婚していらっしゃいます 7.お会いになった 8.お話しになります 9.おっしゃいました 10.くださいました 11.お休みになりました 12.なさいません 13.書いていらっしゃる／お書きになっている

第19課 - 2 (p. 56)

Ⅰ．勉強した→勉強なさった／教えていましたが→教えていらっしゃいましたが／来ました→いらっしゃいました／見る→ご覧になる／言っています→おっしゃっています／買った→お買いになった／歌ってくれます→歌ってくださいます／練習した→練習なさった
Ⅱ．1.お休みになれましたか 2.なさる 3.召し上がって

第19課 - 3 (p. 57)

Ⅰ．1.有名な先生が大学にいらっしゃいました。 2.先生は卒業式でスピーチをなさいました。 3.どんな音楽をお聞きになりますか。 4.この映画をもうご覧になりましたか。 5.山下先生は疲れていらっしゃるみたいです。
Ⅱ．1.(a)お書きください 2.(d)ご覧ください 3.(c)お待ちください 4.(b)お召し上がりください

第19課 - 4 (p. 58)

Ⅰ．1.友だちを紹介してくれてありがとう。 2.招待してくれてありがとう。 3.案内してくれてありがとう。
Ⅱ．1.晩ご飯をごちそうしてくださってありがとうございました。 2.お金を貸してくださってありがとうございました。 3.日本語を直してくださってありがとうございました。
Ⅲ．〔解答例〕(to father) 迎えに来てくれてありがとう。／(to friend) 写真を見せてくれてありがとう。／(to professor) 推薦状を書いてくださってありがとうございました。／など

第19課 - 5 (p. 59)

Ⅰ．1.敬語を勉強してよかったです。 2.田中さんに会えてよかったです。 3.雨が降らなくてよかったです。 4.あきらめなくてよかったです。 5.電車に乗り遅れなくてよかったです。 6.友だちのコンピューターを壊さなくてよかったです。
Ⅱ．〔解答例〕この大学に入れてよかったです。／

道に迷わなくてよかったです。／レストランを予約しておいてよかったです。／など

第19課-6 (p.60)

Ⅰ．1.あしたテストがあるから、スーさんは今晩勉強するはずです。 2.メアリーさんはいい学生だから、授業をサボらないはずです。 3.カナダはアメリカより大きいはずです。 4.ジョンさんは中国に住んでいたから、中国語が上手なはずです。
Ⅱ．1.食べないはずです 2.来るはずです
Ⅲ．1.着くはずでした 2.来るはずでした 3.難しくないはずでした／やさしいはずでした

第19課-7 (p.61)

A．1.F 2.T 3.F 4.T 5.T 6.F
B．1. a.went to a high school b.talked with the high school students c.12:30 d.listened to high school students singing e.saw Karate practice f.met his host family from high school time g.returned 2. a.T b.F c.T
C．1.c−E 2.d−C 3.e−D 4.b−A 5.a−B

第20課-1 (p.63)

1.参ります 2.申します・いたします 3.いただきます 4.おります 5.ございます 6.でございます

第20課-2 (p.64)

1.お会いしました 2.お借りしました 3.おいれします 4.いただきました 5.お送りしました 6.お持ちしました 7.さしあげました 8.お呼びしましょう 9.さしあげよう

第20課-3 (p.65)

Ⅰ．1.駅までお送りしましょうか。 2.先生のお宅にうかがった時、先生に宿題を手伝っていただきました。 3.部長の荷物が重そうだったので、お持ちしました。 4.部長が出張にいらっしゃる時、ビデオカメラをお貸しします。 5.あしたはバレンタインデーなので、部長にチョコレートをさしあげようと思っています。
Ⅱ．会いました→お会いしました／案内してもらいました→案内していただきました／ごちそうしてもらいました→ごちそうしていただきました／聞きました→お聞きしました／借りていた→お借りしていた／返しました→お返しました／あげました→さしあげました

第20課-4 (p.66)

Ⅰ．1.住んでいらっしゃいますか 2.住んでおります 3.いらっしゃいましたか 4.参りました 5.いらっしゃいますか 6.おります 7.何を勉強なさいましたか 8.勉強いたしました
Ⅱ．1.森さんは九時に空港にお着きになりました 2.初めて森さんにお会いしました 3.森さんはクラブを持っていらっしゃらなかったので、私のをお貸ししました 4.七時ごろホテルにお送りしました

第20課-5 (p.67)

Ⅰ．1.いいえ。天気予報を聞かないで出かけます。 2.いいえ。辞書を使わないで新聞を読みます。 3.いいえ。よく考えないで高い物を買います。 4.いいえ。手を洗わないでご飯を食べます。 5.いいえ。電話をかけないで友だちの家に遊びに行きます。 6.いいえ。ホテルを予約しないで旅行します。
Ⅱ．〔解答例〕1.お風呂に入らないで 2.車に乗らないで 3.宿題をしないで、学校に行きました。 4.お金を払わないで、店を出てしまいました。

第20課-6 (p.68)

Ⅰ．1.このセーターを交換してくれるかどうか 2.空港までどのぐらいかかるか 3.弁護士になれるかどうか 4.先生はワインを召し上がるかどうか知っていますか 5.となりの部屋にどんな人が住んでいるか知りません 6.メアリーさんの趣味は何か知っていますか 7.だれが家まで送ってくれたか覚えていません 8.この教科書がいくらだったか覚えていますか
Ⅱ．〔解答例〕何歳の時結婚するか知りたいです。／どんな会社に就職するか知りたいです。／幸せになれるかどうか知りたいです。

第20課 - 7 (p. 69)

Ⅰ.〔解答例〕1.深い河という 2.綾小路という 3.おからという 4.はせいちという本屋 5.ドラえもんというまんが
Ⅱ.1.住みやすいです 2.曲がりにくいです 3.歌いにくいです 4.相談しやすいです

第20課 - 8 (p. 70)

A. 1.d → b → e → a → c 2.(1) d (2) e (3) a
B. 1.he forgot to bring his wallet 2.he slept; writing the term paper 3.she didn't lock it 4.he forgot to bring the book
C. 1.T 2.T 3.F 4.F

第21課 - 1 (p. 71)

Ⅰ.1.いじめられる・いじめられる 2.読める・読まれる 3.帰れる・帰られる 4.話せる・話される 5.さわれる・さわられる 6.泣ける・泣かれる 7.笑える・笑われる 8.こられる・こられる 9.できる・される
Ⅱ.1.田中さんになぐられました 2.山本さんにばかにされます 3.お客さんに文句を言われます 4.どろぼうに家に入られました 5.どろぼうにかばんを盗まれました 6.知らない人に足を踏まれました

第21課 - 2 (p. 72)

Ⅰ.1.私は日本語を間違えたので、子供に笑われました。 2.友だちに遊びに来られたので、私は勉強できませんでした。 3.喫茶店でウエートレスに私の服を汚されたので、怒りました。 4.私はよくクラスに遅刻するので、先生に怒られます。 5.よく兄に私の車を使われるので、困っています。
Ⅱ.1.毎晩、赤ちゃんに泣かれます。 2.まさおさんはようこさんにふられたそうです。 3.田中さんはお母さんによく日記を読まれます。 4.子供の時、まさおさんにいじめられました。 5.図書館で財布を盗まれました。

第21課 - 3 (p. 73)

Ⅰ.1.カーテンが開けてあります。 2.ポスターが貼ってあります。 3.エアコンがつけてあります。 4.ケーキが焼いてあります。 5.コップが置いてあります。
Ⅱ.1.晩ご飯が作ってあります。おいしいといいんですが。 2.寒いですね。ストーブがつけてありますか。 3.かぶきの切符が二枚買ってあります。一緒に行きませんか。

第21課 - 4 (p. 74)

Ⅰ.1.私が着替えている間に、ルームメートがコーヒーをいれてくれました。 2.赤ちゃんが寝ている間に、晩ご飯を準備します。 3.お風呂に入っている間に、田中さんから電話がありました。 4.私が留守の間に、だれか来ましたか。 5.あなたが会議に出ている間に、奥さんに連絡します。 6.両親が日本にいる間に、広島に連れていってあげるつもりです。
Ⅱ.〔解答例〕1.寝ている 2.猫が家に入りました 3.旅行し・勉強し 4.学生の・もっと勉強すれ

第21課 - 5 (p. 75)

Ⅰ.1.両親が来るので、部屋をきれいにしなくちゃいけません。 2.覚えなくちゃいけない単語がたくさんあります。少なくしてください。 3.二万円は高すぎます。安くしてくれませんか。 4.私が市長だったら、町を安全にします。 5.同僚が私の部屋に来て、部屋をめちゃくちゃにしました。
Ⅱ.〔解答例〕1.社長だったら、休みを長くしたいです。 2.市長だったら、税金を安くしたいです。 3.神様だったら、みんなを幸せにしたいです。 4.先生だったら、宿題を少なくしたいです。

第21課 - 6 (p. 76)

1.私は主人に気がついてほしいです。 2.私はどろぼうに自転車を返してほしいです。 3.私は父にほめてほしいです。 4.私は先生に名前を間違えないでほしいです。 5.私は政府に税金を安くしてほしいです。 6.私は同僚に仕事を続けてほしいです。

第21課 - 7　(p. 77)

1.兄に日本語を教えてもらいました　2.兄にカメラを壊されました　3.兄にCDを返してもらいました　4.兄にチョコレートを食べられました　5.兄に有名なレストランで晩ご飯をごちそうしてもらいました　6.兄にばかにされます　7.子供の時、兄によくいじめられました

第21課 - 8　(p. 78)

A. 1. a.He woke up early this morning because of his neighbor's alarm clock.　b.It's better to say "please be quiet."　2. a.His wife locked him out.　b.He should buy his wife a present.
B. 1.F　2.T　3.F　4.T　5.F
C. 1.F　2.T　3.T　4.F　5.T

第22課 - 1　(p. 79)

Ⅰ.1.聞かれる・聞かせる　2.消される・消させる　3.撮られる・撮らせる　4.読まれる・読ませる　5.見られる・見させる　6.呼ばれる・呼ばせる　7.される・させる　8.買われる・買わせる　9.こられる・こさせる
Ⅱ.1.部長は山田さんに残業させました。　2.部長は山田さんに出張に行かせようと思っています。　3.先生はいつも学生にLLで勉強させます。　4.先生は学生に辞書で単語を調べさせます。

第22課 - 2　(p. 80)

1.部長は部下に英語の手紙を翻訳させました。　2.部長は部下にお茶をいれさせました。　3.部長は部下に書類のコピーを取らせました。　4.部長は部下に迎えに来させました。　5.部長は部下に手伝わせました。　6.部長は部下に着替えさせました。　7.部長は部下に書類を拾わせました。

第22課 - 3　(p. 81)

Ⅰ.1.子供の時、両親は犬を飼わせてくれませんでした。　2.父は一人暮らしをさせてくれません。　3.友だちはよくCDを聞かせてくれます。　4.高校の時、母は車の免許を取らせてくれませんでした。　5.テニスをする時、私はときどき妹に勝たせてあげます。
Ⅱ.1.電話を使わせてください。　2.もう少し考えさせてください。　3.私にごちそうさせてください。　4.その有名人に会わせてください。

第22課 - 4　(p. 82)

Ⅰ.〔解答例〕1.早く学校に行きなさい　2.食べなさい　3.宿題をしなさい　4.早く寝なさい　5.早く起きなさい　6.この服を着なさい
Ⅱ.〔解答例〕部屋を掃除しなさい。／勉強しなさい。

第22課 - 5　(p. 83)

Ⅰ.1.早く寝れば、眠くなりません。　2.タクシーに乗れば、間に合います。　3.予約しておけば、大丈夫です。　4.残業すれば、プロジェクトが終わります。　5.やってみれば、できるかもしれません。
Ⅱ.〔解答例〕1.何度も書けば、覚えられますよ　2.私が作ったスープを飲めば、元気になりますよ
Ⅲ.〔解答例〕1.いつも笑っていれば、いい友だちができますよ。　2.お金持ちと結婚すれば、楽な生活ができます。　3.助けてもらったり、助けてあげたりすれば、みんなが幸せになります。

第22課 - 6　(p. 84)

Ⅰ.1.今日、期末試験があるのに (b)　2.毎日練習したのに (d)　3.あの人にプレゼントをあげたのに (e)　4.兄弟なのに (c)　5.あの人は忙しくないのに (a)
Ⅱ.〔解答例〕1.運転した　2.成績がいいです　3.仕事は大変な　4.何でもしてあげた

第22課 - 7　(p. 85)

Ⅰ.〔解答例〕1.「E.T.」のような　2.ニューヨークのような　3.SONYのような
Ⅱ.〔解答例〕1.エルビス・プレスリーのように　2.マリア・カラスのように　3.二十歳の大学生のように
Ⅲ.1.ネルソン・マンデラのような人になりたいです。　2.映画館は満員電車のように込んでいま

した。 3.彼女は道に迷った時、赤ちゃんのように泣きました。 4.夏のような／夏のように暑い日が好きです。 5.メアリーさんとたけしさんは、夫婦のようにいつも一緒にいます。 6.あなたのような怠け者に会ったことがありません。

第22課 - 8 (p. 86)

A. 1.B 2.W 3.H 4.H 5.W 6.B 7.W
B. 1.F 2.T 3.F 4.T 5.T
C. 1.the art museum; 3; 10 2.a sweater 3.that his wallet was stolen; go to the police with him

第23課 - 1 (p. 87)

Ⅰ. 1.開けさせる・開けさせられる 2.待たせる・待たされる 3.歌わせる・歌わされる 4.話させる・話させられる 5.書かせる・書かされる 7.入れさせる・入れさせられる 8.飲ませる・飲まされる 9.訳させる・訳させられる 10.作らせる・作らされる 11.させる・させられる 12.こさせる・こさせられる 13.受けさせる・受けさせられる
Ⅱ. 1.ゆみさんはお母さんにアイロンをかけさせられます。 2.ひろこさんは先輩にボールを拾わされます。 3.きょうこさんは部長にコピーを取らされます。

第23課 - 2 (p. 89)

Ⅰ. 1.私に宿題を手伝わせました・弟に宿題を手伝わされました 2.私にペットの世話をさせました・親にペットの世話をさせられました 3.私に皿を洗わせました・親に皿を洗わされました
Ⅱ. 〔解答例〕1.毎日ピアノを練習させられました。 2.長い作文を書かされました。 3.クラブの先輩にお弁当を買いに行かされました。

第23課 - 3 (p. 90)

1.私は友だちに笑われました。 2.私は友だちにたばこをやめさせられました。 3.私は親に旅行をあきらめさせられました。 4.私は子供の時、友だちに悪口を言われました。 5.私は子供の時、母に一日に三回歯を磨かされました。 6.私は友だちに駅で一時間待たされました。 7.私はお客さんに文句を言われました。 8.私は蚊に刺されました。

第23課 - 4 (p. 91)

Ⅰ. 1.雨がやんでも、出かけません。 2.成績が悪くても、日本語の勉強を続けます。 3.私が約束を守らなくても、友だちは何も言いません。 4.幸せじゃなくても、我慢します。 5.授業がつまらなくても、文句を言いません。 6.いじめられても、泣きません。 7.走っても、間に合いません。 8.その場所が安全でも、注意した／気をつけたほうがいいです。
Ⅱ. 〔解答例〕1.ぼくが会社をやめ 2.あなたが会社をやめ 3.今日会社をやめさせられた

第23課 - 5 (p. 92)

Ⅰ. 1.みちこさんは来年試験を受けることにしました。 2.けんさんは今年就職しないことにしました。 3.レポートの締め切りはあしたなので、ジョンさんは徹夜することにしました。 4.きょうこさんは大学を卒業してから、留学することにしました。 5.病気になるかもしれないので、保険に入ることにしました。
Ⅱ. 〔解答例〕1.海外旅行に行くことにしました 2.出かけないことにしました 3.公園で友だちと野球をすることにしました 4.毎朝六時に起きて練習することにしました 5.日本に留学することにしました

第23課 - 6 (p. 93)

Ⅰ. 1.スーさんは毎日走ることにしています。 2.スーさんは毎晩十二時までに寝ることにしています。 3.スーさんは一日に三回歯を磨くことにしています。 4.スーさんは悪口を言わないことにしています。 5.スーさんは一週間に一回両親に電話をかけることにしています。 6.スーさんは病気でも、授業を休まないことにしています。 7.スーさんは弟にうそをつかれても、怒らないことにしています。
Ⅱ. 〔解答例〕1.毎日、三十分歩くことにしていま

す。 2.甘いものを食べないことにしています。太るからです。

第23課 - 7 (p. 94)

Ⅰ. 1.お金をためるまで、旅行しません。 2.宿題が終わるまで、待ってくれませんか。 3.大人になるまで、たばこを吸ってはいけません。 4.アパートを見つけるまで、私の家にいてもいいですよ。 5.田中さんは選挙に勝つまで、ビールを飲みませんでした。 6.雨がやむまで、待たなくちゃいけませんでした。
Ⅱ. 〔解答例〕1.卒業するまで、日本語の勉強を続けるつもりです。 2.結婚するまで、親と住むつもりです。 3.新しい仕事を見つけるまで、今の町にいるつもりです。

第23課 - 8 (p. 95)

Ⅰ. 1.電子メールの送り方がわかりません。 2.飛行機の予約のし方を知っていますか。 3.おいしいケーキの焼き方が知りたいです。 4.泳ぎ方を教えてくれませんか。
Ⅱ. 〔解答例〕1.単語のカードを作って、何度も見て練習すれば覚えられますよ 2.この野菜の食べ方・料理しないで、食べられますよ

第23課 - 9 (p. 96)

A. 1. a, c, d 2. a, d, e, f
B. 1. a.T b.F c.F 2. a.T b.F c.T
C. 1. a. how to memorize kanji b. (1) cards (2) Write kanji on a notebook 2. a. how to get to the airport b. a bus; it's easy to follow

読み書き編

第13課 - 2 (p. 102)

1.くに・料理 2.特に・鳥・肉 3.昼・空港・着きました 4.まいにち・同じ・物 5.こうこうせい・とき・海 6.きぶん・悪い 7.ご飯・安くて・体 8.いっしょう・いちど 9.午後・読んだ・聞いた

第14課 - 2 (p. 104)

1.彼・親切・としうえ 2.留学した・家族 3.店・英語・じょうず 4.病気・医者 5.去年・本当に 6.東京・ほっかいどう・乗りました 7.音楽・だいすき 8.急に・時代 9.仕事・買い物 10.さんねんかん・にかげつご

第15課 - 2 (p. 106)

1.ふるい・自転車・借りました 2.地下・広場・通ります 3.建物・走って 4.意味 5.夏・お寺 6.魚・足 7.さんじゅうまんにん・死にました 8.おかねもち・注意した 9.まち・うまれました・近く・ゆうめいな・神社 10.いちねんじゅう・にんき

第16課 - 2 (p. 108)

1.世界・教室 2.子供・運動して・食べます 3.全部・自分・考えて 4.毎週・以上 5.部屋・開けないで 6.しょうがくせい・味方 7.かいがい・売れて 8.始まります 9.ばしょ・そら 10.だして

第17課 - 2 (p. 110)

1.ふたり・結婚・発表しました 2.写真・集めて 3.ご主人・三十歳・おんがくか 4.わるい・習いました 5.作品・つくって・ひらき 6.はちじゅうねんだい・主に・分野・活動 7.ただしい・文字 8.歩いて・帰りました

第18課 - 2 (p. 112)

1.図書館・宿題 2.授業・目的 3.洋服・貸して 4.らいしゅう・試験・終わります 5.まいつき・でんきだい 6.したしい・からて 7.だんしがくせい・じょしがくせい・食堂・飲んで 8.みっか・力仕事 9.いれて

第19課 - 2 (p. 114)

1.お兄さん・お姉さん 2.春・秋 3.姉・漢字・研究して 4.冬・花 5.手紙・様 6.質問・多くて・不安 7.工学・来年・卒業します 8.ゆうじ

3.
田中：すみません。ウッズさんの電話番号は何ですか。
交換：49-1509です。
田中：49-1509ですね。
交換：はい、そうです。

4.
田中：すみません。トンプソンさんの電話番号は何ですか。
交換：6782-3333です。
田中：6782-3333ですね。
交換：はい、そうです。

D　I：Disk1-20

1.
日本人：リーさんは日本人ですか。
リー：いいえ、アメリカ人です。
日本人：学生ですか。
リー：ええ、アメリカ大学の学生です。
日本人：今、何年生ですか。
リー：二年生です。
日本人：リーさんの専門は日本語ですか。
リー：ビジネスです。

2.
日本人：テイラーさんはオーストラリア人ですか。
テイラー：ええ、そうです。シドニー大学の一年生です。
日本人：そうですか。専門は経済ですか。
テイラー：いいえ、日本語です。

第2課 (p. 24)

A　I：Disk1-30

客A：すみません。ガムください。
店員：百円です。どうも。
客B：新聞ください。
店員：ええと、八十円です。
客C：あの、このかさはいくらですか。
店員：千円です。
客C：じゃあ、これください。
店員：どうも。

客B：すみません。コーラください。
店員：はい。百二十円です。

B　I：Disk1-31

メアリー：たけしさん、私の友だちのクリスティ・田中さんです。
クリスティ：はじめまして。クリスティです。
たけし：はじめまして。木村たけしです。あの、クリスティさんはアメリカ人ですか。
クリスティ：いいえ、アメリカ人じゃありません。フランス人です。パリ大学の学生です。専門は英語です。
たけし：そうですか。クリスティさんのお父さんは、日本人ですか。
クリスティ：ええ。
たけし：お母さんも日本人ですか。
クリスティ：いいえ、フランス人です。

C　I：Disk1-32

たけし：メアリーさん、このレストランの天ぷらはおいしいですよ。
メアリー：天ぷら？　天ぷらはいくらですか。
たけし：えっと……千二百円ですね。
メアリー：千二百円。うーん……。あのう……すきやきは何ですか。
たけし：肉です。
メアリー：いいですね。ええと……すきやき……。えっ、三千円！　高いですね。
たけし：そうですね。あの……うどんは六百円です。
メアリー：じゃあ、私はうどん。
たけし：じゃあ、私も。

第3課 (p. 31)

A　I：Disk2-9

スー：メアリーさん、週末何をしますか。
メアリー：土曜日は京都へ行きます。
スー：京都？
メアリー：ええ、映画を見ます。スーさんは？
スー：土曜日はうちで本を読みます。でも、日曜

日に大阪へ行きます。レストランで晩ごはんを食べます。
メアリー：そうですか。私は日曜日は図書館で勉強します。

B　I: Disk2-10

リーダー：あしたのスケジュールです。あしたは六時に起きます。
生徒A：朝ごはんは何時ですか。
リーダー：七時半です。七時半に朝ごはんを食べます。
生徒B：朝は何をしますか。
リーダー：テニスをします。十二時半に昼ごはんを食べます。
生徒A：午後は何をしますか。
リーダー：一時半に勉強します。三時にバスケットボールをします。六時に晩ごはんを食べます。
生徒B：あしたも映画を見ますか。
リーダー：はい。七時半に映画を見ます。日本の映画ですよ。
生徒A：何時に寝ますか。
リーダー：十一時半に寝ます。じゃあ、おやすみなさい。

C　I: Disk2-11

友だち：スーさんはよく勉強しますか。
スー：ええ。毎日、日本語を勉強します。よく図書館に行きます。図書館で本を読みます。でも、日本語のテープはあまり聞きません。
友だち：週末は何をしますか。
スー：そうですね。よく友だちと映画を見ます。
友だち：日本の映画ですか。
スー：いいえ、アメリカの映画をよく見ます。日本の映画はあまり見ません。それから、ときどきテニスをします。
友だち：毎日、朝ごはんを食べますか。
スー：いいえ、食べません。でもときどきコーヒーを飲みます。

D　I: Disk2-12

友だち：メアリーさん、喫茶店でコーヒーを飲みませんか。
メアリー：うーん、ちょっと……。私、家に帰ります。
友だち：えっ、家に帰る？　今、九時ですよ。早いですよ。
メアリー：でも……今晩、勉強します。
友だち：日本語ですか。
メアリー：ええ。日本語。テープを聞きます。
友だち：そうですか……。じゃあ、メアリーさん、喫茶店で日本語を話しませんか。
メアリー：すみません。おやすみなさい。
友だち：あ、メアリーさん、お願いします。あした、学校で昼ごはんを食べませんか。
メアリー：いいえ。私、あした、学校に行きません。さようなら。
友だち：あ、メアリーさ〜ん……。

第4課　(p. 40)

A　I: Disk2-24

メアリー：お父さんは今日、何をしましたか。
ホストファミリーの父：うちでテレビを見ましたよ。
メアリー：一人で？
父：ええ、お母さんは友だちとデパートへ行きました。
メアリー：そうですか。お父さん、あしたは何をしますか。
父：うーん……。
メアリー：じゃあ、テニスをしませんか。
父：ああ、いいですね。

B　I: Disk2-25

　これは、金曜日のパーティーの写真です。
　私の右はお母さんです。私の左はお父さんです。
　お母さんのとなりはマイクさんです。マイクさんはオーストラリア人です。
　マイクさんの後ろはりかさんです。りかさんはマイクさんのガールフレンドです。
　私の後ろは、友だちのたけしさんです。たけしさんはハンサムです。
　たけしさんの左は、けんさんです。

ん・おもいだします 9.たいせつ・おせわ 10.兄・だいがくいん

第20課 - 2 (p. 116)

1.心・笑って・続けました 2.そと・両親・払って 3.皿・枚・両 4.無理 5.茶店・なんど 6.絶対・止まらないで 7.最近・痛くて・声 8.お茶・さいあく

第21課 - 2 (p. 118)

1.初めて・台風 2.兄弟・犬・写真・送りました 3.初め・心配・経験 4.幸せ・信じて 5.時計・遅れて 6.おや・若い 7.去年・弟・重い・びょうき・にゅういん 8.自転車・かよって 9.妹・三台 10.しょくじ・遅かった

第22課 - 2 (p. 120)

1.週末・案内して 2.黒い・駅・待って 3.一番・小説 4.一回・説明したら 5.夕方・用事・かわりに 6.銀行・忘れて 7.ふつかかん・日記 8.お守り・しんゆう 9.留守番電話・残しました

第23課 - 2 (p. 122)

1.にんげん・感情・あらわす 2.悲しそう・顔 3.ぜんいん・結果・変だ 4.答え（答）・違います・さいしょ・調べて 5.しゃかい・文化・比べて 6.相手・表情 7.横 8.でんし・間違えて・怒られました 9.くち・笑います 10.さいご・調査・大変でした

ワークブック「聞く練習」スクリプト

第1課 (p. 17)

Ⓐ I: Disk1-17

1. ありがとうございます。
2. さようなら。
3. あっ、すみません。
4. おはよう。
5. おやすみなさい。
6. こんにちは。
7. はじめまして。どうぞよろしく。
8. こんばんは。
9. ごちそうさま。
10. いってきます。
11. ただいま。

Ⓑ I: Disk1-18

Example：
乗客：すみません。今、何時ですか。
乗務員：今、六時です。
乗客：東京は、今何時ですか。
乗務員：午前八時です。

1.
乗客：すみません。今、パリは何時ですか。
乗務員：今、午前四時です。
乗客：ありがとうございます。
乗務員：どういたしまして。

2.
乗客：すみません。今、何時ですか。
乗務員：今、七時です。
乗客：ソウルは、今何時ですか。
乗務員：午後九時です。

3.
乗客：すみません。ニューヨークは今何時ですか。
乗務員：午後一時です。
乗客：ありがとう。
乗務員：どういたしまして。

4.
乗客：すみません。ロンドンは今何時ですか。
乗務員：七時半です。
乗客：午前ですか、午後ですか。
乗務員：午前です。

5.
乗客：すみません。台北は今何時ですか。
乗務員：午前十一時です。
乗客：ありがとうございます。
乗務員：どういたしまして。

6.
乗客：すみません。シドニーは今何時ですか。
乗務員：三時半です。午後三時半です。
乗客：ありがとうございます。
乗務員：どういたしまして。

Ⓒ I: Disk1-19

Example:
田中：すみません。鈴木さんの電話番号は何ですか。
交換：51-6751です。
田中：51-6751ですね。
交換：はい、そうです。

1.
田中：すみません。川崎さんの電話番号は何ですか。
交換：905-0877です。
田中：905-0877ですね。
交換：はい、そうです。

2.
田中：すみません。リーさんの電話番号は何ですか。
交換：5934-1026です。
田中：5934-1026ですね。
交換：はい、そうです。
田中：どうもありがとう。

C I: Disk2-26

先生：みなさん、おはようございます。
学生全員：おはようございます。
先生：今日は何月何日ですか。ロバートさん。
ロバート：えーっと、九月じゅうようかです。
先生：じゅうようかですか。
ロバート：あっ、じゅうよっかです。
先生：そうですね。何曜日ですか。スーさん。
スー：月曜日です。
先生：そうですね。週末はどうでしたか。何をしましたか。スーさん。
スー：友だちに会いました。友だちとカラオケへ行きました。勉強もしました。
先生：そうですか。メアリーさんは何をしましたか。
メアリー：うちで手紙を書きました。それから、たくさん勉強しました。
先生：そうですか。いい学生ですね。ロバートさんは？
ロバート：東京に行きました。東京のディスコでダンスをしました。買い物もしました。
先生：そうですか。勉強もしましたか。
ロバート：いいえ、ぜんぜんしませんでした。
先生：今日は、テストがありますよ。
ロバート：えっ、テストですか!?

第5課 (p. 48)

A I: Disk3-11

不動産屋：この家はどうですか。
客：新しい家ですか。
不：いいえ、ちょっと古いです。でも、きれいですよ。
客：静かですか。
不：ええ、とても静かです。
客：部屋は大きいですか。
不：あまり大きくありません。でも、部屋はたくさんありますよ。
客：いくらですか。
不：一か月九万四千円です。
客：えっ。高いですね。
不：高くありませんよ。安いですよ。

B I: Disk3-12

司会者：こんにちは。お名前は？
鈴木：鈴木ゆうこです。
司会者：鈴木さんですね。お名前をお願いします。
吉田：吉田です。
川口：川口です。
中山：中山です。

司会者：吉田さんはどんな人が好きですか。
吉田：私はやさしい人が好きです。
司会者：川口さんは？
川口：ぼくはおもしろい人が好きです。
司会者：中山さんは？
中山：静かな人が好きですね。

司会者：鈴木さん、じゃあ、聞いてください。
鈴木：はい。休みには何をしますか。
司会者：吉田さんは休みに何をしますか。
吉田：テニスをします。
司会者：川口さんは？
川口：ぼくは友だちと一緒にごはんを食べます。
司会者：中山さんは？
中山：私は家でテレビを見ます。

司会者：そうですか。では鈴木さん、どの人がいいですか。
鈴木：吉田さんです。
司会者：吉田さん、おめでとうございます！

C I: Disk3-13

インタビュアー：メアリーさんは音楽が好きですか。
メアリー：ええ、好きです。
イ：どんな音楽が好きですか。
メ：そうですね。アメリカのロックが好きです。うちでよく聞きます。
イ：ジャズも好きですか。
メ：いいえ、ジャズはあまり好きじゃありません。
イ：そうですか。クラシックは？
メ：きらいです。クラシックはわかりません。
イ：週末何をしますか。
メ：そうですね。よく映画を見ます。
イ：どんな映画ですか。
メ：うーん。サスペンスが好きです。先週ヒッチ

コックの映画を見ました。とてもおもしろかったです。ぜんぜん古くありませんでした。
インタビュアー：たけしさんはどんな音楽が好きですか。
たけし：ジャズが大好きです。よくジャズを聞きます。
イ：そうですか。ロックは？
た：あまり聞きません。あまり好きじゃありません。でもビートルズは好きです。
イ：クラシック音楽は好きですか。
た：ええ、好きです。ときどきコンサートへ行きます。
イ：そうですか。映画はどうですか。
た：好きです。サスペンス映画とホラー映画が大好きです。

第6課 (p. 56)

Ⓐ I: Disk3-23

ユースの人：朝ごはんは七時半ですから、七時半にここに来てください。ええと、お昼ごはんはありません。
ロバート：すみません。部屋でたばこを吸ってもいいですか。
ユースの人：いいえ、吸ってはいけません。たばこはロビーで吸ってください。
けん：朝、お風呂に入ってもいいですか。
ユースの人：いいえ、朝はシャワーを使ってください。それから、コインランドリーはロビーのとなりにありますから、使ってください。

Ⓑ I: Disk3-24

　朝、私の部屋に入って、窓を開けてください。
　冷蔵庫にミルクがあります。飲んでください。冷蔵庫の中の食べ物も食べてください。
　メアリーさんの本がつくえの上にあります。メアリーさんに返してください。
　それから、土曜日にパーティーをしますから、ロバートさんに電話をかけて、音楽のテープを借りてください。
　金曜日にパーティーの買い物をしてください。
　じゃあ、お願いします。

Ⓒ I: Disk3-25

たけし：みちこさん、ピクニックに行きませんか。
みちこ：いいですね。いつですか。
たけし：今週の土曜日はどうですか。
みちこ：ああ、土曜日はアルバイトがありますから、ちょっと……。でも、日曜日はいいですよ。スーさんは？
スー：私も土曜日はちょっと……。友だちが来ますから。ロバートさんはどうですか。
ロバート：土曜日はいいですよ。でも日曜日はうちで勉強します。月曜日にテストがありますから。
たけし：じゃあ、来週行きましょうか。
みんな：そうですね。

第7課 (p. 64)

Ⓐ I: Disk4-9

警察：ロバートさん、あなたはきのうの夜十一時ごろ何をしていましたか。
ロバート：ぼくは、部屋で宿題をしていました。
警察：一人で？
ロバート：いいえ、スーさんと。
警察：ほかの学生は何をしていましたか。
ロバート：たけしさんとけんさんは、たけしさんの部屋で音楽を聞いていました。それから、みちこさんは、お風呂に入っていました。
警察：じゃあ、トムさんは？
ロバート：トムさん？　さあ……。
警察：どうもありがとう。トムさんはどこですか。

Ⓑ I: Disk4-10

　みなさん、こんにちは。レポーターの鈴木です。わあ、スターがたくさん来ていますね。
　あっ、アーノルド・スタローンさんが来ました。Tシャツを着て、ジーンズをはいています。背が高くて、かっこいいですね。
　そして、野口ひろこさんです。きれいなドレスを着ています。ぼうしもかぶっています。かわいいですね。
　そして……あっ、松本聖子さんです。今日はめ

がねをかけています。髪が長くて、いつもセクシーですね。新しいボーイフレンドと来ました。髪が短くて、ちょっと太っていますね。

Ⓒ I: Disk4-11

メアリー：すみません。ちょっといいですか。
田中：はい。
メアリー：あの、お名前は。
田中：田中です。
メアリー：今日はここに何をしに来ましたか。
田中：今日ですか。友だちの誕生日のプレゼントを買いに来ました。
メアリー：何を買いますか。
田中：音楽のCDを買います。
メアリー：そうですか。どうもありがとうございました。

メアリー：すみません。お名前は。
佐藤：佐藤です。
メアリー：今日は何をしに来ましたか。
佐藤：遊びに来ました。
メアリー：何をしますか。
佐藤：カラオケで歌います。
メアリー：ありがとうございました。

メアリー：すみません。お名前は。
鈴木：鈴木です。
メアリー：今日は何をしに来ましたか。
鈴木：妹に会いに来ました。妹はこのデパートに勤めていますから。
メアリー：そうですか。ありがとうございました。

第8課 (p. 72)

Ⓐ I: Disk4-23

1. 見ないでください。
2. ここで写真を撮らないでください。
3. 行かないでください。
4. 消さないでください。
5. 死なないでください。
6. ここでたばこを吸わないでください。
7. となりの人と話さないでください。

Ⓑ I: Disk4-24

ロバート：けん、日曜日ひま？
けん：うん。ひまだよ。
ロバート：一緒にバスケットボールしない？
けん：うん。いいね。いつする？
ロバート：四時半は？
けん：いいよ。たけしもすると思う？
ロバート：ううん。たけしはアルバイトがあると言っていた。
けん：トムは来る？
ロバート：うん。トムは大丈夫だと思う。日曜日は忙しくないと言っていたから。
けん：じゃあ、三人だね。

Ⓒ I: Disk4-25

みなさん、私は本間先生にインタビューしました。先生は背が低くて、やさしくて、頭がいい女の人が好きだと言っていました。
　週末は、よくスポーツをすると言っていました。ゴルフとテニスをすると言っていました。テレビでスポーツを見るのも好きだと言っていました。ガールフレンドがいないから、ぜんぜんデートをしないと言っていました。ときどき料理をしますが、あまり上手じゃないと言っていました。
　日本語のクラスは、にぎやかでとてもおもしろいクラスだと言っていました。でも、学生はあまり勉強しないから、大変だと言っていました。

第9課 (p. 80)

Ⓐ I: Disk5-9

けん：みちこさん、遅くなってごめんなさい。待った？
みちこ：うん。十分ぐらいね。
けん：もう、晩ごはん食べた？
みちこ：ううん、まだ食べていない。
けん：じゃあ、何か食べる？
みちこ：うん。
けん：何がいい？　イタリア、フランス、中国料理……。
みちこ：うーん、そうね、スパゲッティは？

けん：いいね。おいしいレストラン知っているから、そこへ行く？
みちこ：うん。それはどこ？
けん：あそこ。あのホテルの中だよ。

Ⓑ I: Disk5-10

じゅん：先週のパーティーの写真です。
ロバート：ケーキを食べている人がじゅんさんですね。
じゅん：ええ。
ロバート：じゅんさんのガールフレンドはどの人ですか。
じゅん：ぼくのとなりで、ワインを飲んでいる人です。
ロバート：きれいな人ですね。この歌を歌っている女の人もきれいですね。
じゅん：ああ、ぼくの妹ですよ。そのとなりが弟です。
ロバート：あのキスをしている男の人はだれですか。
じゅん：姉のボーイフレンドです。姉とキスをしています。
ロバート：そうですか。あの後ろのソファで寝ている男の人は？
じゅん：父です。犬のポチも寝ています。
ロバート：じゃ、お母さんは？
じゅん：母はいません。写真を撮っていましたから。

Ⓒ I: Disk5-11

客A：コーヒーを五つください。
店員：はい、六百円です。
客B：オレンジを三つください。
店員：はい、百八十円です。
客C：おにぎりを九つお願いします。
店員：九つ……えっと、千八十円です。
客D：お茶は一ついくらですか。
店員：一つ百二十円です。
客D：じゃあ、八つください。
店員：はい、どうぞ。
客E：お弁当七つください。
店員：はい、一つ千二百円ね。

第10課 (p. 87)

Ⓐ I: Disk5-21

ロバート：メアリーさん、冬休みに何をしますか。
メアリー：韓国に行くと思います。韓国でたくさん食べます。それから買い物もします。一週間ぐらい韓国にいるつもりです。ロバートさんは？
ロバート：ロンドンのうちに帰るつもりです。ロンドンで友だちに会うと思います。12月22日から1月23日までロンドンにいます。たけしさんは何をするつもりですか。
たけし：ぼくはお金がないから、どこにも行きません。アルバイトも休みだから、ひまだと思います。つまらないです。スーさんは？
スー：私もメアリーさんと一緒に韓国へ帰ります。私は三週間ぐらいいるつもりです。家族に会います。それから友だちとスキーをしに行くと思います。

Ⓑ I: Disk5-22

ナオミ：三つの大学の中でどれがいちばん大きいですか。
教師：花岡大学がいちばん大きいです。そしていちばん有名ですね。東西大学も津島大学もあまり大きくありませんね。
ナオミ：じゃあ、学費はどうですか。
教師：花岡は一年八十万円ぐらい、津島は百五十万円ぐらい、東西は五十万円ぐらいだと思います。
ナオミ：東西がいちばん安いですね。……東西と花岡とどちらのほうがここから近いですか。
教師：東西も花岡も遠いですよ。電車とバスで二時間ぐらいかかります。津島がいちばん近いですね。バスで三十分ぐらいですから。
ナオミ：じゃあ、日本語のクラスはどうですか。
教師：東西と津島には日本語のクラスがありますが、花岡にはありません。
ナオミ：残念ですね。私は大学で日本語を勉強するつもりですから……。東西と津島とどちらの日本語のクラスがいいですか。
教師：津島のほうがいいと思います。津島の日本

語の先生はとても有名ですから。
ナオミ：そうですか。……先生、ありがとうございました。

Ⓒ I: Disk5-23

質問：
1. 冬休みにどこかへ行きましたか。
2. 一人で行きましたか。
3. どうやって行きましたか。
4. いつからいつまで東京にいましたか。
5. 東京で何をしましたか。

第11課 (p. 93)

Ⓐ I: Disk6-7

けん：あきらさん、休みはどうでしたか。
あきら：よかったですよ。長野で毎日スキーをしたり、雪の中で温泉に入ったりしました。次の休みも長野に行って、山に登るつもりです。
けん：よしこさんは？
よしこ：私は友だちとオーストラリアに行きました。
あきら：えっ、オーストラリアですか？ いいなあ。ぼく行ったことがありませんが、友だちはオーストラリアでスキーをしたと言っていました。
よしこ：オーストラリアは今、夏だからスキーはしませんでしたけど。友だちがオーストラリアに住んでいるので、会いに行きました。ビーチを散歩したり、買い物したりして楽しかったです。でも、今度の休みはアルバイトします。もうお金がありませんから。けんさんは？ 休みはどうでしたか。
けん：つまらなかったですよ。どこにも行きませんでした。うちでテレビを見ていました。
よしこ：そうですか。
けん：でも、今度の休みは、友だちと山にキャンプに行ったり、ドライブに行ったりするつもりです。

Ⓑ I: Disk6-8

1.
女：ああ、おなかすいた。
男1：うん。何か食べに行く？
女／男2：うん。
男1：何が食べたい？
女：私、ピザ。
男1：きのう食べた。
男2：すし。
男1：お金がない。
女：じゃあ、何？ 何が食べたい？
男1：ぼくのうちに来る？ スパゲッティ作るよ。
女／男2：いいね。

2.
男：どこに行きたい？
女：うーん。
男：映画はどう？
女：うん。何が見たい？
男：ゴジラはもう見た？
女：ゴジラ？ 日本の映画好きじゃないの。
男：じゃあ、「スーパーマン」。
女：古い。
男：じゃあ、何が見たい？
女：「マイ・フェア・レディ」は？
男：そのほうがもっと古いよ。

3.
女1：ニューヨークで何がしたい？
女2：美術館に行ったりミュージカルを見たりしたい。どう思う？
女1：うん。私は買い物がしたい。家族におみやげが買いたいから。それから映画も見たい。アメリカでは安いからね。
女2：じゃあ、今日は美術館に行って、映画を見る？ あしたはミュージカル。
女1：うん。いいよ。あっ、でも今日は月曜日だから、美術館は休みだと思う。
女2：そうか。じゃあ、今日の午後、買い物をしたりして、夜はミュージカル。
女1：そうだね。あしたは美術館と映画ね。

Ⓒ I: Disk6-9

先生：メアリーさんは、子供の時、何になりたかったですか。
メアリー：私は、社長になりたかったです。今もなりたいです。
先生：そうですか。じゃ、トムさんは？
トム：ぼくは、歌手になりたかったです。今はお金持ちになりたいです。だからお金持ちと結婚したいです。あのう、先生は子供の時から先生になりたかったですか。
先生：実は、あまりなりたくありませんでした。
メアリー：じゃあ、何になりたかったですか。
先生：別に、何も……
トム：じゃあ、どうして先生になりましたか。
先生：よくわかりません。ときどきやめたいと思いますが……
メアリー／トム：えっ！

第12課 (p. 101)

Ⓐ I: Disk6-19

1.
医者：どこが悪いんですか。
患者A：のどが痛くて、夜せきが出るんです。熱もあると思います。
医者：そうですか。少し熱がありますね。おなかはどうですか。
患者A：大丈夫です。
医者：かぜですから、家でゆっくり休んだほうがいいですね。
患者A：はい、わかりました。ありがとうございました。

2.
患者B：きのうの夜からおなかが痛いんです。
医者：熱はどうですか。
患者B：熱はないと思いますけど。
医者：そうですか。口を開けてください。はい、もっと開けて……のどは大丈夫ですね。
患者B：でもすごくおなかが痛くて……。
医者：きのう、何か食べましたか。
患者B：晩ごはんは食べませんでした。昼ごはんに、天ぷらと、さしみと、うどんを食べましたけど。さしみが悪かったんでしょうか。
医者：いえ、食べすぎたんですね。どこも悪くありませんよ。
患者B：そうですか。
医者：あまり食べすぎないほうがいいですよ。お大事に。

3.
医者：どうしましたか。
患者C：頭が痛いんです。それにおなかも痛くて。
医者：熱を測りましょう。うーん。熱もありますね。ちょっと高いですね。せきは出ますか。
患者C：いいえ、出ません。
医者：のどは。
患者C：痛くありません。大丈夫でしょうか。
医者：大丈夫だと思いますが、大きい病院に行ったほうがいいでしょう。
患者C：ええ？

Ⓑ I: Disk6-20

女：高橋さん、今晩一緒に飲みに行きませんか？
男：すみません。今日は子供の誕生日なので、早く帰らなくちゃいけないんです。
女：そうですか。プレゼントは、もう買ったんですか。
男：いいえ。忙しかったから。
女：何か買って帰ったほうがいいですよ。
男：そうですか。じゃあ、そうします。

Ⓒ I: Disk6-21

あしたの東京の天気は、雨ときどきくもりでしょう。暑いでしょう。気温は二十九度ぐらいでしょう。

モスクワはあしたくもりでしょう。少し寒いでしょう。気温は十七度ぐらいでしょう。

バンコクはあした晴れでしょう。気温は三十八度ぐらいでしょう。とても暑いでしょう。

キャンベラはあした、くもりときどき雨でしょう。暖かいでしょう。気温は二十一度ぐらいでしょう。

第13課　(p. 19)

A Ⅱ: Disk1-13

1.
人事：お名前をお願いします。
応募者1：中山のりこです。
人事：中山さんは英語が話せますか。
応1：はい、一年アメリカで勉強していましたから。
人事：そうですか。コンピューターが使えますか。
応1：いいえ、ワープロなら少しできるんですが。コンピューターは使ったことがありません。
人事：コンピューターはできないんですね。一週間に何日来られますか。
応1：三日です。
人事：何曜日ですか。
応1：月曜日と水曜日と土曜日は大丈夫です。
人事：はい、わかりました。ありがとうございました。

2.
人事：村野よしたかさんですね。
応2：はい、そうです。
人事：外国語は何かできますか。
応2：はい、大学で中国語を勉強したので、少し。
人事：じゃあ、中国語で電話がかけられますか。
応2：いえ、中国語は読めるんですが、あまり話せないんです。
人事：まあ、日本人なら漢字が読めますからね。はっはっは。
応2：……
人事：コンピューターはどうですか。
応2：はい、使えます。
人事：何曜日に来られますか。
応2：土曜日と日曜日なら来られます。

B Ⅱ: Disk1-14

けん：ねえ、きょうこさん。あしたひま？
きょうこ：うん。ひまだけど。どうして？
けん：あした、アルバイトがあるんだ。でも妹が来るから、うちにいなくちゃいけないんだ。ぼく行けないから、アルバイトに行って。一日だけ。
きょうこ：えーっ、どんなアルバイト？
けん：英語の先生。
きょうこ：私、英語を教えたことがないし、できない。
けん：大丈夫だよ。ぼくより英語が上手だし、きょうこさんならできるよ。
きょうこ：ごめん。ロバートさんに聞いてみて。

けん：ロバート、お願いがあるんだ。
ロバート：何？
けん：あした、アルバイトがあるんだ。でも妹が来るから行けないんだ。だから、あしたのアルバイト……
ロバート：あした？　あしたはレポートを書かなくちゃいけないし、友だちと約束があるし……。
けん：一回だけ。
ロバート：ごめん、ぼくはできないよ。でもぼくの友だちのナンシーならできると思う。英語が教えてみたいと言っていたから。じゃあ、電話してみるよ。
けん：ありがとう。

C Ⅱ: Disk1-15

1.
男：この時計きれいですね。スイスの時計ですよ。
女：本当ですね。でも、高そうですね。いくらですか。
男：ええ……、ちょっと待ってください。五万八千円です。
女：ああ、高すぎて、買えませんよ。

2.
男：これは暖かそうなセーターですね。
女：そうですね。あまり高くないし、いいと思いますよ。
男：もうすぐ父の誕生日だから、父に買いたいと思うんですが……。
女：いいですよ。お父さんも好きだと思いますよ。

3.
男：このフィットネスマシンはどうですか。

女：便利そうですね。
男：ええ、このマシンなら、うちで運動できますよ。
女：このごろ運動していないから、太ったんですよ。
男：二万八千円です。フィットネスクラブより安いですよ。
女：そうですね。じゃあ、これ買います。

第14課 (p. 26)

A　II: Disk1-26

田中：鈴木さん、コンサートに行くんですか。
鈴木：いいえ。森さんはかぜをひいて行けないから、私にチケットをくれたんです。でも、私も忙しくて、時間がないかもしれないから、友だちにあげました。

田中：吉田さん、コンサートに行くんですか。
吉田：いえ、鈴木さんがチケットをくれたんですが、私は、今晩早く帰らなくちゃいけないから……田中さん、どうですか。もらってください。
田中：ありがとう。今日早く仕事が終わったから行けると思います。でも、そのチケット、実は私がきのう森さんにあげたんですよ。

B　II: Disk1-27

1.
留学生A：たかこさん、髪を切ったんですか。似合いますよ。
たかこ：ありがとう。
留学生A：私も髪を切りたいんですが、いい所を知っていますか。
たかこ：大学のそばにありますよ。
留学生A：そこには、英語が話せる人がいますか。
たかこ：いないと思います。
留学生A：じゃあ、だめですね。
たかこ：バス停の前の美容院に行ったらどうですか。英語がわかる人がいますから。
留学生A：じゃあ、そこに行ってみます。どうもありがとう。

2.
留学生B：日本語をもっと話したいんです。いつもアメリカ人の友だちと英語を話しているから、ぜんぜん上手にならないんです。
たかこ：ホームステイをしたら、どうですか。
留学生B：でも、ぼくはベジタリアンだから、ちょっと難しいと思うんです。
たかこ：そうですか。じゃあ、何かクラブに入ったらどうですか。
留学生B：クラブねえ。いいかもしれませんね。もっと運動したいと思っていたんです。どうもありがとう。

3.
たかこ：もうすぐクリスマスですねえ。
留学生C：ええ。ホストファミリーの子供たちに何かあげたいんですが、何がいいと思いますか。
たかこ：子供たちは何歳ですか。
留学生C：えーっと、五歳から十一歳です。全部で七人です。
たかこ：ええっ、七人もいるんですか。
留学生C：ええ、あまりお金がないし……。でも、何かあげたいんです。
たかこ：うーん、難しいですね。あ、いいものがありますよ。ディズニーのビデオをあげたらどうですか。みんなで見られるし、日本の子供はディズニーが大好きだし。
留学生C：それは、いいですね。

C　II: Disk1-28

みちこ：一郎、誕生日に何がほしい？
弟：自転車がほしいなあ。
みちこ：自転車？　自転車は高すぎるよ。
弟：じゃあ、時計。
みちこ：時計なら持っているでしょ。
弟：一個しか持ってないよ。もっといい時計がほしいんだ。
みちこ：うーん。Tシャツは？
弟：ほしくない。服には興味ないよ。
みちこ：本は？
弟：本もほしくないよ。でも、まんがならほしいな。
みちこ：じゃあ、まんがを一冊あげるね。
弟：一冊しかくれないの？　けちだなあ。

第15課 (p. 32)

A Ⅱ: Disk2-8

　これはおじいさんが若い時、使っていたラジオ。古いけど使えるよ。
　妹が編んだマフラー。ぼくの妹はいろいろ作るのが好きだから、よくくれるんだ。
　これはぼくの彼女と京都で撮った写真。その時にお寺で買ったきものがあそこにある。すごく安かったんだ。
　これは友だちが誕生日にくれたCD。毎日聞いている。
　えーと、これは先生に借りた歴史の本、あした返さなくちゃいけない。

B Ⅱ: Disk2-9

メアリー：ねえ、スーさん、今度の休みに何をするの。
スー：まだ、わからない。もうすぐ試験があるし、宿題もしなくちゃいけないし、うちで勉強しようと思っているんだ。
メアリー：ええ？　だめだよ。一週間も休みがあるんだよ。
スー：うん。
メアリー：広島に行ったことがある？
スー：ううん。まだ行ったことがない。
メアリー：今度の休みに広島に行こうよ。広島は食べ物もおいしいし、平和公園にも行きたいし。
スー：そうだね。行こうか。
メアリー：じゃあ、私、本で広島について調べておく。それから、お父さんが安い旅館を知っていると言ってたから、お父さんに聞いておく。
スー：私は宿題をしておかなくちゃ。

C Ⅱ: Disk2-10

　みなさん、チカコ大学を知っていますか。チカコ大学は、大きくてとてもきれいな大学です。大学には、夜十時まで泳げるプールや、一日中勉強できる図書館があります。
　大学のそばにショッピングセンターがあるので、とても便利です。ショッピングセンターには、いろいろな国の料理が食べられるレストランや、二十四時間買い物ができるスーパーや、おいしいコーヒーが飲める喫茶店があります。
　この大学の日本語のクラスはとても有名です。だから日本語を勉強している留学生もたくさんいます。どうですか。みなさんも一緒にここで勉強しませんか。じゃあ、みなさん、チカコ大学で会いましょう。

第16課 (p. 40)

A Ⅱ: Disk2-20

太郎：花子さん、好きだよ。
花子：うれしいわ、太郎さん。私も太郎さんが好きよ。
太郎：早く花子さんと結婚したい。ぼくが毎日おいしい朝ご飯を作ってあげるよ。
花子：朝起きた時、ベッドでコーヒーが飲みたいわ。
太郎：じゃあ、毎朝コーヒーで花子さんを起こしてあげるよ。
花子：ありがとう。あの、太郎さん。
太郎：どうしたの。
花子：私、掃除があまり好きじゃないの。
太郎：心配しないで。ぼくがしてあげるから。
花子：本当？　じゃあ、私、買い物するわ。ときどき買いすぎるけど、買い物ならできるわ。
太郎：あの、花子さん、ぼくのシャツにアイロンをかけてくれる？　会社で、花子さんがアイロンをかけてくれたシャツを着たいんだ。
花子：ええ、いいけど……洗濯はしてね。
太郎：うん。

B Ⅱ: Disk2-21

　お父さん、お母さんお元気ですか。アメリカに来てもう一か月です。手紙を書かなくてごめんなさい。アメリカに来た時は英語がわからなかったから、大変でした。でも今は毎日とても楽しいです。ホストファミリーのお父さんとお母さんは、とても親切です。私の英語が下手なので、いつもゆっくり話してくれます。
　ホストファミリーには子供が二人います。名前

はジョンとサラです。ジョンはよく私をパーティーに連れていってくれたり、友だちを紹介してくれたりします。ジョンは大学で日本語を勉強しているので、私はよく宿題を手伝ってあげます。サラはよく私に服を貸してくれます。私はおりがみを教えてあげます。今度は、みんなに日本料理を作ってあげようと思っているので、料理の本を送ってくれませんか。じゃあ、お元気で。

Ⓒ Ⅱ: Disk2-22

レポーター：りえさん、お誕生日おめでとうございます。はたちになって、どんなことをしてみたいですか。
りえ：そうですね。今年は中国でコンサートができるといいですね。
レポ：中国でも、りえさんの歌はとても人気があるんですよね。
りえ：ありがとうございます。
レポ：でも、忙しくて大変ですね。
りえ：ええ、もっと休みが取れるといいんですが。実は去年は休みが三日しかなかったんです。
レポ：そうですか……。あの、りえさんは、歌手の西城さんと付き合っていますが、結婚する予定は？
りえ：西城さんとは、今はいい友だちです。私も彼も若いし、今はもっと仕事をしたいし。
レポ：そうですか。それは、私たちにはいいニュースですね。これからもがんばってください。
りえ：どうもありがとうございます。

第17課　(p. 46)

Ⓐ Ⅱ: Disk3-10

男1：山本さん、会社をやめるそうですよ。
男2：えっ、本当ですか。最近、ずいぶん疲れているみたいですからね。
男1：ええ、毎日夜遅くまで残業していたみたいですよ。この会社は給料はいいけど、残業が多すぎますよ。
男2：山本さん、これからどうするんですか。
男1：今、新しい仕事を探しているみたいですよ。奥さんとも離婚するそうですよ。

男2：やっぱり。忙しすぎて家にあまりいられないんでしょうね。
男1：私たちも、結婚する前に新しい仕事を探したほうがいいかもしれませんね。

Ⓑ Ⅱ: Disk3-11

女：急ぎましょうか。
男：急がなくてもいいですよ。一時間ありますから。出かける前に、田中さんに電話をしておかなちゃいけませんね。
女：そうですね。かさを持っていきますか。
男：持っていかなくてもいいと思います。今日は、雨が降らないそうです。
女：何か買っていったほうがいいですね。
男：じゃあ、バスを降りてから、ケーキと花を買いましょう。

Ⓒ Ⅱ: Disk3-12

たけし：メアリー、スーさんに電話した？
メアリー：うん、スーさん、土曜日は約束があるからだめだけど、日曜日なら大丈夫だって。
たけし：よかった。じゃあ、日曜日にみんなで神戸に行けるね。メアリーは神戸で何がしたい？
メアリー：私、おいしいものが食べたい。神戸にはいろいろな国のレストランがあるし。スーさんは買い物がしたいって。たけしくんは何がしたい？
たけし：ぼくは六甲山に行きたい。六甲山からきれいな海が見えるそうだよ。
メアリー：じゃあ、いい天気だったら六甲山に登ろうよ。
たけし：うん。雨が降ったら、町で買い物をしたり、おいしいものを食べたりしよう。

第18課　(p. 53)

Ⓐ Ⅱ: Disk3-23

娘：ただいま。お母さん、晩ご飯ある？
母：ないわよ。今日、友だちと晩ご飯を食べに行くって言っていたでしょう。
娘：うん。でも、店が開いていなかったから、食

べられなかったの。じゃあ、カップラーメンある？
母：お父さんが食べちゃったよ。
娘：えーっ、じゃあ、私が買ったケーキは？
母：何言ってるの。きのうみんなで食べちゃったでしょう。
娘：うーん……。じゃあ、田中さんにもらったクッキーは？
母：あれはとなりの子供にあげちゃったよ。
娘：えーっ？……あ～あ、家に帰る前にコンビニで食べる物買えばよかった。

Ⓑ Ⅱ: Disk3-24

コンピューター会社の人：はい、こちらサービスセンターです。
山下先生：すみません。コンピューターが壊れてしまったんです。
コンピュ：どこが壊れたんですか。
山下先生：わかりません。
コンピュ：困りましたね。コンピューターの右に赤いランプがありますね。電気がついていますか。
山下先生：いいえ、ついていません。
コンピュ：そうですか。スクリーンは？
山下先生：消えています。
コンピュ：壊れていますね。
山下先生：ええ、だから電話しているんです。あしたまでに宿題を作らなくちゃいけないんですよ。
コンピュ：困りましたね。スイッチは押しましたか？
山下先生：えっ？ あっ、忘れていました。あっ、つきました。

Ⓒ Ⅱ: Disk3-25

森：田中さん、今学校に行っているそうですね。
田中：ええ。仕事が終わってから、英語の学校に行っているんですよ。
森：働きながら勉強するのは、大変でしょう。どうして英語を勉強しようと思ったんですか。
田中：去年、ロンドンに行ったんですが……。そこで、英語がわからなくて、飛行機に乗り遅れてしまったんですよ。
森：それは大変でしたね。
田中：「イクスキューズミー。アイハフトテイク、フライト521」って言ったんだけど、わかってくれなかったんです。
森：上手ですよ。
田中：はっはっは……。学生の時にもっと勉強しておけばよかったですよ。四十歳になると、単語が覚えられないんですよ。

第19課 (p. 61)

Ⓐ Ⅱ: Disk4-9

レポーター：今日は、ベストセラーをお書きになった山田真理子先生に、いろいろお話を聞きたいと思います。……山田先生は、今、東京に住んでいらっしゃるんですか。
山田：いいえ、大学の時から十五年東京に住んでいたんですけど、おととし引っ越して、今は静岡に住んでいます。静岡は海に近いし、食べ物もおいしいし、気に入っています。
レポ：そうですか。先生は毎日、何をなさるんですか。
山田：そうですね。朝はたいてい仕事をします。午後は散歩しながら、いろいろ考えます。夜は早く寝るんです。
レポ：何時ごろお休みになるんですか。
山田：そうですね。九時ごろですね。
レポ：ずいぶん早いですね。テレビはあまりご覧にならないんですか。
山田：ええ、あまり。東京にいた時はよく映画を見たんですが、このごろはぜんぜん見ません。
レポ：東京にはよくいらっしゃいますか。
山田：仕事があるので、一か月に二回ぐらい行きます。東京に行くと、静岡に引っ越してよかったと思いますよ。
レポ：そうですか。今日はどうもありがとうございました。

Ⓑ Ⅱ: Disk4-10

アベベ王子がきのうこの町にいらっしゃいました。高校の時、王子はこの町の学校に留学してい

▶ワークブック「聞く練習」スクリプト

らっしゃいました。
　きのうの朝、王子は十時に駅にお着きになりました。その後、高校へいらっしゃって、高校生とお話をなさいました。十二時半から一緒に昼ご飯を召し上がりました。その後、高校生の歌をお聞きになったり、空手の練習をご覧になったりしました。
　二時ごろ、高校の時のホストファミリーにお会いになりました。そして、五時の新幹線で東京へお帰りになりました。
　王子は「日本での時間が短くて残念だ。でも、この町に来られてよかった」とおっしゃっていました。今日の夕方、国へお帰りになります。

Ⓒ Ⅱ: Disk4-11

1. 四番線ホーム京都行き電車、ドアが閉まります。ご注意ください。
2. 二名様ですね。メニューをどうぞ。ご注文がお決まりになりましたら、お呼びください。
3. 男：今週の土曜日に旅館の予約をお願いしたいんですが。
　 女：今週の土曜日ですね。お待ちください。
4. 何もありませんが。どうぞお召し上がりください。
5. 女：トラベラーズチェックを作りたいんですが。
　 男：はい。お名前とご住所、電話番号をここにお書きください。

第20課　(p. 70)

Ⓐ Ⅱ: Disk4-22

ガイド：おはようございます。わたくし、ガイドの田村と申します。今日は京都のお寺をご案内いたします。まず、清水寺に参ります。
客A：ガイドさん、すみません。あの、お手洗いに行きたいんですが。
ガイド：トイレですか？ このバスにはございませんので、申し訳ありませんが、少し待っていただけますか。あと五分ぐらいで清水寺に着きますので。
客A：はい。
ガイド：その後、南禅寺に参ります。南禅寺をご覧になった後、「みやび」というレストランで昼ご飯にいたします。
客B：ガイドさん、昼ご飯は何を食べるんですか。
ガイド：魚料理でございます。その後、金閣寺に参ります。金閣寺で写真をお撮りして、後で皆さんにお送りします。
客C：あの、すみません、何時ごろここに帰るんでしょうか。
ガイド：はい。金閣寺の後、竜安寺に行って、四時ごろ戻る予定でございます。

Ⓑ Ⅱ: Disk4-23

先生：みなさん、おはようございます。
ジョン：先生、遅くなってすみません。
先生：ジョンさん、どうしたんですか。
ジョン：財布を持たないで、家を出てしまったんです。だから、また家に帰らなくちゃいけなかったんです。
先生：それは大変でしたね。あれ、ロバートさんがいませんね。どうしたんでしょう。
メアリー：ロバートさん、今レポートを書いていると思います。きのうレポートを書かないで寝てしまったと言っていましたから。今日が締め切りなんです。
先生：そうですか。もっと早くやればよかったですね。あれっ、スーさん、元気がありませんね。どうしたんですか。
スー：実は、自転車がないんです。かぎをかけなかったんです。
先生：そうですか。それは困りましたね。……じゃあ、授業を始めましょうか。あれ？ みなさん、ちょっと待ってください。本を持たないで来てしまいました。

Ⓒ Ⅱ: Disk4-24

女：佐藤ひろしさんという人知ってる？
男：うん。大学のテニスクラブで一緒だったよ。
女：どんな人？
男：性格もいいし、話しやすい人だよ。
女：そう。大学の専門は何？
男：よく覚えていないけど、歴史か経済だったと思うよ。中国に興味があって、よく中国に行っ

ていたみたいだよ。
女：中国語はできるの？
男：話せると思うけど、上手かどうか知らない。
女：どこに住んでいるの。
男：さあ、今はどこに住んでいるか知らないけど、大学の時は、大学のそばのアパートで一人で生活していたよ。どうして佐藤のことを聞くの？
女：今度、この会社に就職が決まったんだって。
男：本当に？ それはよかった。紹介しようか。
女：実は会ったことがあるの。佐藤さんがよろしくお伝えくださいって。

第21課 (p. 78)

Ⓐ Ⅱ: Disk5-10

1.
男：あ〜あ、眠い。
女：また遅くまでテレビゲームしてたんでしょ。
男：してないよ。けさ早く、となりの人の目覚まし時計で起こされちゃったんだ。その人、すぐ起きないから、うるさくてぼくが起きちゃうんだ。これでもう三回目だよ。
女：「静かにしてください」って言ったほうがいいよ。
男：うん。

2.
女：どうしたの？ きのうと同じ服着て。
男：実は、ゆうべみんなで飲んで三時ごろ帰ったら、奥さんにかぎをかけられちゃって……。
女：家に入れてくれなかったの？
男：うん。だから、きのうと同じ服。
女：今日は奥さんに何かプレゼント買って帰ったほうがいいよ。

Ⓑ Ⅱ: Disk5-11

友だち：元気ないな、まさお。どうしたんだ。
まさお：今日は最低な一日だったよ。
友だち：何があったんだよ。
まさお：朝起きたら、牛乳がなかった。冷蔵庫に入れてあったんだけど、ルームメートの林に全部飲まれたんだ。
友だち：牛乳飲まれて、怒っているのか？
まさお：牛乳はいいよ。ゆうべ、コンピューターで歴史のレポート書いていたんだよ。けさ見たら、ファイルがないんだ。林にファイルを消されたんだ。
友だち：えっ、それは大変だ。
まさお：コンピューターでゲームしている間に、消しちゃったんだって。
友だち：じゃ、歴史のレポートは出さなかったのか。今日締め切りだっただろ。
まさお：うん、だから、経済のクラスで歴史のレポート書いていたんだ。それを先生に見られて、怒られたんだよ。
友だち：それはひどい一日だ。

Ⓒ Ⅱ: Disk5-12

客：すみません、バリのホテルの予約をお願いしたいんですが。
旅行会社：はい。
客：あの、安いホテルに泊まりたいので、ホテルがいくらか調べてほしいんですが。
旅行会社：はい、わかりました。えーっと、パレスホテルが八千円ですね。ホテルバリが六千五百円です。でも、ホテルバリは人気があるので、予約がとれるかどうかわかりませんね。ちょっと、難しいかもしれません。
客：パレスホテルは八千円ですか。高いですね。
旅行会社：海が見えない部屋なら二千円安くしますよ。
客：じゃあ、パレスホテルをお願いします。
旅行会社：何泊ですか。
客：一泊でいいです。
旅行会社：飛行機の切符はどうなさいますか。
客：切符はもう買ってあるので、結構です。

第22課 (p. 86)

Ⓐ Ⅱ: Disk5-23

妻：ねえ、子供が五歳になったら、英語を習わせてあげたい。
夫：いいよ。
妻：それから、何かスポーツもさせてあげたい。そうね。空手がいいわね。

夫：空手かあ……。女の子はテニスのほうがいいんじゃない？
妻：だめ！ 女の子も強くならなくちゃ。それから、バイオリンを習わせたいわ。
夫：ぼくはピアノのほうがいいと思うけど。
妻：ピアノはみんな弾けるから。バイオリンを習わせたいの。
夫：お金がかかるなあ。
妻：そうそう、それから外国に留学させたいわ。
夫：留学かあ……いいよ。
妻：それから、医者か弁護士と結婚させて……
夫：ちょっと待ちなさい。結婚はだめ！ だれともさせない。

Ⓑ Ⅱ: Disk 5-24

めぐみ：けいこ、今度のスキー旅行、行ける？
けいこ：お父さんに聞いてみたんだけど。だめみたい。
めぐみ：ええっ、どうして？
けいこ：友だちと旅行させてくれないの。うちの親、厳しいんだ。もう高校生なのにアルバイトもさせてくれないんだよ。
めぐみ：本当？ 私のお父さんは、若い時はいろいろなことをしなさいって言うよ。
けいこ：へえ、めぐみがうらやましい。私のお父さんも、めぐみのお父さんのようにやさしかったらいいなあ。
めぐみ：でも、大学に行って、一人暮らししたら、好きなことができるでしょう。
けいこ：でも、一人暮らしさせてくれないと思う。お母さんは、お金がかかるから家から大学に行きなさいって。
めぐみ：そうか。大変だね。
けいこ：でも、大学生になったらアルバイトしてもいいってお父さんが言ってたから。
めぐみ：旅行も行かせてくれるといいね。
けいこ：たぶん、行かせてくれると思う。大学生になったら一緒に行こうね。

Ⓒ Ⅱ: Disk 5-25

渡辺：みなさん、お疲れさまでした。今日はもう何も予定がございませんから、みなさん好きな所にいらっしゃってください。私はこのホテルにおりますから、わからないことがあれば、お聞きになってください。
Ａ：渡辺さん、美術館に行きたいんですが。
渡辺：三番のバスに乗れば行けますよ。
Ａ：ここから何分ぐらいかかりますか。
渡辺：バスで十分ぐらいです。バス停は銀行の前にあります。
Ｂ：ちょっと寒いから、セーターを買いたいんです。どこに行けば買えますか。
渡辺：セーターですか。メープルという店に行けば、たくさんあると思います。
Ｂ：あの、私、日本語しか話せないんですけど、大丈夫でしょうか。
渡辺：大丈夫、大丈夫。がんばってくださいね。
Ｃ：渡辺さん、財布を盗まれました！
渡辺：えっ、どこで？ どんな人に？
Ｃ：それが、あんまり覚えていないんです……。
渡辺：一緒に警察に行きましょう。

第23課 （p. 96）

Ⓐ Ⅱ: Disk 6-11

1.
林：山田さん、もう帰るんですか。まだ十時ですよ。
山田：あした朝早く起きなくちゃいけないんですよ。
林：休みなのに？
山田：ええ。休みの日はうちの奥さんに六時半に起こされて、一緒にジョギングさせられるんですよ。
林：はあ、六時半ですか。
山田：その後は奥さんが買い物に行くことにしているから、車で店まで送らされて、買い物が終わるまで、待たされるんですよ。
林：大変ですね。

2.
くみこ：のりこ、新しく来た部長はどう？
のりこ：最低。毎朝、コーヒーをいれさせられるし、コピーも取らされるし、部長のつくえもふかされるのよ。

くみこ：へえ、自分で何もしないのね。
のりこ：そうよ。仕事をしないでたばこ吸っているんだよ。この間も「のりこくん、お弁当買いに行ってくれないか」だって。
くみこ：ええっ、お弁当も買いに行かされるの？

B Ⅱ: Disk6-12

1.
花子：太郎さん、私、イタリアに留学することにしたの。
太郎：えっ？　どうしてそんなことを言うんだ。
花子：ずっと考えていたんだけど、言えなかったの。ごめんなさい。私たち別れたほうがいいと思うの。
太郎：別れたくない。
花子：でも、遠く離れていたら、二人の気持ちも離れると思う。悲しいけど……。
太郎：いや、離れていてもいつも一緒だ。ぼくは花子がイタリアから戻ってくるまで待っている。

2.
男：ぼく、来月会社をやめることにしたんです。
女：ええっ、どうしてですか。
男：この会社にいても、私のしたいことができないんです。
女：会社をやめてどうするんですか。
男：カメラマンになりたいんです。写真の学校に入るつもりです。プロのカメラマンになれるまで、バイトしながら写真の勉強をします。
女：そうですか。大変だろうけど、がんばってくださいね。
男：ええ。今までいろいろありがとう。
女：有名になっても、私たちを忘れないでくださいよ。

C Ⅱ: Disk6-13

1.
留学生A：漢字が覚えられなくて困っているんですが、漢字の覚え方を教えてくれませんか。
たかこ：私は子供の時、読み方はカードを作って、書き方はノートにたくさん書いて覚えましたよ。
留学生A：そうですか。じゃあ、今からカードとノートを買いに行きますね。

2.
留学生B：アメリカから友だちが来るから迎えに行きたいんですけど、空港の行き方を教えてくれませんか。
たかこ：空港までは東京駅からバスで行けますよ。電車より時間がかかるけど、わかりやすいから、バスを使ったほうがいいですよ。
留学生B：じゃあ、そうします。どうもありがとう。